INVESTMENT THEORY

투자론

김동옥 · 강인철 공저

pnc
publishing and culture
피앤씨미디어

머리말

최근 자본시장의 글로벌화와 '자본시장과 금융투자업에 관한 법률'의 시행으로 우리나라의 금융시장이 대변혁의 큰 물결에 휩싸여 있다. 이 속에서 우리나라의 투자환경도 많이 변화를 하였고, 국내의 투자관련기관들도 많은 변화를 하고 있다. 이러한 변화는 우리를 둘러싼 국제금융환경 속에서 살아남기 위한 생존전략으로 해석하는 것이 좋을 듯하다.

이러한 환경에서 많은 투자 상품들이 쏟아져 나오고 있고 많은 투자자들이 시장에 참여하여 이러한 투자 상품에 투자하여 미래의 경제적인 부를 축적하기 위해 노력하고 있다. 이러한 투자활동이 성공하기 위한 전제조건이 금융시장에 대한 산지식을 잘 갖추었느냐 하는 것일 것이다.

이 책은 투자론을 처음 공부하는 학생들을 위하여 쓰여진 책이다. 내용 면에서는 투자에 대한 전반적인 내용을 이해할 수 있도록 기초개념, 시장제도, 투자이론에 대한 내용을 폭넓게 다루고 있다. 그리고 학생들이 전반적인 내용을 쉽게 이해하는데 도움이 되도록 기초개념과 기본원리를 중심으로 서술하였다.

그러나 학생들이 투자에 대한 내용을 보다 쉽게 공부하고 체계적으로 이해하는데 도움을 주겠다는 의도가 충분히 반영되었다고는 생각되지 않는다. 더욱 노력하여 수정과 보완을 통해 나아지도록 정성을 다할 것을 다짐할 뿐이다.

이 책은 5개의 편과 16개의 장으로 구성되어 있다. 제1편에서는 투자의 기초개념과 시장제도를 중심으로 살펴보고, 제2편에서는 투자분석을 기본적 분석과 기술적 분석으로 나누어 살펴본다. 제3편에서는 효율적 시장이론과 자본시장이론에 대한 기초이론을 소개하고, 제4편에서는 채권투자분석의 내용을 다룬다. 그리고 제5편에서는 성과측정과 파생상품인 선물 및 옵션에 대한 기초내용을 다룬다. 그리고 필요시 도움말을 사용하여 내용을 이해하는데 도움을 주고자 하였다.

이 책의 구성에서부터 완성까지 국내외의 관련 교재 및 문헌을 많이 참고하였다. 끝으로 이 책의 출판을 흔쾌히 맡아주신 피앤씨미디어 박노일 사장님과 관계자 여러분께 깊이 감사드린다.

2014년 9월

저자들 씀

차 례

Part 1 증권투자의 기초

Chapter 1 증권투자의 기초개념

Part 5 성과평가와 선물·옵션

Investment

PART 1

증권투자의 기초

제1편에서는 증권투자 환경과 증권시장 제도를 중심으로 살펴본다. 제1장에서는 증권투자의 의미와 직접금융시장에서 투자대상이 되는 주식과 채권에 대해 알아본다. 제2장에서는 금융시장의 구조와 증권의 발행이 이루어지는 발행시장의 구조에 대해 알아본다. 제3장에서는 발행된 증권이 거래되는 유통시장의 구조와 매매거래제도에 대해 살펴본다. 제4장에서는 간접투자 대상이 되는 증권투자펀드와 증권시장의 각종 지표에 대해 알아본다.

CHAPTER 01 증권투자의 기초개념

1 절 증권투자의 의의

1 증권투자의 정의

투자란 용어는 설비투자, 부동산투자, 증권투자 등에서 보는 바와 같이 수익을 얻기 위해 자본을 투하하는 경우에 사용된다. 일반적으로 미래에 보다 큰 수익(return)을 얻을 목적으로 현재의 경제적 희생을 감수하여 각종 자산을 취득하는 행위를 투자(investment)라고 한다. 투자의 대상이 되는 자산은 실물자산과 금융자산으로 대별된다.

실물자산(real assets)은 그 자체가 경제적 가치를 지니고 재화와 용역의 생산에 직접 사용되는 자산으로 건물, 토지, 기계, 지식 등이 포함된다. 금융자산(financial assets)은 화폐 또는 실물자산에 대한 청구권으로 예금, 채권, 주식, 옵션, 선물 등이 여기에 속한다. 금융자산은 직접 생산에 사용되지 않지만 간접적으로 경제적 생산에 기여하게 된다. 왜냐하면 기업은 증권을 발행하여 대규모 자금을 조달하고 조달된 자금은 실물자산의 구입에 투입되어 생산에 기여하기 때문이다. 그리고 실물자산의 사용으로부터 창출된 이익은 증권소유자의 소득원천이 된다.

증권투자(security investment)는 이자소득, 배당소득 또는 자본이득 형태의 미래수익을 얻을 목적으로 대금을 지불하고 각종 증권을 취득하는 행위로 정의할 수 있다. 이러한 투자의 개념에는 다음과 같은 두 가지 중요한 속성이 포함되어 있다. 첫째, 투자지출은 현재에 이루어지고 수익은 미래에 발생되므로 미래의 수익과 현재의 경제적 희생 사이에는 시간적 간격이 존재한다.

투자를 한다는 것은 현재의 소비로부터 얻을 수 있는 효용을 미래로 지연시키는 결과를 가져오므로, 투자자는 투자결과로부터 얻는 효용이 최소한 현재 소비로부터 얻을 수 있는 효용 이상이 되기를 바란다. 그러므로 투자자가 투자 시 요구하는 최소한의 수익은 현재의 소비와 미래의 소비로부터 얻는 효용이 같아지는 수준이 되어야 한다. 따라서 투자가 이루어지기 위해서는 시간차이에 대한 보상이 이루어져야 하고 그 크기는 위험이 없는 자산에 투자할 경우 얻는 무위험수익률(risk-free rate of return)에 의해 나타낼 수 있다.

둘째, 투자로부터 기대되는 수익은 미래에 발생될 현금흐름에 대한 예측의 불완전성 때문에 그 실현 여부가 불확실하다. 그러므로 투자에는 미래수익에 대한 불확실성 즉 위험(risk)이 따른다. 투자자들은 대부분 위험을 회피하려 하므로 위험을 감수할 경우에는 이에 대한 보상을 요구하게 되고, 위험에 대한 보상을 위험프리미엄(risk premium)이라고 한다. 위험프리미엄의 크기는 투자대상으로부터 발생될 미래 수익의 불확실성 정도에 따라 다르다.

투자자들이 그들의 자금을 제공하는 대가로 요구하는 최소한의 보상수준을 요구수익률이라고 한다. 요구수익률(required rate of return)은 시간에 대한 보상인 무위험수익률과 위험에 대한 보상인 위험프리미엄으로 이루어진다. 예를 들어 특정 기업이 발행한 1년 만기 회사채 수익률이 8%라고 하고, 무위험자산에 투자할 경우 얻는 무위험수익률이 5%라고 한다면 이 회사채의 위험프리미엄은 3%에 해당된다.[1]

요구수익률 = 무위험수익률 + 위험프리미엄

1 무위험수익률의 구체적 척도로는 미국의 경우 재무성 단기증권의 이자율이 사용되고 우리나라의 경우 국채수익률, 정기예금이자율, CD금리 등이 사용된다.

2 투자자와 투자요소

(1) 투자자

증권시장에서 유가증권에 투자하는 투자자는 일반적으로 개인투자자와 기관투자자로 대별된다. 개인투자자(individual investors)는 자연인으로 개인이 직접 자기의 계산과 책임 아래 투자수익을 목적으로 증권시장에 참여하는 투자자를 말하고, 기관투자자(institutional investors)는 저축 또는 기타의 방법으로 조성된 개인 또는 법인들의 여유자금을 증권에 투자하여 투자수익이 극대화되도록 관리하는 법인 형태의 투자자를 말한다. 우리나라에서는 은행, 보험회사, 집합투자업자(자산운용회사), 투자매매·중개업자(증권회사, 종합금융회사), 저축은행, 기금공제회 등이 기관투자자에 속한다.[2]

기관투자자들은 투자자금이 대규모이고 방대한 투자정보를 수집하고 분석하는 전문인력을 갖추고 있으므로 효율적 분산투자가 가능하다. 제2차 세계대전 이후 미국에서는 기관투자자들이 유가증권의 보유를 확대함에 따라 증권시장은 개인투자자에 의한 지배로부터 기관투자자에 의한 지배로 변화되었다. 증권시장에서 개인투자자의 비중이 줄어들고 기관투자자들의 비중이 증대되어 기관투자자들의 영향력이 증대되는 현상을 증권시장의 기관화(institutionalization)라고 한다.

우리나라의 「자본시장과 금융투자업에 관한 법률」(자본시장법)에서는 투자자를 전문투자자와 일반투자자로 구분한다. 전문투자자는 투자상품에 관한 전문성 구비여부, 소유자산자금의 규모 등에 비추어 투자에 대한 위험감수능력이 있는 투자자를 말하고, 일반투자자는 전문투자자가 아닌 투자자를 말한다.

(2) 투자의 3요소

개별 투자자들은 그들이 처한 투자환경이 각각 다르기 때문에 투자결정 시 여러 가지 요인들을 고려하게 된다. 일반적으로 투자 시 고려되는 기본 요소로 수익

---

2 「자본시장과 금융투자업에 관한 법률」에 의하면 자산운용회사는 집합투자업, 증권회사는 증권매매업·증권매매중개업에 속한다.

도움말

■ 소유자별 주식소유분포(시가총액 기준)

연도	정부 및 정부관리 기업(백만원)	기관투자자 (백만원)	일반법인 (백만원)	개인 (백만원)	외국인 (백만원)	합계 (백만원)
	구성비(%)	구성비(%)	구성비(%)	구성비(%)	구성비(%)	구성비(%)
2012	41,409,468	200,089,884	309,313,290	303,069,467	409,534,000	1,263,416,109
	3.28	15.84	28.34	23.99	32.41	100.00
2011	27,391,044	148,429,800	339,271,482	279,314,877	350,246,100	1,144,653,303
	2.39	12.97	29.64	24.40	30.60	100.00
2010	40,537,612	166,301,149	346,291,067	297,847,743	385,364,200	1,236,341,771
	3.28	13.45	28.01	24.09	31.17	100.00

■ 소유자별 주식소유분포(주식 수 기준)

연도	정부 및 정부관리 기업(천 주)	기관투자자 (천 주)	일반법인 (천 주)	개인 (천 주)	외국인 (천 주)	합계 (천 주)
	구성비(%)	구성비(%)	구성비(%)	구성비(%)	구성비(%)	구성비(%)
2012	2074702	6,469,744	13,985,050	27,733,310	6,572,406	56,835,212
	3.65	11.38	24.61	48.80	11.56	100.00
2011	1144303	6,715,944	14,294,013	27,038,714	6,622,092	55,815,066
	2.05	12.03	25.61	48.44	11.86	100.00
2010	1,661,454	6,159,663	13,768,175	28,064,329	6,387,810	56,041,431
	2.96	10.99	24.57	50.08	11.40	100.00

성, 위험(안전성), 유동성을 들 수 있다. 이를 투자의 3요소라고 부른다.

수익성

투자의 목적은 현재의 경제적 희생을 통하여 미래에 보다 큰 수익을 얻는 것이다. 그러므로 우선 투자기간 동안에 가장 높은 수익을 제공해 줄 투자대상을 찾는 노력을 하여야 한다.

위험(안전성)

미래수익에 대한 불확실성 정도는 개별 투자대상에 따라 다르고 투자자들이 허용할 수 있는 위험수준도 개별 투자자에 따라 다르다. 그러므로 개별 투자자의 입장에서는 부담할 수 있는 위험수준과 투자대상이 갖는 위험 정도를 고려하여 투자대상을 선정하여야 한다.

유동성

유동성은 공정한 가격에 또는 가격상의 손실 없이 보유자산을 신속하고 용이하게 현금화할 수 있는 능력을 말한다. 일반적으로 현금과 화폐시장에서 거래되는 단기금융수단들은 유동성이 가장 높은 형태의 자산이고 부동산 등은 유동성이 가장 낮은 형태의 자산으로 분류된다. 따라서 투자자가 필요로 하는 유동성 정도를 고려하여 투자대상을 선택하여야 한다.

3 투자과정

성공적인 투자자가 되기 위한 투자과정이 정해져 있는 것은 아니지만 일반적으로 투자과정은 투자목표의 설정, 투자정책의 수립, 투자관리방법의 선택, 투자자산의 선택 그리고 성과의 평가 및 수정과정을 거치게 된다.

(1) 투자목표의 설정

투자과정의 첫 번째 단계는 투자목표의 설정이다. 투자목표는 투자자에 따라 다르다. 예를 들면 초등학교에 다니는 자녀를 대학에 보내려는 목적을 가진 개인투자자는 목돈 마련을 위해 향후 10년 동안 일정액을 적립시킨다는 목표를 세울 수 있다. 기관투자자인 생명보험회사의 투자목적은 보험증서상의 의무를 충족시킬 수 있는 충분한 미래수익이 창출되도록 하는 것이 될 것이다. 이 과정에서 투자자가 기대하는 목표수익률과 허용할 수 있는 위험의 범위, 그리고 유동성이 고려된다.

(2) 정책의 수립

두 번째 단계는 투자목표를 달성하기 위한 정책지침(policy guideline)을 마련하는 것이다. 투자정책의 수립은 자산과 자본의 배분결정이다. 자산배분은 투자자가 투자대상이 되는 광범위한 자산부류(asset classes) 가운데 어떤 자산을 투자대상으로 선택하는가 하는 의사결정이다. 자본배분은 선택된 자산에 투자자금을 어떻게 배분하느냐에 대한 의사결정이다. 투자대상으로 고려되는 증권에는 일반적으로 주식, 채권, 예금, 수익증권, 선물, 옵션 등이 포함된다.

투자정책의 수립과정에서 투자자는 수익과 위험의 관계, 유동성, 투자기간, 법적 규제사항, 세제 등 제약조건을 고려하여야 한다. 예를 들어 수익과 위험의 관계에서 보면 높은 수익률을 얻기 위해 상대적으로 높은 위험을 감수하려는 적극적 투자자는 주식과 같은 상대적으로 위험이 높은 자산부류에 투자의 중점을 둘 것이다. 그리고 안정적인 투자를 원하는 보수적인 투자자는 채권과 같은 위험이 적은 자산부류에 중점을 두는 자산배분을 선택할 것이다.

(3) 관리방법의 선택

세 번째 단계는 투자관리 방법의 선택단계로, 투자목표 및 투자정책과 일치하는 투자대상을 선택하고 유지하는 과정을 말한다. 투자관리 방법은 적극적 관리와 소극적 관리로 나누어진다. 적극적 관리(active management)는 아직 시장가격에 반영되어 있지 않는 정보를 이용하여 저평가되어 있는 투자대상을 발견하여 투자함으로써 높은 투자수익을 얻고자 하는 경우를 말한다.

그리고 소극적 관리(passive management)는 모든 이용 가능한 정보가 시장가격에 반영되어 있다고 가정하고, 기대수익 수준에서 위험을 최소화할 수 있는 투자대상을 발견하고자 하는 경우이다. 적극적 관리 또는 소극적 관리방법은 자산배분결정과 개별종목 선택 시 적용된다. 적극적 관리 방법과 소극적 관리방법 사이의 선택은 투자자 또는 투자관리자의 시장효율성에 대한 견해와 투자자의 위험에 대한 태도에 달려 있다고 할 수 있다.

(4) 자산의 선택

투자관리방법이 선택되면 다음 단계는 포트폴리오에 포함될 개별자산을 선택하는 것이다. 자산의 선택과정에서는 개별증권에 대한 분석과 효율적 포트폴리오(efficient portfolio)의 구축이 이루어진다. 효율적 포트폴리오는 주어진 위험수준에서 가장 큰 기대수익률을 제공하거나 주어진 기대수익률 수준에서 가장 적은 위험을 제공하는 투자자산의 조합을 말한다. 이 과정에서는 증권분석을 통하여 수익과 위험의 특성을 결정하고 그 결과를 포트폴리오 구축을 위한 자료로 활용하게 된다.

(5) 성과의 평가 및 수정

성과의 평가 및 수정단계에서는 수익과 위험 면에서 투자성과를 사전에 정해진 기준과 비교한다. 기준은 비교목적으로 사전에 설정된 기준 포트폴리오의 성과를 의미한다. 평가 기준으로 사용되는 포트폴리오는 일반적으로 시장평균을 나타내는 지수수익률이 사용된다.

이 경우 기준보다 높은 성과를 얻었다고 할지라도 그 성과가 지출된 비용에

[그림 1-1] 투자관리과정

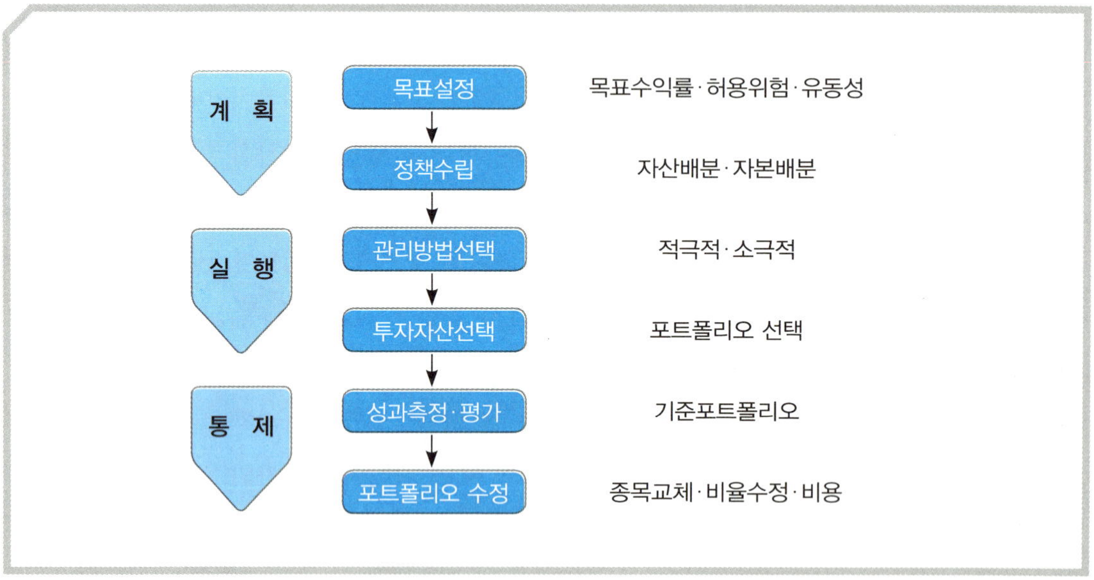

못 미친다면 투자목표를 달성하지 못한 경우가 된다. 평가가 이루어지면 평가결과에 따라 투자종목의 교체와 투자비율의 수정이 이루어진다. 이러한 투자과정은 관리과정의 틀 속에서 이루어지므로 계획(planning), 실행(doing), 통제(controlling)의 순환과정에서 이루어진다.

4 투자환경의 변화 동향

(1) 금융의 증권화

최근 나타나고 있는 투자환경의 주요 변화내용은 금융의 증권화, 글로벌화, 디지털화로 요약될 수 있다. 1980년대 이후 기업이 필요로 하는 자금을 대출보다는 채권, 주식 등 증권발행을 통해 직접 조달하게 되고, 채권의 유동화와 위험회피를 위한 다양한 형태의 금융수단들이 개발되었다. 자금의 조달과 지급수단이 여러 가지 새로운 형태의 증권발행을 통하여 확대되는 현상을 금융의 증권화(securitization)라고 한다. 이러한 금융의 증권화는 세계적으로 급속히 확산되고 있다.

(2) 금융의 글로벌화

정보·통신기술의 발달과 함께 금융거래의 자유화·개방화는 금융거래에 있어서도 글로벌화를 촉진하고 있다. 경제적 삶의 단위가 국가가 아닌 지구촌으로 확장되어 국경 없는 사회로 변화되고 있는 것이다. 금융서비스의 글로벌화(globalization)는 증권거래에 있어서도 국경이라는 장벽이 없어지고 증권시장에서의 경쟁심화와 함께 국제협력이 강화되는 시대적 변화를 의미한다. 이러한 글로벌화의 추세는 향후에도 지속적으로 확산될 것이다.

(3) 금융의 디지털화

금융의 디지털화(digitalization)는 금융수단과 금융거래의 전자금융화를 의미한다. 정보·통신기술의 발달은 시장에서의 거래관계를 인터넷 등을 통한 네트워크(network) 거래관계로 전환시키고, 자본시장에서의 정보처리능력의 비약적인 증대를 가져오고 있다. 금융의 디지털화는 거래비용과 탐색비용을 크게 감소시키고 금융서비스의 다양화를 가능하게 한다.

한편 기초증권과 파생상품의 결합을 통하여 새로운 특성을 갖는 혼합증권을 만들거나, 하나의 증권으로부터 생기는 현금흐름을 분해하여 복수의 새로운 형태의 증권들을 만드는 과정을 지칭하는 금융공학(financial engineering)의 발전은 금융의 증권화와 디지털화를 촉진하고 있다. 금융공학의 발전은 새로운 형태의 위험·수익 구조를 가지는 금융상품을 만들어 투자대상을 확대시키고 있다.

2절 주 식

1 증권의 일반적 정의

증권(securities)은 일반적으로 증권시장에서 매매 대상이 되는 유가증권을 의미한다. 유가증권은 재산권을 나타내는 증서로서, 권리의 소재를 명확히 하고 권리의 행사와 이전을 확실하게 하는 기능을 가진다. 유가증권은 재산권의 경제적 성질에 따라 상품증권, 화폐증권, 자본증권으로 나누어진다. 상품증권은 예탁상품에 대한 청구권을 나타내는 증서로서 상품의 인도가 이루어지면 증권의 생명이 소멸된다. 상품증권에 속하는 증권으로는 창고증권, 선화증권, 화물인수증 등이 있다.

화폐증권은 일정액의 화폐에 대한 청구권을 나타내는 증서로서 지급인이 증권상에 기재된 금액을 지불함으로써 증권의 생명이 소멸된다. 화폐증권에 속하는 증권으로는 어음, 수표, 은행권 등이 있다. 자본증권은 일정액 또는 일정 지분의 자본을 표시하여 자본제공자인 채권자 또는 출자자의 수익청구권을 나타내는 증서로서 일정기간 동안 또는 반영구적으로 증권의 생명이 지속된다.

이와 같이 넓은 의미의 증권은 상품증권, 화폐증권, 자본증권을 포함하여 지칭하는 데 반해, 좁은 의미의 증권은 증권시장에서 거래대상이 되는 자본증권만을 말한다. 자본증권은 장기자본을 조달하기 위한 수단으로 발행되고 주식, 회사채 등에 의해 대표된다. 자본증권 소지자는 수익에 대한 청구권을 가지고 소득의 구체적인 형태로 주식의 소유자는 배당을 사채의 소유자는 이자소득을 얻게 된다. 그러므로 일반적으로 증권시장에서 거래대상이 되는 증권의 기본 형태는 주식, 채권, 파생상품으로 분류된다. 이하에서는 주식과 회사채의 특성을 중심으로 살펴본다.

2 보통주

(1) 보통주의 성격

보통주의 특성

주식은 경제적 권리내용에 따라 보통주와 우선주로 대별되나 주식(stock)이라 할 경우 통상 보통주(common stock)를 의미한다. 회사가 발행하는 주식의 대부분은 보통주이며 보통주란 명칭은 다른 종류의 주식과 구별할 필요가 있는 경우에만 사용된다. 보통주는 출자자본의 기본단위로 주식회사가 자기자본을 조달하기 위해 발행한다.

주식의 발행을 통해 조달된 자본은 그 기업의 자본금이 되어 회사가 존속되는 한 영구히 기업에 귀속되고 여러 자산에 투자되어 기업활동에 운용된다. 주식의 소유자인 주주는 출자의무를 지며 주주의 책임은 출자한 자본액을 한도로 회사에 대해 경제적 책임을 지는 유한책임이다. 주식은 출자자의 권리를 객관화시킨 단위로 출자자의 고유한 권리를 표상하고 있으므로 주식소유자인 주주(stock holder)에게는 제반 권리가 부여된다. 주주의 자격에서 가지는 기본적 권리로서는 이익배당청구권, 의결권, 잔여재산 분배청구권 등이 있다.

① 이익배당청구권: 기업은 기업활동의 결과 발생하는 순이익의 일부를 주주들에게 배분하게 되는데 이를 배당(dividend)이라 하고 주주는 배당을 받을 수 있는 권리, 즉 이익배당청구권을 가진다. 배당금은 기업의 이익수준에

따라 변하며 현금으로 배당하는 경우가 대부분이나 주식으로 배당하는 경우도 있다.

② 의결권: 주식에 내포된 두 번째 권리는 의결권으로 지배권이라고도 한다. 주식회사에서 주식 한 단위는 통상 의결권 한 단위를 나타내고 주주에게는 소유주식수에 비례하여 의결권이 부여된다. 의결권의 구체적인 행사는 주주총회에서 이루어진다. 그러나 현대 주식회사에서는 소유와 경영의 분리 현상이 촉진되어 일반 소액주주는 배당소득과 시세차익에 투자목적이 있고, 의결권 행사를 통해 경영에 참여하는 경우는 드물다.

③ 잔여재산 분배청구권: 출자자는 기업의 자기자본 소유자로서 출자비율에 따라 소유자지분(owner's equity)을 가진다. 일반적으로 자기자본은 기업이 존속하는 한 영구히 기업에 귀속되어 이익창출을 위해 운용되므로 이 경우 자기자본에 대한 소유권은 무형적, 관념적인 의미에서의 소유권에 지나지 않는다고 볼 수 있다.

주식회사가 해산하는 경우에는 모든 채무를 변제하고 남는 잔여재산에 대해 출자비율에 따라 분배받는 유형의 실체적인 권리가 주어진다. 따라서 소유권은 구체적으로는 잔여재산의 분배를 받을 수 있는 권리 즉 잔여재산 분배청구권을 의미한다고 할 수 있다. 그러나 실제 회사가 해산하는 경우는 대부분 경영부실에 의해 도산에 이르는 경우이므로 이러한 경우에는 부채가 총자산을 초과하여 잔여재산의 분배를 기대하기 어렵다.

이익배당 청구권, 의결권, 잔여재산 분배청구권이 주식에 내포된 출자자의 고유한 권리로 이러한 권리는 주식을 소유함으로써 가지게 된다. 그러나 이익배당 청구권과 의결권은 실질적으로 기업이 존속하는 동안에만 행사되는 반면 잔여재산 분배청구권은 기업의 해산 시에 행사된다는 점에서 잔여재산 분배청구권과 다른 두 가지 권리는 양립할 수 없는 성격을 지닌다고 할 수 있다.

보통주의 발행과 투자의 이점

기업의 입장에서 보면 보통주 발행을 통해 자본을 조달하는 이점은 다음과 같다. 첫째, 보통주의 경우 배당을 지급하지 않아도 법적 제재가 수반되지 않으므로 이자와는 달리 배당은 고정비적 성질을 지니지 않는다. 둘째, 보통주에는 지급 만기일이 없으므로 주식발행을 통하여 조달한 자본은 상환할 필요가 없다. 셋째, 보통주 발행에 따라 자기자본이 증가할수록 채권자에게는 채무불이행 위험이 줄어든다. 이와 같이 보통주 발행이 채권자에게 안전판(cushion) 역할을 하므로 기업의 신용을 증가시킨다. 넷째, 보통주는 일반적으로 채권에 비해 높은 투자수익률이 기대되므로 쉽게 매각할 수 있다.

한편 투자자의 입장에서 보면 주식은 주식의 특성상 해산 시 잔여재산 분배청구권의 행사가 제한될 수 있고, 이익의 분배액인 배당이 변동적이며 예측도 곤란하다는 점에서 위험이 높은 투자대상이다. 그러나 주주의 책임이 유한책임으로 경제적인 책임은 투자액의 범위 내에서 지는 반면 이익이 발생한 경우에는 무제한으로 이익배당에 참여할 수 있다는 이점이 있다. 따라서 주식은 채권에 비해 위험이 높은 투자대상인 반면, 시장에서 높은 투자수익을 얻을 수 있는 기회를 제공하고 인플레이션에 대한 보상을 제공한다는 점에서 적극적인 투자자의 투자대상이 된다.

(2) 보통주의 종류

증권시장이 발달되지 못한 사회에서는 증권은 매우 단순한 형태로 발행되는데 불과하지만, 증권시장이 발달할수록 다양한 계층의 투자자 욕구를 충족시킬 수 있는 조건이 부여된 여러 가지 형태의 증권이 발행된다. 그 결과 권리의 내용이 다른 여러 종류의 주식이 발행된다.

의결권 유무에 의한 분류

의결권이란 주주총회에 상정된 여러 의결사항에 대한 결정권을 의미하며 주주들은 의결권 행사를 통하여 기업경영에 참여하게 된다. 주식에는 의결권이 부여되는 것이 일반적이나 의결권이 없는 주식도 있다.

① 의결권주: 의결권주(voting stock)는 의결권이 있는 주식이다. 의결권은 보통주 1주에 하나가 부여되는 것이 원칙이다.

② 무의결권주: 무의결권주는 의결권이 부여되어 있지 않는 주식이다. 무의결권주는 일반적으로 발기인 또는 의결권주를 소유한 대주주 집단이 자기들의 경영지배권을 유지할 목적으로 배당소득과 시세차익을 목적으로 하는 일반 투자자를 대상으로 발행하여 자본을 조달하고자 하는 경우 이용된다.

자본형성 방법에 의한 분류

자본형성 방법의 차이에 따라 액면주와 무액면주로 구분할 수 있다. 우리나라의 경우 액면주만을 인정하고 있다.

① 액면주: 액면주(par value stock)란 주권면상에 액면금액이 기재되어 있는 주식을 말한다. 우리나라의 경우 액면주식의 금액은 균일하여야 하며 100원 이상이어야 한다.

② 무액면주: 무액면주는 주권면상에 액면금액이 기재되어 있지 않고 주식 수만이 기재되어 있는 주식이다. 무액면주의 경우 발행가격은 시장가격을 기초로 하여 자유로 결정된다.

주주성명의 공시 여부에 의한 분류

① 기명주: 기명주(registered stock)는 주주의 성명이 주권이나 주주명부에 기재되어 있는 주식을 말한다. 기명주식을 발행하는 경우에는 주주로서의 권리 행사자를 명확히 알 수 있고 각종 통지나 최고를 하는 데 편리하다.

② 무기명주: 무기명주(bearer stock)는 주주의 성명이 주권이나 주주명부에 기재되지 아니한 주식으로 주권을 소유함으로써 주주의 자격을 인정받게 된다. 무기명주는 주권의 유통을 신속·원활히 한다는 장점이 있으나, 권리 행사자를 확정짓기가 곤란하다는 단점이 있다.[3]

증자 시 주금의 납입 여부에 의한 분류

① 유상주: 기존의 회사가 신주를 발행하는 경우 주금의 납입이 있느냐 없느

3 우리나라의 경우 기명주식의 발행을 원칙으로 하며 무기명주식은 정관에서 그 발행을 예정하고 있는 경우에 한하여 발행할 수 있다.

냐에 따른 구분으로, 신주를 발행하여 주주에게 소유주식에 비례하여 신주를 배정하고 주금을 납입 받는 증자를 유상증자라고 하고 이때 교부받는 주식을 유상주라고 한다.

② 무상주: 무상주란 주금의 납입없이 발행회사가 기존주주에게 무상으로 주식을 할당하는 무상증자의 경우 발행하는 주식을 말한다. 무상주의 발행은 자본잉여금의 자본전입, 이익준비금의 자본전입, 주식배당 등의 경우에 이루어진다.

제3자의 보증유무에 따른 분류

① 보증주: 보증주(guaranteed stock)는 회사가 발행하는 주식에 대한 이익배당의 지급을 제3자가 보증한 주식으로 이익의 유무에 관계없이 배당이 확약되어 있는 주식이다. 보증주는 사회적 신용도가 낮은 회사의 자본조달 수단으로 이용되며 일반적으로 금융기관 또는 해당 기업의 모기업 등이 보증하게 된다.

② 무보증주: 무보증주는 이익배당의 지급에 대한 제3자의 보증이 없는 주식이다. 무보증주는 신용도가 높은 우량기업이 자체의 신용을 바탕으로 발행한다.

3 우선주

(1) 우선주의 성격

우선주(preferred stock)는 여러 가지 종류의 주식을 발행하는 경우 이익 또는 잔여재산 분배 시 보통주에 비해 우선적 지위가 인정되는 주식이다. 즉 우선주는 배당청구권과 잔여재산 분배청구권이 보통주에 우선하는 주식으로 상대적으로 안전성을 요구하는 주식투자자의 욕구를 충족시키기 위해 발행된다.

우선주에 대한 배당률인 우선배당률은 통상 우선주 발행 시 정해진다.[4] 그러

4 우리나라의 경우 최저배당률을 보장해 주거나 일정기간 후 보통주로 전환할 수 있는 우선주를 이전의 우선주에 비교해 신형우선주라고 한다.

나 우선주에 대한 배당도 보통주와 마찬가지로 이익의 발생을 전제로 하므로 이익이 적거나 없는 경우에는 우선배당률을 낮추거나 배당을 지급하지 않을 수 있다. 그러므로 엄밀히 말하면 우선배당률은 이익의 발생유무와 관계없이 지불해야 하는 사채의 이자와 같이 확정적인 것은 아니다.

일반적으로 우선주는 정률의 배당을 미리 약정해 두고 있으며, 의결권이 제한되고 추가적인 이익배당의 참여가 제한된다는 점에서 사채와 유사한 성격을 지닌다. 그리고 이익이 발생하지 않는 경우 배당을 하지 않아도 법적인 제재를 받지 않는다는 점에서 보통주와 유사한 성격을 지닌다. 따라서 우선주는 사채와 보통주의 성격이 혼합된 혼합증권이다.

(2) 우선주의 종류

우선주는 우선주의 권리내용에 따라 다음과 같이 구분된다.

누적적 우선주와 비누적적 우선주

어떤 연도의 배당이 우선배당률에 미치지 못하거나 전혀 지급되지 못한 경우 미지급분을 장래에 보상하느냐의 여부에 따라 누적적 우선주와 비누적적 우선주로 구별된다. 누적적 우선주는 미지급 배당이 장래에 보상되는 우선주이다. 따라서 누적적 우선주의 경우 다음 결산기에 전기의 미지급 배당 이월분과 당기의 배당분의 합계액을 보통주에 우선하여 지급하게 된다.

반면 비누적적 우선주의 경우는 미지급배당분이 장래에 보상되지 않는 우선주이다. 따라서 우선배당은 당기에만 한정되고 미지급분이 있어도 다음 결산기로 이월되지 않고 당해 결산기의 결과와 함께 소멸된다.

참가적 우선주와 비참가적 우선주

우선주는 우선주배당률을 초과하여 배당에 참가할 수 있느냐의 여부에 따라 참가적 우선주와 비참가적 우선주로 나눈다. 참가적 우선주는 모든 우선주가 우선배당률까지의 배당을 보통주에 우선하여 지급받고 난 후에도 배당가능이익이 있는 경우 추가로 잔여이익의 배당에 참가할 수 있는 우선주이다. 반면 비참가적 우선주는 우선배당률을 초과하여 잔여이익의 배당에 참가할 수 없는 우선주이다.

전환우선주와 상환우선주

전환우선주(convertible stock)는 소유자의 자유의사에 따라 일정한 조건 아래서 그 소유주식을 다른 종류의 주식으로 전환할 수 있는 우선주이다. 이러한 종류의 전환조항은 보통 전환우선주에 부가되어 보통주로의 전환이 이루어지는 것이 일반적이다.

상환우선주(callable stock)는 발행회사가 이미 발행한 주식을 일정조건 아래에서 원금을 주주에게 상환하고 주식을 소각하도록 예정되어 있는 우선주이다.

3절 채 권

1 회사채

(1) 회사채의 성격

회사채의 특성

회사채(corporate bond)는 주식회사가 일반대중으로부터 장기자금을 조달할 목적으로 집단적·대량적으로 부담하는 채무이다. 일반적으로 회사채는 사채라고 하며 확정채무임을 표시하고 발행되는 유가증권을 사채권이라 한다.[5] 사채권의 소유자인 사채권자는 기업외부에 있는 채권자이고 회사의 구성원인 주주와는 전혀 다르다. 그러므로 사채권자는 기업의 경영에 참가할 수 없고 의결권도 없고, 이익배당 청구권과 잔여재산 분배청구권도 없다.

그러나 사채권자는 발행회사에 대하여 이익의 발생유무와 관계없이 제공된

---

5 자본시장법에서 채권은 채무증권으로 불리고 사채권은 국채증권, 지방채증권, 특수채증권, 기업어음증권과 함께 채무증권에 속한다.

자본에 대한 대가로 일정한 이자를 받을 수 있는 이자지급청구권과 상환기한이 도래하면 원금의 상환을 받을 수 있는 원금상환청구권을 가진다. 그리고 회사해산의 경우에는 주주보다 앞서 일반채권자와 같은 순위에서 회사재산으로부터 이자와 원금을 변제받을 수 있다.

사채와 주식의 비교

사채와 주식은 모두 주식회사의 중요한 장기자본 조달원천이며 증권자본이라는 면에서 공통점을 가지고 있으나 세부적인 특성에는 여러 가지 차이가 있다. 주식과 사채의 주요 특성을 나타내 보면 〈표 1-1〉과 같다.

주식은 자기자본으로 출자자인 주주에게 귀속되는 반면, 사채는 타인자본으로 사채권자에게 귀속된다. 자본제공에 대한 보수로서 주식의 경우에는 배당이란 형태로 지급되는 반면, 사채의 경우에는 이자란 형태로 지불된다. 보통주의 경우 배당의 크기가 사전에 정해져 있지 않고 이익이 있는 경우에도 분배에 참여하는 순위는 마지막이다. 이와 같이 보통주는 수익이 변동적이므로 사채에 비해 위험이 높은 투자대상이다. 반면, 사채의 경우는 이자 및 원금의 지급이 사채 계약서상에 확정되어 있으므로 상당히 안전한 투자대상이나 수익은 고정된다.

보통주의 경우 투자자본은 기업에 영구히 귀속되어 운용되지만 사채의 경우

〈표 1-1〉 주식과 사채의 특성비교

구 분	보통주	사 채	우선주
귀속관계	출자자(주주)	채권자	출자자(주주)
수익형태	배 당	이 자	배 당
수익성격	변동적	확정적	확정적(통상)
투자기간	영구적	기간적	중간적
의결권	의결권 있음	의결권 없음	의결권 없음(통상)
이익분배	이익분배 참여 순위는 후순위	이자와 원금의 수취는 확정적	이익분배 참여 순위는 보통주에 우선
잔여재산 분배	해산 시 잔여재산 분배는 후순위	해산 시 주식보다 원리금 우선변제	해산 시 잔여재산분배는 보통주에 우선

상환기간이 있으므로 일정기간 후에 원금은 상환되어야 한다. 기업자산의 소유자인 주주는 의결권 행사를 통하여 지배권을 행사하지만, 사채권자는 기업자산의 소유자가 아닌 채권자에 불과하므로 의결권이 없다.

한편 우선주는 주식의 일종으로 자기자본을 구성하지만 실제 사채와 유사한 특성도 지니므로 보통주와 사채의 중간적인 특성을 가진다. 우선주의 경우 우선배당률이 미리 정해지고 배당청구권과 해산 시 잔여재산 분배참가 순위가 보통주에 우선하며, 일반적으로 의결권이 부여되지 않는다는 점에서 사채와 유사하다고 할 수 있다.

이와 같은 주식과 사채의 차이는 전형적인 형태의 주식과 사채의 차이일 뿐이며 보다 용이한 자본조달을 위해 증권의 다양화가 이루어짐으로써 사채의 성격을 띤 주식이나 주식의 성격을 띤 사채가 출현하여 그 특성의 차이를 더욱 좁히고 있다.

회사채의 발행과 투자의 이점

기업이 사채발행에 의해 장기자본을 조달할 경우의 이점을 살펴보면 다음과 같다. 첫째, 배당과 의결권의 침해 없이 장기자금을 일시에 용이하게 조달할 수 있다. 둘째, 상환기일과 이자율이 확정되어 있어 일정기간 동안 안정된 자금의 사용과 자금계획을 수립할 수 있다. 셋째, 이자 지급액은 세법상 비용으로 처리되므로 이자의 감세효과를 얻을 수 있다. 넷째, 만기 이전에 상환할 수 있는 상환사채의 발행이 가능하므로 자금운용을 탄력적으로 할 수 있다.

한편 투자자의 입장에서 보면 사채는 회사의 이익수준에 관계없이 정해진 시기에 약정된 이자를 받으므로 고정적인 소득원이 된다. 그리고 해산 시 이자청구권과 원금상환청구권의 행사가 주식의 잔여재산 분배청구권의 행사에 우선하여 이루어진다는 이점이 있다. 이와 같이 사채는 주식에 비해 투자수익이 사전에 거의 확정되어 있으므로 위험이 낮은 안정적인 투자대상이다. 따라서 일반적으로 보수적인 투자자의 투자대상이 된다.

(2) 회사채의 종류

회사채의 종류는 이자와 원금의 상환 등과 관련된 다양한 조건에 따라 여러 가지 종류의 사채로 나눌 수 있다.

담보부사채와 무담보부사채

담보의 유무에 따라 담보부사채와 무담보부사채로 나눈다. 담보부사채(mortgage bond)는 원리금 상환을 위한 담보가 설정되어 있는 사채를 말하며 담보물건으로는 부동산과 유가증권이 주로 사용된다. 무담보부사채는 원리금 상환을 위한 담보가 설정되어 있지 않는 사채를 말한다.

보증사채와 무보증사채

보증의 유무에 따라 보증사채와 무보증사채로 나눈다. 보증사채(guaranteed bond)는 발행회사 이외의 제3자가 원리금 지급을 보증하는 사채이다. 보증은 주로 은행, 신용보증기금 등의 금융기관에 의해 이루어진다. 무보증사채는 원리금의 지급에 대한 제3자의 보증 없이 기업 자체의 신용에 의해 발행되는 사채를 말한다.

복리채, 할인채, 이표채

이자지급 방법에 따라 복리채, 할인채, 이표채로 나눌 수 있다. 복리채는 복리로 계산된 이자와 원금을 만기일에 지급하는 사채를 말하며, 할인채는 이자 상당분을 미리 할인하여 발행하고 만기에는 원금만을 상환하는 사채를 말한다. 이표채는 정해진 이자지급일에 일정 이자를 이표와 교환하여 지급하는 채권을 말한다.

확정이자부사채와 변동금리부사채

지급이자 변동 여부에 따라 확정이자부사채와 변동금리부사채로 나눌 수 있다. 확정이자부사채는 사채의 가장 보편적인 형태로 액면가액에 대해 확정된 일정한 이자율이 지급되는 사채를 말하며, 변동금리부사채(floating rate note : FRN)는 지급이자율이 시중 실세금리에 따라 변하는 채권으로 표면금리가 CD유통수익률과 같은 대표성을 갖는 시장금리(기준금리)에 따라 매 이자지급 기간마다 재조정되는 사채이다.

이익사채와 이익참가사채

이익참가 형태에 따른 분류로 이익사채는 이익이 부족한 경우에는 이자를 지급하지 않아도 채무불이행이 되지 않는 사채를 말하며 이익이 부족한 기업이 갱생 과정에서 발행한다. 이익참가사채는 이익이 충분한 경우 확정이자지급 이외에 이자를 추가로 지급하는 사채를 말한다.

감채기금부사채, 임의(수의)상환사채

감채기금부사채(sinking fund bond)는 사채의 상환에 대비하여 발행회사가 일정액을 연차적으로 적립하는 조건이 붙은 사채를 말하며, 임의상환사채(callable bond)는 발행회사가 만기 이전에 임의로 상환할 수 있는 조건이 붙은 사채를 말하며 수의상환사채라고도 한다.

전환사채와 교환사채

사채권자에게 주어진 선택권의 내용에 따라 사채의 종류를 분류해 볼 수 있다. 전환사채(convertible bond: CB)는 일정한 조건 아래서 사채권자의 청구에 의해 주식으로 전환할 수 있는 권리가 부여된 사채를 말한다. 전환사채는 사채권자에게는 확정이자와 원금의 지급이 보증된 안전성과 주식투자의 유리한 점 가운데서 선택할 수 있다는 장점이 있고, 발행기업에게는 이익이 많지 않는 설비투자 초기에 비용이 낮은 자금을 조달할 수 있다는 이점이 있다.

교환사채(exchangeable bond: EB)는 일정한 조건 아래서 사채권자의 청구에 의하여 발행회사가 보유하고 있는 상장유가증권으로 교환할 수 있는 권리가 부여된 사채를 말한다. 교환사채는 교환권 청구 시 추가적인 자금의 유입이 없다는 점에서 신주인수권부사채와 다르며, 자본금의 증가가 수반되지 않는다는 점에서 전환사채와 다르다.

신주인수권부사채와 신주인수권증서

신주인수권부사채(bond with warrants: BW)는 사채의 상환일 이전 일정기간 동안에 일정한 수의 신주를 일정한 가격으로 인수할 수 있는 권리, 즉 신주인수권이 부여된 사채를 말한다.

신주인수권증서는 신주인수권과 구별된다. 신주인수권은 이사회의 신주발행 결의가 있을 때까지는 추상적인 권리에 불과하지만 일단 이사회 결의가 있으면 구체적 권리로 전환되어 양도가 가능해진다. 신주 인수권만을 자유롭게 양도할 수 있도록 유가증권으로 만든 것이 신주인수권증서이다.

후순위채

후순위채는 채권 발행기업이 파산할 경우 변제순위가 일반사채보다는 뒤지나 우선주나 보통주보다는 우선하는 사채이다. 후순위채는 원금손실 가능성이 높기 때문에 일반 채권보다 더 높은 이자율을 제시하게 된다. 후순위채는 중간에 상환을 요청할 수 없는 고수익·고위험 채권이다.

2 국공채 및 특수채

(1) 국공채

국공채는 국가나 지방공공단체가 필요한 재원을 충당하기 위해 발행하는 증권으로 국채와 지방채로 구분된다. 국채는 재정적자를 보전할 목적이나 특정사업의 재원을 조달할 목적으로 발행하는 증권이다. 국채는 발행주체가 정부이기 때문에 채무불이행위험이 없는 무위험증권(risk-free security)으로 분류된다. 국채는 발행목적에 따라 일반국채, 사업국채, 기금증권, 보상증권으로 분류된다.

일반국채는 재정적자를 메우거나 재정수지의 일시적 불균형을 조절하기 위한 목적으로 발행되고 사업국채는 특정사업수행에 필요한 재원 조달을 목적으로 발행된다. 그리고 기금증권은 국민경제와 관련된 정책사업에 필요한 재원을 조달하기 위해 발행되고, 보상증권은 국가의 보상재원을 마련하기 위해 발행된다. 지방채는 지방공공단체가 발행하는 채권으로 교통, 수도, 교육 등 공공사업이나 발행된 지방채의 차환 등에 필요한 재원을 조달하기 위해 발행된다.

(2) 특수채

특수채는 특별법에 의해 설립된 특수법인이 재원마련을 위해 발행하는 채권을 말하며 금융채와 공기업채로 구분된다. 금융채는 특별법에 의해 설립된 금융기관이 발행하는 채권을 말하며, 금융채로서 조달된 자금은 주로 장기산업자금으로 사용되는 것이 보통이다. 공기업채는 특별법에 의해 설립된 특수법인 또는 정부투자기관이 발행한 증권으로 금융채와 함께 정부가 원금의 지급을 보증하는 정부보증채권이다.

4절 파생상품과 기타증권

1 파생금융상품

파생금융상품(financial derivatives)은 그 가치가 통화, 채권, 주식 등 기초금융자산의 가치변동에 의해 결정되는 금융계약으로서 계약형태에 따라 선도계약, 선물, 옵션, 스왑 등으로 구분된다.

선도계약(forward contracts)과 선물(futures)은 기초자산을 미래 특정시점에 특정가격으로 사고팔기로 약정하는 계약이다. 그러나 선도계약은 장외시장에서 거래당사자간에 직접거래 되거나 딜러나 브로커를 통해 거래되는 반면, 선물은 정형화된 거래소 시장에서 거래된다는 점에서 차이가 있다.

옵션(options)은 기초자산을 미래의 특정시점 또는 특정기간 동안 미리 정해진 행사가격에 매입하거나 매도할 수 있는 권리를 사고파는 계약이다. 옵션은 기초자산이 주식인 주식옵션(stock options), 기초자산이 통화인 통화옵션(currency options), 기초자산이 금리인 금리옵션(interest options) 등이 있다.

스왑(swaps)은 일반적으로 두 개의 금융자산 또는 부채에서 파생되는 미래의 현금흐름을 교환하기로 하는 계약으로 이종 통화표시 채무의 원리금 상환을 교환하기로 약정하는 통화스왑(currency swap)과 변동금리채무와 고정금리채무간의 이자지급을 교환하기로 약정하는 금리스왑(interest swaps)등으로 구분된다.

2 수익증권

수익증권(beneficiary certificate)은 금전 또는 신탁재산의 운용으로부터 생긴 이익을 분배받을 수 있는 권리인 수익권을 표시한 증권을 말한다. 투자신탁의 경우 수익증권은 일반투자자가 맡긴 자금을 집합투자업자(자산운용회사)가 일반투자자를 대신하여 주식, 채권, 파생상품 등에 투자하고 이로부터 생긴 이익을 투자자인 수익자에게 분배해 주기로 계약하면서 발행하는 권리증서를 말한다. 수익증권은 개인투자자들이 가지는 투자자금의 영세성과 전문성의 부족을 극복하고 대규모 전문투자자들의 투자성과를 개인투자자들이 공유할 수 있다는 이점을 가진 투자대상이다.

3 증권예탁증권(DR)

증권예탁증권(depositary receipts: DR)은 주식예탁증서라고도 하며 국내에서 주식을 발행하여 이 주식(원주)을 예탁기관에 맡기고 예탁기관이 원주를 기초로 발행하는 증서이다. 해외증시에서 주식을 매각하고 싶은 국내 상장회사는 국내에서 발행된 원주를 은행과 같은 국내원주 보관기관에 맡기고, 이를 근거로 해외예탁기관이 증서를 발행하여 이를 외국증시에 상장시켜 투자자들에게 파는 것이다. 결국 외국인 투자자들은 원주를 발행국가에 맡겨놓았을 뿐 실제는 주식을 산 주주로서의 모든 권리를 확보하는 것이다.

증권예탁증권은 환율, 대금결제방법, 국외수송 문제 등 외국에서 주식을 유통시킬 때 발생하는 문제점을 해소하여 유통의 편의를 도모하기 위해 발행된다. 주식예탁증권 가운데 특히 미국에서 발행되는 주식예탁증권을 ADR(American DR), 유럽에서 발행되는 주식예탁증권을 EDR(European DR)이라고 부른다. 그리고 2개국 이상에서 발행되는 경우를 GDR(Global DR)이라고 부른다.

4 주가연계증권(ELS)

주가연계증권(equity linked securities: ELS)은 투자자로부터 조달한 자금의 대부분을 우량채권에 투자하고, 일부는 주가지수옵션, 주가지수선물 등의 매입자금으로 사용하여 운용하는 금융상품으로 만기 시 수익률이 특정 주권의 가격 또는 주가지수의 변동에 따라 달라진다.

4 주식워런트증권(ELW)

주식워런트증권(equity linked warrant: ELW)은 당사자 일방의 의사표시에 의하여 특정 주식의 가격 또는 주가지수의 변동과 연계하여 미리 약정된 방법에 따라 주권의 매매 또는 금전을 수수하는 권리가 부여된 증서이다. 주식워런트증권(ELW)은 상품특성이 주식옵션과 유사하나 법적구조, 시장구조, 발행주체와 발행조건이 주식옵션과 다르다. ELW는 증권으로서 현물시장에서 거래되나 주식옵션은 파생상품으로 파생상품시장에서 거래된다.

6 자산유동화증권(ABS)

자산유동화증권(asset-backed securities: ABS)은 매출채권, 대출채권, 주택저당채권 등 유동성이 낮은 자산을 기초로 자금을 조달하기 위해 발행하는 새로운 형태의 증권을 말한다. 자산유동화증권은 자산보유자가 자산(또는 미래현금흐름)에 대한 권리를 특수목적기구(SPV)에 완전히 이전시키고, 특수목적기구가 신용보강

T-bills, T-notes, T-bonds

미국의 경우 재무성이 부족한 재정자금의 조달을 목적으로 발행하는 증권에는 상환기간에 따라 재무성 단기채(Treasury bills), 재무성 중기채(Treasury notes), 재무성 장기채(Treasury bonds)로 분류된다.

재무성 단기채(T-bills)는 재무성이 발행하는 단기증권으로 상환기간은 1년 이내로 주로 91일, 182일, 364일로 세분되어 있다. 재무성 단기채의 수익률은 다른 투자대상보다 낮지만 채무불이행위험이 없고 유동성이 높은 자산이므로 통상 재무성 단기채의 수익률이 무위험수익률로 사용된다.

재무성 중기채(T-notes)는 재무성이 발행하는 1년 이상 10년 미만의 만기를 가진 채권을 말하고, 재무성 장기채(T-bonds)는 10년 이상의 만기를 가진 채권을 말한다.

단기채는 할인방식에 의해 발행되는 데 비해 중기채와 장기채는 이표채의 형태로 발행된다. 그리고 장기채의 경우에는 만기 이전에 상환이 가능한 임의상환채권(callable bonds)의 형태로 발행되기도 한다.

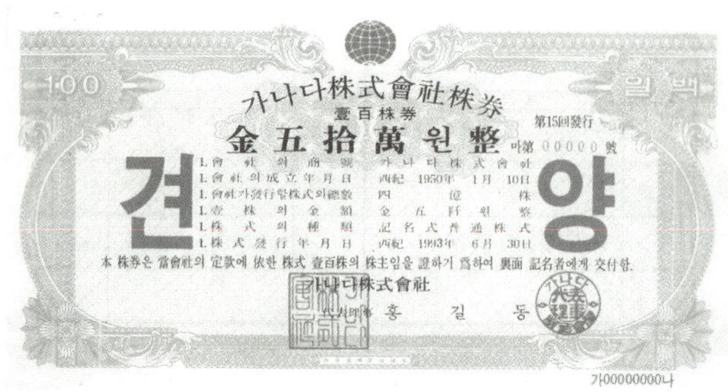

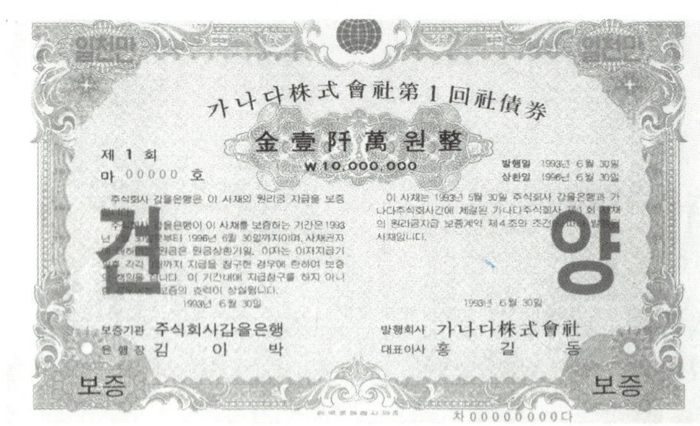

과정을 거쳐 유동화 증권을 발행하게 된다. 이 증권의 원리금은 일차적으로 기초자산으로부터 발생하는 현금흐름으로 상환된다.

자산유동화증권 가운데 특히 채권을 기초로 발행한 유동화증권을 채권담보부증권(collateral bond obligation: CBO), 금융기관의 대출채권을 기초로 발행한 유동화증권을 대출채권담보부증권(collateral loan obligation: CLO)이라고 하고, 주택을 담보로 대출한 주택저당채권(mortgage loan)을 기초로 발행한 유동화 증권을 주택저당증권(mortgage-backed securities: MBS)이라고 부른다. 자산유동화 증권은 금융기관과 기업의 새로운 자금조달 수단으로 크게 부각되고 있다.

5절 자본시장법에서의 증권

1 증권과 파생상품의 정의

「자본시장과 금융투자업에 관한 법률」(자본시장법)[6]에 의하면 금융상품은 투자성, 즉 원본손실가능성에 따라 금융투자상품과 비금융투자상품으로 나누어진다. 금융투자상품은 경제적 실질에 따라 원본손실의 가능성이 있는 모든 금융상품을 말하고 비금융투자상품은 전통적 예금과 같이 원본 이상의 수익이 보장되는 금융상품을 말한다. 따라서 예금과 보험계약 등을 제외한 금융상품은 모두 금융투자상품에 속한다고 할 수 있다.[7]

또한 금융투자상품 가운데 손실의 범위가 원본의 범위 내에 한정되는 금융투자상품을 증권 그리고 원본을 초과하여 손실이 발생할 가능성이 있는 금융투자상

---

6 우리나라는 「증권거래법」, 「선물거래법」, 「간접투자자산운용업법」, 「신탁업법」, 「종합금융회사에 관한 법률」, 「증권선물거래소법」 등을 통합하여 「자본시장과 금융투자업에 관한 법률」(통칭으로 「자본시장법」이라 부른다)을 제정하여 2009년 2월 4일부터 시행하였다.

7 금융투자상품은 전통적인 증권개념으로 쉽게 포괄할 수 없는 각종 구조화상품과 같은 신종증권을 증권개념에 포괄하기 위해 도입된 개념이다.

[그림 1-2] 경제적 실질에 따른 금융상품의 분류

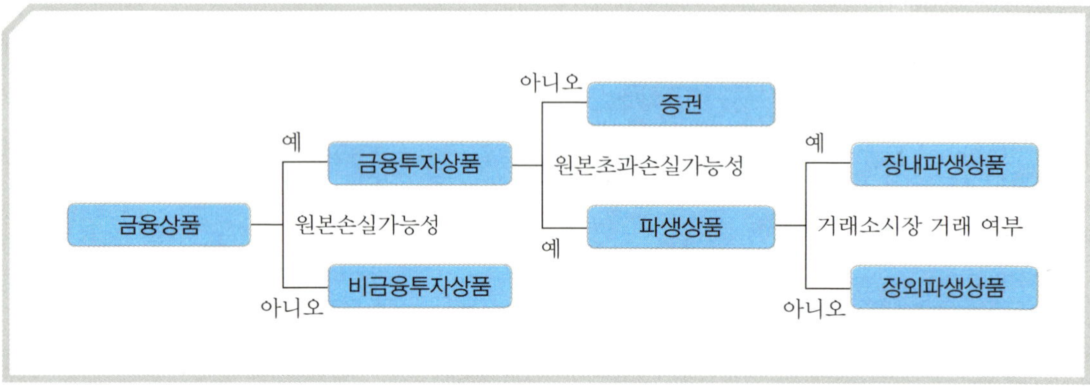

품을 파생상품으로 분류한다. 그리고 파생상품은 거래 장소에 따라 장내파생상품과 장외파생상품으로 분류된다. 원본초과손실가능성이 있는 파생상품에는 선물 및 선도계약, 옵션, 스왑 등이 포함된다.

2 증권의 분류

우리나라 자본시장법상 증권은 내국인 또는 외국인이 발행한 금융투자상품으로서 투자자가 취득과 동시에 지급한 금전, 그 밖의 재산적 가치가 있는 것 외에 어떠한 명목으로든지 추가로 지급의무를 부담하지 않는 것을 말한다.[8] 증권의 개념은 채무증권, 지분증권, 수익증권, 증권예탁증권과 같은 전통적인 증권과 새로운 개념의 증권으로 투자계약증권, 파생결합증권으로 분류된다.

(1) 전통적인 증권

전통적인 증권은 채무증권, 지분증권, 수익증권, 증권예탁증권으로 나누어진다. 채무증권은 채무에 대한 지급청구권을 나타내는 것으로 국채, 지방채, 특수채, 사채, 기업어음증권 등이 포함된다. 지분증권은 출자지분을 나타내는 것으로 주식, 신주인수권 등이 포함된다.

8 「자본시장과 금융투자업에 관한 법률」 제4조.

수익증권은 신탁의 수익권을 나타내는 것으로 금전신탁계약에 의한 수익증권, 집합투자기구(펀드)의 투자신탁에 의한 수익증권 등이 포함된다. 증권예탁증권은 채무증권, 지분증권, 수익증권 등을 예탁받은 자가 그 증권이 발행된 국가 외의 국가에서 발행하는 증권으로 예탁받은 증권에 대한 권리를 표시한 것을 말한다. 증권예탁증권에는 국내주식예탁증서(depository receipts: DR)로는 KDR, 외국주식예탁증서로는 GDR, ADR 등이 있다.

(2) 투자계약증권

투자계약증권은 이익을 기대하여 공동사업에 금전 등을 투자하고 주로 타인의 노력에 의하여 수익이 결정되는 증권으로 타인이 수행한 공동사업의 결과에 따른 손익을 귀속받는 계약상의 권리가 표시된 것을 말한다. 집합투자증권, 비정형간접투자증권, 출자지분 등이 포함된다.

(3) 파생결합증권

파생결합증권은 기초자산의 가격, 이자율, 지표, 단위 또는 이를 기초로 하는 지수 등의 변동과 연계하여 미리 정하여진 방법에 따라 지급금액 또는 회수금액이 결정되는 권리가 표시된 것을 말한다. 파생상품펀드에 주로 투자하는 파생결합증권은 원본초과손실 가능성이 있는 파생상품이 아니라, 원본초과손실가능성이 없는 증권의 범위에 포함된다.

파생결합증권에는 주가연계증권(equity linked securities: ELS), 주식워런트증권(equity linked warrant: ELW) 등이 포함된다.

용어정리

- 교환사채
- 금융자산
- 기관투자자
- 누적적 우선주
- 무상주
- 무액면주
- 무위험수익률
- 변동금리부채권
- 보증사채
- 보증주
- 보통주
- 신주인수권부사채
- 신주인수권증서
- 신형우선주
- 실물자산
- 액면주
- 요구수익률
- 우선주
- 위험프리미엄
- 위험프리미엄
- 유상주
- 이익배당청구권
- 임의(수의)상환사채
- 자본증권
- 자본증권
- 자산유동화증권(ABS)
- 잔여재산분배청구권
- 전문투자자
- 전환사채
- 주가연계증권(ELS)
- 주식예탁증권(DR)
- 증권투자
- 투자계약증권
- 파생결합증권
- 할인채
- 화폐증권
- 확정이자부채권
- 회사채
- T-bills(Treasury-bills)
- T-bonds(Treasury-bonds)
- T-notes(Treasury-notes)

연/습/문/제

01 현금과 대학교육은 실물자산과 금융자산 중 어디에 속하는가?

02 투자의 정의에 포함된 기본 속성과 요구수익률의 관계를 설명해 보시오.

03 증권시장의 기관화(institutionalization)현상은 무엇을 의미하는가?

04 금융의 증권화(securitization)란 무엇을 의미하는가?

05 우선주는 왜 혼합증권(hybrid security)이라고 불리는가?

06 일반적으로 주식에 대한 투자수익률이 국채에 대한 투자수익률보다 높다. 그럼에도 불구하고 국채에 투자하는 이유는 무엇인가?

07 증권투자 시 고려해야 할 기본요소에는 어떤 것이 있는가?

08 증권투자의 관리과정을 약술해 보시오.

09 어떤 기업의 주식을 매입함으로서 갖게 되는 기본권리를 설명하시오.

10 사채권자의 기본권리를 설명하시오.

11 보통주, 우선주, 회사채의 특성을 비교 설명하시오.

12 투자자의 입장에서 주식투자는 어떤 이점을 가지는가?

13 기업의 입장에서 사채발행에 의한 자본조달의 이점은 무엇인가?

14 전환사채, 신주인수권부사채, 교환사채를 비교 설명하시오.

15 증권의 종류가 다양화되는 이유는 무엇인가?

16 「자본시장법」에 의하면 증권과 파생상품은 어떻게 정의되는가?

CHAPTER

02 금융시장과 증권발행

1절 금융시장

1 금융시장의 의의

기업은 전체적으로 보면 현재의 기업활동에 의해 조달할 수 있는 자금보다 더 많은 자금을 필요로 하는 자금의 수요자인 반면 가계는 여유자금을 저축·투자하는 자금의 공급자이다. 금융시장(financial market)은 금융상품 거래를 통하여 자금의 수요자와 공급자 사이에 필요한 자금을 조달하고 여유 자금을 운용하는 시장을 말한다.

금융시장은 자금을 조달하는 방법에 따라 직접금융시장과 간접금융시장으로 나누어진다. 직접금융시장은 자금의 수요자인 기업이 주식 또는 채권을 발행하여 직접 자금의 공급자인 가계로부터 자금을 조달하는 시장이고, 간접금융시장은 자금의 수요자와 공급자 사이에 금융중개기관이 존재하여 이들의 중개기능을 통하여 자금을 조달하는 시장이다.

금융시장은 자금이 부족한 기업이 자금이 남는 가계로부터 소요자금을 조달할 수 있는 기회를 제공함과 동시에 투자자가 현재의 여유자금을 금융자산에 투자

[그림 2-1] 금융시장과 자금흐름

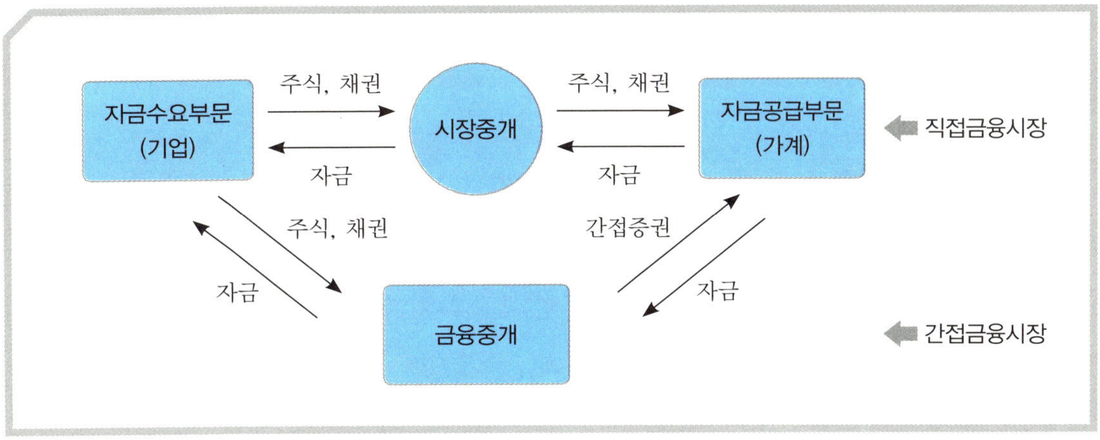

하여 부를 증대시킬 수 있는 기회를 제공한다. 따라서 금융시장은 수요자와 공급자 사이의 자금의 효율적 배분에 기여하고 나아가 국민경제 성장을 촉진하는 역할을 수행한다.

2 금융시장의 구조

우리나라 금융시장의 구조는 전통적 금융시장과 외환시장 그리고 파생금융상품시장으로 구분된다. 전통적 금융시장은 거래되는 금융자산의 만기에 따라 화폐시장과 자본시장으로 나누어진다. 화폐시장(money market)은 일반적으로 상환기간이 1년 이내인 단기증권이 거래되는 단기금융시장으로 금융기관, 기업 또는 개인이 일시적 여유자금을 운용하거나 일시적으로 부족한 자금을 조달하는 데 활용된다. 화폐시장에서 거래되는 금융상품으로는 콜(Call), 양도성예금증서(CD), 기업어음(CP), 표지어음(Cover bill), 환매조건부채권(RP), 통화안정증권 등이 있다. 화폐시장은 자금시장이라고도 부른다.

콜(Call)시장은 금융기관 상호간에 일시적인 자금의 과부족을 조절하기 위한 초 단기 자금의 대차가 이루어지는 시장이다. 그러므로 1일물 거래가 대부분이다. 콜시장에서 형성되는 금리는 기업어음, 양도성예금증서 등 단기금리변동을 초래하고 나아가 회사채수익률, 은행대출금리 등 장기금리에도 영향을 미치게 된다.

양도성예금증서시장은 은행이 발행하는 정기예금에 양도성을 부여한 예금증서인 양도성예금증서(CD)가 거래되는 시장이다. 91일물 CD 최종 호가수익률은 콜금리와 함께 대표성 있는 단기시장금리로 은행대출금리의 결정에 이용된다.

기업어음시장은 신용상태가 양호한 기업이 단기자금을 조달하기 위해 발행하는 만기 1년 이내의 융통어음인 기업어음(CP)이 거래되는 시장이다. CP는 발행절차가 간편하고 담보 없이 신용으로 발행되기 때문에 기업이 단기자금을 신속히 조달하는 수단으로 이용된다.

표지어음시장은 금융기관이 할인하여 보유하고 있는 상업어음, 무역어음, 팩토링어음을 분할·통합하여 만기 1년 이내인 원어음의 잔여만기에 기초하여 새롭게 발행한 어음인 표지어음(cover bill)이 거래되는 시장이다. 기업은 원어음의 할인을 통하여 운전자금을 조달하게 되고 금융기관은 표지어음을 발행하여 원어음 할인에 따른 자금부담을 줄이게 된다.

환매조건부채권시장은 일정기간 경과 후 일정금액에 동일 채권을 매수 또는 매도할 조건으로 거래되는 채권인 환매조건부채권(RP)이 거래되는 시장을 말한다. RP거래는 보유채권을 매각하지 않고 일시적으로 필요한 단기자금을 조달할 수 있다는 데 이점이 있다.

통화안정증권시장은 한국은행이 통화량의 조절을 위해 금융기관 또는 일반인

[그림 2-2] 금융시장의 구조

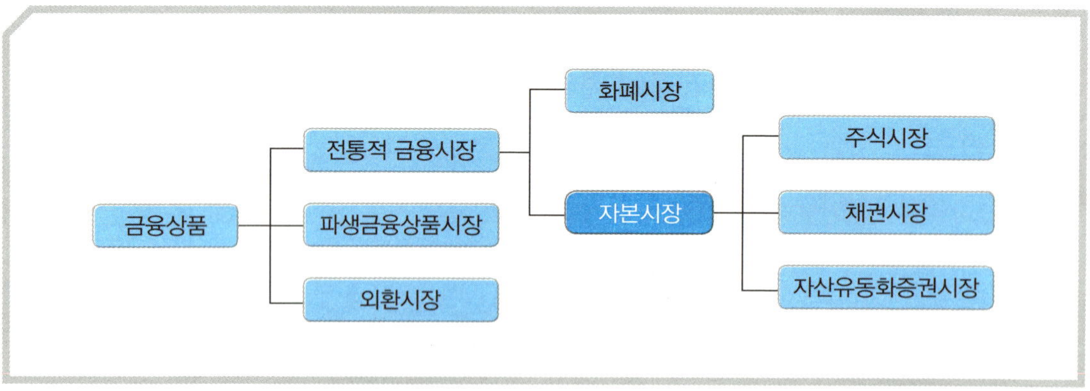

을 대상으로 발행하는 통화안정증권이 거래되는 시장이다. 단기금융상품은 채권이나 주식에 비해 거래규모가 크고 유동성이 높을 뿐만 아니라 만기가 짧아 금리변동에 따른 자본손실위험이 적다.

자본시장(capital market)은 상환기간이 1년을 초과하거나 반영구적인 장기증권이 거래되는 장기금융시장을 의미한다. 기업이 외부로부터 조달하고자 하는 장기자본은 사채 또는 주식의 발행에 의하여 조달하게 되므로 자본시장은 채권시장과 주식시장 그리고 자산유동화증권시장으로 구분된다.

외환시장은 외환의 수요와 공급에 따라 외화자산이 거래되는 시장으로 주로 이종통화 간의 거래를 중심으로 이루어져 왔다. 파생금융상품시장은 전통적 금융시장과 외환시장의 거래에서 발생되는 위험을 관리하기 위한 수단으로 활용되는 파생상품이 거래되는 시장이다. 파생금융상품은 그 가치가 통화, 주식, 채권 등 기초증권의 가치변동에 의해 결정되는 금융계약으로 선물, 옵션, 스왑 등으로 구분된다.

2절 증권시장과 증권발행

1 증권시장과 발행시장

(1) 증권시장의 의의

증권시장(security market)은 증권이 매매거래 되는 관계를 총칭한다. 넓은 의미로는 증권에 관한 수요와 공급이 만나는 포괄적·추상적 시장으로 증권이 발행주체로부터 발행되어 최초의 투자자에게 이전된 후 다시 투자자 간에 유통되는 모든 과정을 의미한다. 좁은 의미로는 다수의 매매 당사자가 일정한 시간과 장소에 집합하여 정해진 규칙에 따라 매매거래를 하는 구체적이고 조직적인 시장으로 거래소가 개설하는 시장을 의미한다.

(2) 발행시장과 유통시장

넓은 의미의 증권시장은 거래대상이 되는 증권이 신규로 발행되는 증권이냐 또는 이미 발행된 증권이냐에 따라 발행시장과 유통시장으로 나누어진다. 발행시장(issuing market)은 신규로 발행되는 주식이나 채권 등이 발행자로부터 인수되어 매출되는 과정을 통해 최초의 투자자에게 매도되는 추상적 시장을 말한다. 즉 자금의 수요자인 발행자가 주식 또는 채권을 새로이 발행하여 자금의 공급자인 투자자에게 제공함으로써 자금을 조달하는 일련의 과정을 말하며 제1차 시장(primary market)이라고도 한다.

유통시장(circulating market)은 이미 발행된 증권이 투자자와 투자자 사이에 거래되는 시장을 말한다. 즉 발행시장에서 증권을 구입했거나 다른 투자자로부터 증권을 구입한 투자자와 이 증권을 매수하는 투자자와의 사이에 형성되는 시장을 유통시장이라 하고 제2차 시장(secondary market)이라고도 한다.

증권의 발행이 효율적으로 이루어지고 발행된 증권의 매매거래가 원활하게 성립되려면 발행시장과 유통시장의 기능이 함께 충분히 발휘되어야 한다. 유통시장에서의 시장성과 환금성이 보장되는 정도에 따라 발행증권의 규모, 조건, 시기

[그림 2-3] 발행시장과 유통시장의 관계

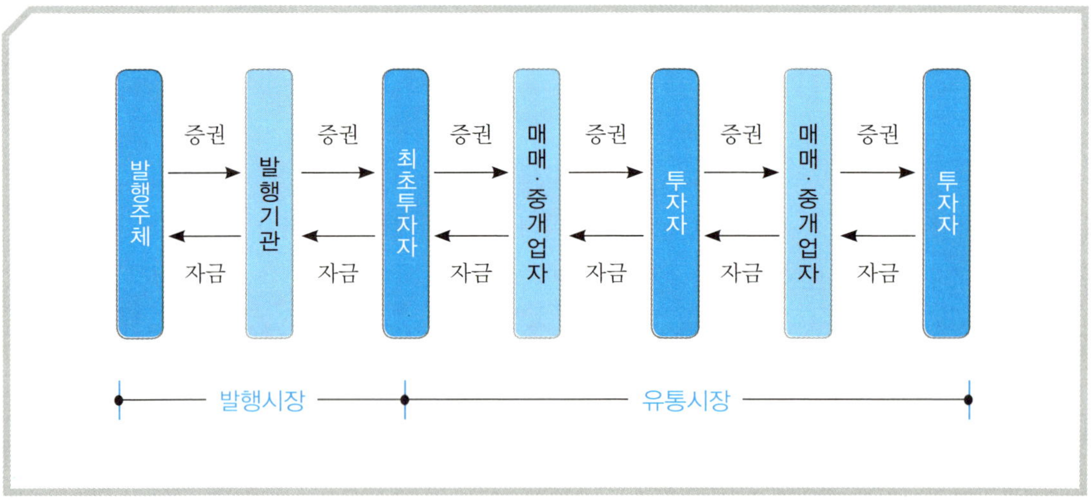

등이 영향을 받게 되고, 발행시장에서의 증권발행규모가 유통시장에서의 공급상황에 영향을 미친다.

따라서 예상되는 유통시장에서의 매매거래의 가능성이 발행시장의 전제조건이 되고, 발행시장에서 발행된 증권은 곧이어 유통시장에서 매매거래가 행해지는 관계이다. 그러므로 발행시장과 유통시장은 상호의존적 관계에서 수레의 양바퀴와 같은 역할을 한다. 발행시장과 유통시장의 관계를 그림으로 나타내면 [그림 2-3]과 같다.

2 발행시장의 성격

(1) 발행시장의 의의

발행시장은 증권이 새로이 발행되는 시장으로 발행되는 증권이 발행인으로부터 최초의 투자자에게 매도됨으로써, 투자자로부터 발행인에게 자금이 이전되는 추상적 시장이다. 발행시장은 기업이 장기자금을 조달하는 시장으로서의 기능을 수행하며, 투자자들에게는 다양한 투자수단을 제공함으로써 국민경제 향상에 기여한다. 그리고 발행시장은 통화정책 당국이 국공채발행을 통하여 유동성을 확보하고, 통화조절기능을 수행할 수 있는 장을 제공한다.

(2) 발행시장의 구조

발행시장은 유가증권이 발행주체로부터 최초의 투자자에게 이전되는 과정이다. 발행시장은 발행인, 발행기관, 그리고 투자자로 이루어진다.

발행인

발행인은 증권시장에서 유가증권을 발행하였거나 발행하고자 하는 자를 의미하며 발행인은 증권의 공급자인 동시에 자금의 수요자이다. 증권발행인에는 주식과 사채를 발행하는 사기업, 국공채를 발행하는 국가 및 지방자치단체 그리고 특수채를 발행하는 공사나 특수은행과 같은 특수법인이 있다.

발행기관

발행기관은 발행인과 투자자 사이에 개입하여 발행인의 선임에 의하여 증권발행에 따른 사무를 담당하고 때로는 발행위험도 부담하는 기관으로 인수기관이라고도 한다. 발행기관은 발행증권의 인수 및 매출기능을 담당한다. 인수기능은 증권을 발행함에 있어 이를 매출할 목적으로 해당 유가증권을 발행인으로부터 전부 또는 일부를 취득하거나, 매출 후 잔여분이 생긴 경우 그 잔여분을 취득하는 기능이다. 매출기능은 발행유가증권을 수요자인 최초투자자에게 직접 판매하는 기능으로 넓은 의미의 인수기능에 포함된다. 주식발행의 경우 발행기관은 주관회사, 인수단, 청약기관으로 구분된다.

주관회사는 발행회사가 발행하는 유가증권을 분석하고 인수단 구성의 책임을 맡는 기관을 말하고, 이 가운데 발행회사로부터 유가증권의 인수를 의뢰받은 회사가 대표주관회사가 되고 나머지는 공동주관회사가 된다. 주관회사는 발행회사와 협의하여 공모, 주선 및 인수가액을 결정하고 발행회사가 사업설명서에 기재한 사항을 성실히 이행하도록 노력하는 등의 책임을 진다. 우리나라의 경우 주관회사의 역할은 주로 금융투자회사(투자매매업자)가 담당한다.

인수단(underwriting syndicates)은 발행증권의 인수를 위하여 구성된 관계기관을 말한다. 인수단은 발행유가증권의 인수에 공동으로 참여하여 발행총액을 매입하거나, 공모 후 청약미달분이 있는 경우 이를 인수할 책임을 지는데, 인수단은 발행가격으로 증권을 인수하여 자기책임아래 일반투자자에게 매출한다. 인수단에는 주관회사, 은행의 신탁계정 등이 참여한다.

청약기관은 불특정 다수인을 대상으로 인수단이 인수한 유가증권을 일반투자자에게 매도하기 위한 청약사무를 대행하는 기관을 말한다. 우리나라에서는 인수기관이 인수기능과 청약기능을 함께 수행하는 경우가 대부분이다.

투자자

발행시장에서의 투자자는 모집 또는 매출에 응하여 유가증권을 최종 취득하는 개인 또는 기관투자자로 자금의 공급자이며 최초의 투자자가 된다.

[그림 2-4] 발행시장 기본구조

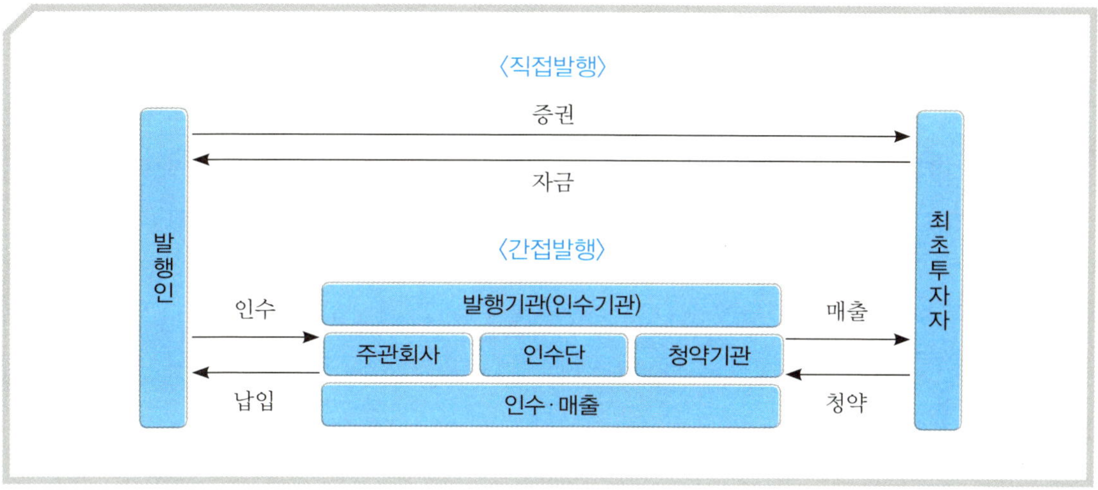

3 증권의 발행형태

증권의 발행형태는 발행증권의 수요자를 구하는 방법에 따라 공모발행과 사모발행으로 구별되고, 발행에 따른 사무와 위험을 누가 부담하느냐에 따라 직접발행과 간접발행으로 나누어진다. 발행사무는 모집·매출에 따른 일체의 사무를 말하며 발행위험은 발행증권이 모두 모집·매출되지 않고 매도잔액이 생기는 경우를 말한다.

(1) 공모발행과 사모발행

공모발행(public offering)은 발행인이 불특정 다수인을 대상으로 증권을 발행하는 경우로, 모집·매출을 의미한다. 모집은 새로 발행되는 증권의 취득의 청약을 투자자에게 권유하는 것을 말하고, 매출은 이미 발행된 증권의 매도청약이나 매수청약을 권유하는 행위를 말한다. 사모발행(private placement)은 불특정 다수인을 대상으로 하지 않고 기관투자자나 특정개인 등 소수의 특정인을 대상으로 개별접촉에 의하여 증권을 매매하는 경우를 말하고 비공모발행이라고도 한다. 사모발행의 경우 공모발행에 비해 발행비용이 적게 들고 절차가 간편하다는 이점이 있으나, 발행규모가 대규모인 경우에는 공모발행이 적합하다.

(2) 직접발행과 간접발행

직접발행은 발행회사가 직접 증권을 모집하거나 매출하는 것으로 증권발행에 따른 제반 사무와 위험을 발행회사가 부담하는 사모발행이 여기에 해당된다. 이 경우 증권모집의 부족분이 발생하면 발행회사가 매도잔액을 인수하여야 하며 인수능력이 없는 경우에는 회사의 설립이나 채권발행 자체가 성립되지 아니한다.

간접발행은 발행인이 모집과 매출을 직접 담당하는 것이 아니라 발행기관(인수기관)으로 하여금 증권발행에 따른 구체적인 업무를 담당하게 하는 형태로 모집발행이라고도 한다. 간접발행은 발행기관의 위험부담 정도에 따라 모집주선, 잔액인수, 총액인수로 나누어진다.

모집주선

모집주선은 발행인이 발행위험을 부담하나 발행사무는 발행기관에 위탁하는 방법으로 위탁모집이라고도 한다. 이 경우 발행기관은 발행사무만을 담당하므로 발행증권의 매도잔액에 대해서는 발행인에게 반환하게 되고 발행위험은 발행인이 부담하게 된다.

잔액인수

잔액인수는 발행기관이 발행인으로부터 증권의 공모에 따른 모든 사무를 위임받아 모집·매출하고, 그 결과 매도잔액이 생겼을 경우 발행기관이 그 잔액을 인수하는 것을 말하고 청부모집이라고도 한다.

총액인수

총액인수는 발행기관이 증권발행 총액을 자기명의로 매입하고 이에 따른 발행위험과 발행사무를 모두 담당하는 방법으로 매입인수라고도 한다. 총액인수에 있어 발행기관은 인수를 위하여 많은 자금을 필요로 할 뿐 아니라, 매출하기까지의 기간 동안 인수증권 또는 매도잔액을 보유하여야 하므로 발행위험이 크다.

3절 주식과 채권의 발행

1 주식의 발행

주식을 발행하는 경우는 주식회사 설립에 따른 주식발행과 증자에 의한 주식발행으로 대별할 수 있다.

(1) 주식회사 설립에 따른 주식발행

주식회사의 설립에는 두 가지 경우가 있다. 첫째는 새로이 주식회사 형태의 기업을 설립하는 경우이고, 둘째는 개인기업 또는 그 외의 기업형태로 존재하고 있던 기업을 주식회사의 형태로 변경하는 경우이다.

신규의 주식회사 설립에 의한 주식발행

주식회사 형태에 의한 기업설립의 경우, 우선 3인 이상의 발기인이 정관을 작성하고 공증인의 인정을 받아 설립등기를 하여야 한다. 정관에는 상법에 규정된 사항과 함께 주식발행에 관한 사항을 정한다. 주식회사의 설립에 있어 발행된 주식을 어떻게 누가 인수하는가에 의하여 발기설립과 모집설립의 두 가지 설립형태로 구분된다. 발기설립은 발기인이 창설 시에 발행되는 주식의 전부를 인수함으로써 회사를 설립하는 방법으로, 발기인의 주식인수와 동시에 회사가 설립된다는 점에서 동시설립이라고도 한다.

모집설립은 회사설립 시에 발행되는 주식의 일부를 발기인이 인수하고 나머지 주식에 대하여는 주주를 모집하여 회사를 설립하는 방법으로, 회사설립의 절차가 주식청약서의 작성, 주식의 배정, 주금의 납입, 창립총회의 개최 등 순차적으로 이루어진다는 점에서 순차설립이라고도 한다.

기존기업의 기업형태 변경에 의한 주식발행

개인기업 또는 다른 기업형태로 존재하고 있던 기업이 그 기업의 법적 형태를 주식회사의 형태로 변경하는 경우 새로운 주식을 발행하게 된다. 그리고 합병의 경우에는 합병으로 인하여 존속하는 회사가 소멸하는 회사의 주주에게 신주를 발행하여 교부하게 된다.

(2) 증자에 의한 신주발행

증자는 주식회사가 설립된 이후에 일정한 자본증가의 절차를 밟음으로써 자본금을 증가시키는 것을 말한다. 즉, 수권자본금에서 기존의 자본금을 차감한 범위 내에서 이사회의 결의에 의해 신주를 발행하는 경우를 말한다. 증자의 경우에는 회사의 주식자본 증가와 함께 실질적인 자산의 증가를 가져오는 유상증자와 주식자본만이 증가하고 실질적인 자산의 증가는 이루어지지 않는 무상증자의 두 가지 형태가 있다.

즉 유상증자는 주식자본의 증가가 주금의 납입에 의해 충당되는 경우이고 무상증자는 회사의 재무정책에 의해 주금의 납입 없이 잉여금의 자본전입에 의하여 해당액을 자본금에 편입하고 신주를 발행하는 경우이다.

유상증자에 따른 주식발행

유상증자는 신주를 발행함으로써 주금의 납입이 이루어지므로 주식 수의 증가와 함께 회사의 재산이 증가하게 되며 실질적 증자라고도 한다. 유상증자는 신주의 할당방법에 따라 주주 배정, 주주우선공모 발행, 제3자(연고자) 배정, 일반공모 발행으로 구분할 수 있다.

① 주주 배정: 주주 배정은 가장 일반적인 방법으로 정관에 다른 규정이 없으면 기존 주주에게 그가 소유하는 주식 수에 비례하여 신주인수권을 부여하는 권리를 인정하는 방법이다.

② 주주우선공모 발행: 주주배정과 동일한 방식이나 실권주가 발생할 경우 일반투자자를 대상으로 청약을 받는 방식이다.

③ 제3자 배정(연고자 배정): 정관의 규정이나 주주총회의 특별결의에 의하여 회사임원, 종업원, 거래처 등 발행회사와 특별한 연고를 가진 제3자에게

신주인수권을 부여하는 방법이다. 이 방법은 회사의 지배권과 기존주주의 이해관계와 밀접한 관련이 있으므로 정관이나 주주총회의 특별결의에 의해서만 가능하다.

④ 일반공모 발행: 어느 누구에게도 신주에 대한 특별한 인수권을 부여하지 않고 신주 전량을 일반투자자를 대상으로 발행시장을 통하여 모집, 매출하는 방법이다. 이 경우에도 정관이나 주주총회의 특별결의에 의한다.

무상증자에 따른 주식발행

무상증자는 회사의 특수한 재무정책에 의하여 주금의 납입이 수반되지 않는 주식발행이므로 형식적 증자라고 할 수 있다. 무상증자는 자본잉여금, 이익준비금, 기업합리화적립금, 상장법인의 재무구조개선 적립금 등 법정준비금을 자본에 전입하고 증가된 자본금에 해당하는 만큼의 신주를 발행하는 경우이다. 구주주에게 소유주식수에 비례하여 무상으로 교부하는 방법으로 자금조달을 목적으로 하지 않고 자본구조의 시정, 사내유보의 적정화 또는 주주에 대한 자본이득의 환원을 목적으로 한다. 이러한 증자형태는 회사의 총자산에는 변화를 가져오지 않고 재무상태표상의 자본항목 간의 변경만을 가져온다.

전환주식, 전환사채의 전환에 의한 신주발행

전환주식(convertible stock)의 소유자가 전환권을 행사하는 경우에는 미리 정해진 조건에 따라 보통주가 발행되어 전환주식과 교환하게 된다. 전환주식은 보통 전환우선주에서 보통주로 전환되며, 주주의 회사에 대한 권리내용이 달라진다. 전환사채(convertible bond)를 소유하는 채권자가 그 전환권을 행사하는 경우에는 미리 정해진 조건에 따라 보통주를 발행하여 전환사채와 교환하게 된다. 이 경우에는 전환액에 상당하는 타인자본이 감소하고 그 금액만큼 자본금이 증가하여 신주발행이 회사의 총자본에 아무런 변화를 가져오지는 않으나, 타인자본이 자기자본화 한다는 점에서 사실상 실질적인 증자의 효과가 발생한다.

주식배당에 의한 주식발행

주식배당은 기업의 영업성과에 따라 발생한 이익잉여금의 자본전입을 위한 것이다. 주식배당은 회사의 이익을 주주에게 현금으로 배당하는 대신 신주를 발행하여 배당하는 것으로 사외유출될 자금을 자본화시켜 주식으로 지급하기 때문에 이익의 자본화라고도 한다.

(3) 시가발행제도

시가발행은 상장법인이 신주를 발행할 경우 주식시장에서 형성되는 구주의 시세를 기준으로 산정된 가액에 신주를 발행하는 것을 말하고, 액면발행에 대한 상대개념이다. 시가발행의 경우 발행가격과 액면가격의 차액인 주식발행 초과금이 회계상 자본준비금으로 계상되므로 자기자본의 충실화를 기할 수 있고, 적은 수의 주식발행으로 다액의 자금조달이 가능하므로 자본비용을 절감할 수 있다는 장점이 있다. 우리나라는 1983년 12월에 시가발행 운영기준을 제정하여 상장법인의 경우 시가발행을 원칙으로 하고 있다.[1]

2 기업공개

(1) 기업공개의 의의

기업공개는 개인이나 소수주주로 구성되어 폐쇄성을 띠고 있는 주식회사가 그 주식을 법정절차와 방법에 따라 일반 대중에게 분산하고 회사의 재산상태와 영업실적 등을 공시함으로써 명실상부한 주식회사 체계를 갖추는 것을 말한다. 기업을 공개함으로써 직접금융방식에 의해 일반대중으로부터 거액의 자금을 조달할 수 있게 되고, 자본과 경영의 분리에 의한 경영합리화를 도모할 수 있다. 그리고 대중의 기업참여를 자극함으로써 기업의 사회적 책임이 원활하게 추진될 수 있도록 해준다.

---

1 유상증자 시 신주의 발행가격은 이론권리락주가 또는 기준주가에 30% 범위 내에서 할인율을 적용하여 산정하였으나 1991년 6월부터 자율화하였다.

개인이나 소수주주가 보유하고 있는 주식을 일반투자자에게 분산시키는 일은 주식의 시장성과 유통성이 확립되어야 한다. 그러므로 이를 위해서 발행주식을 거래소에 상장(listing)하는 것이 보통이다. 따라서 기업을 공개한다 함은 통상 기업내용의 공시와 주식을 거래소에 상장시키는 것을 의미하게 된다. 그러나 엄밀한 의미에서 보면 상장은 거래소가 기업 등이 발행하는 유가증권에 대해 거래소시장에서 매매될 수 있는 자격을 부여하는 것을 말한다. 따라서 공개기업이라도 상장절차를 마치기 전까지는 상장기업이 아니다.

(2) 최초공모주의 발행가격 결정

최초공모(initial public offering: IPO) 주식의 인수가격은 원칙적으로 발행회사와 대표주관회사가 협의하여 결정한다. 일반적으로는 본질가치와 상대가치를 기준으로 결정된다. 이 경우 본질가치는 자산가치와 수익가치를 기초로 산정된다. 자산가치는 순자산을 발행주식수로 나누어 산출하고, 수익가치는 주당추정이익을 자본환원율로 나누어 산출한다.[2] 그리고 상대가치는 유사회사의 주가, 주당이익, 주당순자산을 고려하여 산출한 예상주가를 말한다.[3]

3 채권의 발행

(1) 회사채 발행

주식회사가 사채를 발행하는 목적은 제3자로부터 장기의 안정적인 부채자본을 조달하기 위해서이다. 구체적으로는 설비투자 및 증설 등 비유동자산 투자를 위해 장기의 안정된 자금이 필요한 경우, 은행차입금을 사채로 대체함으로써 기업재무의 건전화를 원하는 경우, 유상증자에 의한 배당압력이나 주가관리가 필요한 경우 등에 사채발행이 효과적인 자금조달수단이 된다.

---

2 미래에 발생되는 현금흐름을 할인하여 현재의 실질적인 자산가치를 파악하기 위해 사용되는 할인율을 자본환원율이라고 한다

3 $\text{상대가치} = \text{유사회사의 주가} \times \left[\dfrac{\text{발행회사 주당경상이익}}{\text{유사회사 주당경상이익}} + \dfrac{\text{발행회사 주당순자산}}{\text{유사회사 주당순자산}}\right] \div 2$

[그림 2-5] 회사채 발행시장 구조

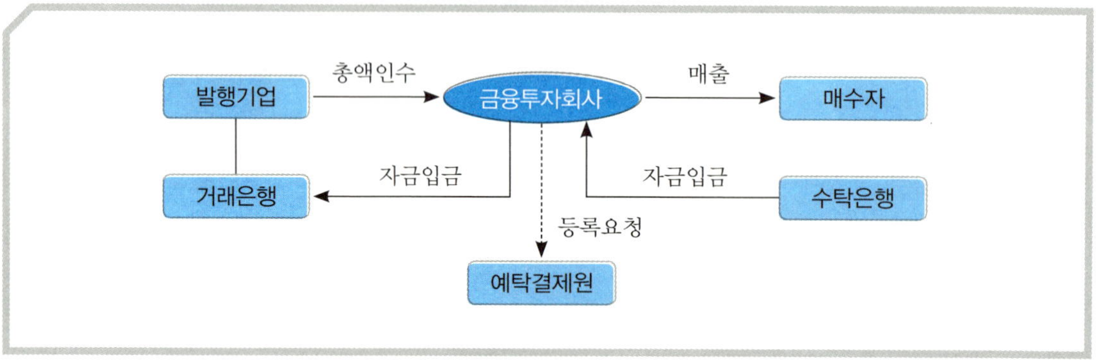

공모발행의 경우에는 인수기관이 총액을 인수하는 방식으로 발행된다. 발행회사는 인수기관을 선정하여 발행사무 일체를 위임하고 인수기관(발행기관)은 총액인수 후 매수자에게 회사채를 매도한다. 인수기관은 통상 인수부담을 줄이기 위해 발행계획 수립 시 미리 은행, 집합투자업자, 보험회사 등 기관투자자들을 대상으로 매수자를 물색하게 된다. 그리고 인수기관이 회사채를 매수자 명의로 예탁결제원에 개설된 구좌에 등록함으로써 인도된다. 표면금리는 발행기업과 발행기관이 협의하여 자율적으로 정한다.

한편 사모발행의 경우에는 발행기업이 최종 매수자와 발행조건을 직접 협의하여 발행하게 된다. 우리나라의 경우 주식회사는 사채 총액이 최종 재무상태표 순자산액의 4배 이내에서 발행할 수 있다.

(2) 국공채의 발행

국 채

국공채의 발행은 회사채 발행과는 달리 발행근거가 되는 법에 의거하여 발행되는데 국채는 공모발행, 인수발행, 교부발행의 3가지 형태로 발행된다. 공모발행은 한국은행, 금융투자회사 등을 인수주선기관으로 하여 일반투자자에게 매출하는 공모방식이며, 인수발행은 발행총액을 한국은행, 정부특별회계, 또는 은행 등의 인수단에게 인수시켜 채권을 소화하는 방법이다. 그리고 교부발행은 정부에서 국채의 발행으로 자금을 직접 조달하는 방법이 아니라 정부가 채무의 지급을 하고자 할 때 현금 대신 국채를 발행하여 직접 교부하는 방법이다. 그러므로 교부발행은 정부가 일방적으로 채권자에게 유가증권을 이전하여 변제하는 방법이다.

지방채 및 특수채

지방채의 발행방법은 매출에 의한 방법과 모집에 의한 방법으로 구분된다. 매출에 의한 방법에는 직접 매출하여 매출분을 발행액으로 결정하는 직접매출과 매출위탁회사를 지정하여 매출하고, 위탁매출액을 발행액으로 하는 위탁매출이 있다.

모집에 의한 방법에는 인수기관의 경유 없이 발행인이 직접 모집하여 응모분을 발행액으로 하는 직접모집과 인수기관을 통하여 모집하여 응모분을 발행액으로 하는 위탁모집이 있다. 특수채의 발행방법은 일반적으로 공모발행의 형태를 취하여 인수단이 잔액인수의 형태로 인수하나 채권의 성격에 따라 발행방법이 다르다.

4 자산유동화증권(ABS)의 발행

자산유동화증권(ABS)은 자산보유자가 기초자산을 특수목적기구(SPV)에 양도

[그림 2-6] 자산유동화의 기본구조

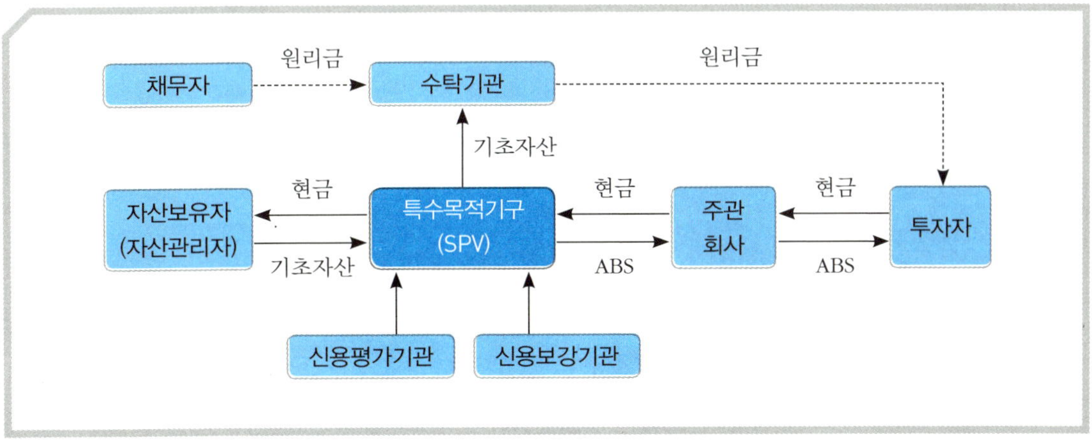

하고, *SPV*는 양도받은 기초자산에 대해 신용보강작업을 거친 후 이를 담보로 ABS를 발행하여 투자자에게 매각한다. *ABS*발행의 기본 구조는 [그림 2-6]과 같다.

용어정리

• 간접발행	• 사모발행	• 주식배당
• 공모발행	• 수익가치	• 증권시장
• 금융시장	• 시가발행	• 직접발행
• 기업공개	• 양도성예금증서(CD)	• 청약사무
• 기업어음(CP)	• 유상증자	• 총액인수
• 대표주관회사	• 유통시장	• 최초공모주(IPO)
• 모집주선	• 인수단	• 콜시장(Call)
• 무상증자	• 자본시장	• 표지어음
• 발행기관	• 자산가치	• 화폐시장
• 발행시장	• 잔액인수	• 환매조건부채권(RP)

연/습/문/제

01 금융시장에서 자금의 수요자와 공급자 사이에 자금의 유통이 이루어지는 경로에 대해 설명하시오.

02 시장중개와 금융중개의 차이점은 무엇인가?

03 화폐시장과 자본시장의 차이에 대해 설명하시오.

04 화폐시장에서 거래되는 단기금융 상품에는 어떤 것이 있는가?

05 자본시장이 화폐시장보다 중요하다고 생각한다면 그 이유는 무엇인가?

06 발행시장과 유통시장의 관계를 설명하시오.

07 증권발행시장의 경제적 기능을 설명하시오

08 증권발행시장의 구조에 대해 설명하시오.

09 발행기관(인수기관)의 역할은 무엇인가?

10 기업이 보통주의 발행을 직접하지 않고 발행기관을 통해 하는 경우 그 이유는 무엇인가?

11 증권발행의 형태에 대해 설명하시오.

12 액면발행과 시가발행에 대해 설명하시오.

13 최초공모주(IPOs)의 인수가격은 어떻게 결정되는가?

14 기업공개의 의의와 필요성에 대해 설명하시오.

15 자산유동화 구조를 설명하시오.

CHAPTER

03 유통시장과 증권매매

1절 유통시장

1 유통시장의 의의

유통시장(circulating market)은 발행시장에서 이미 발행된 증권이 투자자들 상호간에 매매 거래되는 시장을 말한다. 투자자들은 유통시장에서 보유하고 있는 증권을 매각하여 투자자금을 회수하거나, 다른 투자자들로부터 이미 발행된 증권을 매입한다. 그러므로 유통시장은 다음과 같은 기능을 수행한다.

첫째, 발행시장에서의 증권발행을 원활하게 해준다. 발행된 증권이 매매되는 유통시장이 있다는 것은 증권의 시장성과 유동성을 높여 일반 투자자들의 투자를 촉진시킨다.

둘째, 유통시장의 존재가 증권의 유동성과 시장성은 높여주므로 그 결과 증권의 담보력을 증대시켜 준다. 즉 증권을 담보로 보유하는 경우라도 필요시 증권을 처분하여 수시로 현금화할 수 있는 유통시장이 있으므로 증권의 담보가치가 증대된다.

셋째, 유통시장에서는 다수의 투자자가 참여하여 자유경쟁에 의해 증권가격이 결정되므로 유통시장에서 형성되는 가격은 공정가격이라고 할 수 있다. 이와 같이 유통시장은 증권의 공정한 가격결정기능을 수행한다.

넷째, 유통시장에서 형성된 가격은 발행시장에서 발행될 증권의 가격결정에 영향을 미친다. 증자의 경우 신주의 발행가격은 구주의 시장가격에 의해 영향을 받는다. 뿐만 아니라 증권을 신규로 발행하려는 기업과 유사한 내용을 가진 기업이 발행한 증권의 시장가격은 신규로 발행하는 증권의 가격결정에 기준을 제공한다.

2 유통시장의 구조

(1) 거래소시장의 기능

유통시장은 거래소시장과 장외시장으로 대별된다. 거래소시장(exchange market)은 상장증권의 매매거래가 이루어지는 조직적인 시장을 의미하고, 장외시장(off-board market)은 거래소 이외에서 증권의 매매거래가 이루어지는 경우를 말한다. 유통시장은 다수의 투자자들 상호간에 이미 발행된 증권이 거래되는 관계를 총칭하지만 실제 거래는 유통시장 가운데서도 거래소시장을 중심으로 이루어진다. 따라서 거래소가 유통시장의 중심기구가 되고 일반적으로 증권시장이라고 할 경우 거래소시장을 지칭한다.

거래소시장은 유가증권의 매매거래를 위해 거래소가 개설하고 관리하는 구체적이고 조직적인 시장을 말한다. 거래소시장의 특징을 살펴보면 다음과 같다.

첫째, 거래소시장은 구체적이고 조직적인 시장이다. 거래소는 매수자와 매도자 사이의 거래가 일정한 시설과 장소에 집합되어 이루어지는 구체적인 시장이다. 그리고 거래조직과 기술을 이용하여 매매거래를 성립시키는 조직적 시장이다.

둘째, 거래소시장은 계속적 시장이다. 거래소는 매일 일정한 시간 동안에 지속적으로 거래가 형성되는 시장이다.

셋째, 거래소시장은 상장증권만을 매매대상으로 하는 시장이다. 거래소에서 매매대상이 되는 증권은 상장심사기준을 만족시키는 상장증권에 한한다. 이는 원활한 유통과 공정한 가격형성을 기할 수 있는 유가증권만을 선별하여 거래시키기 위해서이다.

넷째, 거래소시장은 공개적 경쟁매매시장이다. 거래소는 다수의 매수자와 매도자 사이에서 경쟁에 의해 거래가 이루어지는 공개된 시장이다.

우리나라의 경우 거래소시장으로 한국거래소(KRX)가 있는데, 이것은 과거 증권거래를 위한 한국증권거래소(KSE), 선물거래를 위한 한국선물거래소(KOFEX)와 협회중개시장(코스닥시장)을 통합하여 주식회사 형태로 설립한 것이다.

(2) 장외시장의 기능

장외시장은 거래소 밖에서 이루어지는 증권거래 관계를 총칭한다.[1] 장외시장은 일정한 체계를 갖춘 조직적 시장과 고객과 금융투자회사(매매·중개업자) 상호간, 또는 고객 상호간에 상대매매에 의해 거래가 이루어지는 비조직적이고 추상적인 시장으로 구분할 수 있다.

장외시장은 증권시장에서 다음과 같은 기능을 수행한다.

첫째, 장외시장은 거래소시장의 전단계 역할을 한다. 거래소 시장에 상장되지 않은 증권에 어느 정도의 시장성을 부여함으로써 거래소시장의 전단계 역할을 수행한다. 투자자에게는 아이디어와 기술력이 있는 유망기업이 발행한 주식에 상장이전 단계에서 투자할 수 있는 기회를 제공한다.

둘째, 장외시장은 거래소시장을 보완하여 유통시장기능을 확대시킨다. 거래소 시장에서는 상장증권만이 거래되고 시간적·장소적으로 제한이 있으나, 장외시장에서는 상장증권뿐만 아니라 비상장증권이 거래되므로 증권의 유통성을 향상시킨다.

셋째, 장외시장의 가격형성은 거래소시장의 가격형성에 대해 가격견제력을 갖는다. 거래소시장에서의 시세는 장외시장의 시세를 무시할 수 없고, 장외시장에서의 시세는 거래소시장의 시세를 기준으로 하지 않을 수 없으므로 경쟁적 입장에서 시세평준화에 기여한다.

우리나라의 경우 한국금융투자협회가 유가증권시장 및 코스닥시장에 상장되지 않은 기업에 자금조달 기회를 제공하고 이들 기업의 발행주식에 유동성을 부

---

1 장외시장을 OTC(over the counter)시장이라고도 부른다.

여하며 아울러 기존 시장에서 퇴출된 기업의 주주에게 환금성을 부여할 목적으로 2000년 3월 장외주식호가중개시스템(프리보드)을 개설하여 운영하고 있다.

장외시장도 정보통신기술의 발달로 거래소시장처럼 조직화되거나 사이버거래소시장(cyber exchange) 형태로 진화하여 거래소시장의 전단계 또는 보완적 시장에서 거래소시장과 경쟁적 관계로 변모해 가고 있다.

2절 거래소시장에서의 매매거래

1 증권의 상장

거래소시장은 증권시장에서 매매대상이 될 수 있는 증권으로 국민경제에 기여할 수 있으며 투자자를 보호할 수 있는 증권으로 제한하고 있다. 거래소가 특정 유가증권을 거래소시장에서 매매할 수 있는 대상물로 인정하는 행위를 상장(listing)이라고 하며 매매대상물로 승인된 증권을 상장증권, 그리고 상장증권을 발행한 회사를 상장기업이라고 한다.

발행증권의 상장 여부는 증권의 원활한 유통성을 유지하고 공정한 가격을 형성케 하여 투자자를 보호한다는 관점에서 고려되어야 한다. 그러므로 거래소에서는 증권의 상장규정을 두어 소정의 요건을 충족하는 회사에 한하여 상장을 승인하도록 하고 있다.

유가증권을 상장하려는 기업은 거래소가 정한 소정의 양식에 의하여 거래소에 상장을 신청하고, 거래소는 상장규정 및 상장심사기준과 기타 상장방침에 비추어 적당하다고 인정하면 금융위원회의 승인을 받아 통보하게 된다. 그리고 상장 후 거래소는 상장회사가 상장폐지 신청을 하거나, 상장요건미달 등 상장폐지 기준에 해당하는 경우 상장을 폐지할 수 있다. 우리나라 유가증권시장의 일반기업에 대한 주요 신규상장요건은 〈표 3-1〉과 같다. 그리고 코스닥시장의 신규상장요건은 〈표 3-2〉와 같다.

〈표 3-1〉 유가증권시장 신규상장요건

<table>
<tr><th colspan="2">요 건</th><th>일반기업</th></tr>
<tr><td colspan="2">영업활동기간</td><td>3년 이상
합병·분할·분할합병·종속회사 편입·자산양수·영업양수는 실질적인 영업활동기간을 고려</td></tr>
<tr><td colspan="2">기업규모 등</td><td>자기자본 300억원 이상
(코스닥시장 상장기업의 경우 기준시가총액 300억원 이상)</td></tr>
<tr><td colspan="2">상장예정주식수</td><td>100만 주 이상</td></tr>
<tr><td rowspan="3">주식분산</td><td>일반주주 소유주식수 등</td><td>다음의 하나를 충족 (①, ②, ③, ④ 중 택1)
① 일반주주 지분율 25% 이상
② 공모주식수 25% 이상
③ 공모주식수 10%이상이고, 자기자본별(또는 기준시가총액별) 공모주식수가 다음에 해당
– 500억원~1,000억원(또는 1,000억원~2,000억원): 100만 주 이상
– 1,000억원~2,500억원(또는 2,000억원~5,000억원): 200만 주 이상
– 2,500억원 이상(또는 5,000억원 이상) : 500만 주 이상
④ 국내외 동시공모의 경우
국내외 동시공모주식수가 10% 이상 & 국내공모주식수가 100만 주 이상(액면가 5,000원 기준)</td></tr>
<tr><td>의무공모</td><td>5% 이상 공모 & 공모가액이 10억원 이상</td></tr>
<tr><td>일반주주 수</td><td>1,000명 이상</td></tr>
<tr><td colspan="2">경영성과</td><td>다음의 하나를 충족(가, 나 중 택1)
가. ①, ②, ③ 모두 충족할 것
① 매출액: 최근 1,000억원 이상 & 3년 평균 700억원 이상
② 수익성: 최근 사업연도에 영업이익, 법인세비용 차감전 계속사업이익 및 당기순이익 실현
③ ROE 및 이익(택1)
ⅰ. ROE: 최근 5%, 3년합계 10%
ⅱ. 이익액: 최근 30억원, 3년합계 60억원
ⅲ. 자기자본 1,000억원 이상 기업:
– 최근 ROE 3% 또는 이익액 50억원 이상
– 최근 영업현금흐름 (+)일 것
나. 최근 매출액 2,000억원 이상이고, 기준시가총액 4,000억원 이상</td></tr>
<tr><td colspan="2">감사의견</td><td>최근연도 적정, 직전 2사업연도 적정 또는 한정(감사범위제한에 따른 한정은 제외)</td></tr>
<tr><td colspan="2">합병 등</td><td>합병 등을 한 경우 그 이후 결산 확정되었을 것(합병 등의 기일로부터 사업연도말까지의 기간이 3개월 미만시 다음 사업연도말까지의 기간이 3개월 미만시 다음 사업연도 반기 감사보고서 제출)</td></tr>
<tr><td colspan="2">양도제한</td><td>주식양도제한 없을 것</td></tr>
<tr><td colspan="2">매각제한</td><td>– 최대주주 등: 상장일부터 6월
– 상장예비심사신청일 이전 1년간 최대주주 등으로부터 주식을 매입한 자: 상장일부터 6월
– 예비심사신청일 이전 1년간 3자배정으로 신주를 취득한 자: Max(6월, 신주발행 후 1년)</td></tr>
<tr><td colspan="2">심사기준</td><td>기업의 계속성, 경영투명성 및 안정성, 상법상 주식회사 특성, 기타 투자자보호</td></tr>
<tr><td colspan="2">사외이사</td><td>경영투명성 부분에서 검토</td></tr>
<tr><td colspan="2">감사위원회</td><td>경영투명성 부분에서 검토</td></tr>
</table>

〈표 3-2〉 코스닥시장 신규상장요건

<table>
<tr><th colspan="2">상장요건</th><th>대형법인</th><th>일반기업</th><th>벤처기업</th><th>기술성장기업</th></tr>
<tr><td colspan="2">경과연수</td><td>3년 이상</td><td>3년 이상</td><td>–</td><td>–</td></tr>
<tr><td rowspan="2">택일</td><td>자기자본</td><td>1,000억원</td><td>30억원 이상</td><td>15억원 이상</td><td>15억원 이상</td></tr>
<tr><td>시가총액</td><td>2,000억원</td><td>90억원 이상</td><td></td><td></td></tr>
<tr><td colspan="2">주식분산</td><td colspan="4">다음 중 하나를 충족(①~⑤ 중 택일)
① 소액주주 500명 이상으로 다음의 요건 중 하나를 충족
ⅰ) 심사청구일 현재 소액주주지분이 25% 이상인 경우
→ 심사청구 후 5%(10억원) 이상 모집
ⅱ) 심사청구일 현재 소액주주지분이 25% 미만인 경우
→ 심사청구 후 10% 이상 모집하여 상장신청일 현재 소액주주지분이 25% 이상이 될 것
② 상장신청일 현재 소액주주 500명 이상 & 심사청구 후 모집(매출)지분이 10% 이상으로
– 자기자본(시가총액) 500~1,000억원(1,000~2,000억원) → 100만 주 이상
– 자기자본(시가총액) 1,000~2,500억원(2,000~5,000억원)→ 200만 주 이상
– 자기자본(시가총액) 2,500억원(5,000억원) 이상 → 500만 주 이상
③ 상장예비심사청구일 현재, 소액주주 500명 이상 & 공모로 인한 소액주주 지분이 25% 이상 또는 10% 이상으로 상기 ②의 자기자본(시가총액)에 따른 분산요건 충족
④ 상장예비심사일~상장신청일 중 모집(매출)주식수가 전체의 25% 이상 & 소액주주 500명 이상
⑤ 국내외 동시공모인 경우, 상장신청일 현재 소액주주수 500명 이상 & 공모(국내, 해외 각각) 20% 이상 & 국내공모주식수 30만 주 이상</td></tr>
<tr><td colspan="2">자본상태</td><td>–</td><td colspan="3">자본잠식 없을 것</td></tr>
<tr><td colspan="2">경영성과</td><td>–</td><td colspan="2">법인세비용차감전 계속사업이익 시현(연결재무제표작성 대상법인의 경우 연결재무제표 기준)</td><td>–</td></tr>
<tr><td colspan="2">이익규모 등
(①②③④ 중 택일)</td><td colspan="3">① ROE 10%(벤처기업 5%)
② 당기순이익 20억원(벤처기업 10억원)
③ 최근 매출액 100억원(벤처기업 50억원) & 기준시가총액 300억원 이상
④ 최근 매출액 50억원 & 매출액증가율 20%</td><td></td></tr>
<tr><td colspan="2">감사의견</td><td colspan="4">최근 사업연도 적정(연결재무제표 작성대상법인의 경우 연결재무제표에 대한 감사의견 포함)</td></tr>
<tr><td colspan="2">합병 등</td><td colspan="4">합병 등을 한 경우 그 이후 결산확정되었을 것(합병 등의 기일로부터 사업연도말까지의 기간이 3개월 미만시 다음 반기 재무제표 확정)</td></tr>
<tr><td colspan="2">기타 외형요건</td><td colspan="4">• 주식양도제한 없을 것
• 액면주식의 경우 세칙에서 정한 액면가액일 것
• 사외이사 및 상근감사</td></tr>
<tr><td colspan="2">질적 요건</td><td colspan="4">상기 외형요건 이외에 기업의 재무안정성, 수익성, 기술력, 경영투명성 등을 종합적으로 고려하여 실질심사 수행</td></tr>
<tr><td colspan="2">보호예수</td><td colspan="4">상장 후 일정기간 지분매각 제한
• 최대주주 등: 1년(기술성장기업 2년, 대형법인 6월)(6월[기술성장기업은 1년] 후 매1월마다 5%씩 매각가능)
• (투자기간 2년 미만) 벤처금융/기관투자자: 1월(대형법인 제외)
• 심사청구일 이전 1년간, 최대주주 등으로부터 주식 등을 매입한 자 및 3자배정으로 주식 등 취득한 자: 1년(기술성장기업 2년, 대형법인 6월)(6월[기술성장기업 1년] 후 매1월마다에는 5%씩 매각가능)</td></tr>
</table>

2 주식시장의 매매거래

(1) 매매거래의 위탁과 거래절차

일반투자자가 거래소가 개설하는 유가증권시장에서 매매거래를 하고자 할 경우에는 금융투자회사(투자매매·중개업자)에 계좌를 개설한 후에 매매를 하여야 한다. 금융투자회사는 투자자로부터 매매위탁을 받는 경우 결제이행을 위한 담보를 확보하기 위해 위탁가액의 일정비율을 위탁증거금으로 징수한다. 위탁증거금제도는 원활한 결제를 통하여 증권거래의 안정을 도모하기 위한 제도이다. 매매를 수탁받은 금융투자회사는 전산망을 통하여 거래소에 주문내용을 접수시키게 된다.

거래소는 접수된 주문 가운데 조건이 맞는 주문끼리 거래를 성립시키고 그 결과를 주문과는 역순으로 통보하게 된다. 그리고 정해진 날짜에 증권과 대금의 교환, 즉 수도결제가 이루어짐으로써 매매거래가 종결된다. 결제 시에는 위탁매매처리에 대한 대가로서 고객은 금융투자회사에게 약정대금의 일정 비율을 위탁수수료로 지급하여야 한다.

그리고 증권매도 시에는 매매대금의 일정비율을 증권거래세로 납부하여야 한다.

[그림 3-1] 거래절차

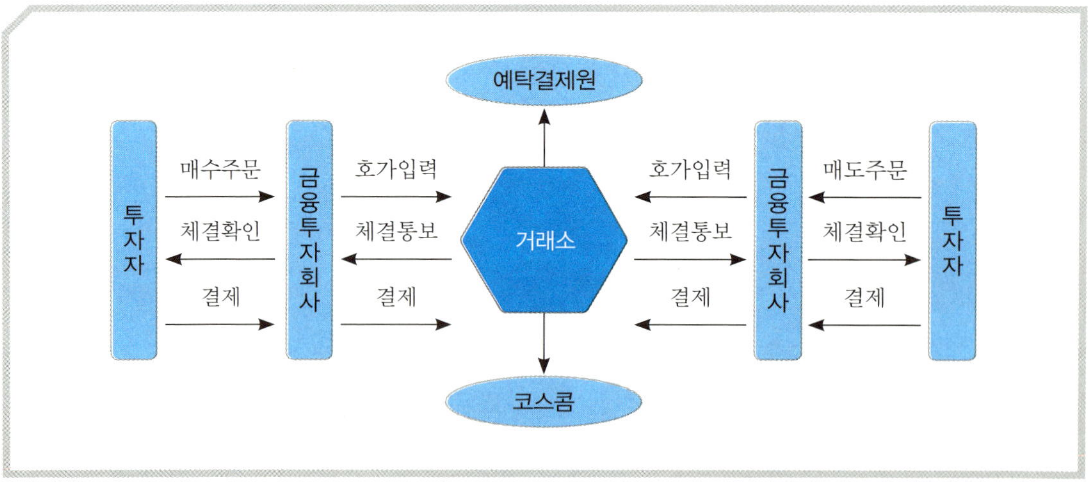

(2) 주문의 종류

투자자가 제출할 수 있는 주문은 지정가주문, 시장가주문, 조건부지정가주문, 최유리지정가주문과 최우선지정가주문으로 구분된다. 지정가주문은 지정된 가격 또는 지정된 가격보다 유리한 가격에서만 매매체결이 이루어지는 주문형태이고, 시장가주문은 시장에서 형성되고 있는 가격으로 매매체결을 원하는 주문형태를 말한다. 조건부지정가주문은 종가결정을 위한 호가접수시간 개시(14시 50분) 전까지 매매가 이루어지지 않은 경우 시장가주문으로 전환되는 조건이 부여된 지정가주문 행태이다. 최유리지정가주문은 종목 및 수량은 지정하되 가격은 매도호가의 경우 호가접수시점에서 가장 높은 매수호가의 가격을, 매수호가의 경우 가장 낮은 매도호가의 가격을 기준으로 매매가격이 결정되는 주문이다. 그리고 최우선지정가주문은 종목 및 수량은 지정하되 가격은 매도호가의 경우 호가접수시점에서 다른 매도호가 중 가장 낮은 매도호가의 가격을, 매수호가의 경우 다른 매수호가 중 가장 높은 매수호가의 가격을 기준으로 매매가격이 결정되는 주문이다.

한편 지정가주문, 시장가주문, 최유리지정가주문에서는 해당주문이 언제까지 유효한 것인지와 관련하여 IOC(immediate or cancel)조건과 FOK(fill or kill)조건이 있다. IOC조건은 당해 주문의 접수시점에서 주문수량 중 체결가능한 수량에 대하여만 매매거래를 성립시키고, 미체결 잔량은 취소하는 조건(즉시체결, 잔량취소)이고, FOK조건은 당해 주문의 접수시점에서 주문수량의 전부에 대해 체결가능한 경우에만 매매거래를 성립시키고, 그렇지 않은 경우에는 당해 주문을 취소하는 조건(전량체결, 전량취소)이다.

(3) 매매거래시간과 거래단위

매매거래시간

거래소가 개설하는 유가증권시장과 코스닥시장에서의 매매거래는 월요일부터 금요일까지 이루어지고 정규시장과 시간외시장에서의 거래시간은 〈표 3-3〉과 같다. 시간외시장은 정규시장 종료 후 투자자에게 추가적으로 매매기회를 부여하기 위하여 제공되는 시장으로 당일 종가를 매매가격으로 하여 거래된다.

〈표 3-3〉 매매시간

매매거래유형		시장구분		비고
		유가증권시장	코스닥시장	
접속매매		08:00~15:00		체결은 09:00~15:00
단일가매매(동시호가)		08:00~09:00		09:00, 15:00에 시가, 종가 결정
		14:50~15:00		
시간외 종가매매	장개시 전	07:30~08:30		체결은 07:30~08:30
	장종료 후	장종료~15:30		체결은 15:10~15:30
시간외 단일가매매		15:30~18:00		30분 단위 단일가매매
시간외 대량/바스켓매매		장종료~18:00		

매매거래단위

매매거래 단위는 호가가격단위와 매매수량단위로 구분된다. 호가란 거래소의 회원(매도자와 매수자)이 시장에서 매매거래를 하기 위하여 매도 또는 매수의 의사표시를 하는 행위를 말한다. 호가가격단위는 가격대별로 세분화되어 있으며, 주문을 제출하는 경우 호가가격단위에 맞추어 가격을 지정하여야 한다. 매매수량단위는 증권의 매매거래를 대량으로 원활하게 처리하기 위하여 정한 매매거래의 최저단위를 말한다. 유가증권시장에서 주식의 경우 매매수량단위가 10주(단, 5만원 이상의 고가주는 1주 단위)이고, 10주 미만의 매매수량단위에 미치지 못하는 단주는 시간외시장에서 거래가 가능하다. 그리고 코스닥시장에서의 매매거래단위는 1주이다.

〈표 3-4〉 호가격단위

기준가격	유가증권시장	코스닥시장
1천원 미만	1원	
1천원 이상 5천원 미만	5원	
5천원 이상 1만원 미만	10원	
1만원 이상 5만원 미만	50원	
5만원 이상 10만원 미만	100원	100원
10만원 이상 50만원 미만	500원	
50만원 이상	1,000원	

(4) 매매계약의 체결방법

거래소가 시장에서 수요와 공급의 경쟁관계를 결합하여 매매거래를 성립시키는 방법은 개별경쟁매매에 의한다. 개별경쟁매매는 매도자와 매수자 사이에 경합을 통하여 형성되는 가격에 의하여 순차적으로 매매계약을 성립시키는 방법이다. 개별경쟁매매는 단일가격에 의한 경쟁매매와 복수가격에 의한 경쟁매매로 구분된다.

개별경쟁매매의 원칙

개별경쟁매매의 원칙은 가장 유리한 조건으로 주문이 우선 처리되는 순서를 말하며 가격, 시간, 수량요인이 적용된다.

① 가격우선의 원칙: 저가의 매도호가는 고가의 매도호가를 우선하고, 고가의 매수호가는 저가의 매수호가에 우선한다.

② 시간우선의 원칙: 동일가격의 호가 간에는 먼저 접수된 호가가 나중에 접수된 호가에 우선한다.

③ 수량우선의 원칙: 동일가격의 호가 간에 그 시간의 선후가 분명치 않는 경우 수량이 많은 호가가 적은 호가를 우선한다.

④ 위탁매매 우선의 원칙: 고객의 위탁매매호가가 금융투자회사의 자기매매호가보다 우선한다.

단일가격에 의한 경쟁매매

단일가매매는 수요와 공급을 집중시켜 균형가격형성이 필요한 경우에 이용되는 매매방법으로 일정시간 동안 매도·매수호가를 접수하여 가격 및 시간우선원칙에 따라 우선하는 호가 간에 하나의 가격으로 매매체결이 이루어지는 매매체결방법이다.

단일가매매는 시가 또는 종가의 결정, 매매거래가 중단된 후의 최초가격결정, 거래소가 정한 종목의 가격결정 시에 적용된다.

복수가격에 의한 경쟁매매

복수가격에 의한 경쟁매매는 시가가 결정된 직후부터 호가 접수 순에 의해 가격 및 시간우선의 원칙에 따라 매매계약이 체결되는 경우를 말한다. 거래시간 중

도움말

단일가매매의 가격결정

단일가매매에 참여하는 호가는 원칙적으로 가격우선 및 시간우선원칙에 따라 우선하는 호가 간에 전량을 체결하고 동일가격대의 호가 간에는 수량배분을 하지 않는다. 단 시가가 상하한가로 형성된 경우에는 예외로 상한가의 경우 매수호가, 하한가의 경우 매도호가에 대해서만 수량배분이 이루어진다. 예를 들어 단일가매매를 위한 호가가 다음과 같다고 하자.

매도주문량(주)	가격(원)	매수주문량(주)
100(A)	36,000	*50(B)
80(C)	35,900	*100(D)
*120(E)*50(F)	35,800	*50(G)△80(H)
*50(I)	35,700	40(J)
*30(K)	35,600	

( )는 회원. *는 전량체결호가인 경우 △일부체결호가인 경우

단일가매매시 접수내용 중에서 가격우선의 원칙에 따라 매도주문에서 우선하는 35,600원에 팔자 30(K)주와 매수주문에서 우선하는 36,000원에 사자 50주(B)를 체결시키고, 미체결 20(B)주는 35,700원에 팔자 50(I)주와 대응시킨다. 매도잔량 30(I)주는 매수주문 35,900원 100(D)주와 계약이 체결된다. 그리고 35,900원의 매수주문 미체결잔량 70주(D)는 35,800원의 매도주문량 가운데 시간우선의 원칙에 따라 접수시간이 빠른 50(F)주와 체결이 이루어진다. 그리고 나머지 20주(D)는 다음 매도주문량 120(E)주와 체결이 이루어지고 미채결 전량 100(E)주는 매수주문량 가운에 시간이 우선하는 50(G)주와 먼저 체결이 이루어지고 나머지 50(E)주는 매수주문 시간이 다음인 80(H)주 가운데 50주와 체결이 이루어진다. 이 모든 거래는 단일가 35,800원에 거래된다.

그러므로 단일가매매 후에는 매도주문은 36,000원에 팔자 100(A)주, 35,900원에 팔자 80(C)주가 남고, 매수주문은 35,800원에 사자 30(H)주, 35,700에 사자 40(J)주가 남게 되고 이 접수 분은 이후 접수되는 주문과 함께 접속매매에 의해 거래가 이루어진다. 이와 같이 가장 높은 가격의 매수호가와 가장 낮은 가격의 매도호가를 순차적으로 체결시키고 35,800원인 동일가격에서는 시간우선원칙을 적용하여 최종 단일가가 형성된다.

복수의 가격이 계속적으로 형성되므로 접속매매라고 한다. 접속매매의 경우 매매계약체결 조건에 부합하는 호가가 접수되면 부합하는 호가 중 먼저 접수된 호가의 가격에 매매계약이 체결된다.

(5) 결제제도와 신용거래

거래소시장은 유가증권이 집단적으로 매매거래 되는 곳이기 때문에 매매거래를 여러 가지로 정형화하고 있다.

보통거래와 당일결제거래

거래소는 안전하게 결제가 이루어지도록 하는 책임을 지고 있으며, 이를 위하여 결제방법, 결제절차 등을 정하여 종합적으로 결제업무를 관리하고 있다. 거래소시장에서 이루어진 매매거래의 결제는 예외적인 경우를 제외하고는 매매일로부터 3일째 되는 날에 결제가 이루어지고 이를 보통거래라고 한다.

당일결제거래는 매매계약을 체결한 당일에 거래소의 결제기구를 통하여 매도증권과 매수대금으로 수도결제하는 경우로, 전환사채와 신주인수권부사채를 제외한 채권의 거래에 적용된다.

현금거래와 신용거래

현금거래는 결제일에 증권과 현금의 수도결제가 이루어지는 거래를 말한다. 신용거래는 주식을 매매하고자 하는 고객이 금융투자회사로부터 자금을 차입하여 주식을 매수하거나, 주식을 차입하여 매각하는 거래를 말한다. 이때 자금을 차입하는 경우를 융자라 하고 주식을 차입하는 경우를 대주라고 한다.

대주는 소유주식 없이 매도가 이루어지므로 공매도(short selling)에 해당된다. 공매도는 주식을 보유하지 않고 매도하거나 차입한 주식을 매도하는 것을 말한다. 신용거래는 고객이 결제에 필요한 자금이나 유가증권이 부족하거나 없는 경우에 금융투자회사가 고객을 대신하여 그 결제를 완결시켜 주는 제도이다. 신용거래는 수급의 불균형에서 야기되는 가격급등을 방지하고, 증권의 유통을 원활하게 하는 역할을 수행한다.

3 시장관리

거래소는 항상 유가증권의 원활한 유통과 공정한 가격 형성을 이룩하여 시장기조를 유지하고 투자자를 보호해야 한다. 그러므로 수도결제의 불이행, 투자자의 피해, 시장안정기조의 파괴예방 등을 위하여 시장을 관리한다. 시장관리의 주요내용으로는 가격제한폭의 설정, 매매거래 일시중단제도, 투자주의종목지정, 관리종목지정, 기업공시지정 등을 들 수 있다.

(1) 가격제한폭의 설정

거래소는 불공정한 가격형성에 따른 급격한 시세변동과 이에 따른 투자자의 피해를 방지하고, 유가증권의 공정한 가격형성을 위하여 증권가격이 하루 중에 상하 변동할 수 있는 변동폭을 일정 한도로 제한하고 있다. 기준가격은 원칙적으로 전일의 종가에 의하며 유가증권시장과 코스닥시장의 가격제한폭은 기준가격의 ±15%이다.

(2) 매매거래중단제도

종합주가지수(KOSPI)가 일정수준 이상 급락하는 경우 시장참여자들에게 냉정한 투자판단 시간을 제공하기 위하여 일시적으로 매매거래를 중단하는 필요적 매매중단제도인 서킷브레이커(Circuit Breakers)제도를 두고 있다. 종합주가지수가 전일대비 10% 이상 하락하여 1분간 지속되는 경우 20분간 매매거래가 정지되고 이후 10분간의 동시호가 접수를 거쳐 매매가 재개된다.

또한 선물시장에서 KOSPI 200 선물가격이 기준가격 대비 5% 이상 상승(또는 하락)하여 1분간 지속되는 경우 주식시장에서 프로그램 매수호가(또는 매도호가)의 효력을 5분간 정지시키는 제도인 사이드카(sidecar) 제도를 두고 있다.

(3) 투자주의, 투자경고, 투자위험종목지정

거래소는 공정거래질서의 유지와 투자자 보호를 위해 필요하다고 인정되는 경우 주권, 증권예탁증권, 상장지수펀드를 대상으로 투자주의종목, 투자경고종목,

투자위험종목을 지정하여 공표할 수 있다.

거래소는 소수 지점에 거래가 집중되는 경우 또는 소수계좌에 거래가 집중되는 경우에 정해진 기준에 따라 투자주의종목으로 지정·공표한다. 일정기간 동안 가격이 급등한 경우에는 투자경고종목으로 지정하고, 지정이 해제되거나 지정된 후에도 일정기간 동안 가격이 급등한 경우에는 투자위험종목으로 지정하여 공표한다.

이는 주가가 일정기간 동안 급등하여 불공정거래의 가능성이 크거나 투기성이 높은 종목에 대해 투자자자들이 합리적인 투자판단을 할 수 있도록 유도하는데 목적이 있다.

(4) 관리종목지정

영업정지 또는 부도발생 등과 관련하여 주권의 상장폐지기준에 해당하는 종목으로 일반투자자들에게 특히 주의를 환기시킬 필요가 있을 경우 거래소가 별도로 해당종목을 지정하는 제도를 말한다. 관리종목으로 지정된 경우에는 신용거래대상에서 제외되고 대용증권으로 이용할 수 없다.

(5) 기업내용 공시

기업내용 공시는 유가증권 발행인이 발행기업의 재무상황, 영업실적 등 경영상의 주요 내용을 공개하여 투자자가 합리적인 의사결정을 할 수 있도록 하는 일종의 투자자 보호제도이다. 일반적으로 유가증권이 모집되거나 매출될 때 또 유통시장에서 유통되고 있을 때 일반투자자들이 충분히 투자판단을 할 수 있도록 하는 제도로 증권시장에서 정보능력의 평등화를 기하고자 하는 제도이다.

발행시장의 기업내용공시 사항으로는 유가증권신고서, 사업설명서, 유가증권발행 실무보고서 등이 있고, 유통시장의 경우에는 정기공시 내용으로 사업보고서와 반기보고서, 수시공시 사항으로는 자본시장법과 관계기관의 공시관련 규정에 정하는 사항들이 있다.

3 절 K-OTC 시장

1 의 의

K-OTC시장은 비상장주식의 매매거래를 위하여 한국금융투자협회가 「자본시장과 금융투자업에 관한 법률」에 따라 개설·운영하는 제도화·조직화된 장외시장이다. K-OTC는 한국장외시장의 영문(Korea Over-The-Counter) 약칭이다.

2 개설배경

한국금융투자협회는 비상장 중소·벤처기업의 직접금융 활성화를 위해 2005년 7월부터 프리보드를 운영하여 왔으나, 주식거래 대상기업이 소수의 중소기업 위주로 한정되어 시장의 역할이 크게 저하되었고, 2013년 7월 중소기업 전용 주식시장인 코넥스시장이 개설되면서 그 역할이 모호해졌다.

이에 중소·벤처기업의 직접금융 활성화에 중점을 두던 시장운영방식을 개선하여 중소기업을 포함한 모든 비상장법인의 주식을 투명하고 원활하게 거래할 수 있는 실질적인 장소를 제공하는 데 중점을 두고 시장개편을 추진하게 되었다. 이를 통해 국내 주식거래 인프라를 완비함으로써 투자자의 주식거래 편의성을 제고하고 기업의 자금조달을 지원하고자 한다.

3 특 징

① 비상장 대기업, 중견기업 주식이 새롭게 시장에 편입

장외에서 활발하게 거래되고 있는, 비상장 대기업, 중견기업 등 공모실적이 있는 사업보고서 제출대상 비상장법인의 발행주식이 K-OTC시장에서 거래된다(비신청 지정제도 도입).

② 투자자에게 새로운 투자기회를 제공

고위험·고수익을 추구하는 투자자가 성장가능성이 있는 비상장기업에 대해 투자할 수 있는 시장이다.

③ 비상장주식 투자의 편의성 및 결제안정성을 제공

투자자는 K-OTC시장을 통하여 비상장주식을 편리하게 거래할 수 있으며, 호가정보와 시세정보가 투명하게 공개되고, 매매체결시 결제가 안전하게 이루어진다.

④ 투자자의 자기책임원칙이 강조

규제가 최소화된 장외시장이므로, 투자자는 기업내용과 투자위험성 등을 충분히 검토하고 철저히 자기판단과 책임하에 투자하여야 한다.

⑤ 한국금융투자협회가 운영하는 시장

우리나라의 대표적 주식시장인 코스닥을 육성한 노하우를 가지고 있는 한국금융투자협회가 운영하는 시장이다.

4절 코넥스시장

1 의 의

코넥스(KONEX: Korea New Exchange)는 자본시장을 통한 초기 중소기업 지원을 강화하기 위한 기반을 조성하기 위해 2013년 7월 1일에 새로이 개설된 중소기업전용 신시장이다. 코넥스시장은 유가증권시장 및 코스닥시장과 마찬가지로 거래소가 개설하는 증권시장으로서 코넥스시장에 상장된 기업은 주권상장법인으로서 유가증권시장 상장법인이나 코스닥시장 상장법인과 동일한 취급을 받는다. 다만 코넥스시장은 전문투자자 등으로 투자자를 제한하고 공시의무를 축소하는 등 유가증권시장이나 코스닥시장 상장법인과는 다른 점이 있다.

2 개설배경

현재 중소기업의 자금조달 현황을 살펴보면 대부분 은행대출에 편중되어 있고, 직접금융(주식발행)을 통한 자금조달은 매우 낮은 수준이다. 이로 인해 중소기업 등 비상장기업의 부채비율은 높아지고, 이자비용 부담도 상장기업에 비해 과중한 실정이며 은행의 대출정책 변화 등에 따라 기업의 존립이 위협받을 수 있는 가능성이 있다. 따라서 초기 중소기업에 최적화된 증권시장의 필요성이 제기되어 코넥스시장이 개설되었다.

3 특 성

첫째, 코넥스시장은 「중소기업기본법」상 중소기업만 상장 가능한 시장으로서 초기 중소기업에 특화된 시장이다. 기술력 있는 중소기업의 성장을 지원하기 위하여 공모, 사모, 직상장 등 진입방법을 다양화하고 진입요건도 최소화하였다. 그 밖에도 분반기보고서를 면제하고 수시공시사항을 축소하여 공시부담을 완화하였으며 사외이사와 상근감사 설치를 면제하여 지배구조 관련 부담도 완화하였다.

둘째, 코넥스시장은 벤처캐피탈 등 모험자본의 선순환(투자회수 및 재투자)체계를 지원하는 시장이다. 코넥스시장은 전문투자자 등으로 시장참여자를 제한하나 중소기업에 대한 투자전문성이 인정되는 벤처캐피탈 및 엔젤투자자의 시장참여를 허용하여 모험자본의 선순환을 지원한다.

셋째, 코넥스시장은 M&A 등 구조조정을 지원하는 시장이다. 초기 중소기업은 M&A 등을 통한 기업성장 및 경쟁력 강화가 매우 중요한데, 코넥스시장은 활발한 M&A의 지원 및 원활한 자분매각을 위하여 합병요건(우회상장 포함)을 완화하고 대량매매·경매매제도 등을 도입하였다.

5 절 증권관계기관

증권시장에서의 매매거래는 여러 관련기관들이 서로 관계되어 이루어진다. 이들 기관들을 살펴보면 다음과 같다.

1 금융위원회와 금융감독원

금융위원회는 금융감독에 관한 사항을 심의·의결하는 기관이다. 금융위원회의 주요 업무로는 금융 및 산업의 시장관리, 감독 및 감시에 관한 사항이다. 금융감독원은 금융위원회의 지시와 감독을 받아 금융위원회가 심의·의결한 사항을 집행하는 기관이다. 금융감독원의 증권관련 주요 업무로는 유가증권의 등록 및 등록법인의 관리·지도, 유가증권신고서의 심사 및 그에 관한 행정지도, 상장법인의 사후관리, 장외거래의 감독, 증권관계기관의 감독 등이 있다.

한편 금융위원회 내에 소관 사무를 수행하기 위해 증권선물위원회를 두고 있다. 증권선물위원회는 증권·선물시장의 불공정거래 조사, 기업회계의 기준 및 회계 감리에 관한 업무, 증권·선물시장의 관리·감독 및 감시에 관한 위임업무 등을 수행한다.

2 한국거래소

한국거래소(Korea Exchange: KRX)는 증권 및 장내파생상품의 공정한 가격형성과 매매를 위해 설립된 거래소시장이다. 한국거래소는 증권 및 장내파생상품을 매매하는 구체적인 장소로서 증권과 장내파생상품의 유통을 원활하게 하고, 동시에 가격이 공정하게 형성되도록 관리하기 위해 설립된 조직화된 시장이다.

한국거래소는 주식회사 형태로 유통시장의 중추기관으로 증권의 상장, 매매거래 및 관리업무 등을 수행한다. 한국거래소는 유가증권시장, 코스닥시장, 파생

[그림 3-2] 한국거래소 조직

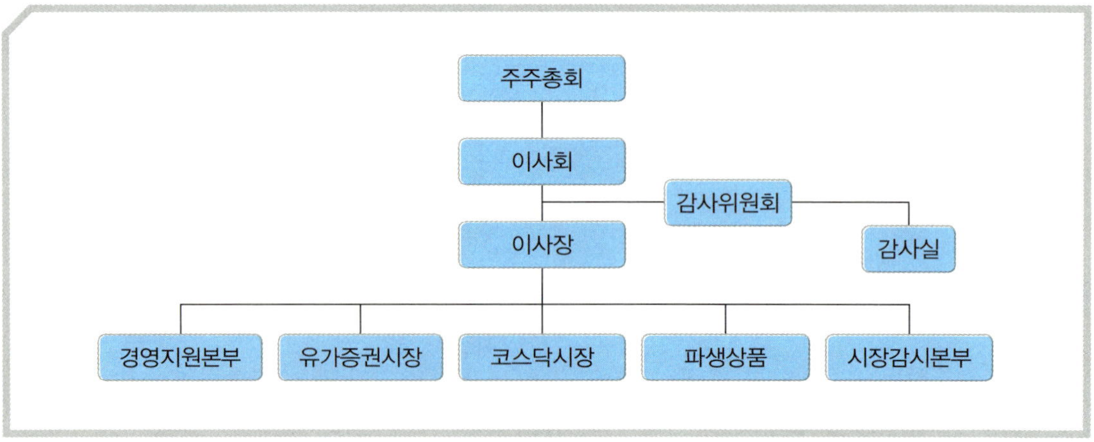

상품시장을 개설·운영하고 있다. 유가증권시장에서 거래대상이 되는 증권으로는 국채증권, 지방채증권, 특수채증권, 사채권, 출자증권, 주권 또는 신주인수권을 표시한 증서, 수익증권 등이 있다.

코스닥(Korea Securities Dealers Association Automated Quotation : KOSDAQ)시장은 유가증권시장의 상장기준에는 미치지 못하지만, 성장잠재력과 기술력이 있는 중소기업과 벤처기업의 자금조달 역할을 수행한다. 코스닥시장은 미국의 나스닥(NASDAQ) 시장을 벤치마킹하여 금융투자협회(증권업협회)가 개설·운영하였으나, 2005년부터 한국거래소에 통합되었다. 그러므로 우리나라의 코스닥시장은 한국거래소가 개설한 시장으로 일정한 거래규칙하에서 경쟁매매가 이루어지므로 장외시장과 차별화된다. 한국거래소의 조직은 [그림 3-2]와 같다.

3 금융투자회사

금융투자회사는 금융투자업을 영위하는 모든 회사를 말한다. 「자본시장과 금융투자업에 관한 법률」에 의하면 금융투자업은 경제적 실질에 따라 투자매매업, 투자중개업, 집합투자업, 투자자문업, 투자일임업 및 신탁업의 6가지로 분류한다.

투자매매업(dealing)은 누구의 명의로 하든지 간에 자기의 계산으로 금융투자상품을 매도·매수, 발행·인수에 대한 청약의 권유·청약, 청약의 승낙을 영업으로 하는 것을 말한다.

투자중개업은 누구의 명의로 하든지 타인의 계산으로 금융투자상품을 매도·매수, 발행·인수에 대한 청약을 권유·청약, 청약의 승낙을 영업으로 하는 것을 말한다.

집합투자업(collective investment)은 2인 이상에게 투자권유를 하여 모은 금전 등을 투자자 등으로부터 일상적인 운용지시를 받지 아니하면서 자산을 취득·처분 그 밖의 방법으로 운용하고 그 결과를 투자자에게 배분하여 귀속시키는 것을 영업으로 하는 것을 말한다.

투자자문업은 투자자로부터 금융투자상품에 대한 투자판단에 관하여 자문하는 것을 영업으로 하는 것이다.

투자일임업은 투자자로부터 금융투자상품에 대한 투자판단의 전부 또는 일부를 일임받아 투자자별로 구분하여 자산을 취득·처분 그 밖의 방법으로 운용하는 것을 영업으로 하는 것을 말한다. 그리고 신탁업은 신탁을 수탁하는 것을 영업으로 하는 것을 말한다.

자본시장법은 이러한 금융투자업의 일부 또는 전부를 겸영할 수 있도록 허락하고 있다. 따라서 금융투자회사는 모든 금융투자업을 종합적으로 영위하거나 그 중 일부를 영위하는 회사를 지칭한다.

4 투자매매·중개업자(증권회사)

기존의 증권회사는 금융투자업의 분류에 의하면 투자매매업과 투자중개업 그리고 신탁업 등을 주된 업으로 하는 회사이다. 투자매매·중개업자는 자기의 계산으로 증권을 매매하는 자기매매, 고객으로부터 매매주문을 위탁받아 회사명의로 매매하는 증권의 위탁매매, 발행시장에서 신규로 발행되는 증권의 인수(underwriting) 및 매출 등을 주된 업무로 하는 기관이다.

그리고 부수업무로 고객에 대한 신용공여, 증권저축, 환매조건부채권매매 등

증권관련업무, 금고대여업무 현금자산 관리계좌(CMA) 등 제한된 범위 내의 은행 관련업무, 양도성예금증서(CD)의 매매 및 중개 등 일부 단기금융업무와 수익증권 판매 등 일부 투자신탁 관련업무, 신탁업무 등을 취급한다.

5 집합투자업자(자산운용회사)

기존의 자산운용회사는 금융투자업의 분류에 의하면 집합투자를 주된 영업으로 하는 집합투자업자에 해당된다. 집합투자업자는 집합투자기구(펀드)를 설정·등록한 후 판매회사를 통해 투자자로부터 자금을 모집하고 이를 증권, 파생상품, 부동산 등에 투자하여 그 운용수익을 투자자들에게 분배하는 것을 주된 업무로 하는 기관이다.

6 투자자문회사

투자자문회사는 투자자에게 증권, 파생금융상품 등과 같은 금융투자상품의 가치 또는 투자자산에 관한 투자판단에 대해 전문적으로 자문하는 회사이다. 투자자문의 유형은 투자일임과 투자자문으로 구분된다. 투자일임은 고객으로부터 투자판단의 전부 또는 일부를 위임받아 고객을 위해 투자하는 것으로 일임된 범위 내에서 자산운용자에 의해 투자결정이 이루어진다.

한편 투자자문은 투자판단에 대한 자문만 하고 투자결정은 고객이 하는 것을 말한다. 투자자문업에서 취급하는 주요 금융상품으로는 자산종합관리계좌(wrap account), 주가지수연동 금융투자상품 등이 있다.

7 증권금융회사

증권금융회사는 유가증권의 발행과 유통을 원활히 하기 위하여 유가증권의 인수와 매매에 필요한 자금을 지원해 주는 기관이다. 증권금융회사의 주요 금융업무에는 인수금융, 유통금융, 담보금융의 세 가지가 있다. 증권인수금융은 증권의 발행 및 인수를 촉진하기 위하여 인수회사에게 인수자금을 대출하는 업무이다. 증권유통금융은 유가증권시장에서 신용거래에 필요한 자금 또는 유가증권을 증권회사에 대출해 주는 업무이다. 이 경우 자금을 대출해 주는 것을 융자라 하고 주식을 대출해 주는 것을 대주라고 한다. 증권담보금융은 일반투자자에게 보유유가증권을 담보로 자금을 대출해 주는 업무이다.

8 한국예탁결제원

한국예탁결제원은 거래소의 결제·예탁기능을 전담하는 기관으로 대금지급과 증권인도 업무를 수행한다. 결제방법은 대체결제에 의해 이루어진다. 대체결제는 금융투자회사, 금융기관 등이 예탁기관에 구좌를 개설하고 자기가 보유하고 있는 증권을 미리 예탁기관에 집중적으로 예탁한 후 구좌 설정자 상호간에 증권의 매매거래가 이루어지면 증권의 수수는 현물에 의하지 아니하고 구좌 간에 대체하는 방법으로 결제하는 제도이다. 대체결제제도를 통해 증권수불 업무의 효율성을 높이고 결제업무의 합리화와 사고방지 등의 이점을 얻을 수 있다.

예탁결제원의 업무는 매매 시 구좌 사이의 대체결제업무를 수행하는 이외에 유가증권의 보관 및 인도, 채권원리금의 수령, 증권거래세의 징수, 명의개서대행, 배당금 수령 등의 부수 업무를 수행한다.

9 코스콤(Koscom)

각종 증권업무처리 및 정보 전달체제의 전산화를 전담하기 위해 설립된 전산전문회사이다. 코스콤은 증권파생상품시장 전산화, IT인프라, 금융정보, 증권파생상품업무 전산화와 관련된 서비스를 제공한다.

주요 업무는 증권관계기관 및 투자매매·중개업자와 기타 기업의 전산업무의 수탁, 전산업무에 관한 연구·개발·훈련 및 이들 업무에 관련이 있는 사항의 지도 또는 용역제공, 거래소와 결제기관 계산업무의 전산처리, 증권매매주문과 기타 업무의 전산개발 및 처리 등이다.

이 밖에 금융투자회사를 회원으로 하는 금융투자협회와 상장회사를 회원으로 하는 상장회사협의회 등이 있다.

용어정리

- 가격제한폭
- 거래소시장
- 고객예탁금
- 공매도
- 관리종목
- 금융투자회사
- 기업공시
- 당일결제거래
- 대주
- 동시호가
- 보통거래
- 상대매매
- 상장
- 시장가주문
- 신용거래
- 예탁결제원
- 위탁매매
- 위탁수수료
- 위탁증거금
- 자기매매
- 장외시장
- 접속매매
- 조건부 지정가주문
- 증권인수금융
- 지정가주문
- 집합투자업자
- 최우선지정가주문
- 최유리지정가주문
- 코스닥(KOSDAQ)시장
- 투자매매업자
- 투자주의 종목
- 프로그램매매
- 프리보드시장
- Circuit Breakers
- NASDAQ
- NYSE

연/습/문/제

01 유통시장의 기능을 설명하시오.

02 거래소시장의 특징을 설명하시오.

03 장외시장의 기능을 설명하시오.

04 거래소시장과 장외시장은 기업에 신규 자금을 제공하지 않는데도 불구하고 금융 시스템의 중요한 부분을 차지하고 있는 이유는 무엇인가?

05 거래소시장의 매매주문의 방법에 대해 설명하시오.

06 거래소시장의 신용거래제도에 대해 설명하시오.

07 거래소시장의 매매거래에 대한 규제방법에는 어떤 것이 있는가?

08 기업내용 공시제도에 대해 설명하시오.

09 개별경쟁매매의 원칙을 설명하시오.

10 증권거래소시장과 코스닥시장의 주요 차이점을 설명하시오.

11 투자매매·중개업(증권회사)의 기본업무에 대해 설명하시오.

12 증권금융회사의 기본업무를 설명하시오.

13 한국예탁결제원의 기본업무를 설명하시오.

14 한국거래소의 조직구조에 대해 설명하시오.

15 집합투자업자의 업무에 대해 설명하시오.

16 매매거래 중단제도에 대해 설명하시오.

CHAPTER 04 펀드투자와 증권시장지표

1절 투자펀드의 의의와 종류

1 증권투자펀드의 정의

개인이나 기업 등 다수의 투자자들은 자기계좌로 직접 증권거래를 하는 대신 전문투자기구를 통해 간접투자를 하는 경향이 증대되고 있다. 여러 사람들로부터 투자자금을 모아 투자전문가를 통해 주식, 채권, 단기금융상품, 파생상품, 부동산 등 다양한 분야에 투자하고 그로부터 얻은 수익을 투자지분에 따라 투자자에게 분배하는 간접투자방식을 일반적으로 투자펀드(investment fund)라고 한다. 이 가운에 주로 증권에 투자하는 펀드를 증권투자펀드라고 한다. 우리나라의 경우 투자펀드를 지칭하는 법률상의 명칭은 집합투자기구이다.

「자본시장과 금융투자업에 관한 법률」에 의하면 집합투자란 2인 이상에게 투자권유를 하여 모은 금전 등의 자산을 투자자 또는 각 기금주체로부터 일상적인 운용지시를 받지 아니하면서 재산적 가치가 있는 투자대상자산을 취득·처분 그 밖의 방법으로 운용하고 그 결과를 투자자 또는 각 기금관리주체에게 배분하여 귀속시키는 것을 말한다.[1] 그리고 이러한 집합투자를 수행하는 기구를 집합투자기구라고 한다.

증권투자펀드(증권집합투자기구)는 다음과 같은 특징을 지닌다.

첫째, 불특정 다수의 투자자로부터 자금을 모아 증권 등에 투자하고 그 대신 수익증권 또는 주식을 발행한다. 둘째, 전문투자기관이 투자자를 대신하여 전문가의 입장에서 자금을 운용하고 관리한다. 셋째, 투자자금을 주식, 채권, 단기금융상품 등 여러 자산에 분산투자한다. 넷째, 기업의 지배 목적이 아닌 투자수익을 목적으로 투자한다.

2 증권투자펀드의 분류

(1) 법적 형태에 따른 분류

계약형 펀드

펀드를 통해 이루어지는 간접투자 방식에는 투자신탁 구조를 가지는 계약형과 투자회사 구조를 가지는 회사형으로 대별된다.[2] 계약형 펀드는 신탁형 펀드로 일반투자자인 수익자, 펀드를 설정하고 운용하는 위탁자, 그리고 위탁자의 지시에 따라 펀드재산을 보관·관리하는 수탁자 사이에 이루어지는 신탁계약에 의해 조직되고 운용되는 투자신탁 구조를 가지는 펀드를 말한다.

이 경우 위탁자의 역할은 집합투자업자(자산운용회사)가 수행하게 되고 수탁자의 역할은 신탁업자(은행)가 수행한다. 그리고 수익자인 일반투자자는 수익증권을 매수함으로써 투자에 참가하게 된다.

수익증권은 투자자금이 영세하여 분산투자를 충분히 할 수 없거나 증권투자에 대한 지식과 경험이 부족한 투자자를 대신하여 위탁자가 신탁자산을 운용하고 그 결과 생긴 이익을 분배해 주기로 계약하고 발행하는 권리증서이다. 한편 자금

---

1 자본시장법 제6조 5항 참조

2 자본시장법에서는 주식회사, 신탁 외에 유한회사, 합자회사, 상법상의 익명조합, 민법상의 조합도 집합투자수단이 될 수 있도록 하고 있다.

[그림 4-1] 계약형 펀드(투자신탁)

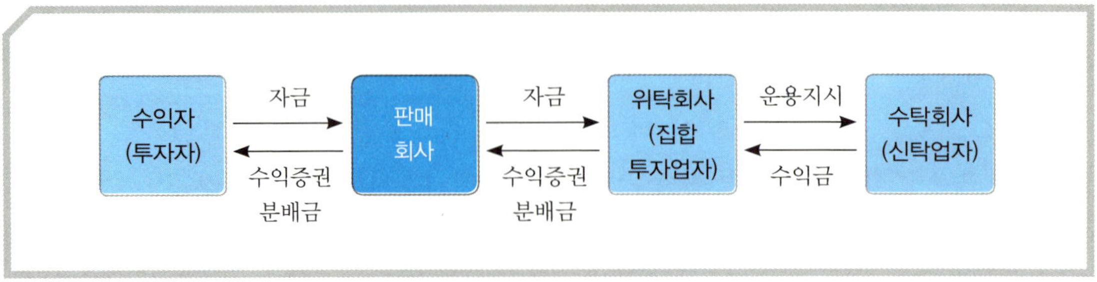

을 모으는 역할은 판매회사가 맡게 되고 판매회사의 역할은 은행, 금융투자회사(투자매매·투자중개업자) 등이 수행한다.

회사형 펀드

회사형 펀드는 펀드 자체를 투자를 목적으로 하는 명목상의 주식회사로 만들어 일반투자자들에게 주주의 위치를 부여하는 투자회사 형태의 펀드이다. 이 회사형 펀드를 뮤츄얼펀드(mutual fund)라고 부른다. 그러므로 뮤츄얼펀드에 투자하는 투자자는 주식회사의 주주가 되는 것으로 투자자들은 배당의 형태로 투자수익을 얻게 된다. 이와 같이 계약형 펀드에서는 수익증권이 발행되고 신탁자산이 계약에 따라 운용되는 데 반해, 회사형 펀드에서는 주식이 발행되고 자산이 정관에 따라 운용된다.

회사형 펀드의 업무는 투자회사(뮤츄얼펀드), 집합투자업자, 신탁업자, 일반사무관리회사, 그리고 판매회사에 의해 이루어진다. 투자회사(뮤츄얼펀드)는 회사자산을 운용하는 법률적인 주체이나 명목상의 회사(paper company)이기 때문에 실질적인 운영주체는 집합투자업자가 된다. 투자회사는 자산운용은 집합투자업자에게, 자산보관은 신탁업자에게 주식의 판매 및 환매는 투자매매·중개업자에게 그리고 일반사무는 일반사무관리회사에 위탁하게 된다.

우리나라 자본시장법상 회사형 펀드(집합투자기구)에는 투자회사, 투자유한회사, 투자합자회사의 형태가 있으나 이 가운데 상법상의 주식회사인 투자회사가 일반적인 형태이다.

[그림 4-2] 회사형 펀드(투자회사)

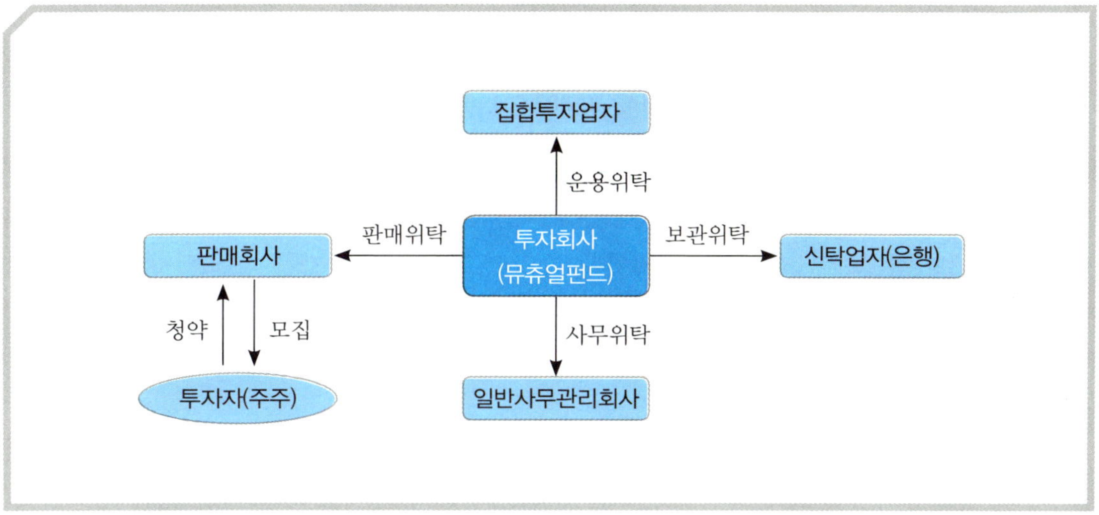

(2) 운용방식에 따른 분류

폐쇄형 펀드

투자펀드는 운용방식에 따라 폐쇄형과 개방형으로 구분된다. 폐쇄형(closed-end)은 투자자인 펀드지분 소유자에게 환매청구권을 부여하지 않으며, 펀드지분의 추가발행이 허락되지 않는 펀드를 말한다. 회사형 펀드로서 패쇄형인 경우에는 주주가 회사에 대해 직접 환매청구를 할 수 없고, 증권시장에서 주식을 처분함으로써만 투자자금을 회수할 수 있는 형태이다.

개방형 펀드

개방형(open-end)은 펀드지분 소유자에게 환매청구권을 부여하는 펀드로서, 환매수요의 충당과 펀드규모의 증대를 위해 계속적으로 펀드지분의 추가발행이 가능한 펀드이다. 회사형 펀드로서 개방형인 경우 투자자인 주주의 환매요구가 있을 때 회사는 언제든지 환매에 응하고 회사의 기본자산을 근거로 새로운 주식을 발행할 수 있다.

(3) 모집방식에 따른 분류

공모펀드

펀드의 모집·매출방식에 따라 공모펀드와 사모펀드로 나누어진다. 공모펀드는 불특정 다수인을 대상으로 공모방식(public offering)으로 투자자를 모집하는 경우이다. 즉 공모펀드는 수익증권이나 투자회사의 주식을 일반인을 대상으로 발행·판매하여 조성하는 펀드이다. 공모는 다수의 투자자를 상대로 대규모 자금을 모집하므로 사모에 비해 상대적으로 엄격한 법적 제약조건을 두고 있다.

사모펀드

사모펀드는 특정투자자 또는 소수인을 대상으로 투자자를 모으는 경우이다. 그러므로 사모펀드는 투자자의 수나 자격을 제한하게 된다. 사모펀드는 고수익, 고위험을 추구하는 펀드로 집합투자증권을 사모로 발행하는 헤지펀드(hedge fund)와 투자전문회사 형태의 PEF(private equity fund)로 대별된다.[3]

헤지펀드는 일반적으로 소수의 거액 투자자들로부터 자금을 조달하여 주식, 채권, 파생상품 등에 단기적으로 집중투자하여 고수익을 추구하는 투기성이 높은 자금이다. 헤지펀드는 사적인 파트너십(partnership) 형태로 설립되기 때문에 관련 기관의 규제로부터 비교적 자유롭다.

[그림 4-3] 사모투자전문회사

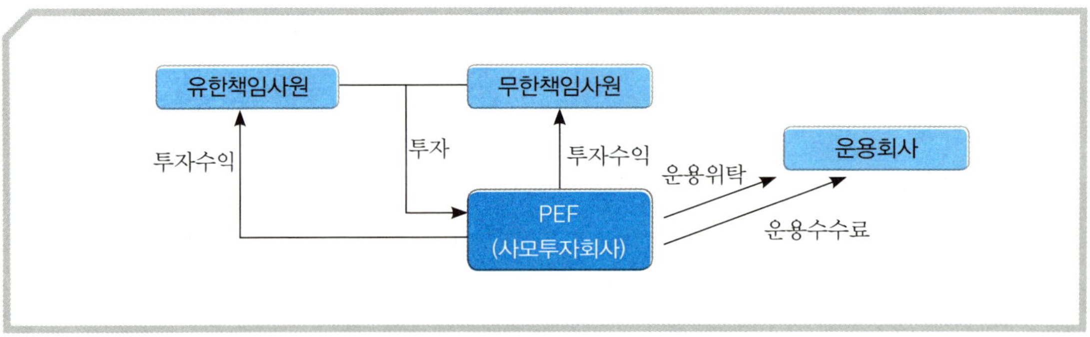

3 자본시장법상 사모펀드는 사모집합투자기구와 사모투자전문회사로 대별된다.

사모투자전문회사는 일반 사모펀드와는 달리 펀드의 주된 목적이 단순히 수익성을 추구하는 것이 아니라, 경영참여, 사업구조 또는 지배구조의 개선 등을 통하여 투자한 기업의 가치를 높인 후 그 수익을 투자자에게 배분하는 것을 목적으로 하는 펀드이다. 우리나라의 경우 사모투자전문회사는 합자회사의 형태로 설립된다.

(4) 투자대상에 따른 분류

주식형 펀드

주식형 펀드는 여러 고객으로부터 모은 자금을 집합투자업자를 통해 주식 위주로 투자하고 여기서 발생하는 배당과 시세차익을 다시 고객들에게 나누어주는 계약형 투자신탁상품을 말한다. 상품종류로는 주식편입비율에 따라 크게 안정형펀드(30% 미만), 안정성장형펀드(30~70% 미만), 성장형펀드(70% 이상) 등 여러 가지로 나눌 수 있으며, 목표수익률만 달성되면 상환되는 '스폿펀드', 일정 수익률 달성 시 공사채형으로 전환되는 '전환형' 상품 등 다양한 상품이 있다.

채권형 펀드

채권형 펀드란 펀드재산의 대부분을 채권 위주로 투자하는 펀드를 말한다. 고객이 투자한 자금(펀드)을 모아 집합투자업자가 국채, 공채, 회사채 등의 채권과 CD, CP, CALL 등의 유동성자산에 투자, 운용하여 그에 따른 이익을 고객에게 돌려주는 실적배당형 투자신탁상품이다. 신탁재산에 주식이 편입되지 아니하고 채권을 위주로 투자하여 안정적인 수익을 추구하는 펀드이다.

혼합형 펀드

혼합형 펀드는 채권형 및 주식형에 해당되지 않는 상품으로 상품 성격에 따라 주식 및 채권 등에 일정 비율씩 투자하여 수익을 추구하는 상품이다. 고객이 투자한 자금을 모아 전문 운용기관인 집합투자기구가 주식, 채권 등의 유가증권에 투자, 운용하여 발생한 수익을 고객에게 돌려주는 실적배당형 상품이다.

(5) 기타 펀드투자 상품

단기금융펀드(money market fund: MMF)

MMF는 여러 고객이 투자한 자금을 모아 이를 주로 양도성 예금증서(CD), 환매조건부채권(RP), 기업어음(CP), 5년 이하의 국채 및 통화안정증권 등의 단기 금융자산에 투자하여 얻은 수익을 고객에게 돌려주는 단기 실적배당 상품을 말한다. 주로 CP, CD, 콜론(call loan) 등 단기성자산으로 운용되어 실세금리가 반영되는 초단기 실적배당 상품이다.

상장지수펀드(exchange traded funds: ETF)

ETF는 특정 주가지수와 연동되는 수익률을 얻을 수 있도록 설계된 지수연동형 펀드(Index Fund)로서 현물 주식으로 설정·해지되며, 거래소에 상장되어 주식처럼 실시간으로 거래되는 펀드를 말한다.

ETF는 인덱스펀드와 마찬가지로 KOSPI 200이나 KOSPI 50 등과 같은 주가지수의 지수상승폭 만큼의 수익을 거둘 수 있도록 설계되고, 거래소에 상장되기 때문에 환금성도 높다. ETF는 인덱스펀드를 거래소에 상장시켜 주식처럼 사고 팔 수 있는 금융상품으로 펀드와 주식의 특징을 모두 갖추고 있는 것이 강점이다. 특히 소액으로 지수 상승률을 따라잡을 수 있다는 이점이 있어 개인 투자자들에게 유용한 투자수단이 될 수 있다.

주가연계증권(ELS) 펀드

ELS는 특정주권 또는 다수 주권의 가격이나 주가지수의 변동에 따라 투자수익이 결정되는 증권을 말한다. 만기수익률이 사전에 정한 방식에 따라 사전적으로 결정되는 상품으로 원금 또는 이자가 특정 주식 또는 주가지수의 실적과 연계된다는 특징이 있다.

운용에 편입된 채권이 원금을 보존하는 역할을 하는 한편 선도거래 또는 옵션거래를 통해 기초자산의 수익률에 연동하는 초과수익률을 얻도록 설계된다. 주가연계증권(ELS)펀드는 주가연계증권에 주로 투자하도록 설계된 펀드이다.

적립식 펀드

적립식 펀드는 일정기간 동안 원하는 펀드에 계속해서 적립하여 투자하는 상품이다. 즉 은행의 정기적금과 같이 일정기간 동안 적립투자하고 만기에 목돈을 찾는 형태이다. 매월 일정한 금액을 장기간 투자하는 것이므로 금리 및 주가 등 금융환경 변화에 따른 위험을 줄이는 투자방법이 될 수 있다.

엄브렐러펀드

엄브렐러펀드(umbrella fund)는 투자자가 시장상황에 따라 다른 종류의 펀드로 자유롭게 바꿀 수 있는 펀드이다. 마치 우산과 같은 모양으로 하나의 약관 아래 여러 개의 하위 펀드가 있어 장세변화에 탄력적으로 대응하여 다른 펀드로 전환할 수 있다.

2절 집합투자증권의 발행과 환매

1 집합투자증권의 발행

(1) 투자신탁의 수익증권 발행

투자신탁의 수익증권은 위탁자인 집합투자업자가 무액면·기명식으로 발행한다. 집합투자업자는 수익증권의 발행가격 전액이 납부되면 신탁업자의 확인을 받아 수익증권을 발행해야 한다.

수익증권 발행가액의 납입은 원칙적으로 금전으로 해야 한다. 수익증권은 예탁결제원을 명의인으로 하여 일괄예탁 방법으로 발행한다. 따라서 투자자는 실물 수익증권을 직접 보관하지 않고 투자매매업자 및 투자중개업자를 통행 예탁결제원에 예탁하게 된다.

(2) 투자회사의 주식 발행

주식회사 형태의 투자회사는 보통주만을 발행할 수 있으며, 신주발행에 관한 사항은 투자회사의 이사회가 결정한다. 투자회사의 주식도 수익증권과 마찬가지로 무액면·기명식으로 발행되고 예탁결제원을 명의인으로 하여 일괄예탁방식으로 발행된다.

2 펀드의 환매와 기준가격

(1) 펀드의 환매

개방형 펀드의 경우 순자산가치대로 매입한 펀드(집합투자증권)의 전부 또는 일부를 현금으로 회수하는 것을 환매라고 한다. 투자자는 환매제도를 통해 투자자금을 쉽게 현금화할 수 있다. 투자자는 집합투자증권을 판매한 투자매매업자·투자중개업자에게 환매를 청구하고, 환매청구를 받은 투자매매업자·투자중개업자는 집합투자업자 또는 투자회사 등에 지체없이 환매에 응할 것을 요구한다. 그리고 환매청구를 받은 집합투자업자 또는 투자회사 등은 집합투자재산의 범위 내에서 금전으로 환매대금을 지급하게 된다. 환매가 규약이 정한 기간 이내에 이루어지는 경우에는 투자자가 환매수수료를 부담해야 한다.

그러나 폐쇄형 펀드의 경우에는 환매가 허락되지 않으므로 투자자는 시장에서 보유하고 있는 집합투자증권을 매각함으로써 투자자금을 회수할 수 있다.

(2) 펀드의 기준가격

기준가격은 특정 펀드(집합투자기구)의 순자산가치를 나타내고 집합투자증권의 판매 및 환매 시 거래가격이 된다. 펀드의 수량단위는 좌(unit)이고 기준가격에 거래된다. 기준가격의 산정은 기준가격 공고 및 게시일 전일의 집합투자기구 재무상태표상에 계상된 자산총액에서 부채총액을 차감한 금액을 전일의 집합투자증권 총수로 나누어 나타낸다.

$$기준가격 = \frac{(자산총액 - 부채총액)}{집합투자증권발행총수}$$

3 펀드의 해지·해산

(1) 투자신탁의 해지

투자신탁계약의 해지는 해지권자인 위탁자(집합투자업자)의 일방적 의사표시로 투자신탁계약의 효력을 소멸시키는 행위이다. 투자신탁이 해지되면 투자신탁관계는 종료되고 신탁재산은 투자자에게 지급된다.

개방형 펀드의 경우는 투자신탁계약기간이 정해지지 않고 투자신탁 최초 설정일로부터 해지일까지로 정하는 것이 일반적이나, 폐쇄형 펀드의 경우는 계약기간이 정해지나 만료일 전에 투자신탁계약을 해지할 수 있다.

(2) 투자회사의 해산

투자회사의 경우에는 정관에서 정한 존속기간의 만료, 주주총회의 해산결의, 투자회사의 피흡수합병, 투자회사의 파산결의 등과 같은 해산사유가 발생하게 되면 해산한다.

3절 증권시장지표

1 주가지수

증권시장 전체의 움직임을 나타내기 위해 이용되는 지표에는 주가지수, 주가수익률, 주가수익비율(PER), 거래량회전율, 거래대금회전율 등이 있다. 이 가운데 주가지수가 가장 대표적인 증권시장지표로 이용된다. 주가지수(stock price index)는 주식시장 전체의 가격수준을 지수화하여 나타내는 지표이다. 주가지수는 증권시장에서 형성되는 주가변동상황을 종합적으로 나타내는 지표로 활용될 뿐 아니라, 미래 경제상황에 대한 전망을 반영하므로 경기변동의 선행지표로도 이용된다. 주가지수는 기준시점에서의 시장 전체 주가수준을 비교시점의 주가수준과 비교하여 상대값으로 표시하여 나타낸다.

(1) 다우식 주가지수

주가지수는 지수의 산정방법에 따라 다우식과 시가총액식으로 나누어진다. 다우식 주가지수는 시장 전체의 주가수준을 산정할 때 가격 자체를 가중치로 하는 방법으로 다우존스(Dow Jones)사에 의해 처음으로 시작되었다고 하여 다우식 주가지수라고 한다. 그리고 가격자체를 가중치로 하므로 가격가중 주가지주(price-weighted price index)라고도 부른다.

다우식 주가지수는 지수산정에 포함되는 주가를 단순평균하여 산출한다. 그러나 권리락, 주식분할 등 시장외적 요인이 생길 경우에는 주가 사이에 단층이 생기므로 이를 제거하여 주가수준의 연속성과 일관성을 유지하기 위해 수정주가평균을 이용하여 지수를 산출한다.[4]

$$다우식\ 주가지수 = \frac{비교시점의\ 주가평균}{기준시점의\ 주가평균} \times 100$$

다우식 주가지수는 대표적인 우량주로서 거래가 활발한 종목을 채택하여 주가의 움직임을 파악하는 데 용이하다. 그러나 이 지수는 채택종목 수가 한정되어 있고 자본금의 규모가 고려되지 않으므로 가격의 움직임이 활발한 주식에 의해 영향을 많이 받는다는 단점이 있다.

(2) 시가총액식 주가지수

시가총액식 주가지수는 다우식 주가지수의 단점을 보완하기 위해 고안된 지

---

4 $수정주가평균 = \frac{채용종목의\ 종가합계}{수정제수}$, $수정제수 = \frac{수정\ 후\ 종가합계}{수정\ 전\ 종가합계}$

수로 시장가격에 발행주식수를 곱한 시가총액을 대상으로 기준시점과 비교시점을 비교하여 지수화한 것이다. 상장주식 수를 가중치로 하여 주가지수를 산출하므로 가치가중 주가지수(value-weighted price index)라고도 한다.

$$주가지수 = \frac{비교시점의\ 시가총액}{기준시점의\ 시가총액} \times 100$$

시가총액식 주가지수는 시가총액을 비교한 것이므로 주식배당, 무상증자, 주식분할 등의 변화에 아무런 영향을 받지 않는다. 그러나 신규상장, 유상증자, 상장폐지 등과 같은 시장외적 요인이 생기면 시가총액 자체에 영향을 받게되므로 주가지수의 일관성을 유지하기 위해 기준시점의 시가총액을 수정해야 한다. 이 경우 기준시가총액은 다음과 같이 수정된다.

$$신기준\ 시가총액 = 구기준\ 시가총액 \times \frac{변동전일\ 비교시가총액 \pm 비교시가총액\ 변동액}{변동전일\ 비교시가총액} \times 100$$

시가총액식 주가지수는 전체 또는 대부분의 상장종목을 대상으로 하므로 다우식 주가지수에 비해 시장 전체의 움직임이 골고루 반영되어 시장 전체의 주가수준을 파악하기 쉽다. 그러나 자본금 규모가 큰 종목의 영향을 상대적으로 많이 받는다는 문제점이 있다.

(3) 우리나라의 주가지수

한국거래소는 1964년 1월 4일을 기준으로 다우식 주가평균과 함께 이를 지수화하여 시장지표로 사용하였다. 그러나 다우식 주가지수가 지니는 문제점으로 인하여 1983년 1월 4일부터는 1980년 1월 4일을 기준으로 한 시가총액식 주가지수인 한국종합주가지수(Korea Composite Stock Price Index: KOSPI)를 채택하여 매일 발표하고 있다. 이 경우 시가총액은 상장된 전체주식의 시장가격에 상장주식수를 곱하여 산출한다. 그리고 한국종합주가지수(KOSPI) 외에 한국주가지수 200(KOSPI 200), 한국주가지수 100(KOSPI 100), 한국주가지수 50(KOSPI 50), 한국배당지수

〈표 4-1〉 우리나라의 주가지수

주가지수	기준일자	기준지수
KOSPI	1980. 1. 4	100p
KOSPI 200	1990. 1. 3	100p
KOSPI 100	2000. 1. 4	1,000p
KOSPI 50	2000. 1. 4	1,000p
KODI	2001. 7. 2	1,000p
Kosdaq	1996. 7. 1	1,000p
Kosdaq Venture	1998. 1. 3	1,000p
Kosdaq Star	2003. 1. 2	1,000p
Kosdaq IT	2001. 1. 2	1,000p
KRX 100	2001. 1. 2	1,000p

(KODI) 등을 산출하여 사용하고 있다.

KOSPI 200은 주가지수 선물거래 및 주가지수 옵션거래의 대상으로 지정된 주가지수이다. KOSPI 200은 상장종목 중 200개 종목으로 구성되며 거래소가 1990년 1월 3일을 기준시점으로 하여 시가총액방식으로 산출하고 있다. KOSPI 100과 KOSPI 50은 시가총액이 큰 100개 기업과 50개 기업을 대상으로 2000년 1월 4일을 기준으로 산출된 지수이다. KODI는 배당실적, 기업지배구조 등 주주중시 경영 우수기업을 대상으로 2001년 7월 2일을 기준시점으로 산출된 배당지수이다.

그리고 코스닥(KOSDAQ)시장에서는 1996년 7월 1일을 기준시점으로 한 Kosdaq 종합지수와 2003년 1월 2일을 기준시점으로 하고 우량종목 30개 종목으로 구성된 Kosdaq Star 지수 등을 산출하여 사용하고 있다. 이 밖에 산업별, 자본금규모별로도 지수를 산정하여 발표하고 있다.

또한 KRX 100지수는 유가증권시장과 코스닥시장의 우량 종목을 고루 편입한 통합주가지수로 유가증권시장 90개 종목, 코스닥 10개 종목 등 총 100개 종목으로 구성된다. 이 지수는 2001년 1월 2일을 기준시점(주가지수=1,000)으로 하여 2005년 6월 1일부터 발표하기 시작했다.

(4) 외국의 주가지수

금융의 글로벌화와 함께 우리나라의 주식시장도 해외의 주요 주식시장의 주가움직임에 영향을 받는다. 미국의 경우 널리 알려진 주요 주가지수로 다우존스산업평균지수(Dow-Johnes Industrial Average : DJIA), 스탠다드·푸어스500지수(Standard & Poor's 500 Index : S&P500 Index), 뉴욕증권시장지수(NYSE Index) 등이 있다.

DJIA는 단순주가가중지수로 1896년부터 사용되었다. DJIA는 현재 뉴욕증권시장에 상장되어 있는 대표적인 30개 주식의 주가평균에 의해 산출된다. S&P500지수는 스탠다드·푸어사(Standard and Poor's Corporation)가 500개 표본기업을 대상으로 산정하는 시가총액식 주가지수이다. NYSE 지수는 시가총액식 주가지수로 뉴욕증권거래소에 상장된 모든 주식을 대상으로 산출된다.

또한 전 세계 각국 주식시장의 평균적인 주가움직임을 나타내는 글로벌주가지수로는 모건스탠리바라(Morgan Stanley Capital International Barra)사가 발표하는 MSCI(Morgan Stanley Capital International Index)지수, 영국의 파이낸셜타임즈사와 런던증권거래소가 공동으로 산정·발표하는 FTSE(Financial Times Stock Exchange) 지수 등이 있다. 우리나라의 글로벌주가지수로는 아시아 5개국(한국, 중국, 홍콩, 대만, 싱가포르)의 상장종목을 포함하는 S&P/KRX Asia100이 산정·발표되고 있다.

2 기타 시장지표

(1) 주가수익비율(PER)

PER(price earning ratio)은 주가수익비율이라고 하고 주가를 주당 순이익으로 나누어 주가가 1주당 순이익의 몇 배인가를 나타낸다. 일반적으로 PER이 높으면 주가가 높고, 낮으면 주가가 낮은 것이라고 볼 수 있지만 절대적인 기준은 아니다.

PER의 크기는 주가가 내재가치에 비해 고평가 또는 저평가되어 있는가의 판단 기준으로 이용되지만 동일업종에 속하는 다른 기업의 PER과 비교하면서 상대적으로 판단하는 것이 필요하다.

(2) 배당수익률

배당수익률이란 투자자금에 대하여 배당의 크기가 어느 정도 되는가를 나타내는 비율로서, 연간배당금을 현재의 주가 또는 매수주가로 나눈 비율이다. 이때 배당금은 전기의 확정배당을 기준으로 하는 경우와 당기의 예상배당으로 하는 경우가 있지만, 보통 투자지표로 활용할 때는 예상배당금을 기준으로 한다. 주식투자에 있어서 배당수익률의 적정수준은 정해져 있지 않으며 경험적인 것에 불과하다. 일반적으로 일반저축의 수익률, 다른 종목의 배당수익률 등을 기준으로 적정 배당수익률 수준을 추정한다.

(3) 배당락

배당지급 기준일이 지나 배당금을 받을 수 없는 상태를 배당락(ex-dividend)이라고 한다. 배당금은 배당 기준일인 회사의 결산일 현재 주주명부에 등재되어 있는 주주에게 지급되는 것이므로 배당 기준일 다음날의 주가는 전일보다 주당 배당금만큼 낮게 된다. 기준일에 주주명부에 등재되기 위해서는 보통거래에서는 기준일 2일 전에 매매체결이 이루어져야 한다. 그러므로 사업연도 종료일 전일 매매 분부터 배당락 조치를 취하게 된다. 이론적으로 배당락 주가는 배당을 받을 권리가 있는 배당부 주가에서 주당배당금만큼 차감한 값이 된다.

(4) 권리락

권리락(ex-rights)은 구주에 부여되는 신주인수권 또는 신주의 유·무상교부를 받을 권리가 없어져 주가가 하락하는 것을 말한다. 즉 주주가 현실적으로 주식을 소유하고 있더라도 주주명부가 폐쇄되거나 배정기준일이 지나 신주를 받을 권리가 없어진 상태를 말한다. 보통거래를 기준으로 볼 때 신주 배정기준일 전일 매매 분부터 권리락 가격이 형성된다. 이론권리락 주가는 다음과 같다.

유상증자 시:

$$\text{권리락주가} = \frac{\text{권리부주가} + (\text{신주인수가격} \times \text{신주배정비율})}{1 + \text{신주배정비율}}$$

무상증자 시:

$$권리락주가 = \frac{권리부주가}{1+신주배정비율}$$

(5) 회전율

회전율은 일정기간 동안 상장된 주식 중에서 얼마만큼의 주식이 거래되고 있는지를 나타내 준다. 회전율지표는 거래량기준의 상장주식회전율 지표와 거래대금 기준의 시가총액회전율 지표가 있다. 상장주식회전율은 거래량을 상장주식수로 나누어 산출하여 상장주식 중에서 얼마만큼의 주식이 거래되었는지를 나타내고, 시가총액회전율은 거래대금을 시가총액으로 나누어 산출하여 상장된 시가총액 중에서 얼마만큼의 금액이 거래되었는지를 나타내고 있다.

예를 들어 연간 상장주식회전율이 100%였다고 한다면 1년 동안 상장된 모든 주식이 1회 정도 매매되었다는 것을 의미하고, 연간 시가총액회전율이 50%라고 한다면 1년 동안 상장된 모든 시가총액의 절반규모가 매매되었다는 것으로 해석할 수 있는 것이다.

(6) 고객예탁금

고객예탁금은 고객들이 주식이나 채권 등을 사거나 신주를 청약할 때 또는 신용거래를 하기 위해 금융투자회사(투자매매·중개업자)에 맡긴 돈을 말하며, 증시주변의 자금사정을 알아보는 주요한 지표로 활용된다. 고객예탁금에는 금융투자회사가 유가증권의 매매거래 등과 관련하여 고객으로부터 위탁받아 일시 보관중인 예수금, 청약자 예수금, 저축자 예수금, 환매조건부 예수금, 신용거래 구좌설정보증금, 신용거래보증금 등이 속한다.

(7) 프로그램매매

프로그램매매는 일반적으로 시장분석, 투자시점 판단, 주문제출 등의 과정을 컴퓨터로 처리하는 거래기법을 통칭하는데, 시장상황별로 실행할 투자전략을 사전에 미리 수립하여 그 내용을 컴퓨터에 프로그래밍하고 시장상황과 분석내용에 따른 주문 등을 프로그램에 따라 컴퓨터로 처리하는 매매방법을 말한다. 최근 주가지수선물·옵션 등의 파생상품시장이 급속도로 성장하면서 주식(현물)과 파생상품시장을 연계하는 거래가 크게 증가함에 따라 프로그램매매 거래도 증가하고 있다.

프로그램매매는 시장상황이 변동할 때 컴퓨터에 미리 프로그래밍화되어 있는 매매기법에 따라 일시에 대규모의 주문이 시장에 유입되므로 시장에 많은 충격을 줄 수 있다. 따라서 프로그램매매 거래통계를 수시로 참고한다면, 대규모 거래로 인해 주가가 크게 변동했을 때 특정한 정보가 발생하여 대량거래가 이루어진 것인지, 프로그램매매로 인해 대량거래가 이루어진 것인지를 판단하여 투자전략을 수립하는 데 도움이 된다. 그리고 프로그램매매로 인해 매수 또는 매도한 잔고를 참고한다면 향후 시장상황을 예측하는 데도 도움이 된다.

도움말

■ 우리나라 주요 증시지표 추이

구 분	2013년 말	2012년 말	2011년 말	2010년 말
유가증권시장				
시가총액(조원)	1,186.0	1,154.3	1042.0	1,141.8
거래량(백만 주)	328.3	486.5	353.8	380.9
거래대금(십억원)	3,993.4	4,823.6	6,863.1	5,619.8
시가총액회전율(%)	86.39	107.43	152.25	146.32
상장회사수	777	784	791	777
상장주식수(백만 주)	35,217.3	35,823.0	35,402.9	33,706.3
코스닥시장				
시가총액(조원)	119.3	109.1	106.0	98.0
거래량(백만 주)	395.1	590.6	543.4	643.0
거래대금(십억원)	1,823.4	2,129.1	2,250.0	1,924.7
시가총액회전율(%)	371.26	482.92	550.20	533.32
상장회사수	1,009	1,005	1,031	1,029
상장주식수(백만 주)	21,335.1	21,012.2	21,440.5	23,370.7

자료: 한국거래소(www.krx.co.kr). 거래량, 거래대금은 연간 일평균

주식시세표(예시)

<table>
<tr><td rowspan="2">코스피지수
1,820.03
−18.14(1.04%)</td><td colspan="2">유가증권</td><td>▲ 상승</td><td>⬆ 상한가</td><td>㉠ 신고가</td><td>★ 권리락</td></tr>
<tr><td>KOSPI200</td><td>236.64(−2.79)</td><td>▽ 하락</td><td>⇩ 하한가</td><td>㉢ 신저가</td><td>☆ 배당락</td></tr>
<tr><td rowspan="3">통합지수
(KRX100)
3,843.49
−44.57(1.15%)</td><td></td><td></td><td colspan="4">○ 투자주의 ⊙ 투자경고 ● 투자위험</td></tr>
<tr><td>거래대금</td><td>4조180억원</td><td>U</td><td>신형
우선주</td><td colspan="2" rowspan="2">액면가: A=100, B=200,
C=500, D=1,000, E=2,500,
무표시=5,000
단위: 원, 10주</td></tr>
<tr><td>상승▲
하락▽</td><td>292개(↑ 8)
543개(↓ 3)</td><td>×</td><td>기세</td></tr>
</table>

<table>
<tr><td rowspan="2">종목명</td><td rowspan="2">종가</td><td rowspan="2">등락</td><td rowspan="2">거래량</td><td rowspan="2">고가</td><td rowspan="2">저가</td><td colspan="2">최근 120일</td></tr>
<tr><td>최고</td><td>최저</td></tr>
<tr><td></td><td></td><td colspan="3">일반종목</td><td></td><td></td><td></td></tr>
<tr><td colspan="8">어업·광업</td></tr>
<tr><td>동원(003580)</td><td>5070</td><td>▲ 40</td><td>524</td><td>5250</td><td>4955</td><td>7580</td><td>4980</td></tr>
<tr><td>동원산업(006040)</td><td>160500</td><td>0</td><td>267</td><td>167000</td><td>159500</td><td>203000</td><td>143000</td></tr>
<tr><td>동원수산(30720)</td><td>17350</td><td>▲ 600</td><td>41490</td><td>18200</td><td>1660</td><td>28900</td><td>9720</td></tr>
<tr><td>사조산업(007160)</td><td>47750</td><td>▲ 400</td><td>1355</td><td>48000</td><td>47100</td><td>59800</td><td>44650</td></tr>
<tr><td>사조오양(006090)</td><td>14250</td><td>▲ 350</td><td>45</td><td>14250</td><td>13900</td><td>17150</td><td>13600</td></tr>
<tr><td>신라교역(004970)</td><td>c 11700</td><td>▽ 200</td><td>991</td><td>11950</td><td>11500</td><td>16700</td><td>11250</td></tr>
<tr><td colspan="8">음식료품</td></tr>
<tr><td colspan="8"></td></tr>
<tr><td colspan="8">관리종목</td></tr>
<tr><td colspan="8"></td></tr>
<tr><td colspan="8">증권투자회사</td></tr>
<tr><td colspan="8"></td></tr>
<tr><td colspan="8">투·융자회사</td></tr>
<tr><td colspan="8"></td></tr>
<tr><td colspan="8">상장지수펀드(ETF)</td></tr>
<tr><td colspan="8"></td></tr>
</table>

용어정리

- 개방형 펀드
- 계약형 펀드
- 공모펀드
- 권리락
- 기준가격
- 뮤츄얼 펀드
- 배당락
- 사모투자전문회사
- 사모펀드
- 수탁회사
- 시가총액
- 위탁회사
- 적립식 펀드
- 종합주가지수
- 주가수익비율(PER)
- 주식형 펀드
- 집합투자업자
- 집합투자증권
- 채권형 펀드
- 폐쇄형 펀드
- 프로그램 매매
- 헤지펀드
- 혼합형 펀드
- 회사형 펀드
- DJIA
- ETF
- MMF
- S&P 500

연/습/문/제

01 증권투자펀드(증권집합투자기구)의 특징을 설명하시오.

02 자본시장법에서 집합투자란 무엇인가?

03 계약형 펀드의 구조에 대해 설명하시오.

04 회사형 펀드의 구조에 대해 설명하시오.

05 회사형 펀드에서 집합투자업자(자산운용회사)의 역할은 무엇인가?

06 개방형 펀드에 대해 설명하시오.

07 사모펀드란 무엇인가?

08 펀드의 기준가격은 어떻게 결정되는가?

09 다우식 주가지수와 시가총액식 주가지수의 문제점은 무엇인가?

10 우리나라와 미국의 경우 대표적인 주가지수에는 어떤 것들이 있는가?

11 권리락에 대해 설명해 보시오.

12 금년도 증권시장은 12월 31일 금요일에 폐장한다. 12월 말 결산법인인 K기업의 금년도 배당을 목적으로 투자한다면 언제까지 이 주식을 매입하여야 하는가?

13 기준주가가 60,000원인 A기업은 6월 30일을 기준으로 25%의 유상증자를 실시한다. 발행가격이 50,000원인 경우 이 기업의 권리락 주가는 얼마인가?

14 아래의 세 가지 주식으로 오늘의 주가지수를 산출하고자 한다. 이들 세 주식의 경우 기준시점에서 현재까지 증자, 주식배당, 주식분할 등 자본금 및 발행주식수의 변동요인이 없다고 가정하고 지수계산 시 현금배당은 무시한다.

주식	기준시점의 주가	오늘의 주가	발행주식수
A	20,000원	60,000원	10,000주
B	40,000원	60,000원	50,000주
C	60,000원	80,000원	100,000주

(1) 시가총액식 주가지수 산출방법에 의하면 오늘의 주가지수는 얼마인가?

(2) 다우식 주가지수 산출방법에 의하면 오늘의 주가지수는 얼마인가?

MEMO

Investment

PART 2

보통주 분석

제2편에서는 주식의 투자가치를 결정하기 위한 분석기법으로 기본적 분석과 기술적 분석을 다룬다. 제5장에서는 가치결정요소의 분석을 내용으로 하는 기본적 분석을 다룬다. 경제분석, 산업분석, 기업분석에 대해 살펴본다. 제6장에서는 보통주의 내재가치 평가를 위한 가치평가모형에 대해 알아본다. 제7장에서는 과거의 주가와 거래량의 분석을 기초로 투자가치를 판단하는 기술적 분석에 대해 살펴본다.

CHAPTER 05 기본적 분석

1절 기본적 분석과 경제분석

1 기본적 분석의 의의와 한계

(1) 기본적 분석의 의의

기본적 분석(fundamental analysis)은 주가에 영향을 미치는 경제요인, 산업요인, 기업요인을 분석하여 그 결과를 바탕으로 내재가치를 구하고 이를 시장가격과 비교하여 투자 여부를 결정하는 방법이다. 시장가격이 내재가치에 못 미치는 주식은 시장에서 저평가된 주식(under-priced stock)으로 매수대상이 되고 시장가격이 내재가치를 초과하는 주식은 고평가된 주식(over-priced stock)으로 매도 대상이 된다. 이와 같이 기본적 분석에서는 매수 또는 매도대상이 되는 종목의 선택에 중점을 둔다. 기본적 분석은 경제분석, 산업분석, 기업분석과정을 통하여 이루어진다.

경제분석(economic analysis)과정에서는 경기순환, 재정정책, 통화정책, 경제지표, 수출입, 법적 규제, 인플레이션, 경제성장률, 실업, 생산성 등 거시경제변수와 경제정책에 대한 분석이 이루어진다.

산업분석(industry analysis)과정에서는 산업구조, 경쟁력, 수요공급관계, 품질,

비용요인, 행정규제, 수명주기 등에 대한 분석이 이루어진다.

기업분석(company analysis)과정에서는 재무제표, 이익과 배당예측, 현금흐름, 위험, 경영진, 연혁 등에 대한 분석을 중심으로 이루어진다. 기본적 분석 과정에서는 경제 및 산업 그리고 기업의 미래전망에 대한 장기적 예측에 기초를 둔다. 일반적으로 기업분석은 산업분석과 경제분석을 기초로 하고 산업분석은 경제분석 결과를 기초로 이루어진다.

(2) 기본적 분석의 한계

기본적 분석은 경제, 산업, 기업 상황을 분석하여 주식의 내재가치를 발견한 후 주식의 시장가격과 비교하여 투자판단을 하는 방법이다. 이러한 방법을 통해 투자수익을 얻는 데는 몇 가지 한계점이 지적된다.

첫째, 특정 투자자가 내재가치를 구한 경우라도 다른 모든 투자자들이 이를 인정하고 함께하지 않는다면 그 투자자는 초과수익을 올릴 수 없게 된다. 투자자마다 내재가치를 파악하는 과정이 다를 수 있기 때문에 특정 투자자가 저평가된 주식으로 인식하는 경우라도 다른 투자자들은 고평가된 주식으로 인식할 수도 있다. 따라서 모든 투자자가 동일한 내재가치를 얻는다고 가정하는 것은 무리가 있다.

둘째, 내재가치를 파악하기 위해서는 회계자료인 재무제표를 활용하는데, 재무제표는 회계규칙 중 어느 방법을 사용하는가에 따라 결과가 달라질 수 있으므로, 재무제표의 적정성 문제가 생긴다. 그리고 기업에 따라 다른 기준을 적용할 수 있으므로 기업 간 비교 시 문제가 생긴다.

셋째, 기본적 분석은 분석과정에 상당한 시간이 걸린다. 따라서 분석기간 동안 주가가 변할 수 있으며, 분석과정에 새로운 정보가 발생된다면 내재가치를 정확하게 평가할 수 없게 된다.

2 경제활동과 경기순환

투자가치는 국민경제에 영향을 미치는 여러 변수에 의해 직·간접적인 영향을 받는다. 예를 들면 경기변동, 재정정책, 통화정책, 수출입, 환율, 법규, 인플레이션, 이자율, 경제성장률, 실업률 등 여러 가지 거시경제변수들이 기업의 미래이익흐름과 투자자의 요구수익률에 직·간접으로 영향을 미친다.

이 가운데 향후 경기가 어떻게 변화할 것인가를 미리 예측하는 것은 제반 경제계획의 수립과 경영상의 의사결정에 있어서뿐만 아니라, 증권분석에 있어서도 매우 중요한 부분을 차지한다. 국민경제의 전반적인 활동수준을 나타내는 경기는 기업의 가치를 반영하는 주가와 밀접한 연관성을 가지고 움직이며, 일반적으로 주가는 경기에 선행하여 움직인다고 알려져 있다.

경기순환(business cycle)은 한 나라의 총체적 경제활동이 일정기간을 두고 상승과 하강을 반복하는 현상으로 경기변동이라고도 한다. 경기순환은 국가의 총체적 경제활동에서 나타나는 변동의 한 형태로, 하나의 순환주기는 [그림 5-1]에서 보는 바와 같이 저점에서 다음 저점까지를 말하고 확장국면과 수축국면으로 나누어진다.

그리고 확장국면은 회복기와 확장기로 나누어지고 수축국면은 후퇴기와 수축기로 나누어진다. 이러한 연쇄적 변동은 반복적이지만 반드시 정기적이거나 대칭

[그림 5-1] 경기순환과정

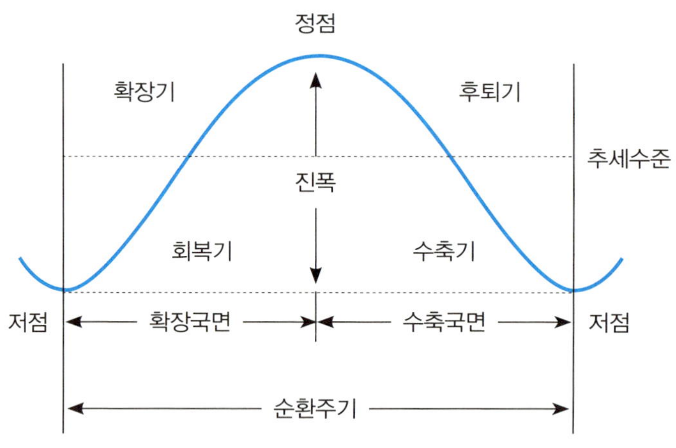

적인 것은 아니다. 만일 투자자들이 경기순환의 시작과 끝을 예측할 수 있다면 순환의 각 단계에서 보다 나은 투자대상을 선택할 수 있을 것이다.

현재의 경기동향을 파악하고 미래의 경기동향을 예측하는 방법으로 경기지표(business indicator)에 의한 방법과 기업실사조사(business survey)에 의한 방법이 주로 사용된다.

경기지표(business indicator)에 의한 경기변동예측은 경제의 각 부문을 잘 반영해 주는 개별지표들을 추측한 후 이를 통계적으로 가공·분석·종합하여 전체 경기변동의 움직임을 측정·예측하는 방법이다. 경기종합지수(composite index: CI)는 경기변동의 변화방향, 전환점, 국면뿐만 아니라 변화속도와 진폭까지도 측정이 가능한 종합경기지표이다.

〈표 5-1〉에서 보는 바와 같이 경기종합지수에는 이용목적에 따라 단기적 경기예측을 위한 선행경기종합지수(leading indicators), 현재의 경기상태를 측정하는 동행경기종합지수(coincident indicators), 현재의 경기를 사후적으로 확인해 주며, 선행경기종합지수의 징후적 역할을 하는 후행경기종합지수(lagging indicators)가 있다.

한편 기업실사조사(business survey)는 기업활동의 실적, 계획 및 경기동향에 대한 경영자의 판단을 설문조사하여 전반적인 경기동향을 파악하고자 하는 단기적

〈표 5-1〉 경기종합지수(CI) 구성지표

선행종합지수	동행종합지수	후행종합지수
1. 재고순환지표	1. 광공업생산지수	1. 생산자제품재고지수
2. 소비자기대지수	2. 제조업가동률지수	2. 도시가계소비지출
3. 기계수주액	3. 건설기성액	3. 소비재수입액
4. 자본재수입액	4. 서비스업생산지수	4. 상용임시근로자수
5. 건설수주액	5. 도소매판매액지수	5. 회사채유통수익률
6. 순상품교역조건	6. 내수출하지수	
7. 구인구직비율	7. 수입액	
8. 종합주가지수	8. 비농가취업지수	
9. 금융기관유동성		
10. 장단기금리차		

*통계청(2011)

인 경기예측 방법의 하나이다. 기업실사조사는 시장경제의 주체인 경영자의 향후 경기에 대한 판단이나 전망이 현실적이고 정확할 뿐만 아니라 전체경기에 중대한 영향을 미친다는 사실에 근거한다. 기업실사조사에는 기업실사지수(business survey index: BSI)가 이용된다. 우리나라에서 사용되는 기업실사지수는 다음과 같이 산출된다.

$$BSI = \frac{(\text{긍정적 응답업체수} - \text{부정적 응답업체수})}{\text{전체응답업체수}} \times 100 + 100$$

기업실사지수(*BSI*)는 지수수준 100을 중심으로 100을 초과하면 비교시점에 비해 경기가 호전되는 것으로 판단하고 100 미만이면 경기가 악화되는 것으로 해석한다. 그러나 이 경우에도 지수의 크기 자체가 경기의 좋고 나쁜 정도를 나타내는 것은 아니다. BSI는 경기변동의 방향을 나타내지만 변화속도와 전환점은 나타내지 못하며 조사시점의 여건변화에 지나치게 민감하게 반응하는 경향이 있다.

한편 소비자태도지수(consumer sentiment index: CSI)는 소비자의 경기에 대한 인식이 향후 소비 행태에 영향을 미치게 되므로 경기동향 파악 및 예측에 유용한 정보가 된다는 전제하에 소비자의 현재 및 장래의 재정상태, 소비자가 보는 경제 전반의 상황과 물가, 구매조건 등에 대해 설문조사를 하고 이를 지수화한 것이다.

3 경제변수와 주가

(1) 경기와 주가

주가는 미래에 대한 예상을 반영한 것이기 때문에 실물경기보다 앞서 간다고 볼 수 있다. 그러므로 주가는 경기변동에 앞서 움직이는 선행지표(leading indicator)로 알려져 있다. 주식시장이 투자자들이 동원 가능한 모든 정보를 반영하는 효율적 시장이라면 주가는 경기에 대한 투자자들의 예상을 반영하여 경기흐름에 선행할 것이다. 그러나 주가가 가지는 경제적 의미에도 불구하고 주가의 선행시차가 불규칙하고 주가의 변동성이 큰 경우에는 선행지표로 적합하지 않을 수 있다.

(2) 이자율과 주가

이자율은 자금의 수요와 공급에 의해 결정된다. 일반적으로 이자율과 주가는 반대방향으로 움직인다. 이자율의 상승은 요구수익률의 상승을 가져와 자산가치를 하락시킨다. 이자율의 상승은 기업의 금융비용을 증대시켜 순이익을 감소시킬 뿐 아니라, 주식의 대체 투자수단으로 고정소득에 대한 투자수요를 증대시키므로 주가의 하락을 가져온다.

(3) 통화량과 주가

통화량은 국내 경제활동에 사용되는 유동성의 크기를 나타낸다. 일반적으로 통화량을 줄이면 시중의 자금이 줄어들므로 주식시장을 위축시키는 요인으로 작용하고, 통화량을 늘리면 시중의 투자자금이 풍부해지므로 주가의 상승으로 이어진다고 할 수 있다. 그러나 장기적으로는 통화량의 증가는 인플레이션을 유발하고 이는 이자율의 상승으로 이어져 주가의 하락요인이 된다.

(4) 물가와 주가

일반적으로 지속적이고 완만한 물가상승은 기업의 투자의욕을 북돋우고 자산가치를 증대시키므로 주가에 긍정적인 영향을 미친다. 그러나 급격한 물가상승은 금융자산의 가치를 하락시키므로 저축의욕을 위축시키고, 부동산과 같은 실물자산의 투자수요를 증대시켜 주가의 하락요인이 된다.

(5) 국민소득과 주가

국민소득의 증가는 일반적으로 소비와 투자를 증가시키므로 기업의 이익이 증가하고 이는 결국 주가의 상승을 가져온다.

(6) 환율과 주가

환율은 원화와 외화의 교환비율로 기본적으로 외환시장에서의 수요와 공급에 의해 결정되지만 국제수지, 물가, 이자율 등 여러 가지 요인의 영향을 받는다. 그러므로 환율과 주가와의 관계를 분석하는 것은 쉬운 일이 아니다. 일반적으로 환율의 상승은 수출의 가격경쟁력을 높이므로 수출기업의 수익성을 개선시키고 그 결과 주가의 상승을 가져온다. 한편 환율의 하락은 수출기업의 수익성을 감소시키는 요인이 되므로 주가의 하락을 가져오는 요인이 된다. 그러나 수입의존도가 높은 기업은 수출의존도가 높은 기업과는 반대의 결과를 가져온다.

그러나 환율과 주가는 기본적으로 국가의 경제상황이라는 공통요인에 의해 결정된다. 높은 경제성장률, 국제수지흑자 등은 해외부분으로부터의 자금유입을 증대시키게 되고 이는 환율하락과 더불어 주가상승을 동반하게 된다. 한편 환율하락은 환율의 평가차익을 노린 단기투기자금을 끌어들이고 이 자금의 증시유입은 주가상승의 요인이 될 수 있다.

(7) 외국인 주식투자와 주가

외국인의 주식투자 자금이 국내 주식시장으로 유입되면 주식의 투자수요가 증대되므로 주가의 상승요인이 된다. 반대로 외국인이 보유 주식을 매도하여 그 자금을 해외로 이전할 경우 주가의 하락요인이 된다. 외국인 투자자금의 유출입은 환율에도 영향을 미치므로 환율과 주가의 관계에 영향을 미친다.

2절 산업분석

1 경기순환과 산업분류

경기순환과정에서 개별기업의 수익과 위험은 기업 자체의 고유한 특성 이외에 그 기업이 속해 있는 산업의 구조적 특성과 성장전망에 의해서도 상당한 영향을 받는다. 그러나 경기변동에 따른 영향의 정도는 산업에 따라 다를 뿐만 아니라 모든 산업이 다 경기변동과 밀접한 관계를 가지는 것도 아니다.

기술의 진보나 판매방법의 혁신으로 매출 및 이익의 성장이 장기간 지속될 것으로 예상되는 성장산업(growth industry)은 일반적으로 경기변동의 영향을 크게 받지 않는다. 그러나 호황 시에는 매출 및 이익의 증가율이 높으나 불황 시에는 매출 및 이익이 급감하는 순환적 산업(cyclical industry)은 산업성장이 경기순환과 거의 일치하여 경기변동에 민감하다. 한편 식료품, 의약품과 같은 생필품과 전력, 가스 등 공공서비스 산업인 방어적 산업(defensive industry)은 경기침체 시에도 큰 영향을 받지 않으며, 성장세가 쇠퇴하고 있는 사양산업(declining industry)도 경기변화와 무관하다.

2 산업구조분석

특정산업의 수익과 위험정도는 그 산업의 구조적 특성에 크게 의존한다. 따라서 산업의 경쟁강도를 결정하는 구조적 요인에 대한 분석이 산업분석에서 중요한 부분을 차지한다. 포터(M. E. Porter)에 의하면 산업의 경쟁강도는 새로운 진출기업으로부터의 위협, 대체품이나 대체용역의 위협, 기존 경쟁기업간의 경쟁, 구매자의 교섭력, 공급자의 교섭력 등 5가지 구조적인 요인의 총체적인 힘에 의해 결정된다.[1] 이 5가지 요인에 의한 총체적 힘이 그 산업에서 기대할 수 있는 궁극적인 이윤잠재력을 결정한다고 보고 있다.

그러나 구조적인 요인들의 총체적인 힘도 산업에 따라 다르다. 경쟁요인이 치열하게 작용하는 산업의 이윤은 낮으며, 비교적 약하게 작용하는 산업의 이윤은 높다. 따라서 산업의 수익성은 이들 구조적 요인들이 어떠한 방향으로 작용하느냐에 따라 결정된다. 산업구조의 분석 시에는 단기적인 경기변동, 파업, 가수요 등 단기적으로 수익성에 영향을 미치는 요인들과는 달리 산업의 장기적 수익성에 영향을 미치는 구조적 요인만이 고려되어야 한다.

이러한 요인으로는 ① 진입장벽의 정도, 도산, 폐업, 전업, 합병들에 의한 기업수의 변동추이, ② 기존업체들간의 가격, 판매전략, 신제품 등의 경쟁강도, ③ 대체상품이나 용역의 존재유무, ④ 기업의 시장점유율, 규모별, 지역별 분포, ⑤ 자본, 기술, 판매 등에 의한 계열기업의 존재, 전후방 산업의 통합 여부, ⑥ 정부정

1 M. E. Porter, *Competitive Strategy*, The Free Press, 1980. pp.12~48.

책 등을 들 수 있다.

3 산업의 수명주기

개별산업의 수익과 위험은 산업의 경쟁강도를 결정하는 구조적 요인에 의해 영향을 받지만, 이와 함께 시간의 경과에 따라 전개되는 경제성장, 기술혁신, 시장 침투, 소비자 기호 등 여건의 변화에 의해 진행되는 산업진화의 경로를 의미하는 제품수명주기(product life cycle: PLC)에 의해서도 영향을 받는다.

제품수명주기는 기업의 성장전망과 이익예측에 유용한 도구로 활용되며 일반적으로 도입기, 성장기, 성숙기, 쇠퇴기 또는 안정기의 4단계로 구분된다. 특정 산업이나 기업이 수명주기의 어느 단계에 있느냐에 따라 이익 및 배당의 성장 정도, 자본지출규모, 그리고 시장수요가 서로 다르다.

(1) 도입기(introduction)

제품이 시장에 처음으로 소개되어 판매되는 기간으로 시장진입에 성공하기까지는 상당한 시간이 걸린다. 이 단계에서는 매출액 증가율은 저조하고 비용이 증대되므로 초기단계에서는 손실이 발생한다. 그리고 새로운 투자를 위해 많은 자본이 소요되므로 이익이 발생하는 경우에도 모두 재투자된다. 이 단계에서는 경쟁기업의 수는 적지만 성공 여부는 불투명하며 배당은 고려되지 않는다.

(2) 성장기(rapid expansion stage)

제품이 시장에서 성공하게 되면 매출액, 이익 그리고 자산규모가 급속히 성장하게 되어 성장기로 진입하게 된다. 이 단계에서는 매출액과 이익률이 급속히 증가하고 이익은 여전히 재투자된다. 그리고 설비, 재고, 매출채권 등의 증가에 따른 소요자금의 증가로 차입이 증대한다. 도입기와 성장기에 있는 산업은 투자위험이 높지만 현재의 소득보다 기대성장에 근거한 자본이득을 목표로 하는 투자기회를 제공한다. 현금수요가 많은 초기 성장단계에서는 현금배당 대신 주식배당이 고려될 수 있다.

(3) 성숙기(mature growth stage)

성장기가 지나면 전체 매출액 규모는 증대되나 증가율은 감소한다. 이 단계에서는 경쟁이 심해지고 투자수익률과 시장점유율이 감소하기 시작한다. 산업은 확장수요에 맞추어 완만하게 이루어지고 기업들은 지속적으로 현금배당을 지불할 수 있는 능력을 가진다. 또한 급성장기 동안에 차입한 차입금의 상환이 이루어진다. 일반적으로 기업이 성장을 지속하려면 이 단계에서 신규업종으로의 진출이 필요하다.

(4) 안정기 또는 쇠퇴기(stabilization or decline stage)

이 단계에서 매출액은 전체 경제성장률과 같은 수준의 안정적인 성장률을 유지한다. 그러나 제품혁신이 지속적으로 이루어지지 않는다면 매출액의 감소를 경험하게 된다. 유동성은 풍부하지만 수익성이 좋은 투자기회가 거의 없어진다. 불운한 경우에는 가격하락과 이윤감소현상이 심화되고 많은 기업들이 해당 산업에서 철수하거나 업종다각화를 추진하게 된다. 수명주기를 그림으로 나타내면 [그림 5-2]와 같다.

제품수명주기에 의한 산업분석은 해당산업의 주력제품이 수명주기의 어느 단

[그림 5-2] 제품수명주기

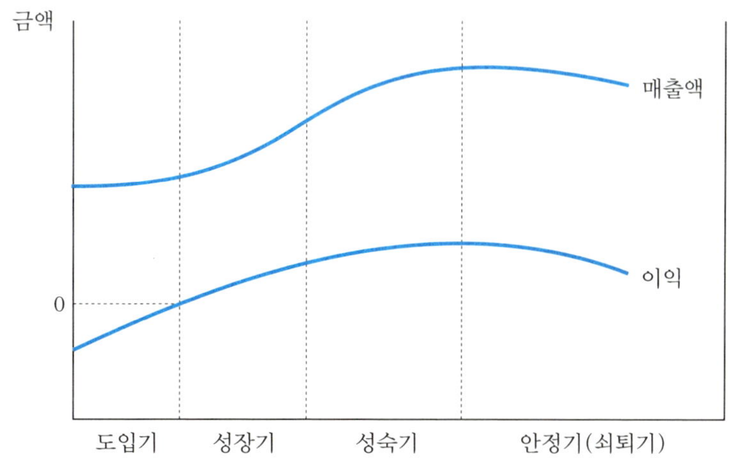

계에 위치하느냐를 파악하여 그 산업의 진화과정과 성장전망을 판단할 수 있다는 이점이 있다. 그러나 제품수명주기는 산업진화의 대체적인 방향을 제시하는 데 그치고 주관적인 판단에 의존한다는 한계점이 있다. 즉 각 단계별 기간은 산업별로 서로 다르며 각 단계의 시작과 끝이 명확하지 않는 경우가 많다는 한계가 있다.

실제로 특정산업에 대한 분석을 수행할 때 고려되는 항목과 검토내용을 간략히 나타내면 〈표 5－2〉와 같다.

〈표 5－2〉 산업분석 시 검토사항

항 목	주요 검토내용	참고 자료
산업개관	연혁 및 발전과정, 경제 내 위치(생산, 고용비중), 기업분포, 매출액신장률, 수익성, 수출구성, 기술수준 등 산업구조와 일반적 특성에 관한 사항	각종 산업연구자료(산업연구원 KDI, 한국은행, 산업은행 등 금융기관, 신용평가회사, 금융투자회사 및 민간경제연구소, 관련협회, 정부부처, 자문회사 등의 산업연구보고서)
수요구조	산업제품의 수요 변동추이와 전망, 신제품 및 기술혁신정도, 무역동향, 수요결정의 주요인 등	
공급구조	제조공정, 생산기술, 생산능력과 가동률, 설비투자의 내용과 규모, 주요 원자재 가격동향, 생산카르텔 유무, 해외진출상황	
유통구조	판매조직과 형태, 판매가격추이와 가격카르텔상황, 유통상의 재고, 대금결제조건, 유통비용현황	• 관련협회의 통계자료(사업자협회, 진흥회, 협동조합, 상공회의소, 전경련)
재무구조	판매조직과 형태, 판매가격추이와 가격카르텔상황, 유통상의 재고, 대금결제조건, 유통비용현황	
산업정책	특정산업에 대한 세제, 재정, 금융상의 지원여부, 산업조직 및 구조조정정책, 공정거래, 대외개방정책	정부간행물자료 산업전문잡지
경쟁력구조	해외산업과의 가격, 기술, 품질경쟁력, 수익성, R&D 투자, 시장점유율 비교분석, 특정산업 내의 경쟁강도 분석(5가지 경쟁요인)	경제신문, 경제전문지 • 개별기업결산자료 • 각종산업 및 경제편람류
산업인력과 노사관계	고용현황, 산업평균임금 등의 변화추이, 관련산업 내의 노사분규 현황, 노동정책 등	
경쟁기업 분석	경쟁기업의 생산능력, 시장점유, 경영성과, 재무구조, 영업전망 등에 관한 비교분석	

3 절 기업분석

1 기업분석의 의의

기업분석(company analysis)은 기업의 내재가치를 파악하는 것을 목표로 한다. 기업의 내재가치를 파악하기 위해서는 기업의 현재상태를 파악하고 미래의 성과를 추정하여야 한다. 미래현금흐름에 영향을 미치는 이익과 성장은 경제적 요인과 산업적 요인에 의해 제약을 받을 뿐만 아니라, 당해 기업의 고유한 요인에 의해서도 영향을 받는다. 그러므로 경제분석과 산업분석을 기초로 이루어지는 기업분석은 내재가치를 산출하기 위한 필수적 과정이다.

기업분석 내용을 정형화한다는 것은 대단히 어려운 문제이나, 일반적으로 기업분석은 질적 분석과 양적 분석으로 나누어진다. 질적 분석은 기업의 이익과 성장에 영향을 미치나 계량화가 곤란한 기업요인들을 분석하는 것을 말하고, 양적 분석은 계량화가 가능한 기업내용의 분석으로 주로 재무제표를 중심으로 분석이 이루어진다. 이러한 기업분석과정은 최종적으로 기업의 미래에 예상되는 성과를 추정함으로써 끝난다. 그러므로 투자자들은 산업분석을 통하여 선택된 업종의 범위 내에서 기업분석과정을 거쳐 개별 투자종목을 선택하게 된다.

2 질적 분석

질적 분석의 대상이 되는 기업내용 가운데 회사의 연혁, 사업내용, 업계에서의 지위, 경영자 등을 중심으로 살펴본다.

(1) 회사의 연혁

회사의 설립시기와 성장과정은 기업의 질적 분석에 있어 기본적인 고려사항이다. 일반적으로 설립된 지 오래된 회사는 그만큼 경영의 안정성과 불황에 대한 저항력이 강한 회사인 경우가 많다. 이는 역사가 오래된 회사는 과거의 많은 경기변동에 단련이 되어 있다는 것을 의미한다. 이와 관련하여 설립시기, 규모, 사업목적의 변천, 자본금 변동사항, 자산변동사항 등을 살피게 된다.

(2) 사업내용

회사의 사업이 성장산업인지 사양산업인지를 조사하고 사업의 장래성을 판단할 필요가 있다. 기술의 진보나 환경의 변화가 급속하게 이루어지므로, 기업의 기술수준, 기술향상 및 개발을 위한 투자 여부, 연구개발비의 규모 등을 검토하여야 한다. 또한 사업의 성격이 경기변동에 민감한 영향을 받는지, 경기변동에 큰 영향을 받지 않는지도 검토하여야 한다.

(3) 업계에서의 지위

회사의 생산량 또는 시장점유율이 업계에서 차지하는 지위를 검토하는 외에 입지조건, 거래처, 제품의 품질, 기업이미지 등에 있어 업계에서의 상대적 지위를 검토하여야 한다.

(4) 경영자

경영자의 경영능력은 기업의 장래를 좌우하므로 기업분석의 주요대상이 된다. 경영자에 대한 분석은 경영자의 기업관, 경영능력, 인격, 신용, 경영진의 구성, 후계자 양성 여부 등을 검토하여야 한다.

(5) 기타 질적 요인

지금까지 살펴본 질적 요인 이외에도 기업의 미래 경영성과에 영향을 미치는 많은 질적 요인들이 있다. 예를 들면 노사관계는 기업의 생산성과 경쟁력에 큰 영향을 미치고 금융기관과의 관계는 기업의 외부자금조달능력에 영향을 미치므로 기업분석의 대상이 된다. 또한 주주구성과 주주관계, 생산형태, 구성원의 자질 등 여러 요인들이 분석대상에 포함된다. 그러나 이러한 질적 요인들은 객관적 정보의 입수와 합리적 평가가 쉽지 않다는 한계점이 있다.

3 재무제표 분석

기업에 대한 최상의 정보원천은 그 기업의 재무제표이다. 그러므로 양적 분석은 기업의 재무상태와 경영성과를 나타내는 재무제표의 분석을 주된 내용으로 한다. 재무제표 분석은 재무상태표와 손익계산서를 중심으로 한 재무제표상의 수치를 분석, 비교하여 기업의 재무상태와 경영성과에 대한 상대적 약점과 강점에 대한 정보를 얻기 위해 사용되는 기법이다.

재무제표 분석은 분석주체에 따라 여러 측면에서 다루어질 수 있으나 재무제표 분석을 통해 얻고자 하는 기본적인 정보는 그 기업의 수익성, 성장성, 유동성, 안전성, 활동성 등에 관한 정보이다. 투자종목의 선택과 투자시점의 발견 그리고 투자가치를 평가하기 위한 증권분석의 경우에는 이 가운데 특히 수익성에 중점을 두게 된다.

재무제표 분석 시 사용되는 기법으로는 재무제표상에 나타나는 실제 수치의 크기 또는 증감액을 분석대상으로 하는 실수분석과 관련 항목 간의 비율을 산출하여 비율을 분석대상으로 하는 비율분석, 그리고 각종 통계적 기법을 활용하는 통계분석 등이 있다. 이 가운데 가장 중심적이고 널리 사용되는 방법이 비율분석이다.

재무비율은 분석하고자 하는 목적에 따라 분류하는 것이 가장 일반적이다. 기업의 재무상태와 경영성과는 나타내는 지표로 유동성 비율, 안전성 비율, 수익성 비율, 성장성 비율, 활동성 비율로 나누어 살펴본다.

(1) 유동성비율

유동성(liquidity)은 기업의 단기채무에 대한 지불능력을 의미한다. 기업이 지불능력을 갖지 못할 경우 존립할 수 없기 때문에 지불능력의 유지는 매우 중요한 의미를 가진다. 유동성을 측정하는 대표적인 비율은 유동비율과 당좌비율이다.

유동비율

유동비율은 유동자산을 유동부채로 나눈 값으로 단기지급능력을 측정하는데 가장 많이 사용되는 비율이다. 유동비율은 유동부채를 유동자산으로 충당할 수 있는 능력을 측정하는 데 사용되는 비율로 다음과 같이 나타낸다.

$$유동비율 = \frac{유동자산}{유동부채} \times 100 \qquad (5-2)$$

유동비율은 일반적으로 200% 이상인 것이 바람직한 것으로 일컬어지고 있으나 이는 산업 내지 업종에 따라 다르다. 일반적으로 유동비율은 높을수록 유동성이 풍부한 것으로 해석되나 비정상적으로 높은 경우에는 매출채권과 재고자산에 대한 과다투자 여부를 추가로 검토해야 한다.

당좌비율

당좌비율(quick ratio)은 산성시험비율(acid test ratio)이라고도 하며 당좌자산을 유동부채로 나눈 값이다.

$$당좌비율 = \frac{당좌자산}{유동부채} \times 100 \qquad (5-3)$$

당좌자산은 유동자산 가운데 비교적 현금화의 속도가 빠른 현금, 시장성유가증권, 매출채권 등을 말하며, 흔히 유동자산 총액에서 재고자산을 차감하여 나타내기도 한다.

당좌비율은 당좌자산 만으로 단기채무에 충당할 수 있는 정도를 나타내며 유동비율의 보조비율로 사용된다. 당좌비율은 일반적으로 100%를 상회하면 양호한 것으로 보나 산업과 업종에 따라 다르다.

(2) 안전성비율

안전성비율은 부채와 자기자본의 구성관계를 나타내는 비율로 부채조달 능력과 장기적인 부채지급 능력을 평가하는 데 도움을 준다. 안전성 측정비율은 두 가지 측면에서 측정된다. 첫째는 부채와 자본의 관계를 검토하고, 둘째는 영업이익에 의한 금융비용의 지불능력을 살피게 된다. 안전성을 측정하는 대표적인 비율로는 부채비율과 이자보상비율을 들 수 있다.

부채비율

부채비율은 타인자본과 자기자본의 관계를 나타내는 대표적인 지표로 타인자본 대 자기자본비율 또는 총부채 대 총자산 비율로 나타낼 수 있으나 일반적으로 타인자본 대 자기자본비율로 나타낸다.

$$\text{부채비율} = \frac{\text{타인자본}}{\text{자기자본}} \times 100 \text{ 또는 } \frac{\text{총부채}}{\text{총자산}} \times 100 \qquad (5-4)$$

부채에 의한 자금조달의 비중이 커질수록 재무위험이 증가되므로 부채비율이 낮을수록 재무상태가 양호한 것으로 판단한다. 그러나 이는 여신자 입장에서 채무상환가능성만을 고려한 것이라 할 수 있다.

경영자 측면에서 보면 단기채무에 대한 지불능력을 유지하는 한 투자수익률이 이자율을 상회하는 투자기회에 부채를 이용함으로써 레버리지효과를 얻을 수 있다. 그러므로 적정한 부채의 사용 여부에 대한 의사결정문제는 부채사용에 따른 수익의 증가와 재무위험의 증가 사이의 상반관계에서 다루어져야 한다.

이자보상비율

이자보상비율은 영업이익을 이자로 나눈 값으로 기업의 이자지급능력을 나타내는 지표이다. 이자지급을 위한 원천은 영업활동을 통하여 창출된 이익이 되어야 하기 때문에 영업이익을 사용한다.

$$\text{이자보상비율} = \frac{\text{영업이익}}{\text{이자}} \qquad (5-5)$$

(3) 수익성비율

기업이 계속적으로 발전해 가기 위해서는 이익의 창출이 필요하고 이익의 창출능력이 수익성이다. 수익성은 장기적으로는 기업의 지불능력 및 재무적 안전성과 깊은 관련이 있다. 기업의 수익성은 기업존립의 전제가 되는 것이므로 투자자가 가장 관심을 가지는 지표이다. 수익성은 수익성비율에 의해 측정되고, 수익성비율

(profitability ratio)은 경영성과를 투하자본 또는 매출액에 대한 이익으로 측정한다.

총자본순이익률

총자본순이익률은 총자본과 순이익의 관계를 나타내는 비율로 기업의 총체적 수익성을 나타낸다.

$$총자본순이익률 = \frac{순이익}{총자본} \times 100 \qquad (5-6)$$

자기자본순이익률

자기자본순이익률은 자기자본에 대한 순이익의 비율로 주주지분의 수익성을 나타낸다. 우선주발행이 있는 경우 순이익은 세후순이익에서 우선주배당을 차감한 값을 의미하고 자기자본은 우선주의 장부가격을 차감한 값이 사용된다.

$$자기자본순이익률 = \frac{순이익}{자기자본} \times 100 \qquad (5-7)$$

총자본영업이익률

총자본영업이익률은 영업이익을 총자본으로 나눈 값으로 자기자본순이익률과 함께 수익성을 측정하는 대표적 비율이다. 투자성과의 측정치로 영업이익이 사용되는 것은 총자본은 주주와 채권자의 지분을 합한 것이므로 지급이자가 계상되기 전의 이익수준인 영업이익이 사용되는 것이 총자산 투자에 대한 이익의 개념으로 보다 논리적이기 때문이다.

$$총자본영업이익률 = \frac{영업이익}{총자본} \times 100 \qquad (5-8)$$

매출액영업이익률

매출액영업이익률은 영업이익을 매출액으로 나눈 값으로 영업효율성을 나타낸다.

$$매출액영업이익률 = \frac{영업이익}{매출액} \times 100 \qquad (5-9)$$

(4) 성장성비율

일정기간 동안 매출액 규모나 순이익의 증가율이 높은 기업은 성장잠재력이 높은 것이 일반적이다. 성장성은 일정기간 동안의 기업의 경영규모, 자산규모 그리고 경영성과 등을 나타내는 항목의 증감률로 나타낸다. 일반적으로 성장성을 나타내는 지표로 매출액 증가율, 총자산 증가율, 자기자본 증가율, 이익증가율 등이 사용된다.

매출액증가율

매출액증가율은 매출증가액을 전기매출액으로 나눈 값으로 기업의 외형성장세를 측정하는 대표적인 지표이다. 매출액 증가 요인은 구체적으로는 가격인상에 의한 요인과 수량 증가에 의한 요인으로 나누어 파악되어야 한다.

$$매출액증가율 = \frac{당기매출액 - 전기매출액}{전기매출액} \times 100 \qquad (5-10)$$

총자산증가율

총자산증가율은 기업의 전체적인 성장규모를 측정하는 지표로 총자산증가액을 전기총자산으로 나누어 나타낸다. 총자산증가율은 인플레이션율이 높은 기간에는 실질적인 성장율을 검토해야 한다.

$$총자산증가율 = \frac{기말총자산 - 기초총자산}{기초총자산} \times 100 \qquad (5-11)$$

자기자본증가율

자기자본증가율은 기업의 담보력과 영업잠재력의 성장을 측정하는 지표로 영업활동이 자기자본규모에 의해 규제될 경우에 더욱 중요한 성장성 지표가 된다.

$$자기자본증가율 = \frac{기말자기자본 - 기초자기자본}{기초자기자본} \times 100 \qquad (5-12)$$

순이익증가율

순이익증가율은 이익창출력의 개선정도를 측정하는 비율로 당기순이익의 증가액을 전기순이익으로 나눈 값이다.

$$순이익증가율 = \frac{당기순이익 - 전기순이익}{전기순이익} \times 100 \qquad (5-13)$$

(5) 활동성비율

활동성비율은 효율성 측정비율이라고도 하며 기업이 보유하고 있는 각종 자산이 얼마나 효율적으로 활용되었는가를 측정하는 비율로 매출액에 대한 각종 자산의 회전율로 나타낸다. 회전율을 구하는 데 사용되는 각종 자산은 특정 시점의 재무상태표상의 잔액이므로 기초와 기말의 잔액의 변동이 심한 경우는 평균치를 사용하는 것이 합리적이다. 활동성 비율은 기업자산 관리의 효율성에 대한 지표를 제공한다.

총자산회전율

총자산회전율은 기업이 보유하는 총자산이 1년 동안 얼마나 효율적으로 활용되었는가를 나타낸다.

$$총자산회전율 = \frac{매출액}{총자산} \qquad (5-14)$$

비유동자산회전율

비유동자산회전율은 매출액을 비유동자산으로 나눈 값으로 비유동자산의 이용 정도를 나타내는 지표이다.

$$비유동자산회전율 = \frac{매출액}{비유동자산} \qquad (5-15)$$

재고자산회전율

재고자산회전율은 매출액을 평균재고자산으로 나눈 값으로 재고자산의 회전속도, 즉 재고자산이 매출채권이나 현금으로 전환되는 속도를 나타낸다.

$$\text{재고자산회전율} = \frac{\text{매출원가 또는 매출액}}{\text{재고자산}} \tag{5-16}$$

재고자산회전율의 측정시 재고자산은 원가로 측정된 것이기 때문에 일관성을 유지하기 위해서는 매출액보다 매출원가를 사용하는 것이 타당하다. 그러나 매출원가 자료를 구하기 곤란한 경우에는 매출액이 사용된다. 재고자산회전율은 재고자산의 변화가 매출액변화에 기인하는 것인지 또는 판매지연과 같은 다른 요인에 기인하는 것인지를 평가하는 데 도움이 된다.

매출채권회수기간

매출채권은 외상매출금과 받을어음의 합계액을 말하며, 매출채권회수기간은 매출채권 발생으로부터 현금회수까지 걸리는 평균기간을 말한다. 매출채권회수기간은 먼저 1일 평균매출액을 산출한 후, 매출채권을 1일 평균매출액으로 나누어 산출한다.

$$\text{매출채권회수기간} = \frac{\text{매출채권}}{\text{1일 평균매출액}} \tag{5-17}$$

이와 같은 방법으로 산출된 재무비율은 대부분의 경우 비율 자체만으로는 의미가 없고, 다른 비율과 비교함으로써 상대적인 의미를 지닌다. 비교방법으로는 기간비교, 상호비교, 표준비교가 행해진다.

기간비교는 동일기업 내의 과거, 현재 그리고 미래 예측자료 간에 비율을 비교함으로써 과거로부터의 변화를 명확히 하고자 하는 방법이고, 상호비교는 일정시점에서 비교 대상이 되는 다른 기업의 비율과 비교함으로써 상대적인 평가를 하고자 하는 방법이다. 그리고 표준비교는 특정기업이 속한 산업의 평균비율을 표준으로 하여 비교함으로써 특정 기업이 속한 산업에서의 위치를 명확히 하고자 하는 방법이다. 비교 시에는 이러한 비교방법들을 상호보완적으로 사용하는 것이 바람직하다.

4 주가관련비율

(1) 주가수익비율(PER)

주가수익비율(price earning ratio: PER)은 주가를 1주당 순이익으로 나눈 비율로 현재의 주가가 주당순이익의 몇 배에 해당되는지를 나타낸다. PER은 주당 이익의 창출능력에 비해 주가가 높은지 낮은지를 판단하는 기준이 될 수 있다. 일반적으로 PER이 낮은 주식은 저평가된 주식으로 판단하나 효율적 시장에서는 성장성이 그만큼 낮은 것으로 해석된다.

$$PER = \frac{\text{주가}}{\text{주당순이익}} \tag{5-18}$$

(2) 주가순자산비율(PBR)

주가순자산비율(price/book value ratio: PBR)은 주가를 1주당 순자산으로 나누어 나타낸다. 기업의 순자산가치는 기업의 수익성 창출에 기여할 뿐 아니라 채무변제후의 잔여재산분배 가능액을 의미하므로 기업의 안정성 판단의 척도가 된다. 주가가 주당 순자산가치보다 낮은 경우 저평가되었다고 볼 수 있다.

$$PBR = \frac{\text{주가}}{\text{주당순자산}} \tag{5-19}$$

(3) 주가현금흐름비율(PCR)

주가현금흐름비율(price cash flow ratio: PCR)은 주가를 주당현금흐름으로 나눈 값으로 기업의 영업성과와 자금조달 능력을 나타낸다. PCR이 낮다는 것은 기업의 주가가 자금조달능력이나 영업성과에 비해 낮게 평가되어 있는 것을 의미한다.

$$PCR = \frac{\text{주가}}{\text{주당현금흐름}} \tag{5-20}$$

(4) 액면배당률과 배당수익률

액면배당률은 액면가격에 대해 주당배당금이 차지하는 비율이고, 배당수익률은 주가에 대해 주당배당금이 차지하는 비율로 시가배당률에 해당된다. 투자수익의 지표로는 액면배당률보다 배당수익률이 의미를 가진다.

$$\text{액면배당률} = \frac{\text{주당배당금}}{\text{액면가}}, \quad \text{배당수익률} = \frac{\text{주당배당금}}{\text{주가}} \tag{5-21}$$

(5) 토빈(Tobin)의 Q비율

토빈(Tobin)의 Q비율은 기업 자산의 시장가치와 현시점에서 자산을 재구입한다면 지급해야 할 원가인 대체원가와의 관계를 나타내는 비율이다. Q비율이 1보다 큰 기업은 고평가된 기업으로, 1보다 낮은 기업은 저평가된 기업으로 평가할 수 있다.

$$\text{토빈의 } Q\text{비율} = \frac{\text{자산의 시장가치}}{\text{자산의 대체원가}} \tag{5-22}$$

(6) 경제적 부가가치(EVA)

경제적 부가가치(economic value added: EVA)는 기업의 영업활동에 투하된 자산의 수익률이 자본비용을 상회했을 때 창출되는 가치를 최대화하도록 하는 경영지표로 투자된 자본을 빼고 실제 얼마나 이익을 올렸는가를 측정하는 척도이다. EVA척도는 타인자본비용뿐만 아니라 주주의 투하자본에 대한 기회비용인 자기자본비용을 함께 고려하는 데 특징이 있다.

$$\begin{aligned} EVA &= NOPAT - WACC \times IC \\ &= IC \times (ROIC - WACC) \end{aligned} \tag{5-23}$$

NOPAT: 세후 순영업이익

WACC : 가중평균 자본비용
IC : 투하자본
ROIC : 투하자본이익률(NOPAT ÷ IC)

예를 들어 세후순영업이익(NOPAT)이 1,900만원이고 세후 가중평균자본비용(WACC)이 10%, 그리고 투하자본(IC)이 1억 7천만원이라고 하면 경제적 부가가치는 200만원(1,900만원 − 17,000만원 × 0.1)이 된다. EVA는 일정기간 동안 주주의 부를 증가시킨 정도를 측정하는 좋은 척도가 된다. 그러므로 EVA는 경영자에 대한 보상수준을 결정하는 데도 유용한 기준이 된다.

(7) 시장부가가치(MVA)

기업의 주된 목적은 주주 부의 극대화에 있고, 주주 부의 극대화는 시장부가가치(market value added : MVA)를 극대화함으로써 이루어진다. 시장부가가치는 주식의 시장가치와 주주들이 제공한 자기자본 간의 차이를 의미하므로 다음과 같이 나타낸다.

$$\begin{aligned} \text{MVA} &= \text{주식의 시장가치} - \text{주주가 제공한 자기자본} \\ &= \text{주가} \times \text{발행주식수} - \text{자기자본의 장부가치} \end{aligned} \quad (5-24)$$

예를 들어 주당 가격이 24,000원이고 발행주식수가 50,000주라고 하면 주식의 시장가치는 12억원(= 24,000 × 50,000)이 된다. 이 경우 자기자본의 장부가치가 10억원이라고 하면 시장부가가치는 2억원이 된다. 시장부가가치는 주주들이 기업에 투자한 금액과 사업을 처분하는 경우 받게 되는 금액과의 차이를 나타내고 이 금액이 클수록 경영자들은 주주를 위해 더 높은 성과를 달성한 것으로 평가된다. 이와 같이 MVA는 창업 이래 이룩한 경영활동의 결과를 나타낸다.

용어정리

- 경기순환
- 경기종합지수
- 경제분석
- 경제적 부가가치(EVA)
- 기본적 분석
- 기업실사지수(BSI)
- 동행경기종합지수
- 방어적 산업
- 산업분석
- 선행경기종합지수
- 소비자태도지수(CSI)
- 수익성비율
- 시장부가가치(MVA)
- 안전성(레버리지)비율
- 양적분석
- 유동성비율
- 제품수명주기(PLC)
- 질적분석
- 토빈의 Q비율
- 활동성비율
- PBR
- PCR

연/습/문/제

01 기본적 분석의 목적은 무엇인가?

02 경기순환과정에 대해 설명하시오.

03 가까운 장래에 또 하나의 유류파동(oil crisis)이 예상된다면 이 위기는 자동차 산업에 어떤 영향을 미칠 것인가?

04 주가가 경기변동에 선행한다는 것은 무엇을 의미하는가?

05 이자율 변동이 주가에 어떠한 영향을 미치는지에 대해 설명하시오.

06 포터(M.E. Porter)에 의하면 사업의 경쟁강도를 결정하는 요인은 무엇인가?

07 산업분석 시 검토해야 할 주요 사항을 기술하시오.

08 전자부품을 생산하는 두 회사가 있다. 한 회사는 첨단시설을 이용하여 자동생산하고 있는 반면에 다른 회사는 주로 인력을 사용하고 수요가 많을 때에는 야근수당을 지급한다. 불경기에는 어떤 회사가 높은 이익을 남기는가? 호경기 때는 어떤가?

09 주택건설, 건강산업, 금광산업 및 전자산업 등 4개의 산업 중에서 거시경제에 대한 경기전망이 다음과 같을 때 각각의 경제상태에서 가장 이익이 높을 것으로 생각되는 산업을 선택하시오.

경제 상황	예측 결과
경기 후퇴	인플레이션 하락, 이자율 하락, GDP 하락
경기 과열	인플레이션 상승, 이자율 상승, GDP 급속 상승
건전 팽창	인플레이션 적정, 실업률 저하, GDP 상승
스태그플레이션	높은 인플레이션, GDP 하락

10 최근 기업실사지수(BSI) 조사결과 지수수준이 85로 조사되었다. 이는 어떤 의미를 가지는가?

11 K사는 매출액이익률이 동종타사의 평균보다 높으나 총자산이익률(ROA)은 같다. 이것을 어떻게 설명할 수 있는가?

12 기업의 유동성, 안전성, 수익성, 성장성, 활동성을 나타내는 주요 재무비율에는 어떤 비율들이 있는가?

13 Tobin의 Q비율이 0.7이라고 하면 이 비율은 어떤 의미를 가지는가?

14 경제적 부가가치(EVA)와 시장부가가치(MVA)에 대해 설명해 보시오.

15 C기업의 경우 지난 해 투하자본이익률이 20%, 가중평균자본비용이 15%이다. 지난해의 투하자본이 20억인 경우 이 기업의 경제적 부가가치(EVA)는 얼마인가?

CHAPTER

06 보통주 평가모형

1절 기본 배당평가모형

1 현금흐름 할인법

기본적 분석의 핵심은 가치평가과정을 통해 증권의 내재가치(intrinsic value)를 산출하고 이를 시장가격과 비교하여 과대 또는 과소 평가된 증권을 찾는 것이다. 가치평가(valuation)는 특정 증권의 내재가치를 추정하는 과정을 말하고, 내재가치는 그 증권을 보유함으로써 생기는 미래 현금흐름의 현재가치로 나타낸다. 그리고 현재가치는 증권으로부터 기대되는 현금흐름을 요구수익률로 할인하여 나타내므로 다음과 같다.

$$V_0 = \sum_{t=1}^{n} \frac{CF_t}{(1+k)^t} \quad (6-1)$$

V_0: 현재가치(내재가치)
CF_t: t기 말의 기대현금흐름
k: 할인율(요구수익률)

기본적 분석에 사용되는 현금흐름 할인과정은 [그림 6-1]과 같다.

[그림 6-1] 기본적 분석과정

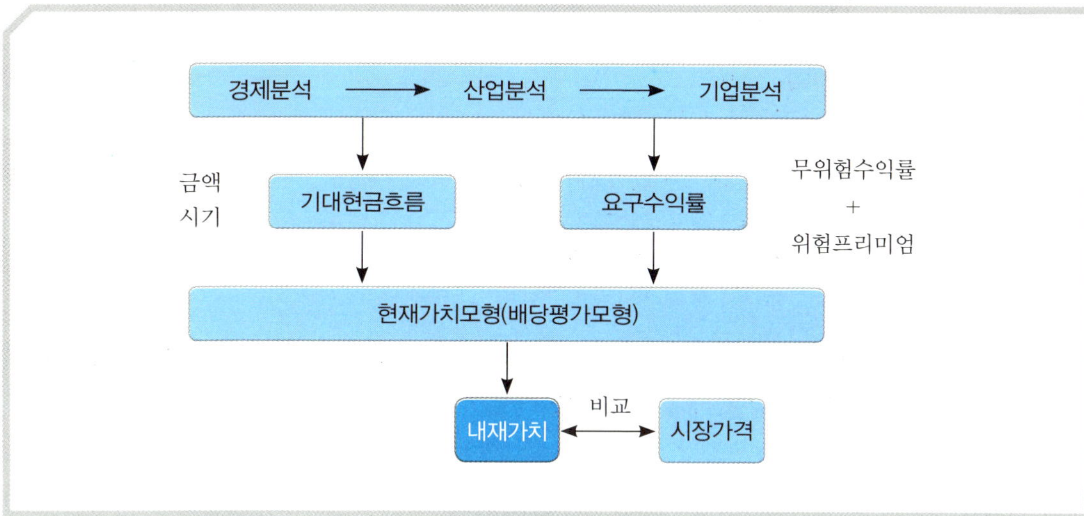

[그림 6-1]은 보통주의 가치평가에 영향을 미치는 요소들을 잘 보여준다. 현재가치 모형에서는 기대현금흐름의 크기와 발생시기 그리고 요구수익률이 가치에 영향을 미치는 중요한 요소이다. 요구수익률은 자본화율 또는 할인율로도 불린다.

2 배당평가모형

보통주 투자자들은 배당소득(dividend income)과 자본이득(capital gain)을 목적으로 투자하지만, 현 시점에서 이익이 배당으로 지급되지 않고 재투자를 위해 사내에 유보되는 경우에는 유보이익(retained earning)이 재투자되어 미래의 이익과 배당을 증가시킬 것으로 기대한다. 보통주를 소유함으로써 기대되는 미래현금흐름의 구체적인 형태는 보유기간 동안에 받는 배당과 보유주식의 처분으로부터 생기는 매각대금이다.

따라서 보통주의 가치는 미래배당과 예상매각대금의 현재가치이다. 매기 말에 현금흐름이 발생된다고 가정할 경우 보통주의 가치는 현재가치식에 따라 다음과 같이 나타낼 수 있다.

$$V_0 = \frac{d_1}{(1+k)} + \frac{d_2}{(1+k)^2} + \cdots + \frac{d_n + P_n}{(1+k)^n}$$

$$V_0 = \sum_{t=1}^{n} \frac{d_t}{(1+k)^t} + \frac{P_n}{(1+k)^n} \qquad (6-2)$$

V_0: 보통주의 현재가치(내재가치)
d_t: t기 말의 주당 기대배당금
P_n: n기 말의 예상주가(매각대금)
k: 할인율(주주의 요구수익률)

식 (6-2)에서 보면 보통주 가치는 미래 주당배당흐름, 매각시 주가, 그리고 할인율인 요구수익률에 의해 결정된다.

예제 6-1

주식 A를 매입하여 1년 후에 매각한다면, 1년 동안 주당 5,500원의 배당금이 기대되고 1년 후 매각가능한 주가는 49,500원으로 예상된다. 만일 투자자의 요구수익률이 연 10%라고 하면 이 주식의 가치는 얼마인가?

해설 $V_0 = \frac{5,500}{(1+0.10)} + \frac{49,500}{(1+0.10)} = 50,000$원

한편 식 (6-2)에서 n시점의 주가 P_n은 n기 이후에 발생되는 배당흐름의 n시점에서의 현재가치와 같으므로 다음과 같이 나타낼 수 있다.

$$P_n = \frac{d_{n+1}}{(1+k)} + \frac{d_{n+2}}{(1+k)^2} + \cdots + \frac{d_\infty}{(1+k)^\infty}$$

그러므로 식 (6-2)는 다음과 같이 나타낼 수 있다.

$$V_0 = \frac{d_1}{(1+k)} + \frac{d_2}{(1+k)^2} + \cdots + \frac{d_{n+1}}{(1+k)^{n+1}} + \frac{d_{n+2}}{(1+k)^{n+2}} + \cdots + \frac{d_\infty}{(1+k)^\infty}$$

$$V_0=\sum_{t=1}^{\infty}\frac{d_t}{(1+k)^t} \qquad (6-3)$$

식 (6−3)에서 보는 바와 같이 보통주의 내재가치는 기대배당흐름의 현재가치로 나타내고 주식을 영구히 보유하거나 일시적으로 보유하거나 관계없이 동일하다. 이와 같이 미래 배당흐름을 요구수익률로 할인하여 보통주 가치를 나타내는 기본 식을 배당할인모형(dividend discount model: DDM) 또는 배당평가모형(dividend valuation model)이라고 한다.

2절 배당성장모형

보통주의 가치는 미래배당흐름의 현재가치로 나타낼 수 있다. 그러나 기본 배당평가모형은 보통주의 가치평가를 위한 개념적 틀을 제공하지만 실제 적용 시에는 어려움이 있다. 왜냐하면 미래 특정 시점에 지급되는 배당의 크기를 장기적으로 예측한다는 것은 대단히 어려운 문제이기 때문이다. 그렇지만 미래배당이 매기 일정하게 지급되거나 일정한 비율로 성장한다면 평가의 어려움을 줄일 수 있다. 따라서 성장률을 고려한 배당평가 모형이 제시된다.

1 제로(zero)성장모형

매기 기대되는 배당이 일정한($d_1=d_2=d_3\cdots$) 제로성장기업의 경우에는 일정한 배당이 영구히 지급되는 것과 같다. 그러므로 이 경우의 배당평가모형은 다음과 같이 나타낼 수 있다.[1]

---

1 $V_0=\frac{d}{(1+k)}+\frac{d}{(1+k)^2}+\frac{d}{(1+k)^3}+\cdots+\frac{d}{(1+k)^{\infty}}$의 양변에 $(1+k)$를 곱하여 이로부터 상기 식을 빼면 식 (6−4)를 얻는다.

$$V_0=\sum_{t=1}^{\infty}\frac{d_t}{(1+k)^t}=\frac{d}{k} \tag{6-4}$$

예제 6-2

주당 1,800원의 배당금을 영구히 지급하는 우선주가 있다. 요구수익률이 10%인 경우 이 주식의 이론가치는 얼마인가?

해설 $V_0=\dfrac{1,800}{0.10}=18,000$원

2 일정성장모형(항상성장모형)

기업은 지속적으로 성장·발전하여야 하므로 이익과 배당의 증가가 이루어지지 않는 경우에 비하여 이익과 배당의 증가가 이루어지는 것이 보다 일반적이다. 따라서 배당이 매기 일정한 비율로 계속해서 성장하고 성장에 필요한 자금은 내부자금에 의해 조달된다고 가정할 경우 배당평가모형은 성장률을 반영하여 나타낼 수 있다. 기대배당성장률을 g라고 하면 미래 특정시점의 주당배당은 다음과 같이 기대할 수 있다.

$$\begin{aligned} d_1&=d_0(1+g)\\ d_2&=d_0(1+g)^2\\ d_3&=d_0(1+g)^3\\ &\vdots\\ d_n&=d_0(1+g)^n \end{aligned}$$

따라서 식 (6-3)의 배당평가 모형은 성장률을 고려하여 식 (6-5)와 같이 나타낼 수 있다.[2] 그리고 이를 일정성장모형(constant growth model) 또는 고든모형

---

2 $V_0=\dfrac{d_0(1+g)}{(1+k)}+\dfrac{d_0(1+g)^2}{(1+k)^2}+\dfrac{d_0(1+g)^3}{(1+k)^3}+\cdots+\dfrac{d_0(1+g)^{\infty}}{(1+k)^{\infty}}$의 양변에 $\dfrac{(1+k)}{(1+g)}$을 곱하여 본래 식을 차감하면 $\left(\dfrac{1+k}{1+g}\right)V_0-V_0=d_0$을 얻고 이를 정리하면 식 (6-5)를 얻는다.

(Gordon Model)이라고 한다.

$$V_0 = \frac{d_0(1+g)}{k-g} = \frac{d_1}{k-g} \quad (k>g) \tag{6-5}$$

식 (6−5)에서는 기대배당 성장률(g)은 일정해야 하고 기대배당 성장률은 주주들의 요구수익률(k)보다 작아야 한다는 가정이 필요하다. 이 두 가지 가정은 많은 기업의 경우에 적용 가능한 요건이다. 항상성장모형에서는 주당기대배당(d_1)과 기대배당 성장률(g)이 클수록 기업가치가 증대되고, 요구수익률(k)은 작을수록 기업가치가 증대된다.

예제 6−3

B기업의 지난해 말의 주당배당이 1,000원이고, 향후 배당률의 연평균 성장률은 8%로 영원히 지속된 것으로 예상된다. 요구수익률이 10%인 경우 이 주식의 내재가치는 얼마인가?

해설 $V_0 = \frac{1,000(1+0.08)}{0.10-0.08} = 54,000$원

식 (6−5)의 일정성장모형을 요구수익률을 나타내는 형태로 나타내면 다음과 같다.

$$k = \frac{d_1}{V_0} + g \tag{6-6}$$

예제 6−4

금년 초에 시장가격이 10,000원인 주식의 금년 말 주당이익이 1,500원으로 예상된다. 이 기업의 배당성향이 50%이고 기대성장률은 연 6%이다. 이 주식에 대한 요구수익률을 일정성장모형을 이용하여 나타내면 얼마인가?

해설 $k = \frac{(1,500)(0.5)}{10,000} + 0.06 = 0.135$, 13.5%

3 다단계 성장모형

일정성장모형은 비교적 적은 수의 가정에 기초한 간결한 배당평가모형이라고 할 수 있지만 일정한 성장률이 영원히 지속한다고 하는 가정은 현실적이지 못하다. 그러므로 실무에서 통상 사용되는 배당평가모형은 다단계 성장모형이다. 다단계 성장모형(multi-phase growth model)은 기업의 발전단계에 따라 서로 다른 기대성장률을 적용하는 배당평가 모형이다.

예를 들어 어느 기업의 성장과정이 두 단계로 나누어 초기 몇 년 동안에는 성장률이 일정한 수준을 넘어 급성장하다가 일정기간 후에는 평균수준으로 돌아간다고 가정하자. 이 경우 배당평가 모형을 적용한다면 보통주 가치는 급성장 단계의 현금흐름의 현재가치와 평균성장 단계의 현금흐름의 현재가치의 합이 된다. 급성장 단계인 초기 n년 동안의 연성장률이 g_1%이고, n년 후에는 매년 g_2%만큼 계속 성장한다고 하면 이러한 2단계 성장모형(two-phase growth model)은 다음과 같이 나타낼 수 있다.

$$V_0=\frac{d_0(1+g_1)}{(1+k)}+\frac{d_0(1+g_1)^2}{(1+k)^2}+\cdots+\frac{d_0(1+g_1)^n}{(1+k)^n}$$

$$+\left[\frac{d_0(1+g_1)^n(1+g_2)}{(1+k)}+\cdots+\frac{d_0(1+g_1)^n(1+g_2)^\infty}{(1+k)^\infty}\right]\frac{1}{(1+k)^n}$$

$$=\sum_{t=1}^{n}\frac{d_0(1+g_1)^t}{(1+k)^t}+\sum_{t=n+1}^{\infty}d \qquad (6-7)$$

두 번째 항인 n년 후의 배당흐름은 일정성장률로 성장하므로 항상성장모형을 이용하여 다시 나타내면 다음과 같다.

$$V_0=\sum_{t=1}^{n}\frac{d_0(1+g_1)^t}{(1+k)^t}+\frac{d_0(1+g_1)^n(1+g_2)}{(k-g_2)(1+k)^n} \qquad (6-8)$$

예제 6-5

지난해 말에 주당배당금이 1,000원인 C기업의 경우, 향후 3년 동안은 급성장이 예상되어 배당성장률을 연 20%로 추정하고 있다. 그리고 4년째부터는 연 10%의 성장률로 정상적인 상태에서의 성장이 지속될 것으로 예상하고 있다. 요구수익률이 12%인 경우 이 주식의 가치는 얼마인가?

해설 $$V_0 = \frac{1,000(1+0.2)}{(1+0.12)} + \frac{1,000(1+0.2)^2}{(1+0.12)^2} + \frac{1,000(1+0.2)^3}{(1+0.12)^3} + \frac{1,000(1+0.2)^3(1+0.1)}{(0.12-0.1)(1+0.12)^3} = 71,097\text{원}$$

4 배당할인모형과 성장기회

일정성장모형에서 보면 다른 조건이 같을 경우 배당성장률(g)이 클수록 주식가치는 커진다. 따라서 좋은 성장기회를 가진 기업이 그렇지 못한 기업보다 높은 가치를 지니게 된다. 한편 배당성장률은 기업의 내부유보율과 재투자수익률에 의해 결정된다. 미래 성장기회에 소요되는 투자자금이 내부금융에 의해서만 조달되고 자기자본수익률, 즉 재투자수익률이 r에 운용되는 기업을 가정해 보자. 이 기업의 t기 주당 이익을 E_t, 이익유보율을 b라 하면 배당성향은 $1-b$가 된다. 유보율과 재투자수익률이 매기 일정하게 유지된다면 성장률 g는 br이 되고, t기 배당 d_t는 다음과 같이 나타낼 수 있다.

$$\begin{aligned}
d_0 &= E_0(1-b)\\
d_1 &= E_1(1-b) = E_0(1-b)(1+br)\\
d_2 &= E_2(1-b) = E_0(1-b)(1+br)^2\\
d_3 &= E_3(1-b) = E_0(1-b)(1+br)^3\\
&\vdots \qquad\qquad \vdots\\
d_t &= E_t(1-b) = E_0(1-b)(1+br)^t
\end{aligned}$$

예제 6-6

K사의 경우 내년도의 주당이익(E_1)이 2,000원으로 예상된다. 이 회사의 유보율이 40%이고 재투자수익률이 10%인 경우 3년 후의 주당배당금은 얼마인가?

해설 $d_3 = 2,000(1-0.4)[1+(0.4)(0.1)]^2 = 1,297.92$원

3절 주가수익비율(PER)을 이용한 보통주 평가

1 주가수익비율(PER)의 장단점

주가수익비율(PER)이 언제부터 실무에 사용되었고 어떠한 근거에 의해 사용되었는지는 분명하지 않지만 PER을 이용하는 데는 몇 가지 장점이 있다.

첫째, PER은 주당이익 수준이 다르고, 업종이 같은 주식들 간에 가격을 비교할 경우 유용한 척도가 된다.

둘째, 배당할인모형과는 달리 배당에 대한 정보가 필요하지 않으므로 무배당 주식의 평가에도 적용할 수 있다.

그러나 PER은 다음과 같은 문제점도 동시에 지니고 있다.

첫째, 배당할인모형과는 달리 이론적 근거가 명확하지 않다.

둘째, PER은 상대적 수준만을 나타내고 PER이 지니는 값이 어떠해야 하는가에 대해서는 설명이 없다.

셋째, PER의 산출시 어느 시점의 주가와 주당이익을 사용하여 계산하여야 하는가에 대한 명확한 설명이 없다.

이러한 문제점에도 불구하고 PER은 사용이 용이하므로 실무에서 투자지표의 하나로 널리 이용된다. 통상 PER은 최근 사업보고서 또는 반기보고서상의 순이익을 발행주식수로 나눈 주당순이익으로 현재의 주가를 나누어 산출한다.

2 주가수익비율(PER)을 이용한 평가모형

주식의 가치를 추정하기 위하여 사용하는 여러 방법들 가운데 하나가 주가수익비율을 이용하는 것이다. 주가수익비율(PER 또는 P/E ratio)을 이용하여 보통주의 내재가치를 추정하는 경우에는 해당 주식의 정상주가수익비율(normalized PER)을 구하고 여기에 미래이익에 기초한 주당이익(EPS_1)을 곱하여 구한다.

$$V_0 = PER^* \times EPS_1 \quad (6-9)$$

V_0: 이론적 주가(내재가치)
PER^*: 정상주가수익비율(정상 PER)
EPS_1: 기대주당순이익

상기 식에서 정상주가수익비율은 개념상 미래에 지속될 것으로 예상되는 영구적 이익(permanent earnings)을 기초로 산출된 기대 주가수익비율이다. 그리고 주당이익은 기업이 정상적인 상황에서 영업활동을 통하여 창출하는 정상주당이익(normalized EPS)을 의미한다.

(1) 정상주가수익비율의 추정

주가수익비율(PER)을 이용하여 보통주를 평가하기 위해서는 정상주가수익비율의 산출이 중요하다. 정상주가수익비율을 추정하는 방법으로는 다음과 같은 방법들이 이용된다.

배당평가모형을 이용한 방법

일정성장모형을 이용하여 주식의 내재가치를 구하고 이를 기대되는 주당이익 EPS_1으로 나누어 정상주가수익비율을 추정한다. 즉 정상주가수익비율(PER^*)의 추정치는 다음과 같다.

$$PER^* = \frac{V_0}{EPS_1} \quad (6-10)$$

식 (6－10)의 유용성을 높이기 위해 분자(V_0)를 일정성장모형을 이용하여 나타내면 다음과 같다.

$$PER^* = \frac{d_1/k-g}{EPS_1} = \frac{d_1/EPS_1}{k-g} \quad (6-11)$$

d_1/EPS_1: 기대배당성향

식 (6－11)에서 PER^*을 결정하는 요소는 배당성향, 할인율, 성장률이므로 주당배당금, 주당이익, 할인율, 성장률에 대한 예측이 필요하다.

PER의 결정요인에 대한 회귀분석방법

PER^*를 정량적으로 예측하는 한 가지 방법은 PER이 PER에 영향을 미치는 변수와 선형관계에 있다고 가정하는 것이다. 이러한 가정 아래서 특정시점에서의 $PER(P/E)$과 배당성향, 성장률 등과의 평균적 관계를 다중회귀식을 사용하여 추정할 수 있다. 이러한 방법을 사용한 최초의 연구는 위트벡과 카이저(V. S. Whitbeck and M. Kisor)에 의해 이루어졌다.[3]

그들은 P/E^*와 3개의 독립변수, 즉 배당성향, 성장률, 위험에 대해 다음과 같은 관계식을 도출하였다.

$$P/E^* = 8.2 + 1.5g + 6.7(1-b) - 0.2\delta \quad (6-12)$$

P/E^*: PER^*의 추정치
g: 주당이익의 성장률(%)
$1-b$: 배당성향
δ: 주당이익 성장률의 표준편차

상기 식은 선형관계를 나타내기 때문에 취급이 간단하고, 특정시점에서의 주가에 대한 설명력이 높다는 장점이 있다. 그러나 과소 또는 과대평가된 주식을 발견하는데는 비현실적인 가정으로 인하여 효과적이지 못하다는 점이 지적된다.

---

3 V. S. Whitbeck & M. Kisor, "A New Tool in Investment Decision Making," *Financial Analysts Journal* (May~June 1963), pp. 55~62.

기타방법

정상주가수익비율(P/E^*)을 추정하는 기타 방법으로는 분석대상 주식과 가장 유사한 위험을 지닌 주식들의 PER을 대용치로 사용하는 방법, 동종 산업에 속하는 기업들의 평균인 산업평균 PER을 대용치로 사용하는 방법, 그리고 과거 수년 동안의 PER의 평균치를 정상주가수익비율로 사용하는 방법 등이 있다.

예제 6-7

K사의 현재 주가는 50,000원이고 기대주당이익은 1,800원이다. 이 회사의 이익성장률은 연 15%이고, 기대배당성향은 25%, 그리고 투자자의 요구수익률은 16%이다. 한편 동종산업의 산업평균 PER는 28배이고, 이익성장률의 표준편차는 30%이다. 이 경우 이 회사의 1년 후 예상주가를 배당평가모형, 위트벡·카이저 모형, 그리고 산업평균 주가수익비율을 이용하여 추정하시오.

해설 1) 배당평가모형을 이용하는 경우:

$$P/E^* = \frac{0.25}{0.16-0.15} = 25$$

$$P_1 = 25 \times (1{,}800 \times 1.15) = 51{,}750\text{원}$$

2) 위트벡, 카이저 모형을 이용하는 경우:

$$P/E = 8.2 + 1.5(15) + 6.7(0.25) - 0.2(30) = 26.4$$

$$P_1 = 26.4 \times (1{,}800 \times 1.15) = 54{,}648\text{원}$$

3) 산업평균을 이용하는 경우:

$$P_1 = 28 \times (1{,}800 \times 1.15) = 57{,}960\text{원}$$

용어정리

- 내재가치
- 다단계성장모형
- 배당소득
- 배당할인모형
- 일정(항상)성장모형
- 자본이득
- 정상주가수익비율
- 제로성장모형
- 할인율
- 현재가치

연/습/문/제

01 증권분석사들이 주식을 선택하는 과정을 약술해 보시오.

02 배당성장모형의 기본가정을 제시하시오.

03 기본적 분석가들은 과소 또는 과대평가된 주식을 발견하기 위해 주가수익비율(PER)을 어떻게 이용하는가?

04 가치주(value stock)보다 성장주(growth stock)가 높은 주가수익비율(PER)을 나타내는 경향이 있는 이유는 무엇인가?

05 H사의 경우 금년 말에 2,150원의 주당배당이 기대된다. 요구수익률이 15.2%이고 연 11.2%의 성장률이 지속된다면 이 기업의 내재가치는 얼마인가?

06 미국의 경우 평균 주가수익비율(PER)이 25배이고 우리나라의 평균 주가수익비율이 15배라고 한다면 미국의 주가가 우리나라에 비해 높다는 것을 의미하는가?

07 K사 주식의 예상수익률은 연 16%이다. 이 회사는 연말에 주당 2,000원의 배당금을 지급하려고 한다. 현재의 주가가 50,000원이라면 예상 배당성장률은 얼마인가? 그리고 이 회사의 배당성장률이 6%라면 주가는 얼마인가?

08 자기자본이익률(ROE)이 20%, 주당이익(EPS)이 5,000원, 주당배당금이 2,000원이다. 이 회사의 일정(항상)성장률은 얼마인가?

09 J사는 신제품을 생산한 결과 자기자본이익률(ROE)이 20%, 유보율이 40%가 되었다. 당년도의 주당 이익은 2,000원으로 기대된다. 투자자는 그 주식에 대한 수익률이 12%가 될 것으로 기대하고 있다. 이 회사의 주식가격과 P/E 비율을 구하시오

10 M사의 자기자본이익률(ROE)이 16%, 유보이익률은 50%이다. 차년도의 이익이 주당 2,000원이라면 주가는 얼마인가? 그리고 3년 후의 M사의 주가는 얼마가 될 것인가? 단, 자본환원율은 12%이다.

11 무위험이자율이 10%이고 시장수익율이 15%이다. H사의 경우 베타가 1.5이고, 차년도의 주당 배당금(d_1)이 2,500원, 성장률(g)이 5%이다. 이 회사의 이론주가는 얼마인가?

12 시장조사 결과 A사의 ROE는 9%, 베타는 1.25이며 사내유보율은 전통적으로 2/3였다. 금년도의 주당 이익은 3,000원이고 배당금은 방금 지급되었다. 그리고 내년도의 예상시장수익률은 14%이며 무위험수익률은 6%이다.

(1) A사의 주가를 구하시오.

(2) 금년도와 내년도의 주당이익을 사용하여 P/E 비율을 계산하시오.

(3) A사가 사내유보율을 곧 1/3로 줄인다고 공시할 경우 주식의 내재가치를 구하고, 내재가치가 시장가격과 같지 않은 이유를 설명하시오. 단, 시장에서는 유보율의 감소에 대한 정보를 모르고 있다고 가정한다.

13 무위험이자율은 8%이고 시장포트폴리오의 기대수익률은 15%이다. X사는 베타가 1.2이고 이익 중 40%를 배당으로 지급하고 있는데, 최근에 공시된 바에 따르면 주당이익은 10,000원이었다. 배당금이 막 지급될 시점에 있고 앞으로도 매년 지급될 것으로 예상된다. 그리고 X사의 재투자이익률(ROE)은 연 20%로 예상되고 있다.

(1) X사 주식의 내재가치는 얼마인가?

(2) 현재 X사 주식의 시장가격은 100,000원이고 지금부터 1년 후에는 시장가격과 내재가치가 동일할 것으로 예상될 때 X사 주식의 연간수익률은 얼마인가?

14 현재 주당이익이 2,000원이고 지난 5년 간의 주가수익비율(PER)의 평균이 25배이다. 성장률이 10%인 경우 이 기업의 내재가치는 얼마로 추정할 수 있는가?

15 L사의 지난 1년 간의 이익은 주당 7,000원이고 향후 3년 간은 연 8%의 성장이 예상된다. 이 회사는 이익 가운데 50%를 배당으로 지급한다. 이 회사 주식의 베타(β)는 1.05이고 주식시장전체의 기대수익률은 향후 3년 간은 연 10%로 예상된다. 그리고 이 주식의 3년 후 가치는 3년 후 주당이익의 13배에 해당될 것으로 예상된다. 이 주식의 가치는 얼마인가?

CHAPTER 07 기술적 분석

1절 기술적 분석의 개념

1 기술적 분석의 의의와 가정

(1) 기술적 분석의 의의

증권분석에 있어 기술적 분석(technical analysis) 방법은 과거의 주가, 거래량, 시장관련지표 등을 검토하여 이들의 과거 움직임을 근거로 미래 주가의 움직임을 예측하고자 한다. 이를 위해 기술적 분석가들은 미래의 이익, 배당 등과 같은 기본적 요인보다는 과거의 주가, 거래량과 같은 시장자료(market data)를 나타내는 도표(chart)에 크게 의존한다.

기술적 분석가들은 시장자료를 도표에 기록하고 이로부터 패턴(pattern)을 발견하고, 추세(trend)를 분석하여 매매시점을 포착하고자 한다. 그러므로 기술적 분석에서는 언제 사고 팔 것인가 하는 매매시점의 포착에 중점을 둔다.

(2) 기술적 분석의 가정

기술적 분석가들은 시장가격에 영향을 미치는 요건은 시장의 움직임 자체라고 믿고, 시장움직임이 시장참가자들의 총체적 심리와 분위기를 반영하기 때문에 미래의 주가 움직임에 대한 실마리를 제공한다고 믿는다. 기술적 분석은 다음과 같은 가정을 기초로 한다.

첫째, 주가는 수요와 공급의 상호작용에 의해서만 결정된다.

둘째, 주식에 대한 수요와 공급은 합리적 요인뿐만 아니라 비합리적, 심리적 요인 등 여러 가지 요인에 의해 좌우된다.

셋째, 시장에서의 사소한 변동을 제외하면 주가는 장기간 지속되는 추세를 따라 움직인다.

넷째, 수요와 공급의 변동은 변동이 생기는 이유에 관계없이 시장움직임을 나타내는 도표 상에서 조만간 추적될 수 있다.

다섯째, 주가나 거래량의 변화 양상은 스스로 반복하는 경향이 있다.

이와 같은 가정 아래서는 과거 시장움직임의 추세가 미래예측을 위해 사용될 수 있다. 따라서 기술적 분석가들은 일반적으로 그들이 증권가격의 변화를 인지하는 시점과 일반투자자들이 이러한 변화를 인지하는 시점 사이에는 차이가 있다고 믿는다.

2 기술적 분석의 유용성과 한계

(1) 기술적 분석의 유용성

기술적 분석가들은 증권가격이 진정한 고유가치를 중심으로 움직인다는 점에 대해서 기본적 분석가들과 견해를 같이한다. 그러나 그들은 기술적 분석이 기본적 분석방법보다 쉽고 빠르며 동시에 많은 주식에 적용할 수 있으므로 기본적 분석보다 우월한 기법이라고 주장한다.

기술적 분석의 유용성은 첫째, 기본적 분석에서는 재무제표에 기초한 과거 재무자료를 중심으로 평가하므로 평가가 불충분할 뿐 아니라, 회계처리방법, 자료의 신뢰성에 대한 문제가 제기된다. 그러나 기술적 분석에서는 주가와 거래량에 모든 정보가 반영된다고 가정하고 있으므로 기본적 분석에서의 문제점이 발생되지 않는다.

둘째, 기본적 분석에서는 분석기간에도 정보가 주가에 반영되므로 투자자들에 의해 과소 또는 과대평가된 주식으로 인식되는 시점에서는 이미 과소 또는 과대평가된 주식이 아닐 수 있다. 그러나 기술적 분석에서는 주가변동 시기를 미리 예측할 수 있다.

셋째, 기본적 분석은 이론이 복잡하고 시간과 노력이 많이 드는 데 비해, 기술적 분석은 이해하기 쉽고 시간과 노력이 적게 든다.

넷째, 기술적 분석은 시장의 심리적 요인까지도 고려대상이 되고 한꺼번에 여러 주식의 가격변동 상황을 분석하고 예측할 수 있다.

(2) 기술적 분석의 한계

기술적 분석은 유용성과 함께 다음과 같은 한계를 지닌다.

첫째, 주가에 영향을 미치는 정보나 심리적 요인이 미래에도 그대로 반복될 수 없으므로 과거의 주가변동 패턴이 미래에 그대로 반복되지 않는 경우가 있다.

둘째, 도표의 해석이 분석자에 따라 다를 수 있고 일정한 추세의 시작과 끝을 명확히 구별하기 어렵다.

셋째, 주가변동이 주식의 수요와 공급이 아닌 다른 요인에 의해 발생된 경우 이를 설명하기 어렵다.

넷째, 내재가치를 무시하므로 시장의 변화요인을 정확히 분석할 수 없다.

다섯째, 이론적 타당성이 결여되어 있다.

2절 도표분석

1 다우이론과 엘리어트 파동이론

(1) 다우이론

기술적 분석은 다우이론에서 시작된다. 다우이론(Dow theory)은 다우존스 파이낸셜 뉴스서비스(Dow-Jones Financial News Service)사의 설립자이며 월스트리트 저널(*Wall Street Journal*)지의 편집장이었던 찰스다우(Charles H. Dow)에 의해 창안되었다. 그는 1900년부터 1902년에 걸쳐 당시 대표적 산업인 철도산업에 속하는 20개 철도주의 주가평균(DJTA)과 12개 공업주의 주가평균(DJIA)의 파동을 관찰하여 전반적인 주가변동 추세를 예측하고자 하였다.

다우이론의 목적은 중장기적인 주가변동 추세를 확인하여 강세시장(bull market)과 약세시장(bear market)의 전환시점을 예측하는 것이었다. 다우이론은 1929년 대공황에 따른 미국 증권시장의 붕괴를 예언함으로써 유명해졌다. 다우이론에서는 주가변동을 장기변동, 중기변동, 단기변동으로 구분하고 있다.

장기변동(primary movements)은 1년 이상 수년간에 걸친 주가변동에 의해 형성된 추세를 말하며 주파동 또는 1차 추세라고도 한다. 중기변동(secondary movement)은 보통 수주에서 수개월에 걸쳐 형성되는 주가변동으로 장기변동의 진행을 조정하려는 주가의 반동작용으로 나타나는 추세를 말하며 2차 추세라고도 한다.

단기변동(daily movements)은 단지 몇 시간부터 수주까지 각양각색이나 보통 6일 미만의 단기 주가변동을 나타내는 추세를 말한다. 다우이론에 따르면 단기변

[그림 7-1] 주가변동 추세

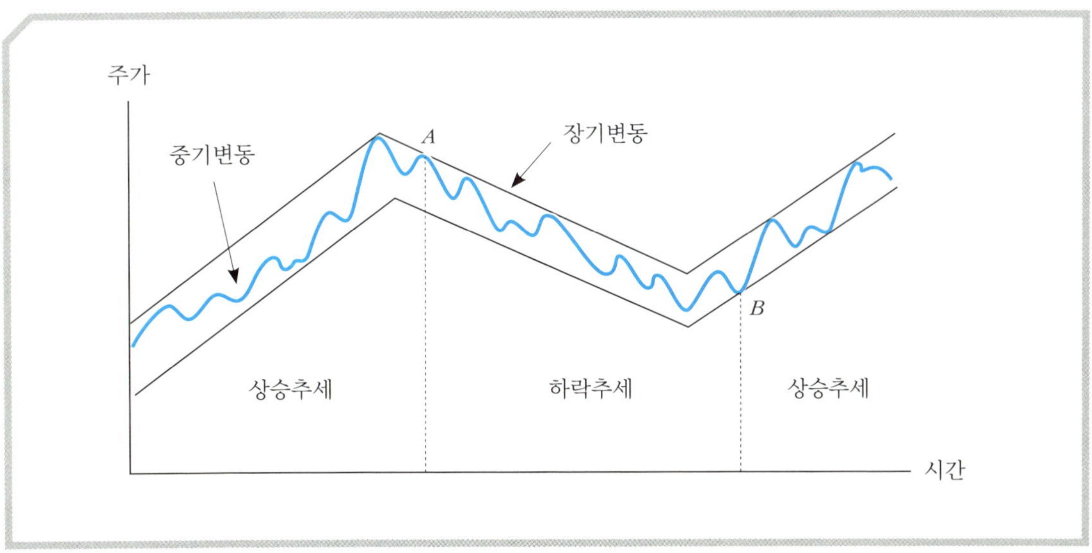

동은 우발적으로 생기는 것으로 고려대상이 되지 않는다. 다우이론에서는 중기변동을 분석하여 장기변동 추세를 예측하고 대세면에서 약세시장과 강세시장의 전환시점을 포착하고자 한다.

전환시점의 신호는 [그림 7-1]에서 보는 바와 같이 새로운 중기변동의 최고점이 그 이전의 최고점보다 낮을 경우 장기추세는 약세시장으로의 전환을 가리키고, 새로운 중기변동의 최저점이 그 이전의 최저점보다 높을 경우는 강세시장으로의 전환을 의미한다. [그림 7-1]에서 A점은 상승추세에서 하락추세로의 전환점을 나타내고 B점은 하락추세에서 상승추세로의 전환점을 나타낸다. 이러한 장기변동의 전환시점을 나타내는 점을 불임점(abortive point)이라고 부른다.

(2) 엘리어트의 파동이론

엘리어트(Eliot)는 1930년대에 중기변동을 중심으로 장기간의 주가 움직임을 분석한 결과 주가는 주가상승기에는 5개의 파동을 그리며 상승하고, 하락기에는 3개의 파동을 그리며 하락한다고 주장하였다. 기본적으로 엘리어트의 파동이론은 주가는 단기에서부터 초장기간에 이르기까지 상승 5파와 하락 3파의 8개 파동이

[그림 7-2] 엘리어트 파동

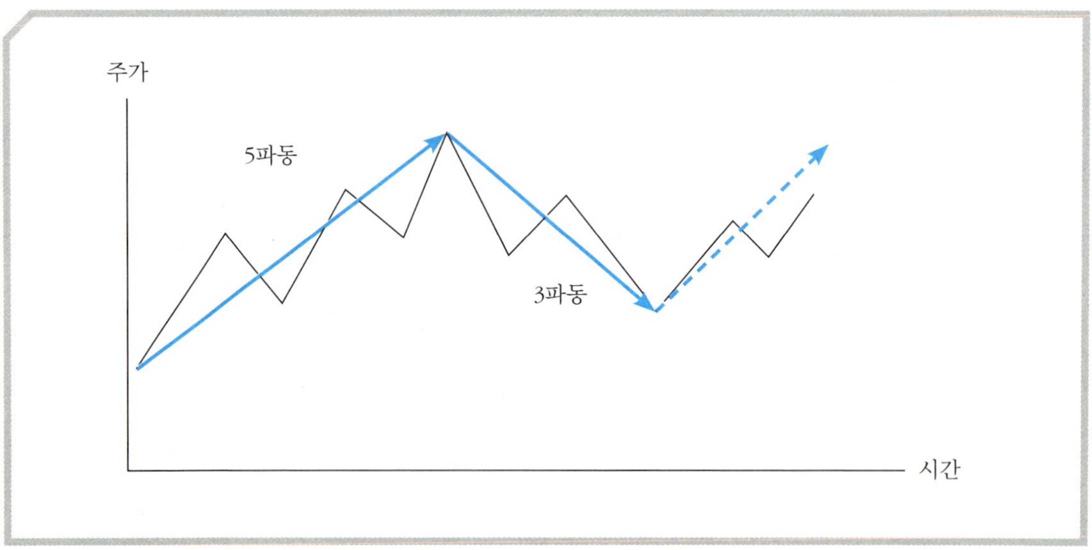

하나의 주기를 이루며 끝없이 순환하는 패턴을 지닌다는 것이다. 그러므로 주가의 순환파동을 분석함으로써 중장기의 주가흐름을 예측할 수 있다는 것이다. 이 이론은 오늘날까지 주식시장에서 많은 영향력을 미치고 있는 기술적 지표의 하나가 되고 있다.

2 주가도표의 종류

기술적 분석은 도표분석에 크게 의존하고 있으며 주가를 나타내는 도표는 주가흐름을 나타내는 방법에 따라 선도표, 봉도표, 점수도표의 세 가지로 분류된다. 선도표(line chart)는 매일, 매주, 또는 매월의 종가를 선으로 연결하여 주가의 흐름을 나타내는 도표이다. 선도표는 개별주식의 종가뿐만 아니라 종합지수를 선으로 연결하여 시장추세를 나타내기도 한다.

봉도표는 일정기간 동안의 주가변화를 봉으로 나타낸 것으로, 시가, 종가, 고가, 저가를 하나의 봉으로 나타낸다.

봉도표의 작성방법은 일본식과 미국식으로 구분되나 우리나라의 경우 일본식

[그림 7-3] 선도표

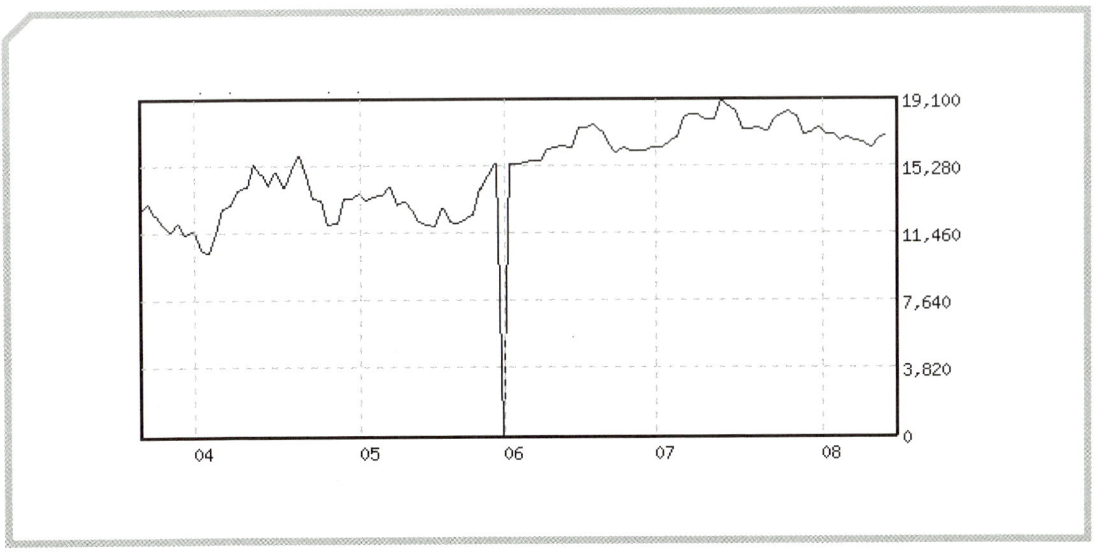

[그림 7-4] 봉도표

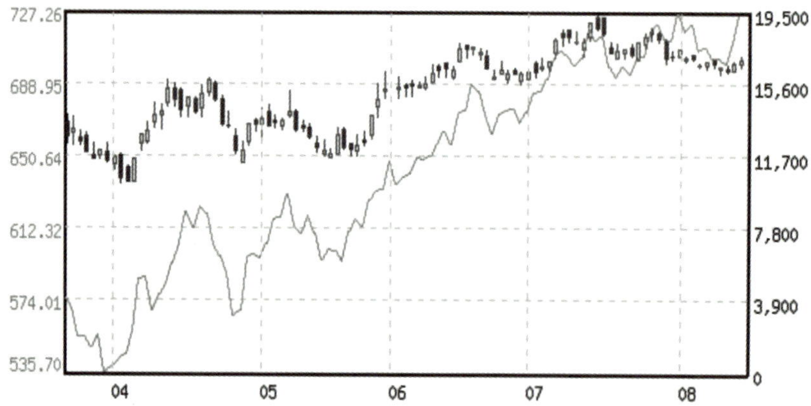

을 주로 사용한다. 일본식의 경우는 종가가 시가보다 높은 경우에는 양봉이라 하며 적색 또는 백색으로 표시하고, 종가가 시가보다 낮은 경우에는 음봉이라 하여 청색 또는 흑색으로 표시한다. 우리나라에서 사용되는 봉의 기본 표시방법을 예시하면 다음과 같다.

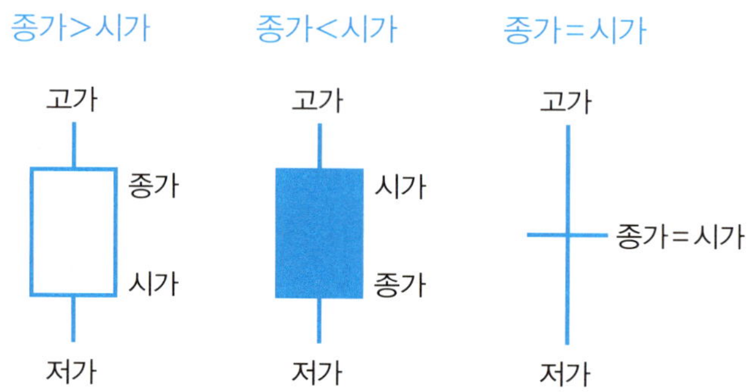

점수도표(point and figure chart)는 매일 매일의 주가를 기록하는 것이 아니라, 주가변동의 일정 폭을 미리 정해 놓고 주가가 이 기준 이상으로 변동하는 경우에만 일정한 기호로서 표시해 나간다.

이 도표는 소폭의 주가변동은 무시하는 대신 추세의 전환점을 발견하고 주가

[그림 7-5] 점수도표

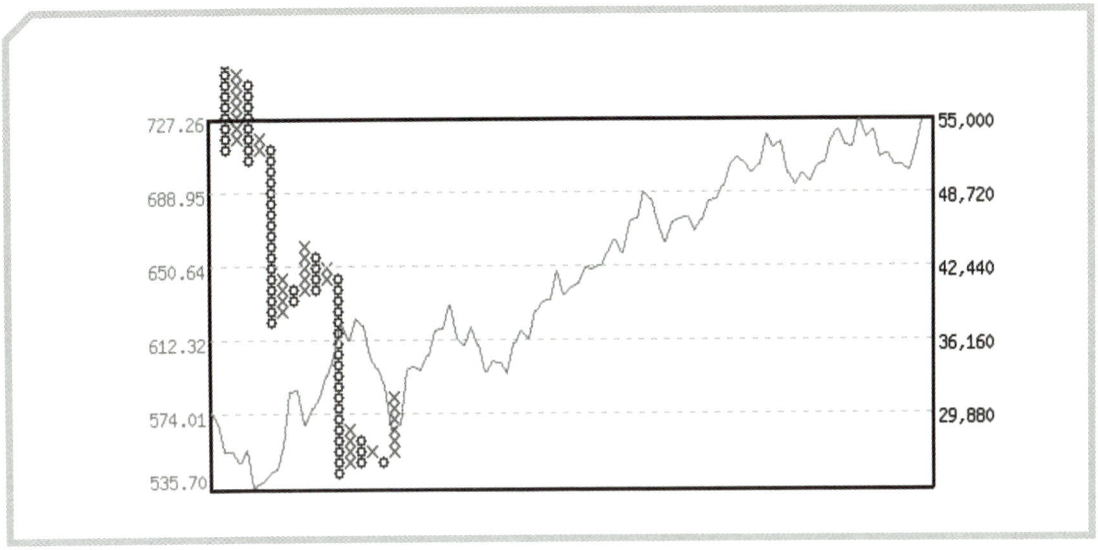

가 어느 수준까지 변화할 것인가를 미리 예측하는 데 이용할 수 있는 기법이다.

점수도표를 작성하는 방법은 다음과 같다.

첫째, 주가가 상승할 때는 ×표로, 하락할 때는 0표로 표시한다. 둘째, 종축의 1칸 가격 폭을 사전에 정한다. 1칸은 주가수준에 따라 폭의 크기가 달라진다. 고주가는 가격 폭을 크게 하고 저주가는 가격 폭을 적게 한다. 셋째, 종축의 주가변동 폭이 1칸의 범위를 넘을 경우에만 ×표나 0표를 계속해 나간다. 넷째, 주가가 상승에서 하락 또는 하락에서 상승으로 반전할 때는 사전에 정해진 가격 폭 이상의 변화가 있어야 한다.

예를 들어 어느 기업의 3월 2일부터의 주가변화가 〈표 7-1〉과 같은 경우 이를 이용하여 점수도표를 작성해 보자. 1칸의 단위를 100원으로 할 경우 3월 3일에

〈표 7-1〉 주가와 점수

일자	3.2	3	4	5	6	9	10	11	12	13	16
주가	9,000	9,050	9,250	9,100	9,500	9,700	9,300	9,200	9,150	9,600	9,200
점수		–	××	0	××××	××	0000	0	–	××××	0000

[그림 7-6] 점수도표의 작성

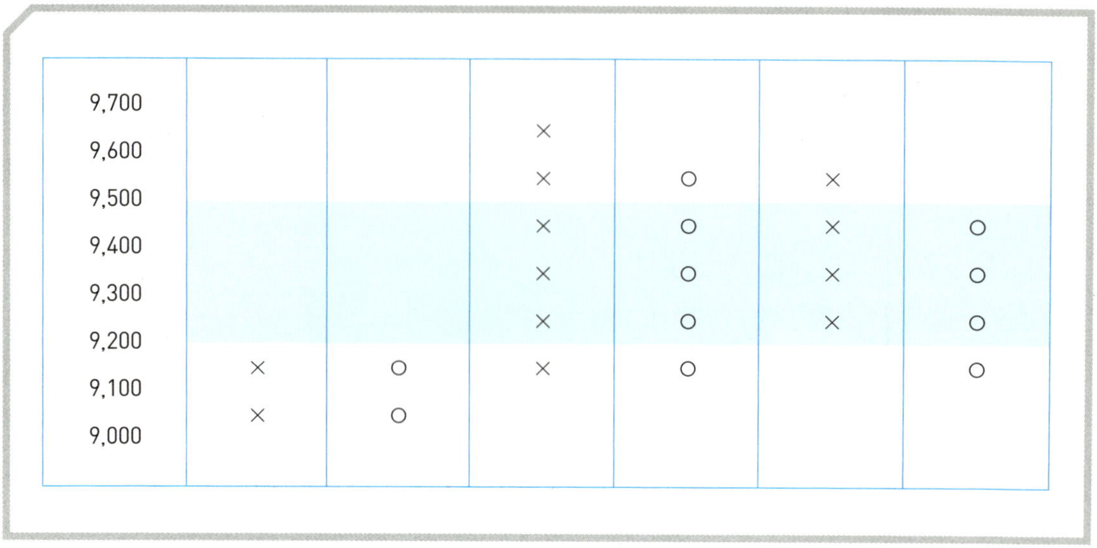

는 3월 2일에 비해 50원이 상승하였으나 정해진 가격 폭에 미치지 못하므로 무시된다. 그러나 4일에는 전일에 비해 200원 상승하였으므로 이날의 점수는 ××가 된다. 5일의 주가는 9,100원으로 150원 하락하였으므로 점수는 0이 된다. 그리고 9일과 10일에는 400원과 100원이 하락하였으므로 점수는 각각 0000과 0이 된다. 이와 같은 방법으로 작성된 점수도표는 [그림 7-6]에서 보는 바와 같다. 점수도표에서는 0과 ×가 밀집된 부분을 벗어나 지속적으로 상승 또는 하락하는 시점을 파악하여 추세의 상승 또는 하락의 전환을 예측하고자 한다.

3 추세분석과 패턴분석

주가의 도표분석방법은 추세분석과 패턴분석의 두 가지 유형으로 구분할 수 있다.

(1) 추세분석

추세분석(trend analysis)은 과거 주가의 흐름이 일정한 패턴으로 반복하는 경향이 있고 이 패턴은 향후 주가 움직임에도 적용된다는 가정에서 출발한다. 주가 움직임의 추세를 파악하여 추세선의 상승시점에서 주식을 매입하고 반전시점에서 매도하면 가장 효율적인 투자성과를 올릴 수 있다. 이를 위해서는 추세선의 확인과 주가가 추세선을 이탈할 때 예상되는 새로운 추세선의 유도가 중요하다.

상승 추세선은 추세의 저점을 연결함으로써 설정되며, 하락 추세선은 추세의 고점을 연결함으로써 설정된다. 그리고 평형 추세선은 추세의 저점을 연결함으로써 설정되나 각 저점의 수준이 동일하게 나타나는 경우이다.

지지선(support line)은 상승추세선상의 주가하락을 멈추게 하는 매입세의 주가수준을 의미하며, 저항선(resistance line)은 하락추세선상의 주가상승을 억제시키는 매도세의 주가수준을 의미한다. 지지선에서는 주식을 매입하려는 세력이 많아 주가가 그 이하로 하락하지 않으며, 저항선에서는 주식을 매도하려는 세력이 많아 주가가 그 이상의 추가상승이 억제된다. 그러나 시장상황이 변하여 주가가 저항선을 돌파하여 그 이상 상승하게 되면 그 때까지 저항선으로 작용하던 주가수준이 새로운 지지선이 되는 것이 일반적이다.

(2) 패턴분석

패턴분석(pattern analysis)은 주가의 움직임이 변화할 때 나타나는 여러 가지 주가변동 형태를 정형화하고, 실제 주가의 움직임을 주가변동 형태와 대비하여 추세의 반전 여부를 예측함으로써 매매시점을 포착하는 분석기법이다. 따라서 패턴분석에서는 시세의 천정권이나 바닥권에서 형성되는 전형적인 패턴을 찾아내어 주가흐름의 상승국면 또는 하락국면으로의 전환시점을 포착하려 한다.

예를 들어 삼봉형 패턴은 주가 움직임의 양태가 머리·어깨(head & shoulder) 모형으로 세 개의 봉우리가 나타나기 때문에 삼봉형이라고 한다. 삼봉형은 삼봉천정형, 삼봉바닥형, 다중삼봉형으로 구분된다. 삼봉천정형(head and shoulder tops)은 가장 일반적인 형태로 하락과 상승이 세 번씩 반복하여 일어나며 두 번째 봉우리가 좌우의 봉우리보다 높은 패턴을 말한다. 따라서 두 번째 봉우리를 머리로 하고 왼쪽 어깨와 오른쪽 어깨를 갖춘 모양이 된다.

[그림 7-7] 삼봉천정형

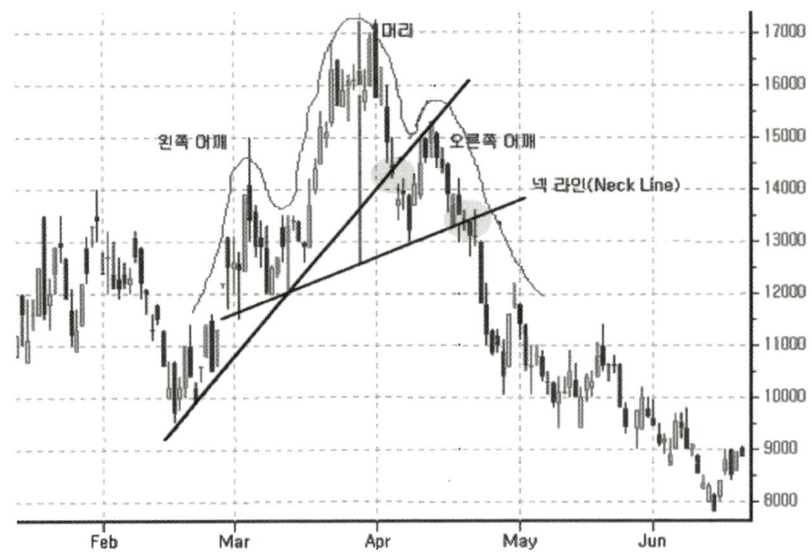

[그림 7-7]에서 보는 바와 같이 왼쪽 어깨에서는 주가가 지속적으로 상승하여 고점 A를 형성하면서 대량거래를 수반한다. 머리 부분은 A점에 이른 주가가 매도세력이 증가하여 D점까지 하락한 후 다시 상승함으로써 형성된다. 오른쪽 어깨는 주가가 하락한 후 세 번째 회복국면으로 진입함으로써 형성된다. 이때 고점 C는 고점 B의 가격수준에는 미치지 못한다. 한편 주가가 고점 C에서 하락하여 기준선(neck line)을 하향 돌파한 후 다시 기준선까지 상승하는 현상을 되돌림 현상(return movement)이라고 한다. 이 기준선을 하향 돌파함으로써 삼봉천정형이 완성된다. 삼봉바닥형(head and shoulder bottom formation)은 삼봉천정형과 반대로 주가 추세선이 하향에서 상향으로 진행되는 과정에서 형성된다.

3절 지표분석

1 주가를 이용한 지표

(1) 주가이동평균선

주가의 이동평균(moving average)은 일정기간 동안의 주가흐름을 순차적으로 산술평균한 것으로 주가의 장기변동추세를 파악하기 위한 방법이다. 주가이동평균선의 작성방법은 매일의 종가를 기준으로, 가장 최근의 종가로부터 해당 기간 동안의 종가를 합하여 산술평균값을 구하고 이를 도표상에 그려 가는 방법이다. 주가이동평균선은 기간에 따라 5일, 20일, 60일, 120일 이동평균선이 이용된다.

이동평균선은 여러 측면에서 분석될 수 있다. 그중의 하나는 이동평균선 간의 관계를 파악하는 것이다. 단기 이동평균선은 시세의 전환을 빨리 나타내 주지만 주가의 미미한 변동에 민감하게 움직인다는 단점이 있으며, 중기 또는 장기이동평균선은 시세의 전환을 나타내는 것이 상대적으로 늦으나 주가흐름의 기조를 확인

[그림 7-8] 이동평균선

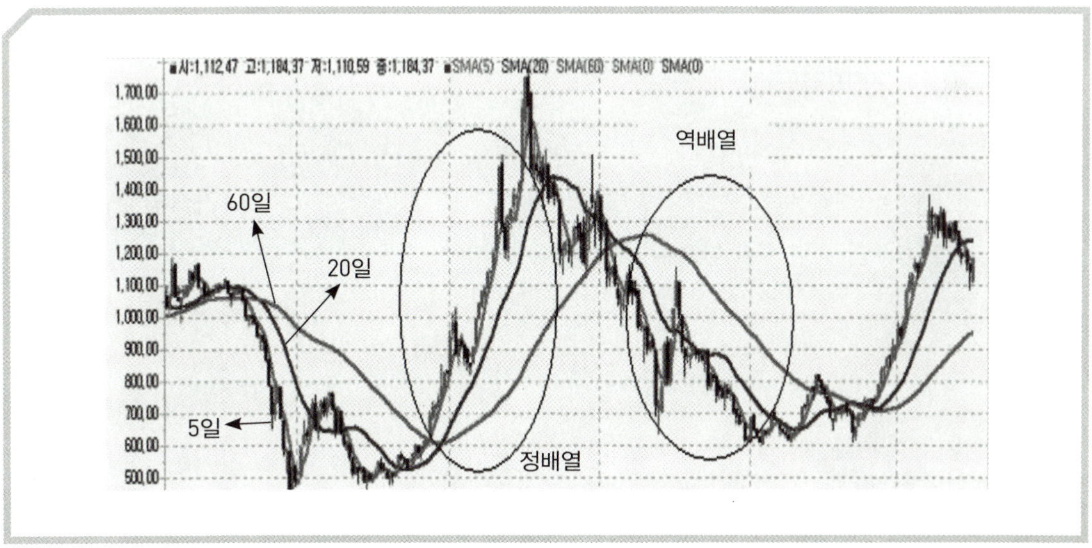

하는 데는 유용하다. 따라서 몇 개의 이동평균선을 동시에 활용함으로써 정확한 매매시점을 나타낸다.

먼저 상승추세에서의 이동평균선은 다음과 같이 해석된다.

첫째, 단기 이동평균선이 아래로부터 중·장기 이동평균선을 급속하게 상향돌파할 때를 골든크로스(golden cross)라 하고 이 때를 매입시점으로 본다.

둘째, 위로부터 단기, 중기 그리고 장기이동평균선이 나란히 상승할 때는 안심할 수 있는 강세시장이다. 그러나 세 가지의 이동평균선이 각각 뒤섞여 얽힐 때는 매입을 일단 유보할 시점이다.

셋째, 중기, 장기 이동평균선이 상당기간 상승한 후 단기 이동평균선이 더 이상 상승하지 못하고 하락하면 천정이 예상되는 시점이다.

한편 하락추세에서의 이동평균선은 다음과 같이 해석된다.

첫째, 단기 이동평균선이 위로부터 중·장기 이동평균선을 급속하게 하향돌파할 때를 데드크로스(dead cross)라 하고, 이 때를 매도시점으로 본다.

둘째, 단기, 중기, 장기 이동평균선이 나란히 하락할 때는 심한 약세시장을 나타낸다.

셋째, 중기, 장기 이동평균선이 상당기간 하락한 후 단기 이동평균선이 더 이상 하락하지 않고 상승하기 시작하면 바닥권이 예상되는 시점이다.

(2) 이격도

이격도(disparity)란 당일의 주가 또는 지수를 당일의 이동평균주가로 나눈 백분율을 뜻하는 것으로 이동평균선의 결점을 보완하여 보다 단기적인 매매시점을 포착하기 위한 보조지표이다.

$$\text{이격도} = \frac{\text{당일의 주가}}{\text{당일의 이동평균주가}} \times 100$$

즉, 이격도란 주가가 이동평균주가로부터 떨어져 있는 정도를 나타내는 것으로서 두 가지가 서로 크게 떨어지면 이격도가 높아진다고 한다. 그러나 주가는 이격도가 높아지면 이동평균선으로 다시 접근하여, 이격도가 100%에 이르면 다시 떨어지거나 방향을 전환하는 수정운동을 반복하게 된다.

상승 국면에서 20일 이동평균의 경우 106% 이상이면 매도 시점, 98% 수준이면 매수 시점으로 본다. 60일 이동평균의 경우 110% 이상이면 매도 시점, 98% 수준이면 매수 시점으로 판단한다. 그리고 하강 국면에서는 20일 이동평균의 경우 102% 이상이면 매도 시점, 92% 수준이면 매수 시점으로 본다. 그리고 60일 이동평균인 경우 104% 이상이면 매도 시점, 88% 수준이면 매수 시점으로 판단한다. 종합주가지수의 경우 95% 미만이면 '침체', 110% 이상이면 '과열', 115% 이상이면 '초과열' 국면으로 보기도 한다.

(3) 투자심리선

주가에 영향을 미치는 요인은 기업요인, 경제적 요인, 경제외적 요인, 시장내부요인 등 다양하나 이 중에서 시장에서의 인기 그리고 이에 따른 투자자들의 투자심리도 크게 작용한다. 따라서 주가상승 또는 주가하락이 무한히 길게 계속될 수 없다는 가정하에 일정기간의 주가동향을 파악하여 시장이 과열상태인지 또는 침체상태인지를 판단하는 데 사용되는 기법이 투자심리선이다.

투자심리선은 최근 10일간(2주간)의 종합주가지수 또는 개별주식의 종가가

[그림 7-9] 이격도와 투자심리선

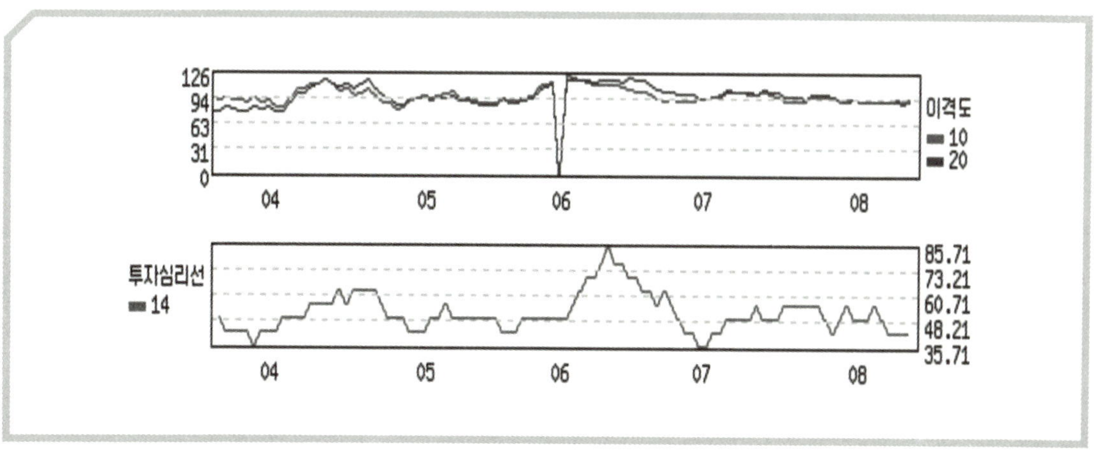

전일대비 상승한 일수와 하락한 일수를 계산하여 10일간 중에서 상승일수가 차지하는 비율을 표시한다. 이것은 최근 10일 동안의 주가상승일수÷10×100으로 계산되며, 10일 이동평균법으로 산출된다. 따라서 최근 10일간의 주가상승일수가 3일이면 지표가 30%$\left(\frac{3}{10}\times 100\right)$이고 5일이면 50%가 된다. 이와 같이 매일 산출된 비율을 선으로 연결한 것이 투자심리선이다. 투자심리선은 75% 이상이면 과열상태를 나타내고, 25% 이하이면 침체상태를 나타내며, 25%~75% 사이는 보통상태를 나타낸다.

이 지표는 단기 투자 시 매매시점의 포착에 유리하며, 투자심리선이 75% 이상 수준에서 75%선을 하향 돌파하는 시점이 매도시점이라 볼 수 있다. 그리고 매수시점은 25%를 하회하고 있다가 25%선을 상향 돌파하는 시점이라 할 수 있다. 그러나 투자심리선은 투자 시 매매시점의 포착보다는 시장의 과열상태 또는 침체상태를 판단하는 데 사용되는 것이 바람직하다.

2 주가와 거래량을 이용한 지표

(1) 주가와 거래량 상관곡선(역시계곡선)

대개의 경우 주가상승 시에는 거래량이 증가하고, 주가하락 시에는 거래량이 감소한다. 즉 주가가 상승하기 전에 거래량이 먼저 증가하기 시작하고, 주가가 하락하기 전에 거래량이 먼저 감소하기 시작하는 것이 보통의 경우이다. 따라서 역시계곡선은 주가와 거래량의 상관관계가 매우 높다는 점과 거래량은 주가에 선행한다는 논리에 의하여 작성된 지표로서 주가의 중기적 예측에 유용하게 사용된다.

역시계곡선의 작성은 주가와 거래량의 이동평균치를 산출하고, 종축에 주가를, 횡축에 거래량을 나타낸다. 그리고 종축과 횡축의 교차점을 연결하여 나타낸다.

[그림 7-10]에서 국면별 신호는 역시계곡선의 각 국면이 나타내는 매매신호를 일반화한 것이며, 각 국면에서의 주가와 거래량의 움직임을 연결하여 검토하면서 현재의 주가와 거래량이 어떤 국면에 속하고 있는 것인가를 판단하고 기타 요인도 고려하여 투자행동에 임해야 한다.

[그림 7-10] 역시계곡선

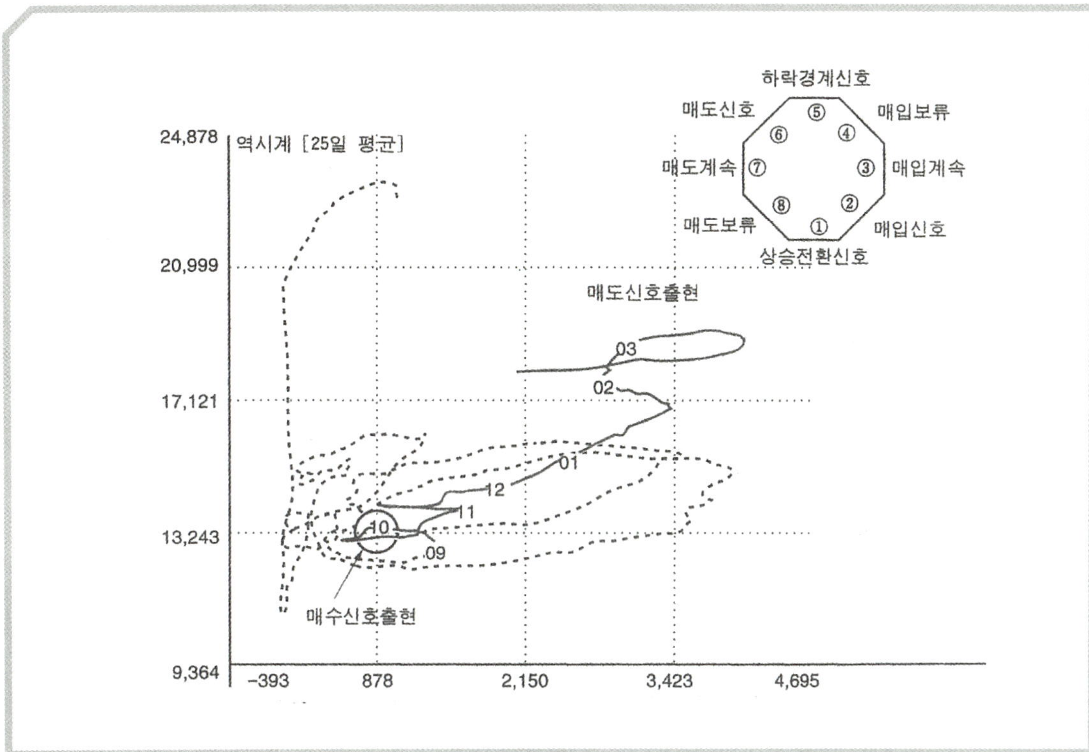

(2) 등락지표

주가는 시장원리에 따라 매수세력이 강하면 상승하고 매도세력이 강하면 하락한다. 따라서 주식시장에서 상승종목수가 많은 경우 이것은 시장의 매수세력이 매도세력보다 우세하다는 것을 뜻하므로, 상승종목 수와 하락종목 수의 차이는 시장내부세력의 크기를 나타내 준다고 볼 수 있다. 등락지표는 등락선 또는 등락비율선으로 나타낸다.

등락선(Advance Decline Line : ADL)은 일정기간 동안 매일 주가의 상승종목 수와 하락종목 수의 차이를 누계하여 선으로 나타낸다. ADL은 시장의 내부세력을 측정하는데 이용되어 주가가 전체적으로 보아 상승추세에 있는지 또는 하락추세에 있는지를 판단하는 데 사용되고 있다. ADL이 하향추세를 보이면 약세시장의 시작을 뜻하고 상향추세를 보이면 강세시장의 시작을 뜻하는 것으로 해석할 수 있다. 따라서 ADL은 주가의 선행지표로 이용되고 있다.

등락비율(Advance Decline Ratio: ADR)선은 일정기간 동안 매일 주가의 상승종목 수를 하락종목 수로 나눈 비율을 누계하여 선으로 나타낸다. 일반적으로 등락비율이 75% 이하이면 매입시점으로, 125% 이상이면 매도시점으로 판단한다.

(3) OBV(On Balance Volume)

OBV지표는 주식의 거래량은 항상 주가에 선행한다는 기술적 분석의 논리를 전제로 거래량을 분석하여 시장의 내부활동에 관한 정보를 얻는 데 이용되는 기법이다. 시장이 바닥수준에서 침체되어 있는 경우 시장의 내부활동을 보면 다가올 강세시장에 대비 매도물량을 조금씩 매수하여 축적하는 매집활동이 진행되는 것을 볼 수 있다.

그리고 강세시장에 있어서는 주가가 천정수준에 접근함에 따라 공급물량이 증가되는 수요량을 조금씩 충족시키며 매도되는 분산활동이 나타난다. 이상과 같은 시장내부활동, 즉 매집과 분산활동에 관한 자료를 얻기 위해 이용되는 것이 OBV지표이다. OBV지표는 시장이 정체되어 주가의 뚜렷한 변동이 없는 상태에서 시장이 매집과정에 있는지 또는 분산과정에 있는지의 여부를 분석함으로써 주가의 방향을 예측하는 데 이용될 수 있는 지표이다.

특정 일의 종합주가지수를 기준으로 하여 OBV를 산출해 가는 과정은 다음과 같다. 기준일의 거래량을 OBV로 하며 지수가 전일에 비하여 상승한 날의 거래량은 전일의 OBV에 가산하고, 지수가 전일에 비하여 하락한 날의 거래량은 전일의 OBV에서 차감한다. 그리고 지수가 전일과 같은 날의 거래량은 무시한다.

OBV지표가 작성되면 종합주가지수와 OBV선의 동향을 분석하여 투자결정에 필요한 자료로 사용한다. 지수와 OBV선의 움직임에는 다음과 같은 관계가 있다.

첫째, 지수가 하락하고 있는데도 OBV선이 이전의 저점수준 이하로 떨어지지 않고 있을 때는, 시장내부에서 주가하락에 따른 매집활동이 전개되고 있는 것이므로 지수가 머지않아 상승하는 것으로 예상할 수 있다. 이와는 반대로 지수가 상승하고 있는데 OBV선이 이전의 고점에 이르지 못하고 있는 경우는 시장내부에서 주가상승을 이용하여 주식을 매도하는 분산활동이 전개되고 있는 것이며, 머지않아 지수가 하락할 것이라 예견할 수 있다.

둘째, 지수가 상승추세에 있다가 일시적으로 보합권에 머물러 있을 때 OBV선의 고점이 계속 높은 경우는 시장이 다음의 주가상승을 준비하고 있는 것이다. 반대로 지수가 하락추세에 있다가 일시적으로 보합권을 유지하고 있는 경우에는 OBV선이 계속 하락하면 지수가 하락추세에 있는 것이고, 만일 OBV선이 상승하면 추세반전이 있을 것으로 추정할 수 있다.

(4) VR(Volume Ratio)

VR은 일정기간 동안의 주가상승일의 거래량과 주가하락일의 거래량 간의 비율로 나타낸다. OBV가 시장의 추세를 나타내나, OBV 자체만으로는 시세를 판단하거나 과거와 비교하기 어렵다는 단점을 보완하기 위한 지표이다.

일정기간(보통 1 개월간)의 거래량을 기준으로 주가상승일의 거래량 합계를 주가 하락일의 거래량 합계로 나눈 것으로, 주가변동이 없는 날의 거래량은 반분하여 각각 상승일과 하락일의 거래량에 더하여 계산한다.

$$VR = \frac{\text{주가상승일의 거래량 합계} + \text{주가변동이 없는 날의 거래량 합계} \times 0.5}{\text{주가하락일의 거래량 합계} + \text{주가변동이 없는 날의 거래량 합계} \times 0.5} \times 100$$

일반적으로 강세시장에서는 상승일의 거래량이 하락일의 거래량보다 많고, 약세시장일 때는 하락일의 거래량이 상승일의 거래량보다 많다. 따라서 VR이 70% 이하이면 바닥권이라 해석되며, 450%를 초과하면 대체로 천정권으로 해석되어 단기적으로는 경계신호를 나타낸다. 일반적으로 150% 내외가 가장 흔하게 나타나는 경우이다.

용어정리

- 강세시장(bull-market)
- 골든크로스(golden cross)
- 기술적 분석
- 다우(Dow)이론
- 데드크로스(dead cross)
- 봉도표
- 불익점
- 삼봉천정형
- 선도표
- 약세시장(bear-market)
- 엘리어트(Eliot)파동
- 이격도
- 저항선
- 점수도표
- 주가이동평균선
- 지지선
- 추세분석
- 투자심리선
- 패턴분석
- ADL
- OBV
- VR

연/습/문/제

01 기술적 분석의 가정에 대해 기술하시오.

02 증권시장에 대한 기술적 분석가들의 견해를 기술하시오.

03 기술적 분석의 유용성과 한계점을 지적하시오.

04 기술적 분석과 기본적 분석을 비교 설명하시오.

05 다우(Dow)이론에 대해 설명하시오.

06 Y기업의 지난 14일간의 주가는 다음과 같다. 지난 14일 가운데 어느 날에 이 기업에 대한 주요 정보가 시장에 전달되었다고 할 수 있는가?

일자	1	2	3	4	5	6	7
주가(원)	29,250	31,120	32,500	33,120	33,750	32,870	32,120
거래량(주)	1,000	11,000	3,000	2,000	520	2,000	1,000
일자	1	2	3	4	5	6	7
주가(원)	31,500	31,750	33,120	34,500	34,000	33,750	32,620
거래량(주)	14,000	2,000	500	2,000	3,000	2,000	500

07 6의 자료를 이용하여 10일부터 14일까지의 5일 이동평균과 이동평균의 범위를 구하시오.

08 주가가 다음과 같다고 가정하자.

단위: 원

날짜	고가	저가	종가
1	102,000	98,000	99,000
2	100,000	95,000	98,000
3	102,000	95,000	97,500
4	101,000	100,000	103,000

(1) 지지선과 저항선을 그려보시오.

(2) 5일, 6일, 7일에 고가가 95,000원이고 저가가 90,000원이라고 가정하면 이 주식을 매도할 것인가 매입할 것인가?

Investment

PART 3

효율적 시장과 자본시장이론

제3편에서는 현대투자이론의 기초개념과 내용을 소개한다. 제8장에서는 효율적 시장가설과 실증적 결과 그리고 증권시장에서의 이례적 현상과 행태재무론에 대해 알아본다. 제9장에서는 투자수익과 위험의 이론적 의미와 투자수익과 위험의 척도를 알아본다. 제10장에서는 현대포트폴리오이론과 자산의 기대수익률과 위험의 균형이론에 대해 알아본다. 포트폴리오 선택이론과 자본자산가격 결정모형을 중심으로 살펴본다.

CHAPTER 08 자본시장의 효율성과 행태재무론

1 절 증권시장의 효율성과 효율적 시장가설

1 시장효율성의 개념

(1) 증권시장 효율성의 의의

증권시장이 효율적이라고 하는 것은 특정 증권의 시장가격은 그 증권과 관련된 이용 가능한 모든 정보가 정확하고 신속하게 반영된 결과라는 것을 의미한다. 여기서 정확하게(accurately) 반영된다는 것은 정보의 가치에 정확히 상응하는 가격의 변동이 이루어진다는 것을 의미하고, 신속하게 반영된다는 것은 정보가 발생하는 즉시(instantaneously) 정보의 가치가 반영된다는 것을 의미한다. 증권시장의 효율성은 증권에 관련된 모든 정보가 신속하고 정확하게 증권가격에 반영되는 정도와 관련되므로 정보의 효율성(informational efficiency)을 의미한다.[1]

증권의 시장가격이 그 기업에 관한 모든 정보를 완벽하게 반영하는 시장을 완

1 경제적 측면에서 효율성은 사회 전체의 효용이 극대화되도록 자원의 배분이 이루어져야 한다는 점에서 배분의 효율성과 운영의 효율성을 전제로 한다. 배분의 효율성은 수요자와 공급자의 한계수익률이 일치하도록 자원의 배분이 이루어지는 상태를 의미하고, 운영의 효율성은 가장 적은 거래비용으로 신속하게 거래가 이루어지는 상태를 말한다.

전효율적 시장(perfectly efficient market)이라고 하고, 완전효율적 시장에서의 주가는 그 기업의 내재가치(intrinsic value)를 나타내게 된다. 따라서 완전효율적 시장에서의 투자자들은 어떤 증권에 투자를 하든 투자대상의 위험수준에 상응한 투자수익률인 정상수익률(normal return)만을 얻게 된다. 그러므로 주가에 반영되지 않은 정보를 이용하여 다른 투자자보다 상대적으로 높은 수익을 얻을 수 없다.

그러나 시장가격이 관련 정보를 신속하고 정확하게 반영하지 못한다면 그만큼 시장은 비효율적이 된다. 비효율적 시장에서의 시장가격은 내재가치를 정확하게 반영하지 못한다. 그러므로 투자자들은 시장가격에 반영되지 않은 관련정보를 이용하여 저평가된 주식을 발견할 수 있다. 따라서 저평가된 주식에 투자함으로써 비정상수익률(abnormal return)을 얻을 수 있는 기회를 가지게 된다. 그러므로 시장의 효율성 정도에 따라 투자자들의 투자목적과 전략이 달라진다.

(2) 경쟁과 시장효율성

투자목적은 주어진 위험수준에서 수익을 극대화시키는 것이므로 투자자들은 시장가격이 내재가치보다 낮은 저평가된 증권(underpriced security)을 발견하게 되면 재빨리 그 증권을 매수하여 비정상수익을 얻으려 할 것이다. 이러한 투자행위로 저평가된 증권에 대한 수요가 증대되어 가격이 상승하게 되고 그 결과 더 이상 비정상수익을 얻을 수 없는 균형상태로 돌아가게 된다.

저평가된 증권을 발견할 만한 재능을 가지고 다른 투자자들에 앞서 저평가된 주식을 발견하여 매수하는 투자자는 다른 투자자들보다 높은 투자성과를 얻을 수 있을 것이다. 그러나 그 과정에서 치열한 경쟁이 존재한다면 관련된 정보는 신속하게 가격에 반영될 것이고 이러한 상황에서는 재능 있는 투자자라 할지라도 지속적으로 높은 성과를 얻기는 어려울 것이다.

현실의 증권시장에서는 저평가 또는 고평가된 증권을 발견하기 위해 잘 훈련된 수많은 분석가, 전문가 그리고 기관 및 개인투자자들이 치열한 경쟁을 벌이고 있다. 수많은 시장참여자들 간에 경쟁적으로 이루어지는 정보입수나 분석 및 평가활동으로 인하여 새로운 정보는 발생할 때마다 짧은 시간 내에 증권가격에 반영된다고 볼 수 있다. 현실의 증권시장은 시장참여자들 사이에 격심한 경쟁이 이루어지는 시장이고 이러한 경쟁적 환경이 증권시장을 효율적으로 만드는 가장 주된 요인이 된다.

2 가격변동의 원천과 시장반응

증권가격의 변동원천은 새로운 정보(new information)이다. 새로운 정보의 발생은 균형가격의 변동을 가져오는 원천이 된다. 새로운 호재성 정보(favorable information)는 가격의 상승을 가져오고 새로운 악재성 정보(unfavorable information)는 가격의 하락을 가져온다. 그리고 새로운 정보의 발생은 예측 불가능하므로 무작위적으로(randomly) 이루어진다. 그러므로 증권가격은 새로운 정보의 가치만큼 변동하고 무작위적으로 움직인다고 할 수 있다. 따라서 주가변동은 예측불가능하고 무작위적으로 발생된다는 랜덤워크가설(random walk hypothesis)이 효율적 시장가설(efficient market hypothesis)의 기초가 된다.

만일 증권시장이 효율적이라면 증권가격은 신속·정확하게 관련정보에 반응하여야 한다. 하나의 새로운 호재성 정보가 발생되고 추가적인 정보의 발생이 없

[그림 8-1] 새로운 정보에 대한 시장반응

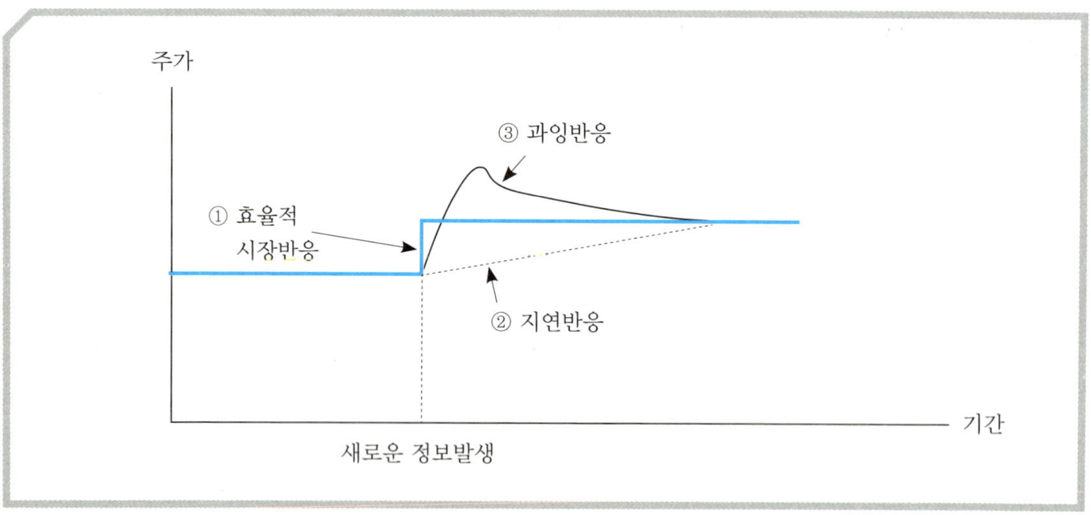

다고 가정할 경우에 관련정보에 대해 시장이 반응하는 유형을 간단히 나타내면 [그림 8-1]과 같다.

[그림 8-1]에서 실선 ①은 효율적 시장에서의 시장반응을 나타낸다. 효율적 시장에서는 정보가 발생되는 즉시 정보의 가치만큼 주가가 상승하고 그 후에는 추가적인 정보의 발생이 없으므로 더 이상의 가격변화가 생기지 않음을 보여준다. 한편 점선 ②는 비효율적 시장에서 관련정보가 주가에 반영되는 데 상당한 시간이 걸리는 경우를 나타낸다. 이러한 시장의 지연반응은 관련 정보가 신속하게 반영되지 않는 비효율적 시장임을 나타낸다. 곡선 ③은 시장이 관련정보에 정확하게 반응하지 않고 정보가치 이상으로 과잉반응(overreaction)하는 경우를 보여준다. 이러한 과잉반응은 투자자들이 정보의 가치를 과대하게 추정하기 때문에 나타난다. 따라서 이후 정확한 정보가치를 반영하기 위해 주가의 조정과정이 뒤따르게 된다.

3 효율적 시장가설

증권시장에서의 경쟁은 증권가격이 균형가격(equilibrium price)을 향하여 움직이도록 하는 원동력이 된다. 그리고 그 과정에서 얼마나 신속하고 정확하게 기업에 대한 정보가 주가에 반영되느냐가 시장효율성의 정도(degree of market efficiency)를 결정한다.

효율적 시장가설(efficient market hypothesis: EMH)을 일반적으로 주가에 반영되는 정보의 범위를 과거 역사적 정보, 현재의 이용가능한 정보, 비공개정보로 나누고 이들 정보가 주가에 반영되는 정도에 따라 증권시장을 약형 효율적 시장, 준강형 효율적 시장, 강형 효율적 시장으로 구분한다.[2]

(1) 약형 효율적 시장가설

약형 효율적 시장(weak-form efficient market)은 현재의 주가에 과거의 주가나

---

2 E. F. Fama, "Efficient Capital Markets: A Review of Theory and Empirical Work," *Journal of Finance*(March 1970), pp. 383~417.

거래량에 내포된 모든 정보가 반영되어 있는 시장을 말한다. 그러므로 약형 효율적 시장에서는 과거의 주가나 거래량과 같은 역사적 자료를 이용하여 미래주가를 예측하는 것은 무의미하다.

따라서 약형 효율적 시장가설은 현재의 주가는 과거의 주가나 거래량과 같은 역사적 정보를 충분히 반영하고 있으므로, 어떤 투자자도 이러한 역사적 정보를 이용하여 위험에 상응하는 수익률을 초과하는 비정상 수익률(abnormal return)을 지속적으로 얻을 수 없다는 주장이다.

(2) 준강형 효율적 시장가설

준강형 효율적 시장(semistrong-form efficient market)은 현재의 주가에 역사적 가격정보뿐 아니라 기업에 관련된 모든 공개된 이용가능한 정보(publicly available information)가 반영되어 있는 시장을 말한다. 준강형 효율적 시장에서는 기업의 경영보고서, 배당발표, 주식분할, 합병공시, 경제정책 등과 같은 공개된 정보는 주가에 이미 반영되어 있으므로 이들 정보를 이용하여 미래주가를 예측하는 것은 무의미하다.

따라서 준강형 효율적 시장가설은 현재 주가는 공개된 이용가능한 모든 정보를 반영하고 있으므로, 어떤 투자자들도 이들 정보를 이용하여 지속적으로 비정상 수익률을 얻을 수 없다는 주장이다.

(3) 강형 효율적 시장가설

강형 효율적 시장(strong-form efficient market)은 공개된 정보뿐 아니라 비공개된 내부정보 또는 독점적 정보까지도 주가에 반영되는 시장을 말하며, 시장효율성의 극단적인 경우를 나타낸다. 그러므로 강형효율적 시장에서는 주가에 영향을 미치는 정보는 누구도 독립적으로 가질 수 없다는 것을 의미한다. 강형 효율적 시장가설은 모든 정보가 주가에 반영되어 있으므로 어느 누구도 지속적으로 비정상 수익률을 얻을 수 없다는 주장이다.

이와 같이 강형 효율적 시장에서의 정보집합(information set)은 준강형 효율

[그림 8-2] 효율적 시장의 형태

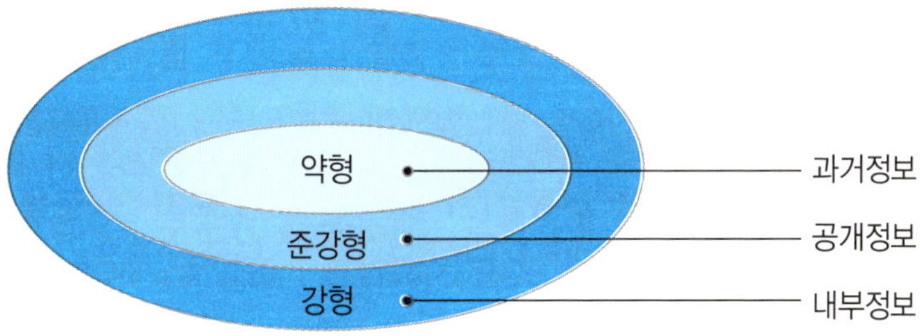

적 시장에서의 정보집합을 포함하고, 준강형 효율적 시장에서의 정보집합은 약형 효율적 시장에서의 정보집합을 포함한다. 즉, 약형 효율적 시장에서의 정보집합은 준강형 효율적 시장과 강형 효율적 시장에서의 정보집합의 일부만을 반영하고, 준강형 효율적 시장에서의 정보집합은 강형 효율적 시장에서의 정보집합의 일부만을 반영한다. 이를 그림으로 나타내면 [그림 8-2]와 같다.

2절 효율적 시장가설의 검증

1 수익률 예측능력연구

약형 효율적 시장가설에 대한 검증은 주로 장단기 수익률의 예측능력에 대한 연구에 의해 이루어졌다. 약형 효율적 시장가설에 의하면 현재의 주가는 과거의 주가와 그와 관련된 정보를 충분히 반영하고 있으므로 과거의 주가나 주가형태를 이용하여 비정상 수익률을 얻을 수 없다는 것이다. 그러므로 약형 효율적 시장에서는 주가변동은 독립적으로 이루어지며 과거와 미래의 주가 사이에는 아무런 관계가 없다고 할 수 있다.

수익률의 예측능력에 대한 연구는 연속되는 주가변동의 상관관계에 대한 검증을 통해 이루어진다. 시계열상에서 특정 증권의 기간수익률 사이의 자기상관계수(autocorrelation coefficient)를 측정하여 상관계수가 0에 가까운 경우 주가변동은 시계열상에서 독립적이라고 할 수 있고, 이는 과거의 주가정보가 이미 가격에 반영된 결과로 볼 수 있다.

수익률의 상관관계 분석에 기초한 여러 연구 결과에 의하면 주가변동 사이의 상관정도는 미약하거나 낮은 양(+)의 상관관계를 보여준다.[3] 낮은 양의 상관관계를 나타내는 경우에도 거래규칙으로 활용될 만큼 분명하지 않다. 이러한 결과는 과거주가를 이용하여 비정상 수익률을 지속적으로 얻을 수 없다는 것을 의미하므로 약형 효율적 시장가설을 지지하는 결과로 해석된다.

독립성을 검증하는 또 다른 방법은 주가변동이 시계열상에서 어떤 추세를 지니고 있는가를 검증하는 것이다. 이를 위해 가격변화 방향의 부호(sign)를 검토하게 된다. 부호검증에서는 가격이 증가하면 +, 가격이 하락하면 −, 가격의 변화가 없으면 0으로 표시되고 동일한 부호의 연속을 연(run)이라고 부른다. 그러므로 부호가++−−−+++−인 경우 4개의 연이 존재한다. 만일 주가변동 사이에 상관관계가 있다면 일정기간 동안 우연에 의해 가격변동이 생기는 경우에 비해, 보다 긴 동일부호의 연속과 보다 적은 수의 연(run)이 나타날 것이다.

이러한 방법을 사용한 검증결과에 의하면 증권가격의 변동은 일반적으로 난수표(random numbers)를 사용하여 창출한 기대 연의 수와 관찰된 연의 수가 통계적으로 의미 있는 차이를 보이지 않는다. 이러한 결과는 증권가격변동이 독립적으로 움직이는 경향이 있다는 것을 나타내므로 증권시장이 약형 효율적 시장이라는 증거로 제시된다.

2 사건연구

준강형 효율적 시장가설은 현재의 주가는 역사적 가격정보뿐만 아니라 기업

3 Andrew W. L & Craig Mackinlay, "Stock Market Prices Do Not Follow Random Walks: Evidence from a Simple Specification Test." *Review of Financial Studies*, 1988. pp.41~49.

에 관련된 모든 이용가능한 공개정보를 반영하므로, 공개된 정보를 이용하더라도 비정상 수익률을 달성할 수 없다는 것이다. 따라서 준강형 효율적 시장가설에 대한 검증은 새로운 공개정보를 이용하여 투자한 투자자가 다른 투자자보다 우월한 투자성과를 얻을 수 있는지의 여부를 살피는 것이다.

준강형 효율적 시장가설에 대한 검증에는 주로 사건연구(event studies)방법이 사용된다.[4] 사건연구방법은 특정사건 발표일 주위의 주가형태와 수익률을 분석하는 통계적 기법으로 관련정보가 얼마나 신속·정확하게 주가에 반영되는가를 관찰한다. 만일 발표되는 특정사건의 내용이 호재성 정보(good news)이고 증권시장이 준강형 효율적 시장이라면 시장은 정보를 사전에 예측한 정도에 따라 다음과 같이 반응할 것이다.

첫째, 투자자들이 새로운 호재성 정보를 사전에 전혀 예측하지 못했다면 발표일 이전에는 정상수익률(normal return)을 나타내고, 발표 즉시 새로운 정보를 반영하여 주가가 상승하기 때문에 양(+)의 비정상수익률을 나타낼 것이다. 그리고 정보가 반영된 후에는 다시 정상수익률 수준으로 돌아갈 것이다. 이를 누적비정상수익률의 형태로 나타내면 [그림 8-3]의 (a)와 같다.

둘째, 관련정보가 발표되기 이전에 투자자들에 의해 정보내용이 예측된 경우라면 발표일 이전에 정보가 주가에 반영되어 점진적으로 주가가 상승하게 되고 발표일에는 주가가 약간 상승하거나 거의 상승하지 않을 것이다. 따라서 발표일 이전에 정보의 누출과 함께 비정상수익률이 나타나고 발표일 이후에는 다시 정상수

---

4 사건연구(event studies) 방법은 일반적으로 다음과 같은 과정에 따른다.

1. 사건발표기업의 표본을 선정한다.
2. 정확한 사건발표일을 결정하고 이 날을 0으로 지정한다.
3. 사건발표일 전후의 관찰대상 기간을 정한다.
4. 각 표본기업의 수익률을 산출한다.
5. 각 표본기업의 비정상수익률(abnormal return : AR)을 산출한다. 시장모형을 이용한 비정상수익률의 산출은 다음과 같다.

   $AR_{it} = r_{it} - (\alpha_i + \beta_i r_{mt})$
6. 표본기업의 평균비정상수익률(average abnormal return : AAR)을 산출한다.
7. 누적평균비정상수익률(cumulative average abnormal return : CAAR)을 구한다.
8. 누적평균비정상수익률을 분석한다.

[그림 8-3] 준강형 효율적 시장에서의 시장반응

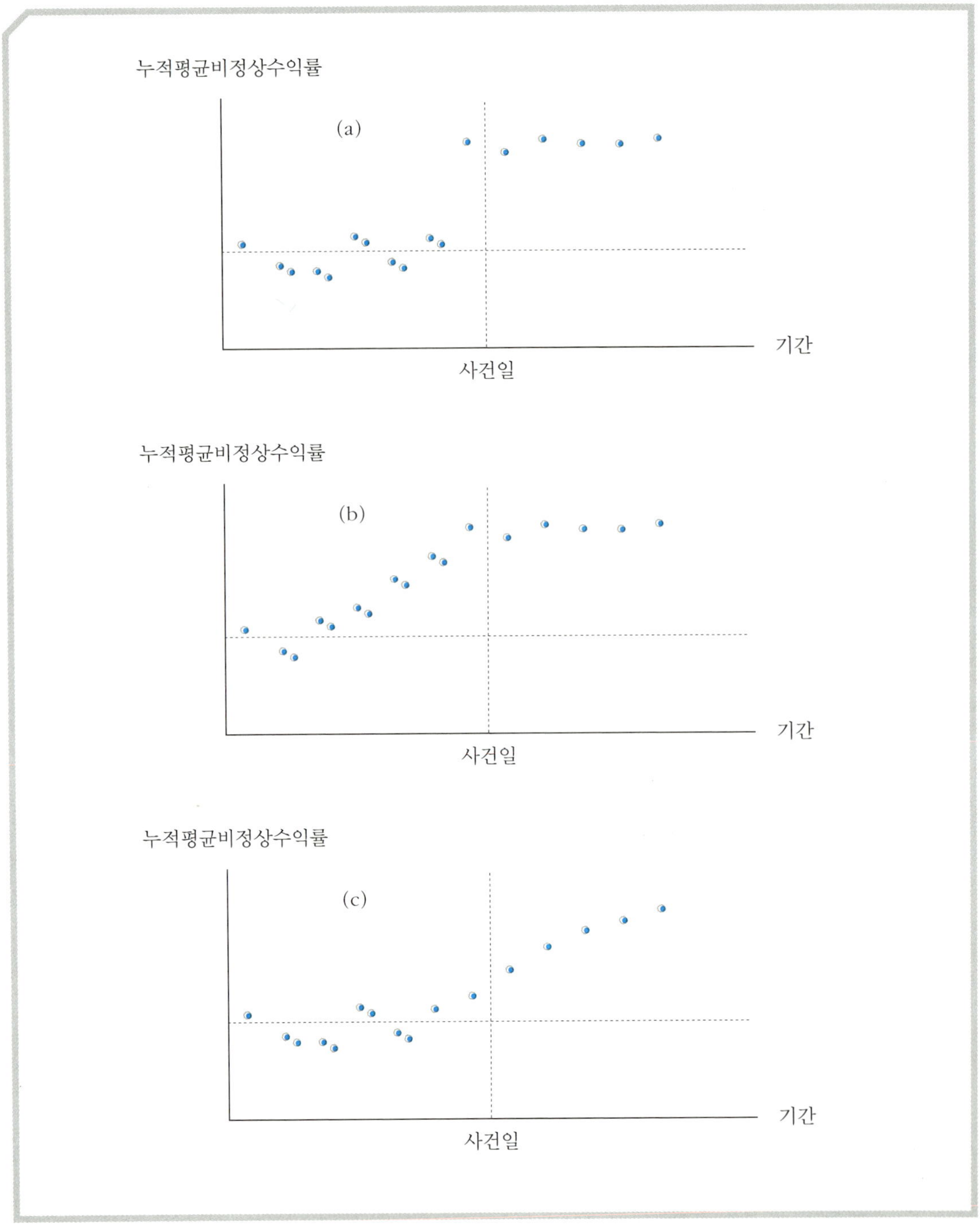

익률 수준으로 돌아갈 것이다. 이 경우를 그림으로 나타내면 [그림 8-3]의 (b)와 같다.

그러나 증권시장이 비효율적이라면 [그림 8-3]의 (c)에서 보는 바와 같이 투자자들이 사전에 예측하지 못한 호재성 정보의 발표에도 불구하고 시장은 매우 천천히 반응하게 된다. 이 경우에는 공개된 정보가 신속 정확하게 반영되지 않으므로, 공개된 정보를 이용하여 증권을 매입한 투자자들도 비정상수익률(abnormal return)을 올릴 수 있는 기회를 가지게 된다.

준강형 효율적 시장에 대한 최초의 검증은 파마, 피셔, 젠센, 롤(Fama, Fisher, Jensen, Roll : FFJR)에 의해 수행되었다.[5] 이들은 주식분할에 대한 정보발표에 대한 시장반응을 연구하였다. 주식분할(stock split)은 주가가 지나치게 높은 경우 주가를 낮추어 주식거래를 활발하게 하고 사후적으로는 배당성향의 증가를 가져온다. 그러므로 투자자들은 경영자들이 미래의 양호한 수익에 대한 전망을 전달하는 신호로 주식분할을 이용한다고 믿기 때문에 주식분할 발표는 호재성 정보로 인식되어

[그림 8-4] 주식분할에 대한 주가반응

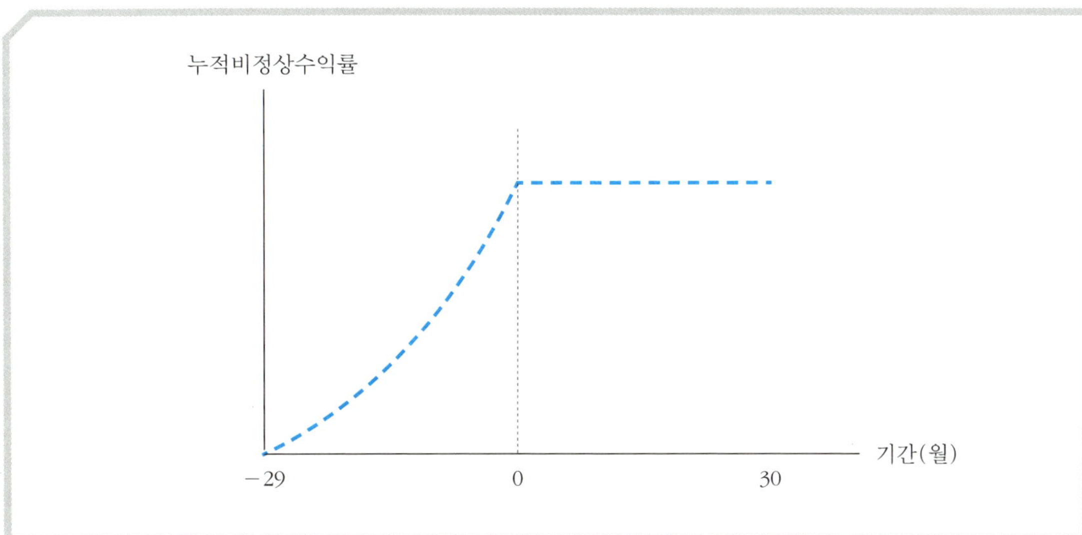

5 Eugene F. Fama, Lawrence Fisher, Michael Jensen, & Richard Roll, "The Adjustment of Stock Prices to New Information," *International Economic Review*(February 1969), pp. 1~21.

주가의 상승을 가져온다고 가정할 수 있다.

FFJR은 1927~1959년 사이에 NYSE에서 주식분할이 이루어진 주식의 월별 수익률을 조사하였다. 주식분할에 대한 시장의 반응을 보면 기본적으로 누적평균비정상수익률이 주식분할 발표 29개월 이전부터 상승하나 발표이후에는 거의 변화가 없다. 그러므로 주식분할 발표를 이용하여 주식을 매입하는 투자자는 비정상수익률을 얻을 수 없다는 것을 나타낸다. 이와 같은 연구결과는 준강형 효율적 시장가설을 지지하는 것으로 해석된다.

3 사적정보의 시장반응

강형 효율적 시장가설은 이용가능한 공개된 정보뿐 아니라 기업의 내부정보(inside information)와 독점적 정보와 같은 사적정보(private information)까지도 주가에 반영되므로 투자자들은 어떤 정보를 이용하더라도 비정상수익률을 얻을 수 없다는 것이다. 강형 효율적 시장가설에 대한 검증은 일반투자자들에 비해 상대적으로 내부정보나 정보분석에 관해 우월적 위치에 있는 전문가의 사적정보를 이용한 투자성과가 비정상수익을 달성하는가의 여부를 검증하는 형태로 이루어졌다. 그러므로 해당기업의 중역이나 대주주와 같은 내부자들의 투자성과와 펀드매니저 또는 투자전문기관의 투자성과를 살피게 된다.

미국의 경우 내부자거래에 대해서는 증권거래위원회(SEC)에 보고하도록 하고 있으므로 내부자거래는 증권거래위원회에 보고된 후 수 주일이 지나야 일반에게 공개된다. 이를 이용하여 내부자들이 내부정보를 이용하여 비정상수익률을 달성하느냐에 대한 검증이 이루어졌다.[6]

이에 대한 연구결과에 의하면 모든 경우에 비정상수익을 획득하는 것은 아니지만, 다수가 기대시장 수익률보다 높은 수익률을 획득한다는 결과를 보여준다.

---

6 Jeffrey Jaffee, "Special Information and Inside Trading," *Journal of Business*, Vol 1(July 1974), pp. 410~428 ; H. N. Seyhun, "Insiders' Profits, Costs of Trading and Market Efficiency," *Journal of Financial Economics* Vol.16(June 1986), pp. 189~212.

이러한 연구결과들은 강형 효율적 시장가설을 부정하는 증거로 해석된다. 그리고 증권분석가들의 투자추천 종목들이 대체로 투자지침대로 움직인다는 사실도 강형 효율적 시장가설을 부정하는 것으로 볼 수 있다.[7]

한편 투자신탁(mutual fund)의 투자성과에 대한 연구 또한 여러 연구자들에 의해 이루어졌다. 수십 년 동안에 걸쳐 투자신탁이 운용하는 기금의 위험조정수익률을 분석한 결과 전문가에 의해 운용되는 포트폴리오의 수익률이 단순한 매입·보유전략으로부터의 수익률보다 우월하지 않다는 연구결과를 보여준다.

젠센(Jensen)의 경우는 1954년에서 1964년까지의 115개 투자신탁(mutual fund)의 투자성과를 측정하였다.[8] 증권시장선을 이용하여 측정되는 기대수익률과 투자신탁의 투자수익률을 측정함으로써 위험을 고려한 투자성과를 검증하였다. 그 결과 투자신탁의 투자성과와 단순한 매입·보유전략에 의한 투자성과와 큰 차이가 없다는 결과를 보여준다. 이러한 결과는 뮤츄얼펀드나 전문포트폴리오의 투자성과가 일반인의 투자성과에 비해 특별히 지속적으로 나을 것이 없다는 것을 시사하므로 강형 효율적 시장가설을 지지하는 것으로 해석된다. 이와 같이 강형 효율적 시장가설에 대한 검증결과는 상반된 결과를 보여준다.

증권시장의 효율성에 관한 다수의 실증분석 결과들은 대체로 이용가능한 공시정보가 가격에 반영된다는 증거들을 제시하고 있다. 그러므로 증권시장이 완전효율적 시장(perfect efficient market)은 아니라 할지라도 상당한 정도의 효율적 시장(highly efficient market)이라는 것을 보여준다.

---

7 Thomas E. Copeland and David Myers, "The Value Line Enigma(1965~1978) : A Case Study of Performance Evaluation Issues," *Journal of Financial Economics* 11, Nov. 1982.

8 M. C Jensen, "Risk, the Price of Capital Asset, and the Evaluation of Investment Performance," *Journal of Business*(April 1969), pp. 167~247.

3절 증권시장의 이례적 현상

1 효율적 시장의 이례적 현상

다수의 실증적 연구결과는 약형 또는 준강형 효율적 수준에서 시장효율성을 지지한다. 그러나 1980년대 이후 분석가들은 시장이 지금까지 생각해 온 만큼 효율적이지 않다는 증거들이 상당히 존재한다는 것을 인식하게 되었다. 주가가 내재가치로 설명되지 않는 부분이 체계적으로 지속해서 나타나는 현상을 시장의 이례적 현상(anomalies) 이라고 부른다. 이례적 현상들은 주가가 내재가치를 제대로 반영하지 못한 결과이므로 효율적 시장가설을 부정하는 증거로 제시된다. 실증적 연구를 통해 나타나는 이례적 현상 가운데는 다음과 같은 현상이 포함된다.

(1) 1월 효과

주가 움직임에 있어 이례적 현상의 하나는 1월 효과(January effect)이다. 1월 효과는 주가는 12월 후반에 하락하여 1월에 상승하는 경향이 있으므로, 평균적으로 다른 월에 비하여 1월에 높은 비정상수익률을 나타내는 현상을 말한다.[9] 주식시장이 효율적이라고 하면 1월의 수익률이 다른 월에 비해 특별히 높아야 할 이유가 없다. 따라서 이러한 이례적 현상은 시장의 비효율성을 나타내는 증거로 해석된다. 1월 효과는 기업규모가 적은 소규모 기업의 경우에 더욱 높게 나타난다.

1월 효과를 가져오는 원인의 하나는 세금효과를 얻기 위한 매각(tax-loss selling)에서 찾아볼 수 있다. 주식투자에서 누적된 평가손실을 입고 있는 투자자는 투자손실을 그 해의 소득세를 감소시키는 데 이용하기 위하여 12월에 주식을 매각한다. 그리고 다음 해에 다시 매입하므로 주식에 대한 수요는 새로운 회계연도가 시작할 때 가장 높게 상승한다. 또 다른 연구자는 이러한 현상을 단순히 비합리적 행동에 기인하는 것으로 생각한다.

---

9 E. Dyl, "Capital Gains Taxation and Year End Stock Market Behavior," *Journal of Finance*(March 1977). pp. 165~175.

(2) 기업규모 효과

기업규모 효과(firm size effect)는 소기업 효과(small firm effect)라고도 하며 기업규모가 적은 기업의 주식에 투자하는 경우가 대기업의 주식에 투자하는 경우에 비해 상대적으로 높은 수익률을 달성하는 경향이 있다는 것을 나타낸다. 반즈(Banz)의 연구에 의하면 보통주의 시가총액을 기준으로 NYSE에 상장된 기업 가운데 규모가 가장 적은 하위 10개의 기업으로 구성된 포트폴리오의 수익률이 규모가 가장 큰 상위 10개의 기업으로 구성된 포트폴리오의 수익률에 비하면 연 19.8% 더 높은 수익률을 나타낸다.[10]

실증적 연구들은 위험에 대한 조정이 이루어진 경우에도 소규모 기업에 대한 투자가 대기업들에 대한 투자에 비해 높은 비정상 수익률을 실현한다는 것을 보여준다. 이러한 결과는 시가총액이 낮은 주식만으로 포트폴리오를 구축한다면 그 운용성과는 기대수익을 초과한다는 것을 의미한다. 일반적으로 소기업효과는 1월 효과와 함께 나타난다.

(3) 소외기업효과

소외기업효과(neglected firm effect)는 정보가 부족하고 투자분석가들이 관심을 적게 가지는 소외기업의 투자수익률이 정보가 풍부하고 투자분석가들이 관심을 갖는 기업보다 더 높게 나타나는 현상을 말한다. 소형주들은 기관투자자들이나 투자분석가들로부터 소외되기 때문에 이들 기업에 대한 정보를 얻기 어렵다. 그러므로 기대이익에 대한 표준편차가 크고 이에 대한 보상으로 높은 수익률을 요구한다는 것이다. 이러한 소외기업효과는 소기업효과가 나타나는 이유로 설명된다.[11]

(4) 저주가수익비율(low PER) 효과

저PER효과는 주가수익비율(PER)이 낮은 주식이 주가수익비율이 높은 주식보

---

10 Rolf Banz, "The Relationship between Return and Market Value of Common Stocks," *Journal of Financial Economics*, Vol.9(March 1981), pp. 3~18.

11 Avner Arbel & Paul Strebel, "Pay Attention to Neglected Firms," *Journal of Portfolio Management*, Winter, 1983.

다 체계적으로 높은 수익률을 나타내는 것을 말한다.[12] 바슈(Basu)는 1957년 4월부터 1971년 3월까지의 기간에 걸쳐 NYSE의 750개 주식을 대상으로 하여 PER을 기준으로 5개의 포트폴리오를 구성한 후 포트폴리오의 월별수익률을 측정하였다. 그 결과 평균적으로 주가수익비율이 높은 주식에 비해 주가수익비율이 낮은 주식들이 더 우월한 수익률을 획득한다는 것을 보여 준다. 따라서 주가수익비율이 낮은 주식으로 포트폴리오를 구성할 경우 시장평균 수익률 이상의 운용성과를 얻을 수 있다.

(5) 과잉반응효과

과잉반응 가설(overreaction hypothesis)에 의하면 투자자들은 예상하지 못한 정보에 과잉반응을 보인다. 그러므로 예상 밖의 호재성 정보(good news)가 발생하면 투자자들은 과잉반응을 나타내어 주가는 일시적으로 정보가치보다 더 높게 상승하고 이어서 주가조정을 위하여 하락하게 된다. 반대로 악재성 정보(bad news)에 대한 반응은 주가를 일시적으로 과도하게 끌어내리게 되고 이어서 주가상승에 의한 조정이 뒤따르게 된다.

이와 같이 시장이 과잉반응을 나타낸다면 투자자들은 사건발생을 확인하고 과잉반응효과가 시장가격에 반영된 후 다시 반전되는 시기를 포착함으로써 비정상수익률을 얻을 수 있다. 따라서 호재성 정보가 인지되면 투자자들은 즉시 그 주식을 매입한 후 과잉반응에 대한 조정이 이루어지기 전에 매각할 것이다. 주가의 과잉반응가설에 대한 검증결과는 일정기간 동안 투자성과가 저조했던 주식들은 다음 일정기간 동안에 반전되어 투자성과가 양호해지는 것으로 나타나 비정상수익을 얻을 수 있는 기회를 제공한다.[13]

---

12 Sanjay Basu,"The Investment Performance of Common Stocks in Relation to Their Price-Earning Ratio: A Test of the Efficient Market Hypothesis," *Journal of Finance*, vol. 32(June 1977), pp. 663~682.

13 Werner F.M. De Bondt & Richard Thaler, "Does the Stock Market Overreact?", *Journal of finance* 40(1985), pp.793~805

(6) 주말효과

주말효과(weekend effect)는 금요일의 주가가 높고 다음주 월요일의 주가가 낮으므로 월요일에 음(−)의 수익률을 나타낸다는 것을 말하고 월요일 효과(Monday effect)라고도 한다. 일반적으로 특정 요일의 수익률이 특별히 높거나 낮아야 할 이유가 없으므로 이러한 결과는 시장효율성을 부정하는 증거로 제시된다. 주말효과에 대한 실증연구에 의하면 1962년부터 1978년까지의 S&P500 지수수익률의 경우 월요일에 가장 낮은 수익률을 나타낸다.[14]

이와 같은 이례적 현상들은 증권시장이 약형 또는 준강형 효율적 시장가설에 따른다는 결론을 내릴 수 없게 한다. 그러나 이 경우에도 이례적 현상들이 거래비용을 고려한 후에는 큰 이익을 제공하지 못하므로, 효율적 시장가설을 뒤집을 수 있을 만큼 충분한 증거가 되지 못한다. 이와 같은 이례적 현상들이 지속적으로 비정상 수익을 얻을 수 있는 전략의 기초가 되지 못하므로 그 경제적 의미는 제한될 수밖에 없다.

2 효율적 시장가설과 투자전략

시장의 이례적 현상에 관한 실증적 연구결과가 효율적 시장가설에 대해 가지는 의미에 대해서는 이례적 현상의 발견을 효율적 시장가설을 부정하는 유력한 증거로 해석하는 적극적 입장과 이례적 현상의 발견이 시장효율성을 부정하는 정도까지는 이르지 않는다는 소극적 입장으로 대별된다. 적극적 입장에서는 시장의 비효율성을 전제로 하여 시장에서 형성되는 가격이 기업의 내재가치를 반영하지 않으므로 과소 평가된 주식만으로 포트폴리오를 구성하여 비정상수익률을 얻으려는 적극적 투자전략(active investment strategy)을 취할 것이다.

그러나 소극적 입장에서는 1월 효과나 기업규모효과와 같은 시장의 이례적 현상이 미래에도 지속되는지의 여부에 대해 큰 회의를 나타낸다. 그러므로 이례적

---

14 Kenneth French,"Stock Returns and the Weekend Effect," *Journal of Financial Economics* 8(March, 1980).

현상의 발견에도 불구하고 일반적으로 증권시장은 완전효율적 시장은 아니라 할지라도 상당히 효율적이며, 증권가격은 이용가능한 공개정보를 반영한다고 믿는다. 따라서 시장가격은 공정한 수준이라는 가정 아래 투자자의 요구에 적합한 위험특성을 갖는 고도로 분산된 포트폴리오를 선택하여 비교적 장기간 보유함으로써 위험과 거래비용을 최소화하려는 소극적 투자전략(passive investment strategy)을 취할 것이다.

3 시장효율성과 증권분석

(1) 기본적 분석과 시장효율성

증권분석가들은 저평가 또는 고평가된 주식을 발견하기 위하여 기업, 산업 그리고 경제에 관한 전망을 주의 깊게 분석한다. 만일 저평가된 주식을 발견한다면 이에 대한 수요가 증대되어 가격이 상승하게 되고, 그 결과 주가는 내재가치를 반영하게 된다. 따라서 수많은 투자자들과 분석가들의 증권분석과정을 통하여 관련정보가 주가에 반영되고 시장은 효율적 시장(efficient market)에 접근한다.

만일 시장이 효율적이라면 역사적 정보와 공개된 모든 정보는 주가에 반영되어 있으므로 기본적 분석에 의한 투자활동의 결과는 비정상수익(abnormal return)을 얻을 수 없게 된다. 증권시장이 대체로 준강형 효율적 시장이라는 실증적 증거에도 불구하고 저평가된 주식을 발견하여 비정상수익을 달성하려는 노력을 지속하고 있는데는 다음과 같은 이유가 있다.

첫째, 증권시장이 효율적으로 되는 것은 증권분석가들이 비정상수익을 얻기 위해 경쟁적으로 증권분석 과정에 참여하기 때문이다. 이 분석과정에서 관련정보가 주가에 신속하고 정확하게 반영된다.

둘째, 증권분석 과정에서는 비용이 발생된다. 이것은 비용이 많이 드는 일부 증권에 대해서는 증권분석이 이루어지지 않을 수 있다는 것을 의미한다. 그러므로 분석으로 인한 추가이익(added profits)이 추가비용(added costs)을 충당하는 경우에만 증권분석이 이루어진다. 이와 같은 이유로 모든 증권의 시장가격이 항상 내재가치를 정확히 반영한다고는 볼 수 없기 때문에 증권분석을 통하여 비정상수익을 얻을 수 있는 기회가 존재한다.

그러나 고도로 경쟁적인 시장에서의 주가는 내재가치에 가깝기 때문에 이 경우 시장은 완전 효율적 시장이 아니라 할지라도 상당히 효율적인 시장이다. 이러한 시장에서는 가장 유능한 분석가만이 저평가된 주식을 발견하여 비정상수익을 얻을 수 있다.

셋째, 증권의 특성을 결정하기 위하여 기본적 분석을 행한다. 증권의 어떤 특성을 결정하기 위한 기본적 분석은 완전 효율적 시장에서도 이루어진다. 투자자들은 그들이 처해 있는 상황이 다르기 때문에 투자포트폴리오는 상황의 차이를 반영하여 구성되어야 한다. 그리고 포트폴리오 투자로부터 성공적인 성과를 얻기 위해서는 증권의 특성에 대한 추정이 필요하고 이를 위해서 기본적 분석이 이루어진다.

(2) 기술적 분석과 효율적 시장

모든 기술적 분석기법은 수요와 공급의 일면을 측정하려고 노력한다. 기술적 분석가들은 주식의 내재가치를 추정하는 데는 관심이 없고 과거의 주가, 거래량 그리고 다른 시장지표를 나타내는 도표를 분석한다.

그러나 많은 이론가들은 기술적 분석이 수요와 공급을 측정하거나 미래 주가를 예측할 수 없다고 믿는다. 그들은 시장이 상당히 효율적이므로 증권가격은 새로운 정보를 즉시 반영할 뿐 아니라, 가격변동은 무작위적으로 발생되고 사전에 예측할 수 없다는 것이다. 그러므로 효율적 시장에서는 기술적 분석에 의해 미래의 주가를 예측하는 것은 무의미하다.

그러나 최근에 발견되는 자본시장의 이례적 현상들은 시장의 비효율성과 함께 기술적 분석의 유용성을 제고시켜 준다. 또한 많은 투자자들이 주식의 내재가치에 대한 사적 정보를 가지는 상황이라면, 각 투자자들은 시간의 흐름에 따라 주가에 대한 정보를 얻게 된다. 이 경우 각 투자자들은 증권거래 가격을 관찰함으로써 다른 거래자들이 가진 정보를 추론할 수 있다. 이런 관점에서도 기술적 분석 방법이 유용한 분석도구로 활용되고 있다.

4절 행태재무론(behavioral finance)과 투자심리

1 행태재무론의 의의

전통적 재무론에 의하면 투자자는 합리적이므로 합리적 기대 아래 기대효용을 극대화한다. 그러나 행태재무론에서는 인간행동은 때때로 비합리적이라는 가정 아래 투자자의 이성적 오류(reasoning error)가 투자결정과 주가에 미치는 영향을 다룬다. 이성적 오류는 투자자의 심리상태와 결합된 지속적이고 체계적인 인지적 오류(cognitive error)를 의미하며 이로 인해 주가는 과잉 또는 과소반응을 하게 된다는 것이다.[15]

투자자는 때때로 비합리적인 선택을 하므로 미래현금흐름에 대해 비합리적인 기대를 할 수 있고, 이로 인해 내재가치를 정확하게 추정할 수 없다는 것이다. 투자자들은 다른 것을 선호할 수 있기 때문에 기대효용을 극대화하기 위한 결정을 하지 않을 수도 있다.

심리학에 기초를 둔 행태재무론의 지지자들은 투자자의 인지오류가 시장의 비효율성의 원인이 된다고 믿는다. 따라서 효율적 시장가설에 반하는 이례적 현상(anomalies)을 설명하는 데 행태재무론이 사용되기도 한다. 투자판단과정에서 발생하는 지속적이고 체계적인 오류를 의미하는 행동편견(behavioral bias)은 개인의 투자행동에 다양한 형태로 존재한다. 이러한 행동편견들을 이해하고 이를 극복한다면 보다 나은 투자자가 될 수 있을 것이다. 이하에서는 행동편견과 관련한 예로 투자자의 신념과 관련된 전망이론과 정보의 처리과정에서 생기는 심리요인의 하나인 과신(overconfidence)에 대해 살펴본다.

(1) 전망이론

전망이론(prospect theory)은 투자자들은 이익을 전망하는 경우에 얻는 기쁨보

15 행태재무론은 인지심리학을 기초로 한다. 인지심리학은 사람의 행동을 유도하는 인지과정 또는 심리과정을 다루는 심리학분야이다.

다 같은 크기의 손실을 전망하는 경우에 얻는 고통을 훨씬 더 크게 느낀다는 가정에 기초한다. 연구자들은 특정 투자자의 경우 1,000원의 손실이 가져다주는 고통이 1,000원의 이득이 가져다주는 즐거움의 두 배가 된다는 것을 발견하였다. 이 차이는 1,000원이 손실의 형태로 제공되느냐 이득의 형태로 제공되느냐에 달려 있다.

이와 같이 일반적으로 투자자들은 이득을 얻고자 하는 욕구보다 손실을 회피하고자 하는 욕구를 더 강하게 느낀다. 그러므로 이득을 얻는 것보다 같은 크기의 손실을 회피하기 위해 더 많은 위험을 감수하는 경향이 있다.

예를 들어 어느 투자자가 A, B 두 주식을 보유하고 있다고 하자. 어느 날 A주식의 가격은 급격히 상승하고 B주식의 가격은 급격히 감소하였으나 변동 금액이 동일하여 전체의 부에는 변동이 없다. 그리고 다른 어느 날에는 두 주식 모두 가격에 변동이 없다. 그러므로 어느 경우든 투자자의 전체 부에는 변동이 없다. 그럼에도 불구하고 첫 번째 경우에는 아마도 A주식으로부터의 큰 이익이 B주식으로부터의 손실에 의해 완전히 상쇄된다는 점에 투자자는 고통을 느낄 것이다. 그러나 이와 동일한 상황에서 완전히 합리적인 투자자라면 개별 주식의 손익보다 전체 부만을 고려할 것이다.

이러한 손실회피(loss aversion) 편견으로 인하여 주가가 떨어진 주식을 매각하기를 주저하기 때문에 손실을 본 주식을 지나치게 오랫동안 보유하도록 하는 원인이 된다. 그 결과 손절매 후 재투자하는 경우보다 오히려 투자수익률을 감소시키는 결과를 가져온다.

(2) 과 신

투자자들에게 나타나는 심각한 오류의 하나는 자신의 판단 및 인지능력에 대한 과신(overconfidence)이다. 투자행동에 있어 나타나는 과신의 예는 분산투자 또는 분산투자의 결여와 관련하여 나타난다. 예를 들어 투자자는 자신이 일하는 회사에 너무 많은 투자를 하는 경향이 있다. 이는 분산투자 면에서 좋은 투자전략이 아니다. 왜냐하면 투자자의 소득과 퇴직금의 원천이 같은 회사에서 나오기 때문이다. 또한 자신이 아는 지역기업에 대해 직간접적으로 많은 정보와 지식을 갖고 있다고 믿고 지역회사의 주식에 지나치게 많은 투자를 하는 경우도 마찬가지이다.

투자능력을 과신하는 투자자는 자신이 선택한 주식의 가치가 남들이 선택한 주식의 가치보다 훨씬 정확하다고 과대평가한다. 과신한 투자자는 자신의 능력을 과대평가하므로 주식 매매 시 부정적 신호를 무시하거나 보다 많은 위험을 추구하여 잘 분산되지 못한 포트폴리오를 보유한다. 또한 자신의 투자기술을 과신하는 투자자는 거래를 빈번하게 하고 빈번하게 거래하는 투자자는 그렇지 않는 투자자에 비해 상대적으로 낮은 수익률을 나타내는 경향이 있다는 것으로 나타난다.

2 행태재무론의 역할

(1) 이례적 현상에 대한 행태재무론적 접근

행태재무론에 의하면 투자자는 정보를 합리적으로 처리하는 능력과 중요한 정보의 가치를 결정하는 능력에 한계가 있기 때문에 투자자의 인지오류는 가격에 영향을 미칠 수 있다. 따라서 시장은 비효율적이라는 것이다.

이례적 현상의 하나로 제시되는 달력효과(calender effect)는 연도가 바뀌거나 달이 바뀌는 경우에 지속적으로 비정상수익률(abnormal return)이 나타나는 현상을 말한다. 시장이 효율적인라면 특정 달의 경우에 지속적으로 비정상수익률이 나타날 수 없다.

달력효과는 행태재무론에 의해면 다음과 같은 투자자의 행동에 의해 설명될 수 있다. 첫째, 종국적으로 시장에 흘러들어가는 개인이나 기관투자자의 자금은 달이나 연도가 바뀌는 시기에 집중된다. 둘째, 기업에 호의적인 소식 또는 나쁜 소식의 공시는 대체로 연도가 바뀌거나 달이 바뀌는 시기에 집중된다. 기관투자자들은 실적이 좋은 주식을 편입하고 실적이 나쁜 주식을 처분하기 위한 시기를 조절한다. 이와 같이 투자자의 비합리적 투자행태가 시장에 나타나는 몇몇 이례적 현상을 설명해 준다.

(2) 개인 투자자에 대한 행태재무론의 역할

투자자에게 적합한 투자프로그램을 제공하기 위해서는 재무목표를 정하는 것이 중요하다. 그리고 재무목표를 잘 정하기 위해서는 투자자의 심리나 감정을 이해하는 것이 필요하다. 행태재무론은 상대적으로 새로운 개념이지만, 투자자 심리가 투자결과에 어떻게 영향을 미치는가를 이해함으로써 장기투자목표를 만족시키는 투자포트폴리오의 설계에 도움을 준다.

그러므로 행태재무론은 투자자문사가 투자자문을 원하는 개인 투자자의 재무목표를 이해하고 적합한 투자포트폴리오를 구성할 수 있도록 하므로 개인 고객과 투자자문사 간에 유대감을 증진시키는 역할을 한다.

이와 같이 행태재무론은 시장에서의 이례적 현상을 설명하는 데 도움을 준다. 뿐만 아니라 투자자가 비합리적이라고 가정하는 경우 투자결정에 영향을 미치는 행동편견을 이해하고 투자에 임하도록 하여 투자위험을 줄여준다.

용어정리

- 1월 효과
- 강형 효율적 시장
- 과잉반응효과
- 내부정보
- 랜덤워크(random walk)가설
- 비정상수익률
- 사건연구(event study)
- 사적정보
- 소기업효과(기업규모효과)
- 소외기업효과
- 약형 효율적 시장
- 완전효율적 시장
- 이례적 현상(anomalies)
- 저PER 효과
- 전망이론
- 정보의 효율성
- 정상수익률
- 주말효과
- 준강형 효율적 시장
- 형태재무론

연/습/문/제

01 시장효율성(market efficiency)이란 무엇인가?

02 증권시장의 경쟁적 환경과 시장효율성과의 관계를 설명하시오.

03 증권가격의 변동을 가져오는 원천을 설명하시오.

04 효율적 시장가설(EMH)의 내용을 설명하시오.

05 시장이 어느 정도 효율적인가에 대한 결정이 왜 중요한지 설명하시오.

06 증권시장이 효율적인 경우와 비효율적인 경우에 취할 수 있는 투자전략에 대해 설명하시오.

07 효율적 시장의 이례적 현상(anomalies)을 약술하시오.

08 효율적 시장과 기본적 분석의 관계를 설명하시오.

09 효율적 시장과 기술적 분석의 관계를 설명하시오.

10 A기업은 금년도 주당 이익이 10,000원으로 예상된다고 발표한 반면, B기업은 주당 이익이 8,000원으로 예상된다고 발표하였다. 그리고 발표 후 A기업의 주가는 2% 상승하고, B기업의 주가는 4% 상승하였다. 이 경우 이익이 낮을수록 시장반응이 긍정적이라고 결론을 내린다면 동의할 수 있는가?

11 어떤 회사가 수년 동안 계속적으로 많은 이익을 내고 있다. 이러한 현상은 효율적 시장가설(EMH)을 뒤엎는 것인가?

12 증권시장은 좋은 뉴스에 긍정적으로 반응한다. 또한 경기침체가 끝날 것이라는 등의 좋은 뉴스는 어느 정도의 정확성을 가지고 예측되고 있다. 그렇다면 경기회복과 함께 주가가 오르리라고 예측할 수 없는 이유는 무엇인가?

13 어떤 사람은 투자전문가라 할지라도 위험에 상응한 수익률 이상의 비정상수익률을 얻을 수 없다고 말하고, 또 어떤 사람은 반대의 결론을 내리고 있다. 소극적 투자전략과 적극적 투자전략의 관점에서 비교하여 설명하시오.

14 주식시장에서 돈을 버는 가장 확실한 방법은 12월 말의 월요일에 소규모 기업의 주식을 사서 한 달 후에 되파는 것이라고 한다.

(1) 이 투자전략을 뒷받침하는 주식시장의 이례적 현상에 대하여 설명하시오.

(2) 미래에 위와 같은 투자전략이 적중하는지 아니면 적중하지 않는지 그 이유를 설명하시오.

(3) A기업에서는 예상보다 주당 순이익이 증가하고 있다고 방금 발표하였다. 이러한 호재성 정보에도 불구하고 그 날 A사의 주가는 떨어졌다. 이러한 현상을 설명하여 보시오.

15 M사 주식의 일별 기대수익률은 0.0453%이다. 주당배당이 예상외로 증가될 것이라는 발표가 있은 3월 3일 전후의 일변수익률은 아래와 같다. 이 경우 비정상수익률(abnormal return)과 누적비정상수익률(cumulative abnormal return)을 구하시오.

16 행태재무론의 관점에서 시장의 이례적 현상을 설명해보시오.

날짜	수익률
3. 1	−0.5%
3. 2	0.3
3. 3	5.0
3. 4	3.0
3. 5	0.05

CHAPTER

09 투자수익과 위험

1절 수익률과 위험

1 투자수익과 위험의 개념

(1) 위험의 정의

투자 목적은 미래에 보다 큰 수익을 얻고자 하는 것이므로 미래에 생길 수익에 대한 기대를 기초로 투자하게 된다. 한편 미래수익은 불확실한 수익이므로 같은 크기의 수익이 기대되는 경우라도 달성가능성 정도는 서로 다를 수 있다. 그러므로 기대수익과 함께 기대수익의 변동성을 고려하여야 하고 기대수익의 변동성을 위험(risk)이라고 한다.

위험은 전통적으로 확실성의 부재(absence of certainty)로 이해되어 왔으며, 위험의 정도는 부채의존도나 이익의 불확실성에 의해 평가되었다. 그러므로 재무위험과 영업위험을 중시하였다. 그 결과 대차대조표상에 부채비율이 높은 기업일수록 재무위험이 높은 기업으로 평가되고, 영업이익과 배당의 변화가 심한 기업일수록 영업위험이 높은 기업으로 평가된다. 그러나 현대투자이론에 있어 위험은 수익의 변동성과 관련되어 투자수익의 기대수익으로부터의 변동성(variability of return)

으로 정의된다. 그러므로 투자수익의 변동성이 큰 자산일수록 위험이 높은 투자대상이다.

정부가 발행하는 단기채권에 투자하여 만기까지 보유한다면 투자자는 이로부터 이자소득을 기대하게 되고 이 이자소득이 투자수익의 근간이 된다. 이 경우 발행주체가 정부이고 만기가 단기이므로, 원리금을 발행 시 약정된 조건대로 지급하지 않을 가능성이 거의 없다. 이러한 투자는 투자 시 미래에 발생될 수익이 거의 확실히 예측되는 무위험 투자이다. 그러므로 정부가 발행하는 단기채권과 같이 투자시점에 투자수익이 확정되어 있는 증권을 무위험증권(risk-free security) 또는 안전증권(safe security)이라고 한다.

기업이 발행하는 회사채를 매입하는 경우에는 발행기업의 사정에 따라 약정된 이자와 원금을 약속대로 지급하지 못할 가능성이 존재한다. 이 때 이자와 원금을 약속대로 지급하지 못할 가능성이 높을수록 위험이 큰 사채이다. 주식에 투자하는 경우 투자자는 배당과 주가상승에 따른 자본이득(capital gain) 형태의 소득을 기대하게 된다. 이 경우 발행기업이 주주들이 기대하는 수준의 배당을 지급하지 않거나, 주가의 변동성이 높은 주식일수록 위험이 큰 주식이다. 회사채 또는 주식과 같이 투자시점에 투자수익이 불확실한 증권을 위험증권(risky security)이라고 한다.

(2) 위험의 종류

수익의 변동은 여러 가지 원천에 의해 발생되므로 수익의 변동을 가져오는 원천에 따라 위험을 여러 가지 종류로 나누어 볼 수 있다.

채무불이행위험

채무불이행위험(default risk)은 증권발행자가 발행증권의 이자와 원금의 지급을 거부하거나 지연시킴으로써 약정된 채무를 제대로 이행할 수 없을 가능성을 의미하고 파산위험이라고도 한다. 증권의 발행은 발행기업의 재무상태를 강화시키거나 약화시키게 되고 이러한 재무상태의 변화는 그 기업이 발행한 증권의 시장가격에 반영된다. 투자자들이 발행기업의 재무상태의 변화로부터 경험하는 수익의 변동성이 채무불이행 위험의 척도이다. 채무불이행 위험은 영업위험 및 재무위험과 밀접한 관계를 가진다.

이자율위험

이자율위험(interest risk)은 이자율의 변동결과 발생되는 증권가격의 변동성을 의미한다. 모든 투자대상이 이자율 위험과 관계되지만 특히 장기 확정소득증권에 큰 영향을 미친다. 그러므로 만기가 긴 채권일수록 이자율 변화에 더 큰 영향을 받는다.

구매력위험

구매력위험(purchasing power risk)은 예상 외로 인플레이션이 상승하여 실질수익률이 변하게 되는 위험이다. 즉 인플레이션으로 인하여 가격수준이 변함에 따라 생기는 실질수익의 변동부문을 의미한다. 증권발행 시 이자율이 정해져 있는 확정소득증권의 경우 구매력 위험의 영향을 가장 많이 받는다. 구매력 위험은 인플레이션 위험(inflation risk)이라고도 한다.

유동성위험

유동성위험(liquidity risk)은 가격할인, 거래비용, 탐색비용, 정보비용 등과 같이 투자자가 보유증권을 현금화할 경우 감수해야 하는 가격상의 불이익으로 인해 생기는 수익의 변동성을 의미한다. 따라서 유동성 위험은 가격상의 손실을 보지 않고 현금화할 수 있는 가능성을 의미한다.

상환위험

상환위험(callability risk)은 발행된 증권이 발행자에 의해 만기 이전에 중도 상환될 경우 투자자들이 부담하게 되는 수익의 변동 가능성을 말한다. 만일 채권발행자가 만기일 이전에 상환하게 되면 채권 소유자는 원래 예정된 대로 원리금을 실현할 수 없게 되므로 불이익을 감수하여야 한다.

전환위험

전환위험(convertibility risk)은 일정한 조건 아래서 보통주로의 전환이 가능한 전환채권 또는 전환우선주의 보유자들이 경험하는 전환의 가능성으로 인한 수익의 변동성이다.

영업위험

영업위험(business risk)은 기업의 수익력이 성장성과 안정성을 유지할 수 없는 경우에 야기되는 위험으로 매출액과 영업이익의 변동성을 의미한다. 영업위험은 대외적으로 직면하는 경제적 환경과 대내적인 경영의 효율성과 관련되는 위험이다.

재무위험

재무위험(financial risk)은 기업의 자본구조상 고정재무비용을 수반하는 부채가 증가함으로써 증대되는 기업의 파산가능성 및 주주이익의 변동성을 의미한다.

시장위험

시장위험(market risk)은 기업의 수익력 변화와 관계없이 시장추세의 상승 또는 하강과 같이 전체시장의 상황변화로부터 생기는 증권가격의 변동성을 말한다. 모든 개별증권의 시장가격은 증권시장 전체의 변화에 어느 정도 영향을 받는다.

이상에서 살펴본 위험 가운데 채무불이행위험, 이자율위험, 구매력위험, 유동성위험, 상환위험, 전환위험 등은 이자와 만기가 정해져 있는 채권에 보다 큰 영향을 미치는 반면 영업위험, 재무위험, 시장위험 등은 영구적 수명을 지닌 주식에 보다 큰 영향을 미친다.

2 개별증권의 수익과 위험의 측정

(1) 역사적 수익률과 위험의 측정

다양한 투자대상을 객관적으로 평가하고 비교하기 위해서는 수익과 위험을 계량화할 수 있어야 한다. 투자수익은 투자로부터 실현되는 부의 증대를 의미하지만, 동시에 투자규모를 고려하여야 하므로 투자수익의 구체적 척도는 투자수익률(rate of return on investment)로 나타낸다. 수익률은 역사적 수익률과 기대수익률로 구별해 볼 수 있다. 역사적 수익률은 자산을 보유함으로써 얻은 총소득을 투자시점의 매수가격으로 나누어 비율로 나타낸 것으로 보유기간 수익률(holding period return)로 나타낼 수 있다.

$$\text{보유기간수익률} = \frac{\text{보유기간 동안의 총소득}}{\text{매수가격 또는 투자금액}}$$

증권투자의 경우 특정기간 동안의 투자수익률은 그 기간 동안의 증권가격 변화에 기인한 자본이득(capital gain)과 그 기간 동안에 획득한 배당소득 또는 이자소득의 합계액을 매수가격으로 나눈 값이다. 따라서 증권 i의 t기의 수익률은 다음과 같이 측정된다.[1]

$$r_{it} = \frac{p_{it} - p_{it-1} + d_{it}}{p_{it-1}} \qquad (9-1)$$

r_{it}: i증권의 t기 수익률
p_{it}: i증권의 t기 말의 가격
p_{it-1}: i증권의 t기 초의 가격
d_{it}: i증권의 t기 동안의 이자 또는 배당소득

예제 9-1

지금부터 1년 전에 매수한 주식의 매수가격이 주당 20,000원이고 그동안 받은 주당 배당금은 1,000원이다. 이 주식을 현재의 시장가격인 22,000원에 매각한다면 이 주식의 투자수익률은 얼마인가?

해설 $r_{it} = \frac{(22,000 - 20,000) + 1,000}{20,000} = 0.15,\ 15\%$

그리고 i증권의 투자가 여러 기에 걸쳐 이루어진 경우 i증권의 투자수익률을

1 t기 동안에 발생된 배당금은 t기 말에 발생한 것으로 가정한다.

측정하는 하나의 척도는 일간, 주간, 월간, 연간 등 기간단위의 수익률을 평균하여 투자수익률을 구하는 것이다. 평균수익률은 투자기간 동안의 단일기간 수익률의 평균치를 나타내는 것이지 투자자가 실제 획득한 수익률을 측정하는 것은 아니다. 평균수익률은 단일기간 수익률(one period rate of return)의 산술평균에 의해 다음과 같이 나타낼 수 있다.

$$\bar{r}_i = \frac{1}{n}(r_{i1} + r_{i2} + \cdots + r_{in})$$

$$\bar{r}_i = \frac{1}{n}\sum_{t=1}^{n} r_{it} \qquad (9-2)$$

$\bar{r}_i$: i증권의 과거평균수익률
r_{it}: i증권의 t기 보유기간수익률(단일기간수익률)
n: i증권의 보유기간

예제 9-2

A기업의 경우 지난 5년 동안 연간 수익률이 다음과 같은 경우 이 주식의 평균수익률은 얼마인가?

연도(t)	1	2	3	4	5
수익률(%)	13.7	35.78	45.15	−8.86	−25.22

해설 $\bar{r}_i = \frac{1}{5}(13.7 + 35.78 + 45.15 - 8.86 - 25.22)$
$= 12.11\%$

한편 투자위험은 수익률의 변동성(variability of return)을 의미하므로 분포의 분산도(dispersion), 즉 평균으로부터 흩어져 있는 정도를 측정하는 통계적 척도인 분산(variance) 또는 표준편차(standard deviation)에 의해 측정될 수 있다. 그러므로 과거수익률 자료를 사용할 경우 분산과 표준편차는 다음 식에 의해 구해진다.[2]

2 모집단을 대상으로 했을 경우 분산과 표준편차는 각각 σ^2, σ로 나타내고 표본을 대상으로 했을 경

$$var(r_i) = s_i^2 = \frac{1}{n-1}\sum_{t=1}^{n}(r_{it} - \bar{r}_i)^2 \tag{9-3}$$

$$s_i = \sqrt{var(r_i)} = \sqrt{\frac{1}{n-1}\sum_{t=1}^{n}(r_{it} - \bar{r}_i)^2} \tag{9-4}$$

예제 9-3

예제 9.2의 주어진 자료를 사용할 경우 이 주식의 과거자료에 의한 수익률의 분산과 표준편차는 각각 얼마인가?

해설 $s_i^2 = \frac{1}{5-1}(13.7-12.11)^2 + (35.78-12.11)^2 + (45.15-12.11)^2$

$+(-8.86-12.11)^2 + (-25.22-12.11)^2 = 871.98$

$s_i = \sqrt{871.98} = 29.53\%$

과거의 자료를 이용한 수익률의 평균과 수익률의 표준편차가 확실히 투자결정을 위한 유용한 도구가 될 수 있다. 그러나 투자로부터 얻고자 하는 수익은 미래수익이므로 투자자산이 창출할 수 있는 미래수익에 대한 투자자의 기대가 보다 중요한 요소이다. 미래수익에 대한 기대는 개념적으로 확률에 근거하여 다루어질 수 있으므로, 투자수익은 확률분포에 근거한 사전적 수익률인 기대수익률(expected rate of return)에 의해 측정될 수 있다.

(2) 기대수익률과 위험의 측정

미래의 일은 확실히 알 수 없지만 미래에 일어날 수 있는 결과(possible outcome)를 예상하고 각각의 결과가 일어날 가능성의 정도를 확률로서 예측할 수 있다면 수익률의 기댓값을 산출할 수 있다.[3] 따라서 발생 가능한 모든 수익률을 예상

우에는 각각 s^2, s로 나타낸다. 여기서는 과거자료의 관찰치로부터 분산과 표준편차로 구하므로 s^2, s로 표시하였다.

3 기대수익률은 미래에 예상되는 투자수익률의 확률분포가 정규분포를 이룬다는 가정 아래 산출된다.

하고 각 예상수익률이 발생할 확률을 가중치로 한 기대수익률이 투자수익의 구체적인 척도로 사용되고 다음과 같이 산출된다.

$$E(r_i) = r_1 p_1 + r_2 p_2 + \cdots\cdots + r_s p_s$$

$$E(r_i) = \sum_{s=1}^{n} r_{is} \cdot p_s \qquad (9-5)$$

$E(r_i)$: i증권의 기대수익률
r_{is}: s상황에서 i증권의 예상 수익률
p_s: s상황의 발생확률
n: 발생가능 상황의 수

예제 9-4

향후 경기상황에 따른 B주식의 확률분포가 다음과 같은 경우 이 주식의 기대수익률은 얼마인가?

경기상황	확률	예상 수익률(%)
불경기	0.80	−20
호경기	0.20	70

해설 $E(r_i) = (-20)(0.8) + (70)(0.2)$

$= -2\%$

한편 투자위험은 모든 발생 가능한 예상 수익률이 기대치를 기준으로 흩어져 있는 정도에 의해 측정될 수 있다. 그러므로 역사적 수익률의 경우와 마찬가지로 분산 또는 표준편차에 의해 측정할 수 있다. 투자로부터 예상되는 모든 가능한 수익률의 분산과 표준편차는 다음과 같이 나타낸다.

$$var(r_i) = \sigma_i^2 = \sum_{s=1}^{n} [r_{is} - E(r_i)]^2 \cdot p_s \qquad (9-6)$$

$$\sigma_i = \sqrt{var(r_i)} = \sqrt{\sum_{s=1}^{n} [r_{is} - E(r_i)]^2 \cdot p_s} \qquad (9-7)$$

예제 9-5

예제 9.4의 자료를 이용할 경우 B주식의 분산과 표준편차는 얼마인가?

해설 $\sigma_A^2 = [-20-(-2)]^2(0.8) + [70-(-2)]^2(0.2) = 1296$

$\sigma_A = \sqrt{1296} = 36\%$

따라서 예제 9.4의 B주식은 정규분포를 가정할 경우 기대수익률이 −2%, 표준편차가 36%인 주식으로 실제수익률(actual return)이 −2%±36% 범위에 속할 확률이 약 68%인 주식이다. [4]

이상에서 살펴본 바와 같이 개념적으로는 확률분포에 근거한 기대수익률과 발생 가능한 수익률의 표준편차가 투자로부터 기대하는 수익과 위험의 구체적 척도가 된다. 그러나 현실적으로 미래의 발생 가능한 결과와 확률을 정확히 예측한다는 것은 대단히 어려운 일이다. 이러한 확률분포의 추상성 때문에 투자자산의 과거 평균수익률과 표준편차가 기대수익률과 위험의 대용치로 널리 사용된다.

3 수익과 위험의 상반관계

일반적으로 투자자는 위험이 높은 투자대상에 투자하기 위해서는 위험에 상응한 높은 위험프리미엄을 요구하게 된다. 그러므로 기대수익이 높은 투자대상은 위험 또한 높다. 이와 같이 수익과 위험 사이에는 상반관계(trade-off)가 존재한다. 일반적으로 위험이 높은 투자대상으로부터는 높은 수익을 기대하게 된다. 이는 높은 수익을 기대하기 위해서는 높은 위험을 감수하여야 한다는 것을 의미한다. 투자대상에 따른 수익과 위험의 상반관계는 [그림 9-1]과 같이 나타낼 수 있다.

일반적으로 주식은 회사채보다 위험이 높은 투자대상이고 회사채는 정기예금보다 위험이 높은 투자대상이다. 그리고 단기국채는 무위험 투자대상이다. 한

---

4 확률분포가 정규분포를 이룬다면 실제수익률이 기대수익률의 $\pm\sigma$범위 내에 들 확률이 68.26%이고 $\pm 2\sigma$ 범위 내에 들 확률이 95.44%이다.

[그림 9-1] 수익과 위험의 상반관계

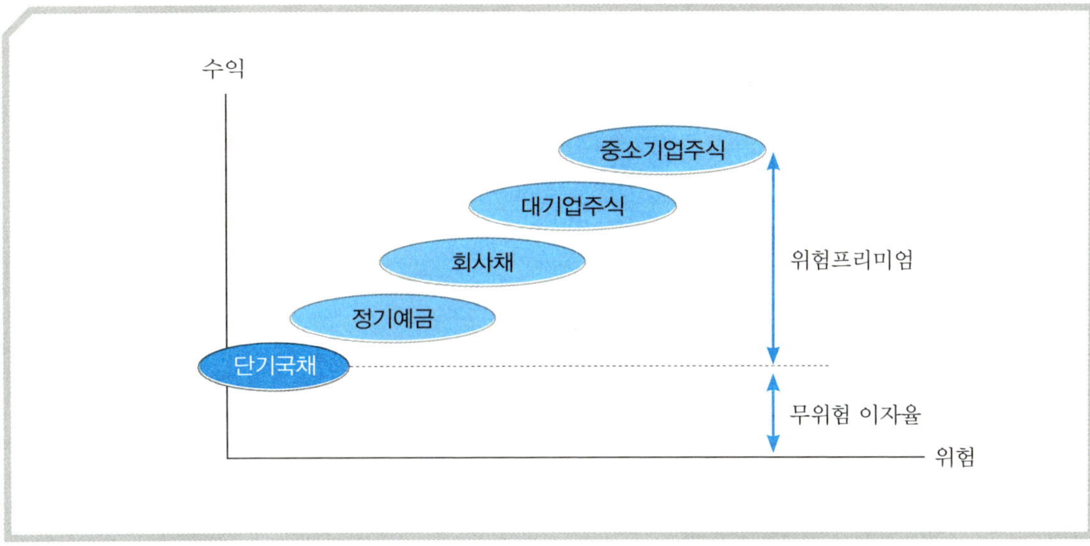

편 실제 위험에 대한 선호도는 투자자마다 다르기 때문에 투자자가 요구하는 위험 프리미엄 수준도 다르게 나타난다. 따라서 동일한 투자 대상인 경우에도 투자자가 요구하는 수익률 수준은 각각 다르다.

2절 포트폴리오의 수익과 위험

1 포트폴리오의 기대수익률

포트폴리오(portfolio)는 투자자산의 결합(combination of assets)을 말하고 포트폴리오에 투자한다는 것은 여러 자산에 나누어 분산 투자하는 것을 의미한다. 하나의 개별자산에 투자하는 것보다 포트폴리오에 투자함으로써 얻는 이점은 여러 자산에 분산 투자함으로써 개별자산에 투자하는 것보다 투자위험을 감소시킬 수 있다는 것이다. 그러므로 포트폴리오에 투자하는 목적은 목표로 하는 기대수익 수준에서 위험을 극소화하려는 것이다.

포트폴리오의 기대수익률은 개별증권의 기대수익률을 투자비율에 따라 가중한 기대수익률의 가중평균값이다.

$$E(r_p) = w_1 E(r_1) + w_2 E(r_2) + \cdots + w_n E(r_n)$$

$$E(r_p) = \sum_{i=1}^{n} w_1 E(r_1) \qquad (9-8)$$

$E(r_p)$: 포트폴리오 기대수익률
$E(r_i)$: 개별증권 i의 기대수익률
w_i: 개별증권 i의 투자비율($\sum_{i=1}^{n} w_i = 1$)
n: 포트폴리오에 포함된 증권의 수

예제 9-6

개별주식 A와 B에 투자할 경우 향후 경기와 금리예측에 따라 발생 가능한 예상수익률의 확률분포는 다음과 같다. A주식과 B주식에 대한 투자비율이 50: 50이라면 A, B 두 증권으로 구성된 포트폴리오의 기대수익률은 얼마인가?

경제상황	발생확률	예상수익률(%)	
		A주식	B주식
불경기·고금리	0.20	−15	−13
불경기·저금리	0.25	16	16
호경기·고금리	0.30	20	32
호경기·저금리	0.25	28	12

해설 $E(r_A) = (-15)(0.2) + (16)(0.25) + (20)(0.3) + (28)(0.25) = 14\ \%$

$E(r_B) = (-13)(0.2) + (16)(0.25) + (32)(0.3) + (12)(0.25) = 14\ \%$

$E(r_p) = (0.5)(14) + (0.5)(14) = 14\%$

2 포트폴리오의 위험

(1) 공분산과 상관계수

포트폴리오 투자로부터 얻는 실질적 이득은 위험감소에 있다. 포트폴리오의 기대수익률은 개별증권의 위험을 가중평균한 값이다. 그러나 위험은 기대수익률과는 달리 개별증권의 위험을 가중평균한 값이 아니다. 포트폴리오의 분산(표준편차)은 개별증권의 분산(표준편차)을 가중평균한 값보다 낮은 것이 일반적이다. 왜냐하면 포트폴리오의 분산은 포트폴리오를 구성하는 개별자산의 분산뿐만 아니라 개별자산 간에 밀접하게 움직이는 정도에 의해 영향을 받기 때문이다. 이때 개별자산 간의 밀접하게 움직이는 정도는 공분산에 의해 측정된다.

공분산(covariance)은 결합확률분포의 분산을 측정하는 통계적 개념으로 두 변수가 얼마나 같은 방향으로 움직이는 경향이 있는가를 나타내는 척도이다. 공분산은 두 변수의 각각의 기대치로부터의 편차의 곱의 기댓값으로 $Cov(r_i, r_j)$ 또는 σ_{ij}로 표시한다. 그러므로 증권 i와 증권 j의 수익률의 공분산은 다음과 같이 산출된다.

$$Cov(r_i, r_j) = \sigma_{ij} = \sum_{s=1}^{n} [r_{is} - E(r_i)][r_{js} - E(r_j)]P_s \qquad (9-9)$$

$Cov(r_i, r_j)$: i증권과 j증권의 수익률의 공분산
r_{is}: s상황에서 i증권의 예상수익률
r_{js}: s상황에서 j증권의 예상수익률
P_s: s상황의 발생확률
n: 발생가능 상황의 수

두 변수간의 공분산을 두 변수의 표준편차로 나누어 표준화함으로써 비교 가능한 형태로 나타내고 이를 상관계수라고 한다. 상관계수(correlation coefficent)는 ρ(rho)로 표시하고 다음과 같이 산출한다.

$$\rho_{ij} = \frac{Cov(r_i, r_j)}{\sigma_i \sigma_j} \quad (-1 \leq \rho_{ij} \leq +1) \qquad (9-10)$$

예제 9-7

예제 9.6의 자료를 이용하여 주식 A와 B 사이의 공분산과 상관계수를 구하시오.

해설

$$\sigma_A^2 = (-15-14)^2(0.2)+(16-14)^2(0.25)+(20-14)^2(0.3)+(28-14)^2(0.25)=229$$

$$\sigma_A = \sqrt{229} = 15.13, \qquad \sigma_B = 15.65$$

$$Cov(r_A, r_B) = (-15-14)(-13-14)(0.2)+(16-14)(16-14)(0.25)+(20-14)(32-14)(0.3)+(28-14)(12-14)(0.25)=183$$

$$\rho_{AB} = \frac{Cov(r_A, r_B)}{\sigma_A \sigma_B} = \frac{183}{15.13 \times 15.65} = 0.772$$

상관계수(ρ)는 두 변수 간의 직선적 관계의 밀접한 정도를 측정하는 수단으로 -1부터$+1$까지의 범위를 가진다. 만일 두 증권의 수익률이 완전한 양(+)의 상관관계(perfect positive correlation)를 가진다면, 상관계수 ρ_{ij}는$+1$이고 완전한 음(−)의 상관관계(perfect negative correlation)를 가진다면 상관계수 ρ_{ij}는 -1이다. 그리고 아무런 상관관계가 없다면 σ_{ij}와 ρ_{ij}가 모두 0인 경우이다. [그림 9-2]는 상관의 정도에 따라 변하는 두 증권의 수익률 간의 관계를 나타낸다.

(a)는 증권 i와 증권 j의 수익률 간에 완전한 양(+)의 상관관계를 나타낸다. 즉 증권 i의 수익률이 상승할 경우 증권 j의 수익률이 비례적으로 상승하는 경우이다. (b)는 증권 i와 j의 수익률 간에 완전한 음(−)의 상관관계를 나타낸다. 즉 증권 i의 수익률이 상승할 경우 증권 j의 수익률은 비례적으로 감소한다.

(c)는 수익률 간에 양의 상관관계를 가졌으나 완전한 양의 상관관계는 아닌 경우이다. 즉 i증권의 수익률이 상승함에 따라 j증권의 수익률은 상승하나 비례적으로 상승하지는 않는 경우이다. (d)는 수익률 간에 음의 상관관계를 가졌으나 완전한 음의 상관관계는 아닌 경우이다. i증권의 수익률이 상승하는 경우 j증권의 수익률은 하락하나 비례적으로 하락하지는 않는 경우이다. (e)는 증권 i와 증권 j의 수익률 움직임 간에 특별한 관계를 발견할 수 없는 경우이다.

[그림 9-2] 수익률 간의 상관관계

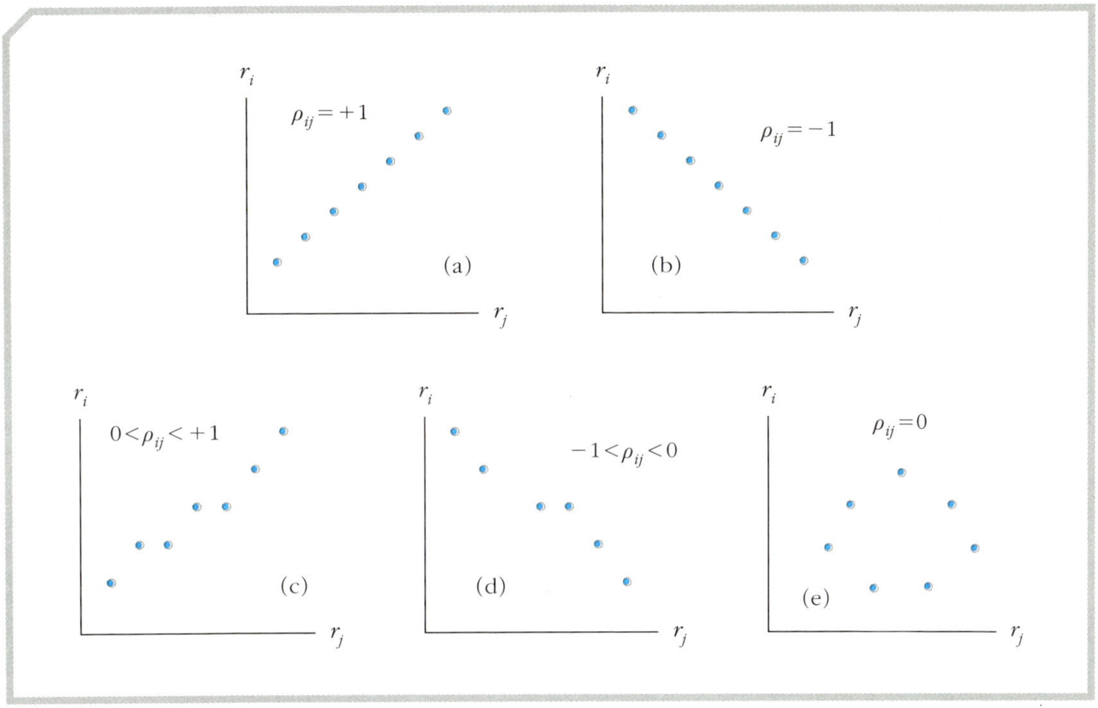

(2) 포트폴리오의 위험 측정

A, B 두 개의 증권으로 구성된 포트폴리오의 위험은 두 자산의 분산뿐만 아니라 두 자산 사이의 공분산에 의해 결정된다. 즉 식 (9-11)에서 보는 바와 같이 포트폴리오 수익률의 분산은 두 자산의 투자비율을 가중치로 한 가중분산의 합에 가중 공분산을 합한 값이다.

$$\sigma_p^2 = w_A^2\sigma_A^2 + w_B^2\sigma_B^2 + 2w_A w_B Cov(r_A, r_B)$$
$$= w_A^2\sigma_A^2 + w_B^2\sigma_B^2 + 2w_A w_B \rho_{AB}\sigma_A\sigma_B \quad (9-11)$$

σ_p^2: 포트폴리오 수익률의 분산
w_A: A증권의 투자비율
w_B: B증권의 투자비율
$Cov(r_A, r_B)$: A증권과 B증권 수익률의 공분산
ρ_{AB}: A증권과 B증권 수익률의 상관계수

〈표 9-1〉 공분산 매트릭스

구 분	w_A 증권A	w_B 증권B
w_A 증권A	$w_A w_A \sigma_{AA} = w_A^2 \sigma_A^2$	$w_A w_B \sigma_{AB}$
w_B 증권B	$w_B w_A \sigma_{BA}$	$w_B w_B \sigma_{BB} = w_B^2 \sigma_B^2$

식 (9-11)을 매트릭스 형태로 나타내 보면 〈표 9-1〉과 같다.

상기 매트릭스에서 네칸을 모두 합한 값이 2개의 자산으로 구성된 포트폴리오의 분산이다. 즉 각 칸은 투자비율을 두 증권 간의 공분산에 곱한 값이므로 투자비율을 곱한 공분산의 합이 포트폴리오의 분산이 된다.

예제 9-8

예제 9.6의 자료를 이용하여 A, B 두 증권으로 구성된 포트폴리오의 분산을 산출하시오.

해설 $\sigma_p^2 = (0.5)^2(15.13)^2 + (0.5)^2(15.65)^2 + 2(0.5)(0.5)(183)$
$= 209.96\%$

이를 일반화하여 다수의 개별증권으로 구성된 포트폴리오의 분산과 표준편차를 나타내면 다음과 같다.

$$\sigma_p^2 = \sum_{i=1}^{n}\sum_{j=1}^{n} w_i w_j Cov(i, j) \tag{9-12}$$

$$\sigma_p = \sqrt{\sum_{i=1}^{n}\sum_{j=1}^{n} w_i w_j Cov(i, j)} \tag{9-13}$$

σ_p^2: 포트폴리오 수익률의 분산
w_i: i증권의 투자비율
w_j: j증권의 투자비율
$Cov(i, j)$: i증권과 j증권 수익률의 공분산
σ_i^2: i증권 수익률의 분산

식 (9-12)와 식 (9-13)을 상관계수를 사용하여 나타내면 다음과 같다.

$$\sigma_p^2 = \sum_{i=1}^{n}\sum_{j=1}^{n} w_i w_j \rho_{ij}\sigma_i\sigma_j \qquad (9-14)$$

$$\sigma_p = \sqrt{\sum_{i=1}^{n}\sum_{j=1}^{n} w_i w_j \rho_{ij}\sigma_i\sigma_j} \qquad (9-15)$$

예제 9-9

X, Y, Z 세 개의 증권으로 구성된 포트폴리오에 대한 투자를 검토중이다. 각 증권에 대한 투자비율은 각각 25%, 25%, 50%이고, 각 자산 상호간의 상관계수는 모두 0.5이다. 각 개별 자산의 분산이 100인 경우 이 포트폴리오의 분산과 표준편차를 구하시오.

해설

$$\sigma_p^2 = w_X^2\sigma_X^2 + w_Y^2\sigma_Y^2 + w_Z^2\sigma_Z^2 + 2w_Xw_Y\rho_{XY}\sigma_X\sigma_Y + 2w_Xw_Z\rho_{XZ}\sigma_X\sigma_Z + 2w_Yw_Z\rho_{YZ}\sigma_Y\sigma_Z$$

$$= (0.25)^2(100) + (0.25)^2(100) + (0.5)^2(100) + 2(0.25)(0.25)(0.5)(10)(10) + 2(0.25)(0.5)(0.5)(10)(10) + 2(0.25)(0.5)(0.5)(10)(10)$$

$$= 68.75$$

$$\sigma_p = \sqrt{68.75} = 8.29\%$$

(3) 역사적 자료를 사용한 포트폴리오의 수익률과 위험

포트폴리오 이론에서 투자로부터 기대하는 수익은 투자자산이 창출하는 미래수익이므로, 개념적으로는 확률분포에 근거한 기대수익률과 발생 가능한 수익률의 분산이 투자로부터 기대하는 수익과 위험의 척도가 된다. 그러나 기대수익률의 측정은 확률분포의 추정을 전제로 하기 때문에 확률분포의 추정이 곤란한 경우에는 기대수익률을 산출할 수 없다. 이 경우에는 개별증권의 역사적 수익률을 사용하여 포트폴리오의 기대수익률과 분산을 산출한다. 이는 역사적 관찰치로부터 산출된 기회가 미래에 있어 투입가치의 합리적 대용치가 된다는 가정을 전제로 한다. 포트폴리오의 수익과 위험의 측정에 사용되는 식을 정리해 보면 〈표 9-2〉와 같다.

〈표 9－2〉 포트폴리오의 수익과 위험의 산출

구 분	사전적(미래) 자료	역사적(과거) 자료
수익률	$E(r_p)=\sum_{i=1}^{n} w_i E(r_i)$	$r_p=\sum_{i=1}^{n} w_i \bar{r}_{it}$
분 산	$\sigma_p^2=\sum_{i=1}^{n}\sum_{j=1}^{n} w_i w_j Cov(r_i, r_j)$	$\sigma_p^2=\sum_{i=1}^{n}\sum_{j=1}^{n} w_i w_j Cov(r_i, r_j)$
공분산	$Cov(r_i, r_j)=\sum_{s=1}^{n}[r_{is}-E(r_i)][r_{js}-E(r_j)]P_s$	$Cov(r_i, r_j)=\frac{1}{n-1}\sum_{t=1}^{n}(r_{it}-\bar{r}_i)(r_{jt}-\bar{r}_j)$
상관계수	$\rho_{ij}=\frac{Cov(r_i, r_j)}{\sigma_i \sigma_j}$	$\rho_{ij}=\frac{Cov(r_i, r_j)}{\sigma_i \sigma_j}$

3 위험에 대한 태도와 지배원리

(1) 위험에 대한 태도

위험에 대해 투자자가 취하는 태도에 따라 투자자를 위험회피형(risk averters), 위험선호형(risk seekers), 위험중립형(risk neutral)으로 구분할 수 있다. 위험회피형 투자자는 수익의 변동성 또는 위험을 싫어하는 투자자로 같은 기대수익 수준에서 보다 확실한 투자를 선호하는 투자자이다. 예를 들어 A, B, C 세 증권의 기대수익률과 분산이 〈표 9－3〉과 같다면 위험회피형의 투자자는 동일한 기대수익률 수준에서 보다 확실한 투자대상을 선택하게 된다. 즉 증권 C보다는 증권 B를 선택하고, 증권 B보다는 증권 A를 선택하게 된다.

위험선호형 투자자는 분산 또는 위험을 선호하는 투자자로 위험이 증가함에

〈표 9－3〉 기대수익률과 분산

증권	A		B		C	
상황	예상수익률	확률	예상수익률	확률	예상수익률	확률
상황 1	10%	1	8%	0.5	7%	0.5
상황 2			12	0.5	13	0.5
기대수익	10%		10%		10%	
분산	0		4		9	

따라 보다 높은 가격을 지불할 준비가 되어 있는 투자자이다. 그러므로 위험선호형 투자자는 증권 A보다는 증권 B를 선택하고, 증권 B보다는 증권 C를 선택하는 투자자이다. 그리고 위험중립형 투자자는 위험을 완전히 무시하고 기대수익만을 고려하여 투자하는 투자자로 이들은 위험프리미엄을 요구하지 않는다. 그러므로 이들은 A, B, C 세 증권의 기대수익률이 동일하므로 동일한 시장가격을 부여한다.

만일 모든 투자자가 위험선호형이거나 위험중립형 투자자라고 하면 위험에 대한 프리미엄이 주어지지 않아야 한다. 그러나 역사적으로 위험이 큰 투자대상일수록 보다 큰 위험프리미엄이 주어진다. 따라서 일반적으로 시장에 참여하는 투자자는 위험회피형의 투자자로 가정한다.

(2) 지배원리

투자자들은 보다 높은 기대수익을 제공하는 투자대상에 투자하고자 한다. 그러나 같은 기대수익이 예상되는 투자대상이라고 할지라도 수익에 대한 불확실성 정도는 서로 다르다. 그러므로 불확실성 아래서는 투자자들이 위험을 함께 고려하여 투자대상을 선택한다고 볼 수 있다. 기대수익과 위험을 기초로 투자가치가 있는 자산을 선택하는 방법은 지배원리를 적용하는 것이다. 지배원리(dominance

[그림 9-3] 지배원리

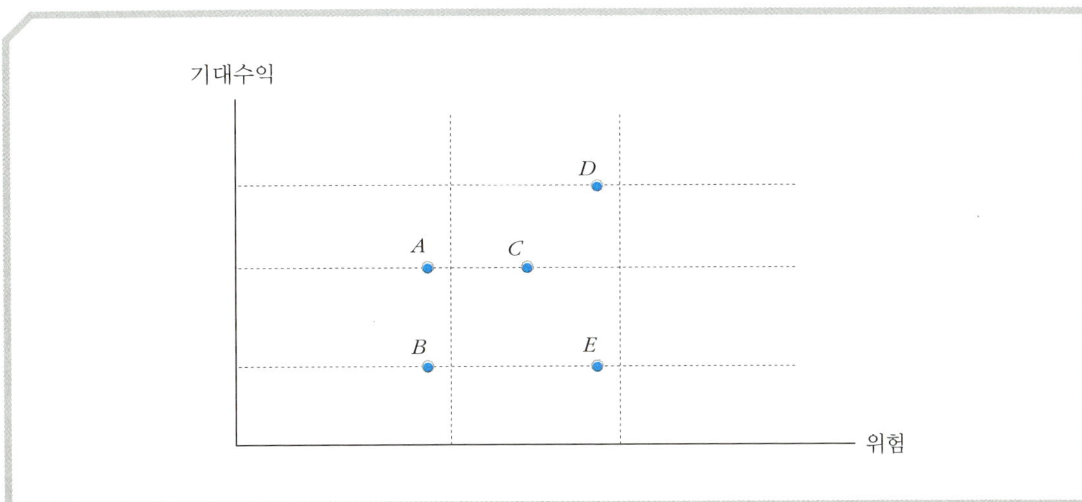

principle)는 동일한 위험수준에서는 기대수익이 높은 투자대상이 기대수익이 낮은 투자대상을 지배하고, 동일한 기대수익 수준에서는 위험이 낮은 투자대상이 위험이 높은 투자대상을 지배한다는 것이다.

[그림 9-3]에서 증권 A와 증권 B를 비교하면 증권 A는 증권 B와 위험은 동일한 수준이지만 기대수익률이 더 높은 증권이므로 증권 A는 증권 B를 지배한다. 그리고 증권 A와 증권 C를 비교하면 증권 A는 증권 C와 기대수익률은 동일하지만 위험이 더 낮은 증권이므로 증권 A는 증권 C를 지배한다. 그러므로 증권 A, 증권 B, 증권 C 가운데서는 증권 A가 증권 B와 증권 C를 지배하므로 증권 A가 최선의 투자대상이다. 마찬가지로 증권 D는 증권 E를 지배한다. 그러나 증권 D와 증권 A를 비교하면 증권 D는 증권 A보다 높은 기대수익을 제공해 주는 동시에 위험 또한 보다 높은 투자대상이다. 증권 D와 증권 A 중에서 어느 것을 선택하느냐 하는 문제는 위험과 수익의 상반관계에서 투자자의 위험에 대한 개인적 선호에 달려 있다.

4 효용함수와 무차별곡선

효용함수(utility function)는 모든 가능한 투자대상(possible choices)에 가치를 부여하는 수학적 표현이다.[5] 포트폴리오이론에서 효용함수는 기대수익률과 위험을 기초로 한 경제적 자산에 대한 선호(preference of economic entities)를 나타낸다. 효용함수는 수많은 자산 가운데 동일한 효용을 얻을 수 있는 자산의 기대수익률과 위험의 결합을 나타내는 곡선인 무차별곡선(indifference curve)으로 표시한다.

[그림 9-4]에서 수직축은 기대수익률을 나타내고 수평축은 위험을 나타낸다. I_1, I_2, I_3으로 표시되는 개별 무차별곡선상의 모든 점들은 서로 다른 투자위험과 기대수익률의 결합으로 이루어졌지만 동일한 크기의 효용을 제공한다. 무차별곡선은 하나의 자산에 대한 효용은 하나의 값으로 나타내기 때문에 서로 교차하지 않는다. 그리고 같은 위험 수준에서는 보다 높은 수익을 제공하는 포트폴리오를

---

5 투자자의 위험회피 정도를 고려한 효용 함수식은 일반적으로 $U=E(r)-0.005A\sigma^2$으로 나타낸다. U: 효용, $E(r)$: 기대수익률, A : 투자자 위험회피계수, σ^2 : 포트폴리오 분산

[그림 9-4] 무차별곡선의 형태

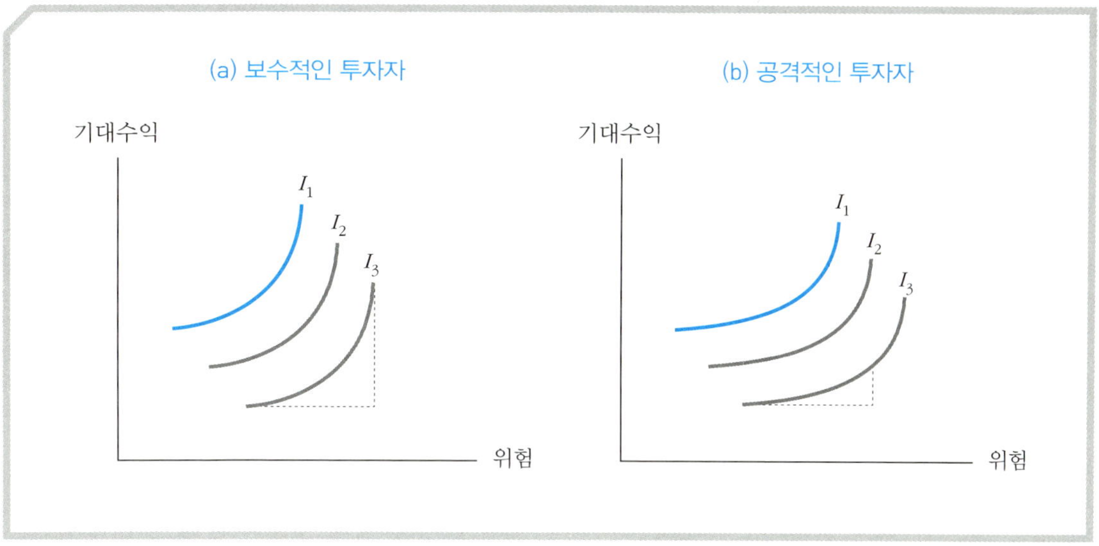

선호하므로 무차별곡선은 원점에서 멀수록 더 높은 효용을 나타낸다.

또한 합리적 투자자들은 위험회피형(risk aversion)의 투자자이므로 위험이 증가할수록 높은 위험프리미엄을 요구한다. 따라서 무차별곡선의 기울기는 위험이 증가할수록 체증하는 경향을 지니고 수평축에서 볼록한 형태를 나타낸다. 위험회피형의 투자자라 할지라도 무차별곡선의 구체적 형태는 기대수익률과 위험의 상반관계에 기초한 투자자의 선호에 달려 있다.

[그림 9-4]는 보수적 투자자의 무차별곡선과 공격적인 투자자의 무차별곡선을 예시한다. 보수적인 투자자는 위험이 증가할수록 더 많은 프리미엄을 요구하는 투자자이므로 위험증가율보다 더 높은 기대수익률의 증가를 원한다. 따라서 [그림 9-4] (a)에서 보는 바와 같이 보수적인 투자자의 무차별곡선의 기울기가 공격적인 투자자의 무차별곡선의 기울기보다 급하다.

한편 공격적인 투자자는 위험증가에 따른 프리미엄이 기대수익률의 증가에 못 미치는 경우에도 기꺼이 투자하려는 투자자이므로, 공격적인 투자자의 무차별곡선의 기울기는 [그림 9-4] (b)에서 보는 바와 같이 상대적으로 완만한 경사를 이룬다.

3 절 포트폴리오의 분산투자효과

1 상관계수와 분산투자효과

포트폴리오 분산(portfolio diversification)은 수익의 희생 없이 위험을 감소시키도록 포트폴리오를 구성하는 것을 말한다. 그리고 분산투자를 통하여 투자위험이 감소되는 효과를 분산투자효과 또는 포트폴리오 효과(portfolio effect)라고 한다.

분산투자에 의해 위험이 감소되는 경우는 그림을 통해 쉽게 이해될 수 있다. [그림 9-5]에서 보는 바와 같이 주식 X와 주식 Y는 각각 예상수익률이 12%에서 16% 사이에서 움직이고 양자의 평균은 14%이다. 그리고 두 주식의 수익률은 완전한 음(-)의 상관관계에 있다고 가정한다. 예를 들면 X주식의 예상수익률 r_X가 12%인 경우 Y주식의 예상수익률 r_Y는 16%이고, r_X가 16%인 경우에는 r_Y가 12%이다.

이 경우 X주식과 Y주식에 각각 50%씩 투자하여 포트폴리오를 구성하면 이 포트폴리오로부터의 예상수익률은 항상 14%이므로 위험을 완전히 제거할 수 있다.

그러나 [그림 9-6]에서 보는 바와 같이 동일한 예상수익률을 제공하고 완전

[그림 9-5] 포트폴리오의 분산투자효과 ($\rho=-1$)

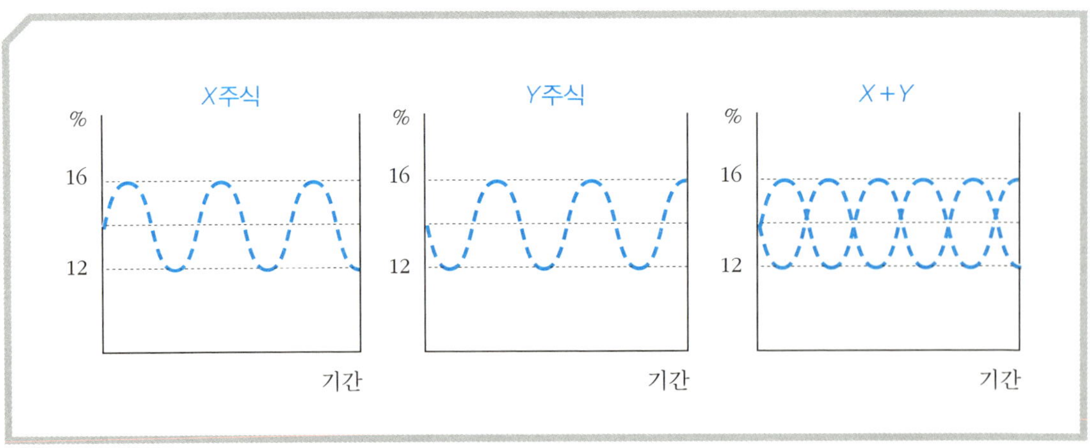

[그림 9－6] 포트폴리오의 분산투자효과 (ρ=＋1)

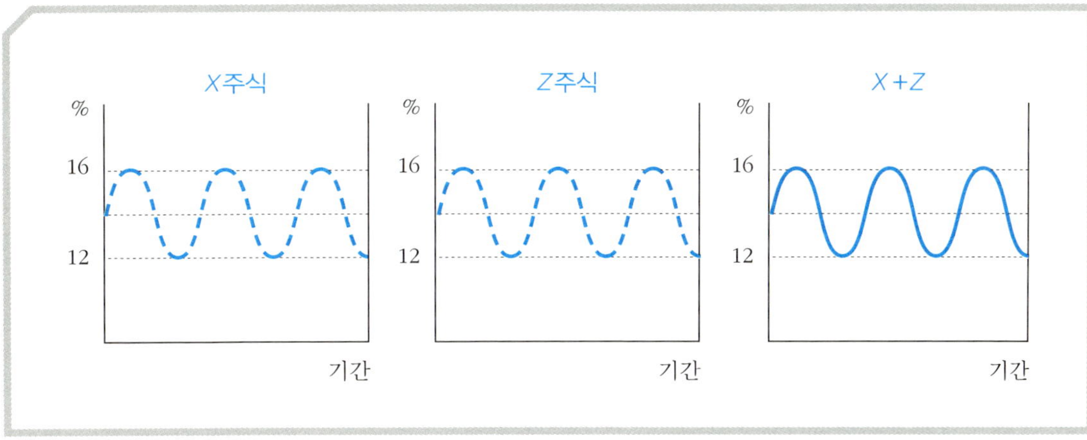

한 양(＋)의 상관관계(ρ＝＋1)에 있는 X주식과 Z주식에 각각 50%씩 투자하여 포트폴리오를 구성할 때, X와 Z 두 주식으로 구성된 포트폴리오의 위험은 개별증권의 위험과 동일하다. 이와 같이 완전한 양의 상관관계에 있는 주식으로 결합된 포트폴리오의 경우 위험을 감소시키지 못한다.

[그림 9－5]와 [그림 9－6]에서 보는 바와 같이 완전 음의 상관관계를 가진 경우(ρ＝－1)에는 모든 위험이 제거될 수 있지만, 완전 양의 상관관계를 가진 경우(ρ＝＋1)에는 위험은 전혀 감소되지 않는다.

그러나 실제 대부분의 주식들은 완전한 양의 상관관계나 완전한 음의 상관관계를 가지는 극단적인 경우는 거의 없다. 대부분의 경우 상관계수는 －1과 ＋1 사이의 값을 가지므로 주식의 결합은 위험을 감소시킨다. 이 경우에 개별주식에 내재된 모든 위험이 완전히 제거되는 것은 아니다. 결과적으로 분산투자는 위험을 줄여주나 완전히 제거하지는 못한다고 할 수 있다.

상황변동에 따라 발생되는 변수 사이의 관계를 설명하는 상관계수의 크기에 따라 포트폴리오의 분산투자효과에 미치는 영향이 다르다. 상관계수(ρ)가 변화함에 따라 A, B 두 주식으로 구성된 포트폴리오의 위험이 어떻게 변화하는가를 두 자산으로 구성된 포트폴리오의 위험을 나타내는 식 (9－11)에 의해 나타내면 다음과 같다.

① 상관계수가+1인 경우($\rho_{AB}=+1$)

$$\sigma_p^2 = w_A^2\sigma_A^2 + w_B^2\sigma_B^2 + 2w_A w_B \rho_{AB}\sigma_A\sigma_B \quad (9-16)$$
$$= (w_A\sigma_A + w_B\sigma_B)^2$$
$$\sigma_p = w_A\sigma_A + w_B\sigma_B$$

② 상관계수가 0인 경우($\rho_{AB}=0$)

$$\sigma_p^2 = w_A^2\sigma_A^2 + w_B^2\sigma_B^2 \quad (9-17)$$
$$\sigma_p = \sqrt{w_A^2\sigma_A^2 + w_B^2\sigma_B^2}$$

③ 상관계수가 −1인 경우($\rho_{AB}=-1$)

$$\sigma_p^2 = w_A^2\sigma_A^2 + w_B^2\sigma_B^2 - 2w_A w_B\sigma_A\sigma_B \quad (9-18)$$
$$= (w_A\sigma_A + w_B\sigma_B)^2$$
$$\sigma_p = |w_A\sigma_A + w_B\sigma_B|$$

상기 식에서 상관계수가 +1인 경우의 포트폴리오 위험은 개별주식 위험의 가중평균이다. 이는 상관계수가 +1인 두 주식에 분산투자해도 포트폴리오의 위험은 줄지 않는다는 것을 의미한다.

그러나 상관계수가 0인 경우의 포트폴리오의 표준편차는 상관계수가 +1인 경우의 표준편차보다 적으므로 분산투자에 의해 위험이 줄어들었음을 의미한다. 그리고 상관계수가 −1인 경우에는 포트폴리오의 표준편차값을 대폭 줄일 수 있으며 두 주식에의 투자비율을 적절히 조절함으로써 포트폴리오 위험을 완전히 제거할 수도 있음을 보여준다.[6]

이와 같이 상관계수가 +1보다 적은 경우에는 포트폴리오의 위험이 감소되고 특히 상관계수가 −1에 가까울수록 위험감소효과가 크다는 것을 알 수 있다. 그리고 상관계수(ρ)의 값이 동일한 값을 가지는 경우라도 투자비율이 달라지면 포트폴리오 위험은 서로 다른 값을 가지게 된다.

---

6 $w_A\sigma_A - w_B\sigma_B = 0$이 되도록 w_A와 w_B를 적절히 구성하면 포트폴리오 위험을 완전히 제거할 수 있다.

2 투자비율과 분산투자효과

앞에서 살펴본 바와 같이 상관계수가 적은 증권으로 포트폴리오를 구성할 경우 포트폴리오 위험을 감소시킬 수 있다. 그러나 상관계수가 동일한 값을 가지는 경우라도 투자비율이 달라지면 포트폴리오 위험이 달라지므로 투자비율을 적절히 조정함으로써 위험을 줄일 수 있다.

예를 들어 기대수익률이 10%이고 표준편차가 10%인 A증권과 기대수익률이 20%이고 표준편차가 30%인 B증권으로 포트폴리오를 구성한다고 가정해 보자.

두 증권의 상관계수가 $\rho_{AB}=+1$, $\rho_{AB}=0$, $\rho_{AB}=-1$인 경우에 투자비율을 달리함으로써 얻는 기대수익률과 표준편차를 산출하면 〈표 9－4〉와 같다.

〈표 9－4〉을 그림으로 나타내면 [그림 9－7]과 같다.

[그림 9－7]에서 상관계수가+1인 경우 A, B 두 증권으로 구성된 포트폴리오의 기대수익률과 위험은 선형관계에 있다. 이는 수익이 증가함에 따라 위험이 비례적으로 증가하므로 분산투자에 의한 위험감소효과가 없음을 보여준다. 한편 상관계수가 0인 경우에는 포트폴리오의 기대수익률과 위험의 관계는 곡선형태를 나타내고 수익률의 증가에 비해 위험의 증가가 상대적으로 적기 때문에 위험분산효과가 존재함을 나타낸다.

그리고 상관계수가 －1인 경우에는 투자비율을 조정함에 따라 위험이 0인 포트폴리오를 구성할 수 있음을 보여준다. 이와 같이 주어진 기대수익률 수준에서는 상관계수가 적을수록 위험분산 효과가 크다. 현실적으로 대부분의 상관관계는 －1

〈표 9－4〉 투자비율에 따른 포트폴리오의 기대수익률과 위험

투자비율(%)		$\rho_{AB}=+1$		$\rho_{AB}=0$		$\rho_{AB}=-1$	
w_A	w_B	$E(r_p)$	σ_p	$E(r_p)$	σ_p	$E(r_p)$	σ_p
100	0	10.0	10.0	10.0	10.0	10.0	10.0
75	25	12.5	15.0	12.5	10.6	12.5	0
50	50	15.0	20.0	15.0	15.8	15.0	10.0
25	75	17.5	25.0	17.5	22.6	17.5	20.0
0	100	20.0	30.0	20.0	30.0	20.0	30.0

[그림 9-7] 투자비율에 따른 수익률과 위험

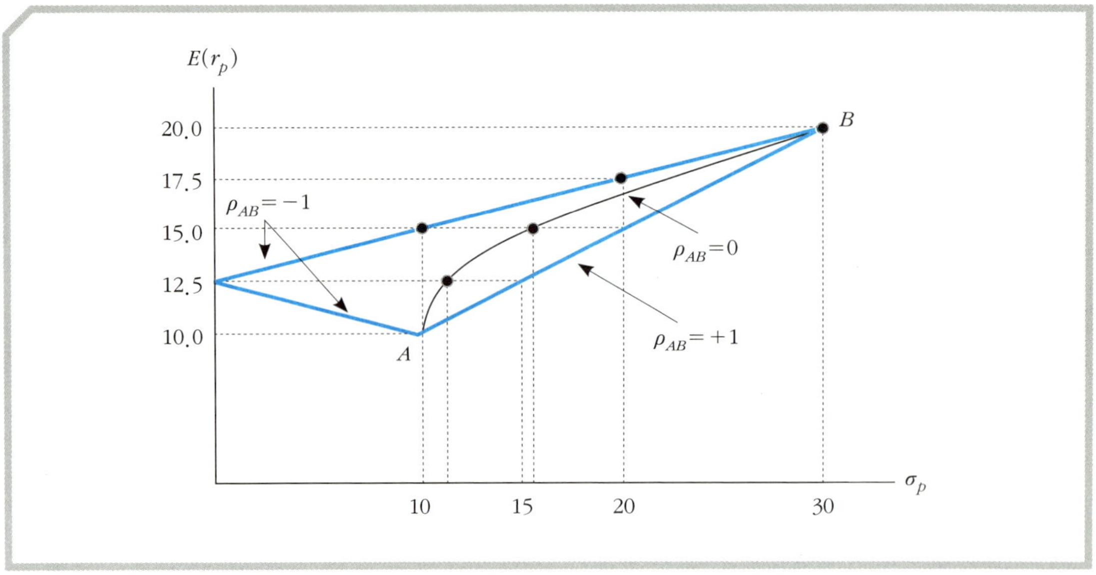

과 +1 사이의 값을 가지므로 포트폴리오의 기대수익률과 위험의 관계는 곡선형태를 나타낸다.

한편 두 증권 간의 상관관계가 주어지면 포트폴리오의 위험을 최소로 하는 최소분산포트폴리오(minimum variance portfolio)를 구성할 수 있는데 이 때의 투자비율은 포트폴리오의 위험을 극소화하는 투자비율이므로 두 자산으로 구성된 포트폴리오의 위험을 구하는 식을 편미분하여 다음과 같이 나타낸다.[7]

$$w_A^* = \frac{\sigma_B^2 - \rho_{AB}\sigma_A\sigma_B}{\sigma_A^2 + \sigma_B^2 - 2\rho_{AB}\sigma_A\sigma_B} \qquad (9-19)$$

$$w_B^* = 1 - w_A^*$$

---

7 $\sigma_p^2 = w_A^2\sigma_A^2 + (1-w_A)^2\sigma_B^2 + 2w_A(1-w_A)\sigma_{AB}$

$$\frac{\partial\sigma_p^2}{\partial w_A} = 2w_A\sigma_A^2 - 2\sigma_B^2 + 2w_A\sigma_B^2 + 2\sigma_{AB} - 4w_A\sigma_{AB} = 0$$

$$w_A = \frac{\sigma_B^2 - \sigma_{AB}}{\sigma_A^2 + \sigma_B^2 - 2\sigma_{AB}} = \frac{\sigma_B^2 - \rho_{AB}\sigma_A\sigma_B}{\sigma_A^2 + \sigma_B^2 - 2\rho_{AB}\sigma_A\sigma_B}$$

예제 9-10

A증권은 기대수익률이 10%, 표준편차가 10%이고 B증권은 기대수익률이 20%, 표준편차가 30%이다. 이 두 증권의 상관계수(ρ)가 -1인 경우 두 증권으로 구성된 포트폴리오의 위험을 최소로 하는 투자비율은 각각 얼마인가?

해설 $w_A^* = \dfrac{900-(-1)(10)(30)}{100+900-2(-1)(10)(30)} = 0.75,\ 75\%$

$w_B^* = 1-0.75 = 0.25,\ 25\%$

따라서 A주식에 75%, B주식에 25% 투자하는 경우에 최소분산포트폴리오를 얻게 된다.

3 종목 수와 분산투자효과

위험을 감소시키는 또 다른 방법은 포트폴리오에 포함되는 증권의 수를 증가시키는 것이다. 포트폴리오에 포함되는 증권의 수를 증가시키면 포트폴리오의 위험은 감소되는 경향이 있다. 이는 개별자산 간의 상관관계를 고려하지 않고 무작위적으로 선택된 증권들로 포트폴리오를 구성한 경우에도 개별증권 간의 관계로 인하여 위험의 일부가 상쇄되어 포트폴리오의 위험은 감소된다는 것이다.

구성종목의 수가 증가함에 따른 포트폴리오의 위험감소효과는 다음과 같이 설명될 수 있다. 만일 n종목으로 구성된 포트폴리오에 균등한 금액을 투자한다고 가정하면 포트폴리오의 위험은 다음과 같이 표시된다.

$$\begin{aligned}\sigma_p^2 &= \sum_{i=1}^{n}\sum_{j=1}^{n} w_i w_j \sigma_{ij} \qquad (9-20)\\ &= \sum_{i=1}^{n} w_i^2 \sigma_i^2 + \sum_{i=1}^{n}\sum_{j=1}^{n} w_i w_j \sigma_{ij}\\ &= \sum_{i=1}^{n}\left(\frac{1}{n}\right)^2 \sigma_i^2 + \sum_{i=1}^{n}\sum_{j=1}^{n}\left(\frac{1}{n}\right)\left(\frac{1}{n}\right)\sigma_{ij}\\ &= \left(\frac{1}{n}\right)^2 \sum_{i=1}^{n}\sigma_i^2 + \left(\frac{1}{n^2}\right)\sum_{\substack{i=1\\(i\neq j)}}^{n}\sum_{j=1}^{n}\sigma_{ij}\end{aligned}$$

상기 식에서 개별종목 분산의 평균을 $\bar{\sigma}^2$, 공분산의 평균을 $\bar{\sigma}_{ij}$라고 하면 식 (9-20)은 다음과 같다.

$$\sigma_p^2 = \left(\frac{1}{n}\right)^2 \cdot \bar{\sigma}_i^2 \cdot n + \left(\frac{1}{n^2}\right)\bar{\sigma}_{ij} \cdot n(n-1) \qquad (9-21)$$

$$= \frac{1}{n} \cdot \bar{\sigma}_i^2 + \left(1 - \frac{1}{n}\right)\bar{\sigma}_{ij}$$

식 (9-21)에서 n이 증가할수록 포트폴리오 위험(σ_p^2)은 감소한다. $n \to \infty$이면 개별증권의 위험이 포트폴리오 위험에 미치는 영향은 감소하고 포트폴리오 위험은 각 종목 간의 공분산의 평균($\bar{\sigma}_{ij}$)에 접근해 간다. 따라서 포트폴리오를 구성하는 종목 수가 증가하면 개별증권에서 비롯되는 위험은 제거되고 공분산에서 비롯되는 위험만이 포트폴리오 위험으로 남게 되고 전체 위험은 감소한다.

용어정리

- 공분산
- 구매력위험
- 기대수익률
- 무위험증권
- 무차별곡선
- 보유기간 수익률
- 분산투자효과
- 상관계수
- 상환위험
- 시장위험
- 역사적 수익률
- 영업위험
- 위험
- 유동성위험
- 이자율위험
- 재무위험
- 전환위험
- 지배원리
- 채무불이행위험
- 최소분산포트폴리오
- 포트폴리오
- 표준편차

연/습/문/제

01 K사의 채권가격은 금년 1월 1일 현재 980,000원이다. 전년도 1월 1일 이 채권을 910,000원에 구입하였고 보유기간중 70,000원의 이자가 지급되었다면, 1년 간의 투자수익률은 얼마인가?

02 A사 주식의 연초 주가는 40,000원이다. 연말의 배당금과 주가는 경제상황에 따라 다음과 같이 예상된다. 각 경제상황이 발생될 확률이 동일하다고 할 경우 이 주식의 1년동안의 보유기간 동안의 기대수익률을 구하시오.

	배당금	주 가
호경기	2,000원	50,000원
보 통	1,000	43,000
불경기	500	34,000

03 지난 12주 동안 주말의 주가가 다음과 같다. 이 주식의 주간수익률, 평균수익률 그리고 분산을 구하시오. 지난 12주 동안 배당지급은 없었고 13주 전 주말의 주가는 24,800원이었다.

주(週)	t−12	t−11	t−10	t−9	t−8	t−7
주가	24,800	24,900	23,600	24,900	24,300	25,200
주(週)	t−6	t−5	t−4	t−3	t−2	t−1
주가	24,100	24,700	25,900	25,800	25,100	25,600

04 작년말 J사의 주가는 40,000원이었다. 금년말의 주가가 32,000원으로 하락할 확률이 10%, 현재와 동일할 확률이 20%, 5% 상승할 확률이 40%, 20% 상승할 확률이 15%, 50% 상승할 확률이 10%, 100% 상승할 확률이 5%라고 한다. 이 기간중의 기대수익률, 분산, 표준편차를 계산하시오.

05 어느 투자자가 5,000원에 주식을 매입하여 200원의 현금배당을 받은 후 5,800원에 매각하였다. 세금이 면제될 경우 이 주식의 투자수익률은 20%가 된다.

(1) 자본이득(주가차익)과 배당소득에 각각 28%의 세율이 적용된다면, 세후투자수익률은 얼마인가?

(2) 만약 자본이득에 대한 세율이 배당소득에 대한 세율의 1/2이고, 현금배당에 대한 세율은 28%라면 세후수익률은 얼마인가?

06 A, B 두 증권의 미래상황에 따른 예상수익률과 확률이 다음과 같다.

상 황	확 률	예상수익률(%)	
		A	B
불경기, 고금리	0.20	−15	−13
불경기, 저금리	0.25	16	16
호경기, 고금리	0.30	20	32
호경기, 저금리	0.25	28	12

(1) 증권 A, B의 기대수익률과 표준편차를 구하시오.

(2) A, B 두 증권에 50%씩 투자한다면 두 증권으로 구성된 포트폴리오의 기대수익률과 분산 그리고 두 증권 간의 공분산과 상관계수를 구하시오.

07 A, B, C 세 증권의 기대수익률이 r_a, r_b, r_c이고 각 증권에 대한 투자비율이 w_a, w_b, w_c인 경우, 세 증권으로 구성되는 포트폴리오의 기대수익률과 분산은 각각 얼마인가?

08 주식 C와 D의 기대수익률과 표준편차, 상관계수가 다음과 같은 경우 두 주식으로 구성된 포트폴리오의 위험을 최소로 하는 투자비율은 각각 얼마인가?

주 식	기대수익률	표준편차	상관계수(ρ_{EF})
C	0.12	0.20	0.5
D	0.10	0.14	0.5

09 다음과 같은 A, B 두 주식으로 위험이 0인 포트폴리오를 구성하기 위해서는 A, B 두 주식에 각각 얼마씩 투자하여야 하나?

주 식	기대수익률(%)	표준편차
A	8	40
B	13	60

상관계수(ρ_{AB}) = −1

10 포트폴리오를 구성하는 개별증권의 수익률분산을 평균한 값이 0.5이고 공분산을 평균한 값이 0.1이다. 포트폴리오를 구성하는 종목수가 5, 10, 20, 50으로 증가될 때의 각 포트폴리오 분산을 구하시오.

CHAPTER

10 포트폴리오 선택이론과 CAPM

1절 포트폴리오 선택

1 효율적 포트폴리오 집합

포트폴리오 관리자들이 개별증권을 분석하는 이유의 하나는 효율적 포트폴리오를 구성하기 위한 것이다. 효율적 포트폴리오(efficient portfolio)는 주어진 위험수준에서 기대수익률을 극대화하거나 주어진 기대수익률 수준에서 위험을 극소화하는 포트폴리오를 말한다. 마코위츠(H. Markowitz)에 의해 제기된 포트폴리오 선택이론은 포트폴리오의 기대수익과 위험을 기준으로 효율적 포트폴리오를 구성하고, 효율적 포트폴리오 가운데 투자자의 효용을 극대화시키는 최적포트폴리오(optimal portfolio)를 선택하는 과정을 다룬다.[1] 포트폴리오 선택이론은 다음과 같은 가정을 기초로 한다.

첫째, 투자결정은 기대수익률과 분산이라는 두 요인에 의해 이루어진다. 둘째, 투자자들은 위험회피형(risk averse)의 투자자로 기대효용의 극대화를 목표로 한다. 셋째, 모든 투자자들은 같은 위험수준에서는 기대수익률이 가장 높은 증권

1 Harry Markowitz, "Portfolio Selection," *Journal of Finance*(March 1952), pp. 77~91.

을, 같은 기대수익률 수준에서는 위험이 가장 낮은 증권을 선택한다. 넷째, 모든 투자자는 공통된 단일 투자기간(single investment horizon) 동안 투자한다.

투자대상으로는 각종 자산으로 구성된 수많은 포트폴리오가 존재한다. 이때 투자대상이 되는 포트폴리오의 집합을 투자기회 집합(opportunity set)이라고 한다. 투자기회 집합을 이루는 포트폴리오를 대상으로 동일한 기대수익률을 갖는 포트폴리오 가운데서는 가장 낮은 위험을 갖는 포트폴리오를 선택하고, 동일한 위험을 갖는 포트폴리오 가운데서는 가장 높은 기대수익률을 갖는 포트폴리오를 선택한다는 원리를 지배원리(dominance principle)라고 한다. 이 지배원리를 만족시키는 포트폴리오를 효율적 포트폴리오(efficient portfolio)라고 한다. 그리고 효율적 포트폴리오의 집합을 나타내는 선을 효율적 프론티어(efficient frontier) 또는 효율적 투자기회선이라고 한다. 따라서 효율적 프론티어상의 포트폴리오는 주어진 기대수익률 수준에서 위험이 가장 적은 포트폴리오를 나타낸다. 이를 그림으로 나타내면 [그림 10－1]과 같다.

[그림 10－1]에서 *EF*선 상에 존재하는 포트폴리오는 투자기회 집합 가운데 지배원리를 만족시키는 효율적 포트폴리오이므로 *EF*곡선이 효율적 프론티어가 된다.

[그림 10－1] 효율적 프론티어

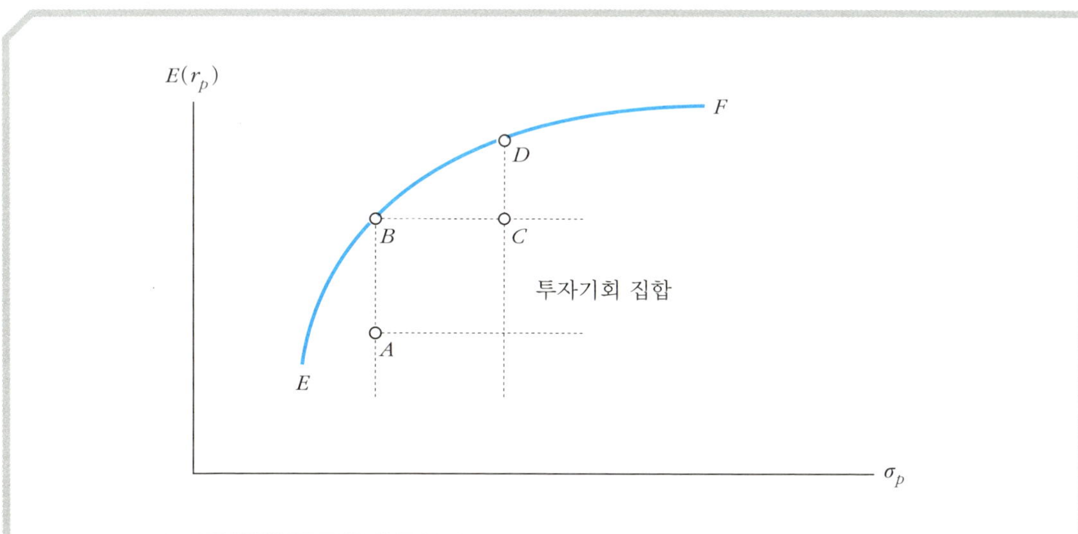

예를 들면 투자기회 집합에 속하는 포트폴리오 A와 B를 비교하면 포트폴리오 A와 B는 동일한 위험을 갖는 투자대상이지만 B가 A보다 기대수익률이 높은 투자대상이므로 합리적인 투자자는 포트폴리오 B를 선택할 것이다. 그리고 포트폴리오 B와 C를 비교해 보면 B와 C는 동일한 기대수익률을 갖지만 B가 C보다 낮은 위험을 갖는 투자대상이므로 포트폴리오 B를 선택할 것이다.

마찬가지로 포트폴리오 C와 D가운데서는 같은 위험수준에서 기대수익률이 높은 D를 선택할 것이다. 이와 같이 지배원리를 적용할 경우 최종적으로 선택되는 포트폴리오인 효율적 포트폴리오의 집합은 EF곡선을 이룬다. EF선이 곡선형태로 나타나는 것은 현실의 투자자산 사이의 상관계수가 대부분 -1과 $+1$ 사이의 값을 가지며, 이 경우 투자비율에 따른 기대수익률과 위험의 관계는 곡선형태를 띠기 때문이다.

2 최적포트폴리오의 선택

효율적 프론티어상에는 수많은 효율적 포트폴리오가 존재한다. 효율적 프론티어상에서 우측에 위치한 포트폴리오일수록 기대수익률이 높지만 위험 또한 높은 투자대상이다. 그러므로 이들 투자대상 가운데 어떤 포트폴리오를 선택하는 것이 투자자의 효용을 극대화시켜 주는 최적의 포트폴리오가 되는가 하는 최적포트폴리오(optional portfolio)의 선택문제가 제기된다.

투자자의 효용을 극대화시켜 주는 최상의 포트폴리오인 최적포트폴리오를 선택하는 문제는 투자자의 효용함수에 달려 있다. 투자자의 효용함수는 무차별곡선에 의해 나타내므로, 최적포트폴리오는 효율적 프론티어와 투자자의 무차별곡선이 만나는 점에서의 포트폴리오를 의미한다.

[그림 10-2]에서 보면 무차별곡선 I_1는 주어진 기대수익률 수준에서 위험을 적극 회피하려는 보수적 투자자의 무차별곡선이고, I_2는 주어진 기대수익률 수준에서 어느 정도의 위험을 기꺼이 감수하려는 공격적 투자자의 무차별곡선이다. 그러므로 I_1 무차별곡선을 가진 투자자의 경우에는 효율적 프론티어 EF곡선과 무차

[그림 10－2] 최적포트폴리오의 선택

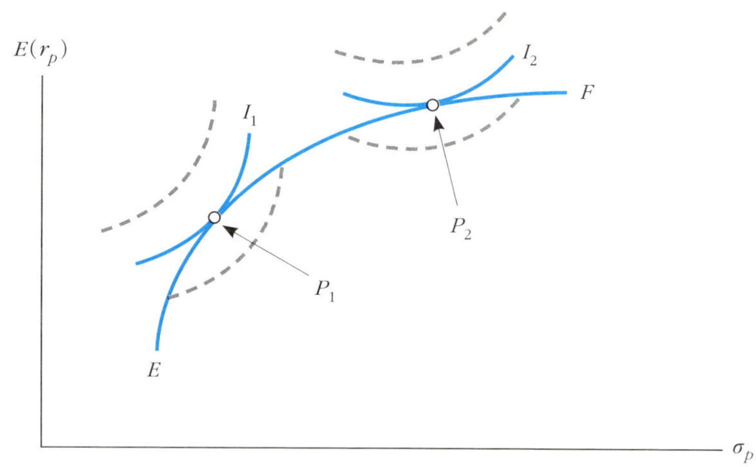

별곡선이 접하는 점 P_1에서 최적포트폴리오가 선택되고, 무차별곡선 I_2를 가진 투자자의 경우에는 점 P_2에서 최적포트폴리오가 선택된다. 결과적으로 위험에 대한 투자자의 선호가 최적포트폴리오를 결정한다.

이와 같이 포트폴리오 선택과정은 기대수익과 위험을 기초로 효율적 포트폴리오를 발견하는 단계와 효율적 포트폴리오 가운데 최적의 포트폴리오를 선택하는 단계로 나누어진다.

2 절 무위험자산과 자본시장선

1 시장포트폴리오

마코위츠(Markowitz)의 포트폴리오 선택이론에서는 투자대상으로 위험자산만을 고려한다. 그러나 투자대상에는 주식과 같은 위험자산만 있는 것이 아니라

[그림 10-3] 무위험자산과 효율적 프론티어

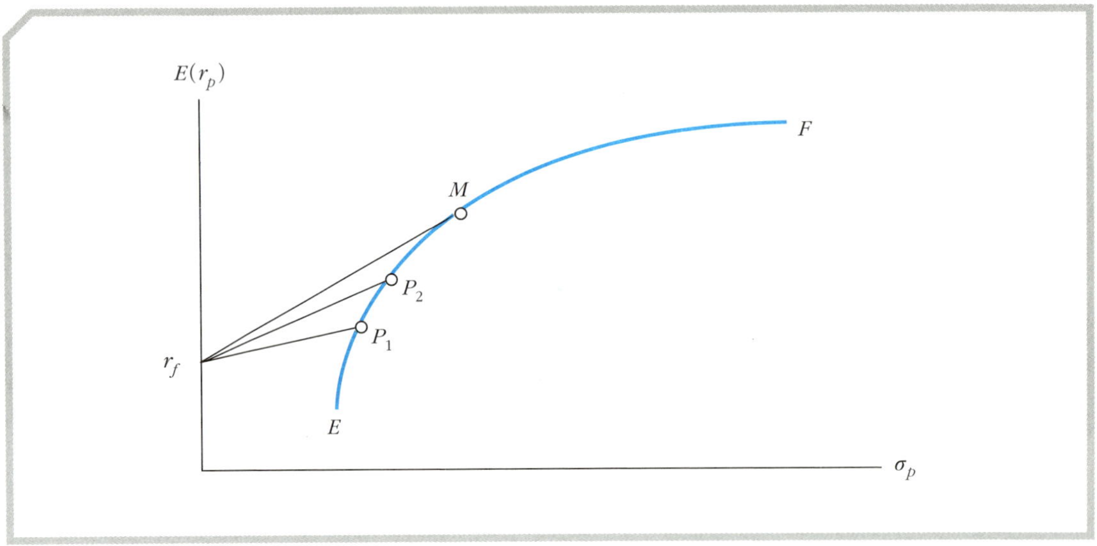

미국의 단기 재무성증권(T-bills)과 같이 원리금의 지급이 확실한 무위험자산이 존재한다.[2] 무위험자산의 존재를 인식할 경우 투자자는 위험자산과 무위험자산에 나누어 투자할 수 있다. 그러므로 투자자는 위험포트폴리오와 무위험자산으로 구성된 새로운 포트폴리오에 투자할 수 있다. 이 경우 새로운 효율적 프론티어가 만들어진다.

[그림 10-3]에서 마코위츠의 효율적 프론티어상의 위험포트폴리오 P_1과 무위험자산을 결합하여 새로운 포트폴리오를 구성한다면, 새로이 구성된 포트폴리오의 기대수익과 위험은 두 자산에 대한 투자비율에 따라 무위험자산 수익률 r_f와 P_1을 잇는 직선 상에 위치하게 된다. 무위험자산과 효율적 프론티어상에 위치한 위험포트폴리오를 연결한 선을 자본배분선(capital allocation line: *CAL*)이라고 부른다.

한편 무위험자산과 마코위츠의 효율적 프론티어상의 위험포트폴리오 P_2와 결합하여 새로운 포트폴리오를 구성할 경우에는 r_fP_2선 상의 포트폴리오가 r_fP_1선

2 무위험자산이란 엄격한 의미에서는 극히 이론적인 개념이다. 그러나 현실적으로 만기가 단기에 속하는 저축예금이나 미국의 재무성 단기증권(T-bills) 등과 같은 금융자산들은 투자기간이 인플레이션의 영향을 무시해도 좋을 만큼 단기이고 이자와 원금의 상환이 정부에 의해 보증되고 있으므로 무위험자산으로 인식된다.

상의 포트폴리오를 지배하게 된다. 왜냐하면 동일한 위험수준에서 $r_f P_2$선 상의 포트폴리오가 $r_f P_1$선 상의 포트폴리오보다 더 큰 기대수익률을 제공하기 때문이다.

마찬가지로 효율적 프론티어 EF와의 접점에 위치한 포트폴리오 M과 무위험자산으로 새로운 포트폴리오를 구성할 경우에는 $r_f M$선 상의 포트폴리오가 다른 모든 포트폴리오를 지배하게 된다. 이때 포트폴리오 M을 시장포트폴리오(market portfolio)라고 하고 합리적 투자자라면 누구나 다 위험자산 가운데서는 가장 효율적인 시장포트폴리오를 선택하게 된다.

모든 투자자가 위험자산 가운데서는 시장포트폴리오에만 투자한다면 시장포트폴리오에 속하지 않는 투자대상은 존재하지 않는다는 것을 의미하게 된다. 그러므로 시장포트폴리오는 시장에 존재하는 모든 위험자산으로 구성된 포트폴리오로 정의된다. 개념상 시장포트폴리오에는 보통주뿐만 아니라 우선주, 채권, 실물자산 등 모든 위험자산이 포함될 수 있으나, 통상 주식시장에 한정하여 모든 주식으로 구성된 포트폴리오를 의미한다.

현실에서는 모든 위험자산을 포함하는 시장포트폴리오의 수익률을 산출하는 것은 불가능하므로 주가지수 수익률이 시장포트폴리오 수익률의 구체적 척도로 사용되고 있다. 미국의 경우에는 NYSE지수, S&P500과 같은 가치가중(value weighted) 주가지수 등이, 우리나라에서는 종합주가지수(KOSPI)가 이론적 시장포트폴리오의 대용치로 사용된다. 현실에서 시장포트폴리오의 대용치로 어떤 것을 선택하느냐 하는 문제는 이론적 문제라기보다는 경험적 문제이다.

2 자본시장선(CML)

무위험자산에 투자한다는 것은 무위험자산인 단기재정증권, 단기저축예금 등을 매입함으로써 투자자금을 대출해 주는 경우에 해당된다. 그러므로 무위험자산과 시장포트폴리오로 구성되는 포트폴리오, 즉 [그림 10-4]에서 시장포트폴리오 M과 무위험자산 r_f 사이에 위치한 포트폴리오를 대출포트폴리오(lending portfolio)라고 한다. 그리고 보유자산을 모두 시장포트폴리오에 투자한다면 시장포트폴리

[그림 10-4] 자본시장선(CML)

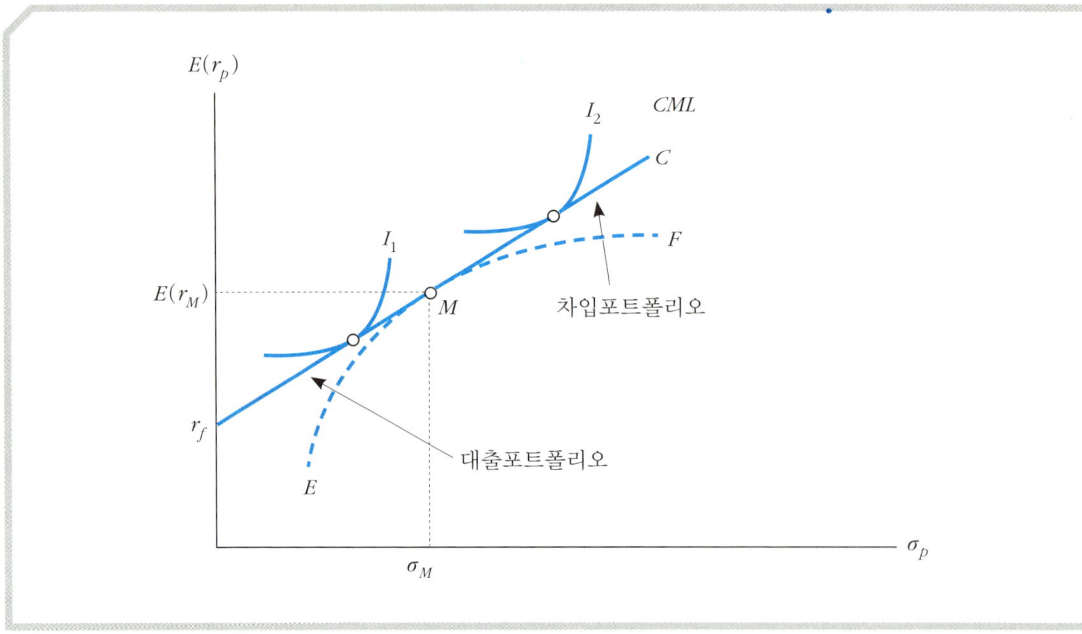

오는 기대수익률 $E(r_m)$과 표준편차 σ_m을 갖는다.

한편 무위험이자율에 추가자금을 차입하여 본래의 투자자금과 함께 시장포트폴리오에 투자함으로써 얻는 포트폴리오는 $r_f M$의 연장선 상에 위치하게 된다. $r_f M$의 연장선인 MC선 상에 위치한 포트폴리오는 차입자금을 사용하므로 차입포트폴리오(borrowing portfolio)라고 한다.

이와 같이 무위험자산과 위험자산 M을 결합하거나 본래의 투자자금을 차입자금과 함께 위험자산 M에 투자함으로써 직선 $r_f MC$를 얻게 된다. 그러므로 무위험이자율에 차입과 대출이 가능한 경우의 효율적 프론티어는 $r_f MC$선이 되고 이 선을 자본시장선(capital market line: CML)이라고 한다. 자본시장선은 시장포트폴리오와 무위험자산을 결합하는 투자자의 행동에 의해 형성되고 이를 식으로 나타내면 다음과 같다.[3]

---

3 $E(r_p)=(1-w_m)r_f+w_m E(r_m)=r_f+w_m[E(r_m)-r_f]$

$\sigma_p{}^2=w_f{}^2\sigma_f{}^2+w_m{}^2\sigma_m{}^2+2w_f w_m \rho_{fm}\sigma_f\sigma_m$, $\sigma_f=0$이므로 $w_m=\dfrac{\sigma_p}{\sigma_m}$을 대입하면 다음과 같이 자본시

$$E(r_p)=r_f+\frac{E(r_m)-r_f}{\sigma_m}\sigma_p \qquad (10-1)$$

$E(r_p)$: 포트폴리오의 기대수익률
$E(r_m)$: 시장포트폴리오의 기대수익률
r_f: 무위험이자율
σ_m: 시장포트폴리오의 표준편차
σ_p: 포트폴리오의 표준편차

상기 식에서 기울기 $[E(r_m)-r_f]/\sigma_m$은 균형시장조건 아래서 표준편차로 측정되는 시장포트폴리오의 위험 한 단위에 대한 보상으로 요구되는 수익률 수준으로 위험의 시장가격(market price of risk)이라고 부른다. 그리고 무위험이자률 r_f는 소비를 지연시키는 데 따른 시간에 대한 보상수준을 나타내므로 시간의 시장가격(market price of time)이라고 부른다. 자본시장선(*CML*)은 포트폴리오의 위험을 표준편차로 측정하고, 효율적 포트폴리오의 기대수익률과 위험 사이에 선형관계가 존재한다는 것을 나타낸다. 이와 같이 자본시장선은 효율적 포트폴리오의 기대수익과 위험의 관계를 설명한다.

예제 10-1

무위험이자율이 6%이고 시장포트폴리오의 기대수익률이 10%라고 가정한다. 그리고 투자자의 보유금액만큼 무위험이자율에 차입하여 보유금액과 함께 표준편차가 20%인 시장포트폴리오에 투자한다. 이 차입포트폴리오 J의 기대수익률과 표준편차는 얼마인가?

해설
$$E(r_B)=w_f\cdot r_f+(1-w_f)E(r_m)$$
$$=(-1)(0.06)+[1-(-1)]0.1$$
$$=0.14,\ 14\%$$
$$\sigma_B{}^2=w_f{}^2\sigma_f{}^2+(1-w_f)^2\sigma_m{}^2+2w_f(1-w_f)\rho_{fm}\sigma_f\sigma_m$$
$$=(2)^2(0.2)^2$$
$$=0.16,\ 16\%$$

장선을 얻는다.

$$E(r_p)=r_f+\frac{\sigma_p}{\sigma_m}[E(r_m)-r_f]=r_f+\frac{E(r_m)-r_f}{\sigma_m}\sigma_p$$

그러나 자본시장선(CML)은 효율적 포트폴리오의 기대수익률과 위험(표준편차)의 관계를 설명하지만, 개별증권이나 비효율적 포트폴리오(inefficient portfolio)의 기대수익률과 위험의 관계는 설명해 주지 못한다. 왜냐하면 개별증권과 비효율적 포트폴리오는 자본시장선(CML) 아래 쪽에 위치하므로 자본시장선이 이들 증권에 대해서는 적용되지 않기 때문이다.

[그림 10-4]에서 $r_f MC$선 상의 포트폴리오는 EF선 상의 포트폴리오를 지배하게 되므로 투자자들은 $r_f MC$선 상에 위치한 포트폴리오 가운데서 그들의 위험선호도에 따라 최적포트폴리오를 선택하게 된다. 그러므로 최적포트폴리오를 선택하는 과정은 위험자산 가운데 위험선호도와 관계없이 시장포트폴리오를 선택하는 과정과 자본시장선 상에서 효용을 극대화시키는 최적포트폴리오를 선택하는 과정으로 나누어지고 양자는 서로 독립적인 의사결정이다.

이와 같이 위험자산에 대한 투자결정은 위험선호도와 관계없이 이루어지고, 자본배분, 즉 시장포트폴리오와 무위험자산에 대한 투자비율결정과 분리되어 독립적으로 이루어진다. 이를 토빈(Tobin)의 분리정리(separation theorem)라고 한다.

예제 10-2

시장포트폴리오의 기대수익률이 20%, 표준편차가 30%이고, 무위험이자율은 5%이다. 이 경우 자본시장선 상에 위치하고 있는 포트폴리오 G의 표준편차가 40%라면 이 포트폴리오의 기대수익률은 얼마인가?

해설 $E(r_p) = 0.05 + \frac{0.2-0.05}{0.3} \times 0.4 = 0.25$, 25%

3 절 체계적 위험과 단일지수모형

1 체계적 위험과 비체계적 위험

포트폴리오를 구성하여 분산투자를 할 경우 일반적으로 위험이 감소된다. 이는 개별주식의 상관관계를 고려하지 않고 무작위로 주식을 선택하여 포트폴리오를 구성하는 경우라 할지라도 분산투자에 의해 위험의 일부가 제거될 수 있다는 것을 의미한다. 여러 종목에 분산투자함으로써 위험이 감소되는 것은 포트폴리오를 구성하는 개별주식의 고유한 특성이 부분적으로 서로 상쇄되기 때문이다.

[그림 10−5]의 실증적 연구결과에 의하면 미국의 경우 포트폴리오를 구성하는 주식의 종목수가 4종목으로 증가될 때까지는 위험이 급속히 감소되고, 6~20종목으로 증가될 때까지는 위험이 어느 정도 감소되지만, 그 이상으로 주식의 수가 증가하여도 위험의 감소는 거의 이루어지지 않는 것으로 나타난다.

[그림 10−5] 포트폴리오 종목 수와 위험감소

주식수	표준편차
1	49.24
2	37.36
4	29.69
6	26.64
8	24.98
10	23.93
20	21.68
30	20.87
40	20.46
50	20.2
100	19.69
200	19.42
300	19.34
400	19.29
500	19.27
1,000	19.24

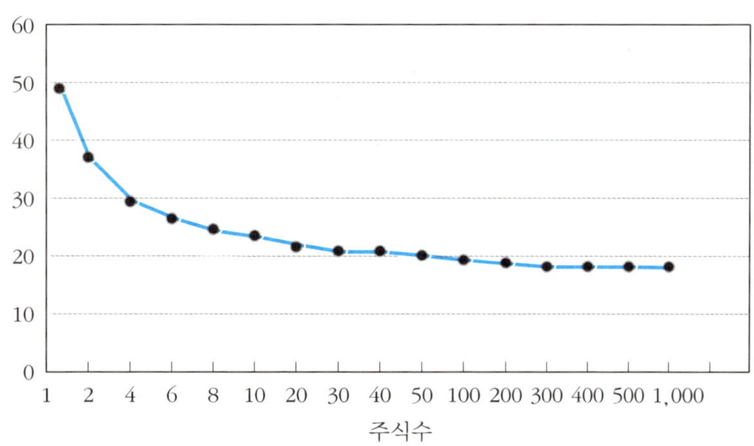

자료: Meir Statman. "How Many Stocks Make a Diversified Portfolio?" *Journal of Financial and Quantitative Analysis*(September 1987). pp. 353~364

이와 같이 위험은 분산투자에 의하여 감소되는 부분과 감소되지 않는 부분으로 나누어진다. 개별주식의 총위험 가운데 분산투자에 의해 제거될 수 있는 위험 부분을 비체계적 위험(unsystematic risk) 또는 분산가능 위험(diversifiable risk)이라고 부른다. 이러한 위험은 신제품개발, 매출액변동, 파업 등과 같은 개별기업의 고유한 사정에 의해 생기는 수익률의 변동성을 의미한다.

한편 개별주식의 총위험 가운데 다수의 주식에 분산투자하여도 제거되지 않는 위험 부분을 체계적 위험(systematic risk) 또는 분산불능 위험(undiversifiable risk)이라고 한다. 체계적 위험은 인플레이션, 금리변동, 경기상승 등과 같이 시장 전체에 영향을 미치는 공통요인에 기인한 수익률의 변동성을 의미한다.

총위험 = 체계적 위험(분산불능 위험) + 비체계적 위험(분산가능 위험)

이를 그림으로 나타내면 [그림 10-6]과 같다.

[그림 10-6] 주식 종목수와 분산투자효과

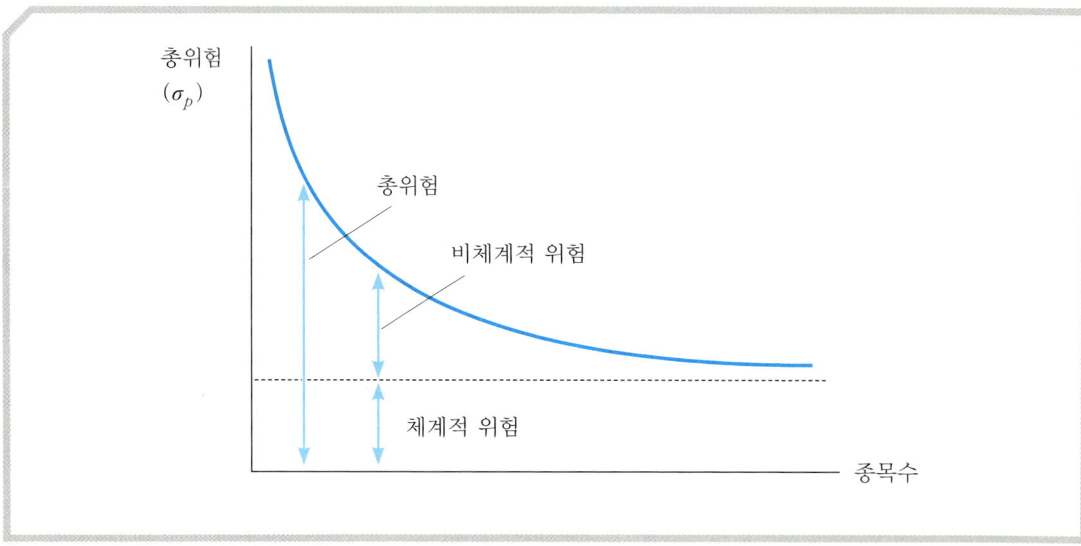

2 비체계적 위험의 측정

체계적 위험과 비체계적 위험은 단일지수모형(single index model)을 이용하여 구체적으로 측정될 수 있다. 단일지수모형은 개별주식의 수익률이 시장지수(market index) 수익률이라고 하는 하나의 지표에 대해 어떤 관계를 갖고 변동하는가를 나타내는 모형으로 시장모형(market model)으로도 불린다. 단일지수모형은 주식의 예상외 수익률과 시장의 예상외 수익률과의 관계를 설명하는 시장모형의 특수한 경우로 시장모형으로 불리기도 한다.[4] 주가의 움직임을 보면 주식시장이 강세시장인 경우에는 다수 주식의 가격이 함께 상승하는 경향이 있고, 거꾸로 주식시장이 약세시장인 경우에는 다수 주식의 가격이 함께 하락하는 경향이 있다. 이러한 사실로부터 개별주식의 수익률은 시장 전체의 움직임을 나타내는 시장지수와 관련하여 움직인다고 가정할 수 있다. 그러므로 개별주식 수익률은 시장 전체의 움직임을 나타내는 시장지수수익률과 선형관계에 있다고 가정하여 다음과 같이 나타낸다.[5] 그리고 이로부터 추정된 회귀식을 증권특성선(security characteristic line: *SCL*)이라고 한다.[6]

$$r_{it} = \alpha_i + \beta_i r_{mt} + e_{it} \tag{10-2}$$

r_{it}: i증권의 t기 수익률 또는 초과수익률($r_i - r_f$)
r_{mt}: 시장지수의 t기 수익률 또는 초과수익률($r_m - r_f$)
α_i: 회귀계수 절편
β_i: 회귀계수 기울기
e_{it}: 잔차항

상기 식에서 회귀식의 기울기 β_i는 시장수익률(r_m)이 변동하는 데 따라 증권 i의 수익률(r_i)이 반응하는 민감도를 나타내므로 개별증권의 체계적 위험의 척도

4 단일지수모형에서 시장지수수익률은 시장 전체에 영향을 미치는 공통요인의 대용치로 사용된다.
5 회귀분석은 다음의 가정을 전제로 한다.
$E(e_i)=0,\ Cov(e_i, e_j)=0,\ Cov(e_i, r_m)=0$
6 초과수익률로 표현하는 경우는 시장수익률이 무위험수익률을 초과하거나 미달하는 정도만큼 시장수익률이 거시경제 상황을 반영한다고 보기 때문이다. 그러나 일별수익률을 사용하는 경우에는 초과수익률과 총수익률 간에 큰 차이가 없다.

[그림 10-7] 증권특성선(*SCL*)

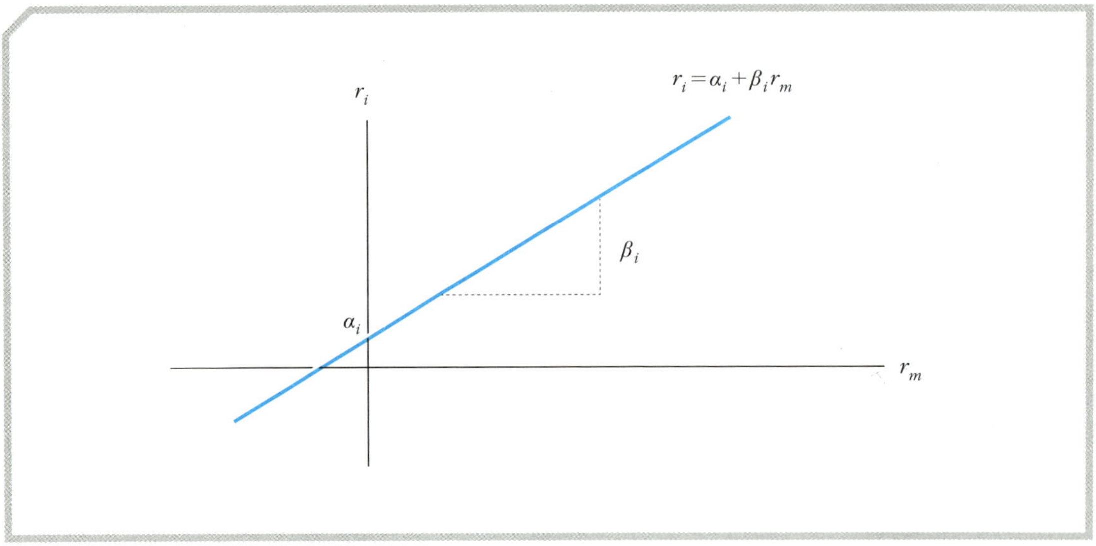

가 된다. 그리고 시장수익률이 변할 때 개별증권 수익률이 어느 정도 변동하는가는 β_i의 크기에 달려 있다. 예를 들어 어떤 주식의 베타(β)가 0.6이라고 하면 이는 시장 전체의 평균수익률이 1% 상승하면 이 주식의 수익률은 0.6% 상승한다는 것을 의미한다.

그리고 e_i는 개별증권 수익률의 변동 가운데서 시장수익률의 움직임으로는 설명될 수 없는 부분으로 개별증권 수익률에 대한 비체계적인 영향을 나타낸다.

회귀식의 절편 α_i는 시장수익률이 0인 경우의 기대수익률이기 때문에 해당 종목의 비정상수익률이라 한다. 회귀식의 기울기 β_i는 다음과 같다.

$$\beta_i = \frac{Cov(r_i, r_m)}{\sigma_m^2} = \frac{\rho_{im}\sigma_i}{\sigma_m} \qquad (10-3)$$

한편 개별증권의 총위험은 수익률의 분산으로 나타내므로 식 (10−2)에서 증권 i의 수익률의 분산을 취하여 위험을 나타내면 다음과 같다.[7]

7 분산의 특성에 의하여 $var(\alpha_i) = 0$, $var(\beta_i r_m) = \beta_i^2 var(r_m)$이다.

위험의 크기 = 체계적 위험의 크기 + 비체계적 위험의 크기

$$var(r_i) = var(\alpha_i + \beta_i r_m + e_i)$$
$$= \beta_i^2 var(r_m) + var(e_i)$$

$$\sigma_i^2 = \beta_i^2 \sigma_m^2 + \sigma_{ei}^2 \qquad (10-4)$$

예제 10-3

K기업의 보통주에 대한 지난 5년 간의 연 수익률과 시장수익률이 다음과 같다. 이 자료를 이용하여 이 주식의 증권특성선을 구하고, 체계적 위험과 비체계적 위험의 크기를 구하시오.

연 수익률(%)	1	2	3	4	5
K기업수익률	10	−8	−4	40	12
시장수익률	8	−12	16	26	22

해설 $Cov(r_i, r_m) = \frac{1}{n-1}\sum(r_i - \bar{r}_i)(r_m - \bar{r}_m) = 204$

$\sigma_m^2 = \frac{1}{n-1}\sum(r_m - \bar{r}_m)^2 = 226,\ \sigma_i^2 = 356$

$\beta_i = \frac{Cov(r_i, r_m)}{\sigma_m^2} = \frac{204}{226} = 0.903$

$\alpha_i = \bar{r}_i - \beta_i \bar{r}_m = 10 - (0.903)(12) = 0.836$

특성선: $r_i = 0.836 + 0.903 r_m$

체계적 위험: $\beta_i^2 \sigma_m^2 = (0.903)^2(226) = 184$

비체계적 위험: $\sigma_{ei}^2 = \sigma_i^2 - \beta_i^2 \sigma_m^2 = 356 - 184 = 172$

4 절 자본자산 가격결정모형(CAPM)

1 증권시장선(SML)

합리적인 투자자는 위험회피형의 투자자이고 위험회피형의 투자자는 다수증권으로 구성되는 포트폴리오에 투자하는 분산투자자이다. 분산투자자의 입장에서 보면 포트폴리오를 구성하는 개별증권의 위험은 어떻게 측정되어야 하는가 하는 문제가 생긴다.

포트폴리오에 포함되는 개별증권의 위험척도는 특정증권을 단독으로 보유할 경우의 위험척도인 예상수익률의 분산 또는 표준편차가 아니라, 개별증권이 포트폴리오에 포함됨으로써 포트폴리오의 전체위험이 어떻게 변하는가 하는 관점에서 측정되어야 한다. 그러므로 개별증권의 위험은 특정증권을 포트폴리오에 포함시킴으로서 생기는 포트폴리오 위험의 증감분, 즉 포트폴리오 위험에 대한 개별증권의 한계적 기여분(marginal contribution)이다.

따라서 시장포트폴리오를 구성하는 개별증권의 위험은 그 증권이 시장포트폴리오 위험에 미치는 한계적 기여분이다. 한계적 기여분은 개별증권 수익률과 시장포트폴리오 수익률의 공분산으로 나타낼 수 있고 이를 시장포트폴리오의 분산으로 나누어 표준화하면 $Cov(r_i, r_m)/\sigma_m^2$으로 나타낼 수 있다.

이는 단일지수모형에서 기울기를 나타내므로 개별증권의 체계적 위험인 베타(β) 위험에 해당된다. 위험척도로 β_i가 사용되는 이유는 개별증권의 비체계적 위험은 분산투자에 의해 분산가능한 위험이므로, 분산불가능한 체계적 위험만이 진정한 위험이고 시장은 이에 대해서만 위험프리미엄을 지급한다는 주장을 반영하기 때문이다. 따라서 시장이 균형상태일 때 개별증권의 기대수익률과 체계적 위험 사이에는 다음과 같은 선형관계가 성립한다.

$$E(r_i) = r_f + [E(r_m) - r_f]\beta_i \tag{10-5}$$

식 (10－5)를 자본자산 가격결정모형(*CAPM*)이라고 하고, 이는 수요와 공급이 일치하는 균형시장에서 기대수익률 $E(r_i)$와 체계적 위험 β_i의 관계가 선형관계에 있음을 나타낸다. *CAPM*에서 절편인 r_f는 무위험이자율로 시간보상을 나타내고, $E(r_m)-r_f$는 시장포트폴리오의 체계적 위험 1단위에 대한 보상을 의미하는 시장위험 프리미엄을 나타낸다. 그리고 개별증권의 위험프리미엄은 시장위험프리미엄에 개별증권의 체계적 위험(β_i)을 곱하여 구해진다.

시장포트폴리오의 체계적 위험 β_m은 $Cov(r_i, r_m)/\sigma_m^2$이므로 $\beta_m=1.0$이다. 그리고 개별자산의 β가 1보다 큰 자산을 공격적 자산이라 하고 1보다 작은 자산을 방어적 자산이라고 한다. 공격적 자산의 경우에는 시장의 평균수익률 변동 이상의 수익률이 기대되고 방어적 자산의 경우에는 시장의 평균수익률 변동 이하의 수익률변동이 기대된다.

한편 *CAPM*은 절편이 무위험이자율이고 시장위험프리미엄을 기울기로 하는 직선이므로 증권시장선(security market line: *SML*)이라고 부른다.

한편 포트폴리오의 베타(β_p)는 단순히 포트폴리오를 구성하는 개별증권 베타(β_i)의 가중평균치이다.

$$\beta_p=\sum_{i=1}^{n} w_i\beta_i \qquad (10-6)$$

[그림 10－8] 증권특성선(*SCL*)

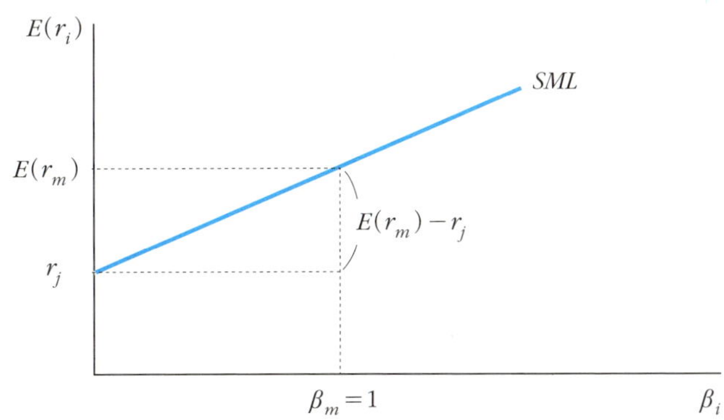

예제 10-4

기대시장수익률이 15%이고 무위험이자율이 6%이다. J주식의 베타계수가 1.2라고 하면 증권시장선에 의해 추정된 J주식의 기대수익률은 얼마인가?

해설 $E(r_i) = 0.06 + (0.15 - 0.06)(1.2) = 0.168$, 16.8%

이는 개별증권뿐만 아니라 포트폴리오의 기대수익률과 체계적 위험관계도 증권시장선 상에서 균형을 이룬다는 것을 의미한다. 이와 같이 증권시장선(*SML*)은 개별증권 또는 포트폴리오의 기대수익률과 체계적 위험 간에 선형관계가 존재한다는 것을 보여준다.

증권시장선(*SML*)에 의하면 모든 개별증권과 포트폴리오의 기대수익률과 위

도움말

단일지수모형과 *SML*

단일지수모형과 *SML*과의 관계를 살펴 보면 다음과 같은 특징이 있다.

첫째, 단일지수모형은 역사적 자료를 기술하기 위해 사용되는 사후적(expost) 모형인 데 비해 *SML*은 기대수익률과 체계적 위험의 관계를 나타내는 사전적(ex ante) 모형이다.

둘째, 단일지수모형은 시장지수(market index)를 하나의 공통요인으로 하는 모형이고, *CAPM*과는 달리 증권가격결정원리를 설명하는 균형모형이 아니다.

셋째, 단일지수모형은 엄격히 말하면 S&P500과 같은 시장지수를 사용하는 반면, *SML*은 시장포트폴리오(market portfolio)를 사용한다. 시장포트폴리오는 시장에 존재하는 모든 증권의 집합(collection)인 반면 시장지수는 이들의 표본을 기초로 한다. 이는 엄격한 의미에서는 단일지수모형에 기초를 둔 주식의 베타(β)와 *CAPM*에 의한 주식의 베타는 서로 다르다는 것을 의미한다.

왜냐하면 단일지수모형에서의 베타는 시장지수와 관련하여 측정되기 때문이다. 그러나 현실에서는 시장포트폴리오의 구성이 정확히 알려져 있지 않기 때문에 시장포트폴리오의 대용치로 시장지수가 사용된다. 그러므로 개념적으로는 차이가 있다고 할지라도, 실제로는 시장지수를 사용하여 측정되는 베타는 시장포트폴리오를 사용하여 측정된 베타를 의미하게 된다.

험은 증권시장선 상에서 균형을 이룬다. 이에 반해 자본시장선(*CML*)은 효율적 포트폴리오의 기대수익률과 위험 사이에 선형관계가 존재한다는 것을 보여주므로 효율적 포트폴리오만이 자본시장선 상에 위치한다. 그리고 증권시장선에서는 위험의 척도로 체계적 위험(β)이 사용되고 자본시장선에서는 총위험(σ)이 사용된다.

2 *CAPM*의 가정과 균형가격 형성

(1) *CAPM*의 가정

자본자산 가격결정모형(*CAPM*)은 마코위츠의 포트폴리오이론을 기초로 샤프(W. Sharpe), 린터너(J. Linterner), 모씬(J. Mossin) 등에 의해 독자적으로 개발되었다.[8] *CAPM*은 포트폴리오 선택이론을 논리적으로 확장한 것으로 다음과 같은 가정을 전제로 한다.

첫째, 투자자는 위험회피적이고, 기대효용을 극대화하고자 한다.

둘째, 투자자는 기대수익률과 분산에 기초하여 포트폴리오를 선택한다.

셋째, 투자기간은 단일의 동일기간으로 모든 투자자에게 같다.

넷째, 무위험자산이 존재하고 무위험이자율에 제한없이 차입과 대출이 가능하다.

다섯째, 투자자는 미래 경제상황과 기업성과에 대해 동질적 예측(homogeneous expectation)을 한다. 그러므로 기대수익률과 공분산에 대해 동일한 예측을 한다.

여섯째, 증권시장은 세금, 거래비용 등 불완전 요인이 없는 완전시장(perfect market)이다.

---

8 William F. Sharpe, "Capital Asset Prices: A Theory of Market Equilibrium under Conditions of Risk," *Journal of Finance*, Vol. 19, no 3(September 1964), pp. 425~442; John Lintner, "Security Prices, Risk, and Maximal Gains from Diversification," *Journal of Finance*, vol. 20, no 12(December 1965), pp. 587~615: J. Mossin, "Equilibrium in a Capital Asset Market," *Econometrica*, vol. 34. no 4(October 1966), pp. 768~783.

(2) 균형가격의 형성

*CAPM*에 의하면 증권의 수요와 공급이 일치하는 균형상태에서는 자산의 기대수익률과 체계적 위험의 관계는 증권시장선 상에 위치하게 된다. 즉 자산의 가격은 그 자산의 기대수익률이 증권시장선 상에 위치하도록 결정된다는 것이다.

[그림 10-9]에서 증권시장선을 일시적으로 벗어나 있는 주식 *U*와 *O*가 존재한다고 가정해 보자. 주식 *U*는 증권시장선상에 있는 주식 *F*에 비해 같은 위험 수준에서 보다 큰 기대수익률을 제공하므로 훨씬 유리한 투자대상이다. 그러므로 투자자들은 주식 *U*를 매입하려 할 것이고 그 결과 주식 *U*의 가격은 상승하고 기대수익률은 하락할 것이다. 그리고 기대수익률이 하락하여 *SML*상에 이를 때 수요와 공급이 균형을 이루게 된다.

한편 주식 *O*는 증권시장선상에 있는 주식 *E*에 비해 같은 위험 수준에서 보다 적은 기대수익률을 제공하므로 매각의 대상이 된다. 그 결과 주식 *O*의 가격은 하락하고 기대수익률은 상승하게 되어 *SML*상에서 수요와 공급이 균형을 이루게 된다.

증권시장선의 위쪽에 위치한 주식 *U*는 균형가격에 비해 과소평가(under-priced)된 주식이고 증권시장선의 아래쪽에 위치한 주식 *O*는 과대평가(over-priced)

[그림 10-9] 균형가격의 형성

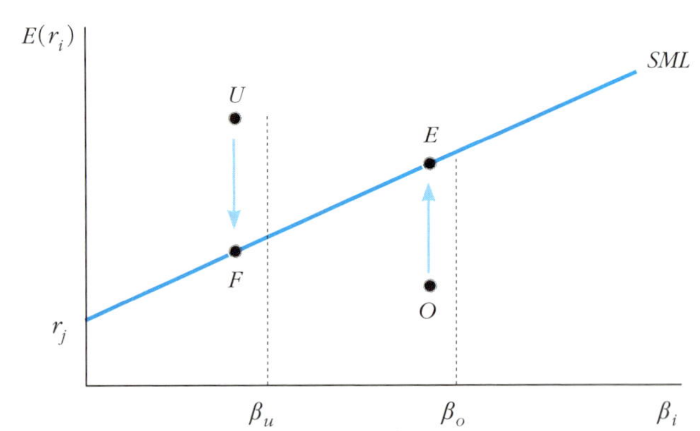

된 주식이다. 과소 또는 과대 평가된 주식의 가격은 그 주식의 체계적 위험에 대응하는 증권시장선 상의 기대수익률이 실현되도록 일시적 조정과정을 거쳐 균형가격에 도달하게 된다.

그러므로 *SML*에 의하면 투자자들이 요구하는 요구수익률 수준은 증권시장선 상의 균형수익률이다. 그리고 증권시장선은 일시적으로 과소 또는 과대 평가된 주식을 발견하기 위한 기준이 되고, 사후적으로는 포트폴리오의 투자성과를 평가하는 기준을 제공한다.

한편 *CAPM*은 시장포트폴리오의 체계적 위험만을 고려하고 현실세계에 존재하는 다른 중요한 경제적 요인들은 고려하지 않는다. 그리고 현실에서는 정확한 시장포트폴리오의 구성이 불가능하고, 체계적 위험의 측정에 수반되는 통계적 편의 등으로 검증상의 어려움을 내포하고 있다는 문제점을 지니고 있다.

5절 차익가격결정모형

1 차익가격결정모형(APM)

*CAPM*의 문제점을 극복하기 위해 개발된 가격결정이론의 하나가 차익가격결정이론(arbitrage pricing theory: *APT*)이다.[9] *CAPM*에서는 증권수익률을 시장포트폴리오 수익률이라고 하는 하나의 공통요인(common factor)에 대한 체계적 위험(β위험)과의 선형함수로 나타내는 데 비해, *APT*에서는 증권수익률을 다수의 공통요인에 대한 체계적 위험과의 선형함수로 규정하는 다요인모형(multi-factor model)을 기본으로 한다.[10]

9 S. A. Ross, "The Arbitrage Theory of Capital Asset Pricing." *Journal of Economic Theory*(December 1976), pp. 343~360.

10 자산의 수익률변동을 어떤 공통요인의 변동에 의해 설명하고자 하는 수익생성모형을 요인모형(factor model)이라고 한다.

차익가격결정모형(arbitrage pricing model: *APM*)에서는 차익거래가 이루어지지 않는 균형상태에서 증권수익률은 다수의 공통요인과 선형관계를 나타낸다고 가정한다. 이를 단순화하여 어떤 증권의 수익률이 두 가지 공통요인에 의해 생성된다면 이 증권의 수익률을 다음과 같이 나타낼 수 있다.

$$r_i = a_i + b_{i1}F_1 + b_{i2}F_2 + e_i \tag{10-7}$$

r_i: i증권의 수익률
a_i: 모든 공통요인에 대한 민감도가 0인 경우의 i증권의 기대수익률
b_{i1}: 첫 번째 공통요인에 대한 i증권의 민감도
b_{i2}: 두 번째 공통요인에 대한 i증권의 민감도
F_1: 첫 번째 공통요인
F_2: 두 번째 공통요인
e_i: 잔차

첫 번째 공통요인 F_1의 기대수익률을 $E(r_{F_1})$이라 할 경우 첫 번째 공통요인에 대한 민감도가 1이고 그 밖의 공통요인에 대한 민감도가 0인 증권의 위험프리미엄은 $[E(r_{F_1}) - r_f]$가 된다. 즉 이는 두 번째 공통요인에 대해 민감도가 1인 증권의 위험프리미엄이 $[E(r_{F_2}) - r_f]$라는 것을 의미한다.

따라서 두 가지 공통요인의 영향을 받는 경우 i증권의 기대수익률과 체계적 위험의 관계를 다음과 같은 선형관계로 나타낸다.

$$\begin{aligned} E(r_i) &= \lambda_0 + \lambda_1 b_1 + \lambda_2 b_2 \\ &= r_f + [E(r_{F_1}) - r_f]b_1 + [E(r_{F_2}) - r_f]b_2 \end{aligned} \tag{10-8}$$

λ_0: 모든 공통요인들의 값이 0인 경우의 i증권의 기대수익률
λ_1: 첫 번째 위험요인에 대한 프리미엄
λ_2: 두 번째 위험요인에 대한 프리미엄
b_1: 첫 번째 공통요인에 대한 민감도
b_2: 두 번째 공통요인에 대한 민감도
$E(r_{F_1}) - r_f$: 첫 번째 공통요인의 초과수익률(위험프리미엄)
$E(r_{F_2}) - r_f$: 두 번째 공통요인의 초과수익률(위험프리미엄)

상기 식에서 모든 위험요인들의 값이 0인 i증권의 기대수익률인 λ_0는 무위험자산이 존재하는 경우에는 무위험이자률 r_f를 의미하게 된다.

예제 10-5

시장균형상태에서 Q주식의 기대수익률은 시장이자율위험, 구매력위험, 경영위험, 시장위험, 채무불이행위험이라는 5가지 공통요인에 의해 결정되고 각 공통요인에 대한 체계적 위험은 모두 1이다. 각 위험에 대한 프리미엄은 각각 1.1, 0.9, 1.0, 0.8, 1.2이다. 이 경우 *APM*에 의하면 Q주식의 기대수익률은 얼마인가? 단 무위험이자율은 5%로 추정된다.

해설 $E(r_i) = 5 + 1.1(1.0) + 0.9(1.0) + 1.0(1.0) + 0.8(1.0) + 0.2(1.0)$
$= 10\%$

이를 일반화하여 다요인에 의해 생성되는 자산 i의 기대수익률과 체계적 위험의 관계는 다음과 같이 나타내고 이를 차익가격결정모형(*APM*)이라고 한다.

$$E(r_i) = \lambda_0 + \lambda_1 b_1 + \lambda_2 b_2 + \cdots + \lambda_k b_k$$
$$= r_f + [E(r_{F_1}) - r_f]b_1 + [E(r_{F_2}) - r_f]b_2 + \cdots + [E(r_{F_k}) - r_f]b_k \qquad (10-9)$$

$E(r_{F_k})$: k번째 공통요인에 대한 체계적 위험이 1이고 다른 공통요인에 대한 체계적 위험은 0인 포트폴리오의 기대수익률

2 *APM*과 *CAPM*의 비교

차익가격 결정모형(*APM*)과 자본자산 가격결정모형(*CAPM*)은 모두 균형상태에서의 가격결정원리를 설명하는 균형가격 결정모형이다. 두 모형을 비교해 보면 *APM*에서는 증권수익률의 움직임이 구체적으로 규정되지 않은 다수의 공통요인에 관련된 체계적 위험과 선형관계를 나타내고 있다는 것을 보여주고, *CAPM*에서는 증권수익률의 움직임이 시장포트폴리오라고 하는 하나의 공통요인에 대한 체계적 위험과 선형관계가 있음을 보여준다.

*APM*에서 여러 공통요인 중 하나의 요인에 대한 민감도(체계적 위험)가 1이고 다른 공통요인과는 민감도가 0인 증권 i의 기대수익률은 다음과 같이 나타낼 수 있다.

$$E(r_i) = r_f + [E(r_{F_1}) - r_f]b_{i1} \qquad (10-10)$$

식 (10－10)에서 유일한 공통요인이 시장포트폴리오를 의미한다면 $E(r_{F_1})$은 시장포트폴리오의 기대수익률이 되고 공통요인에 대한 민감도를 나타내면 b_{i1}은 시장포트폴리오에 대한 민감도를 나타내는 β_i를 의미하게 된다. 따라서 이 경우 식 (10－10)은 바로 *CAPM*이 된다.

$$E(r_i) = r_f + [E(r_m) - r_f]\beta_i \qquad (10-11)$$

그러므로 *CAPM*은 *APM*에 의해 설명될 수 있는 여러 경우 가운데 하나의 특별한 경우를 나타낸다고 할 수 있다. 이와 같이 차익가격결정이론은 시장포트폴리오라고 하는 하나의 요인에 의존하지 않고 다수의 요인을 설명요인으로 포함하고 있다는 의미에서 보다 일반화된 모형이라고 할 수 있다. 그러나 *APM*에서도 얼마나 많은 공통요인들이 증권수익률을 설명할 수 있고 그 요인들이 무엇인가 하는 점에 대해서는 명확히 밝히지 못하고 있다.

용어정리

- 공격적 자산
- 균형가격
- 다요인 모형
- 대출포트폴리오
- 무위험자산
- 방어적 자산
- 베타(β)위험
- 분리정리
- 비체계적 위험
- 시간의 시장가격
- 시장포트폴리오
- 위험의 시장가격
- 자본배분선(*CAL*)
- 자본시장선(*CML*)
- 증권시장선(*SML*)
- 증권특성선(*SCL*)
- 차익가격
- 차입포트폴리오
- 체계적 위험
- 최적포트폴리오
- 효율적 포트폴리오
- 효율적 프론티어
- *APT*
- *CAPM*

연/습/문/제

01 분산투자효과의 의미를 설명하시오.

02 β가 적절한 위험척도가 되는 이유는 무엇인가?

03 최적포트폴리오의 선택과정을 설명하시오.

04 *CAPM*의 의의와 가정에 대해 설명하시오.

05 증권시장선(*SML*)과 증권특성선(*SCL*)을 비교설명하시오.

06 증권시장선(*SML*)과 자본시장선(*CML*)을 비교설명하시오.

07 *CAPM*의 문제점에 대해 언급하시오.

08 위험자산으로 구성된 포트폴리오가 있다. 이 포트폴리오의 1년 후 현금흐름은 500만원이 되거나 1,500만원이 될 가능성이 있는데, 각 상황의 발생확률은 모두 0.5이다. 그리고 무위험자산의 수익률은 연 5%이다. 포트폴리오의 기대수익률이 15%라면 위 포트폴리오의 가격은 얼마가 되어야 하나?

09 당신이 예상수익률이 17%, 표준편차가 27%인 위험포트폴리오의 관리자이고 무위험증권의 수익률은 7%라고 가정한다.

(1) 당신의 고객이 위와 같은 위험포트폴리오에 70%, 무위험증권에 30% 투자하였다면 그 고객의 예상수익률과 표준편차는 얼마인가?

(2) 당신의 위험포트폴리오가 아래와 같이 구성되었다고 하자.

주식 A	27%
주식 B	33%
주식 C	40%

무위험증권을 위 포트폴리오에 포함할 경우 고객의 전체 포트폴리오 구성은 어떻게 변하는가?

(3) 당신이 관리하는 위험포트폴리오의 위험보상률은 얼마인가?

(4) 기대수익률과 표준편차를 근거로 하여 *CML*을 그리고 *CML*의 기울기를 도출하시오. 또한 *CML* 상에 당신고객의 포트폴리오 위치를 표시하시오.

10 3년 동안의 시장포트폴리오 수익률과 F기업 수익률이 다음과 같다. 각 연도 수익률의 발생확률이 1/3인 경우 F기업의 베타(β)는 얼마인가?

연 도	F기업 수익률	시장수익률
1	0.12	0.10
2	0.20	0.15
3	0.10	0.08

11 시장포트폴리오의 예상수익률이 연 10%이다. 그리고 베타값이 1.2인 주식의 예상수익률은 연 12%이다. 만약 시장수익률이 연 8%로 떨어진다면 위 주식에 대한 투자수익률은 얼마로 수정되어야 하는가?

12 $r_f=5\%$, $E(r_m)=15\%$일 때 $E(r_p)=20\%$인 포트폴리오의 베타값이 얼마인가?

13 어떤 주식의 시장가격이 40,000원이고 기대수익률은 13%이다. 또한 무위험이자율이 7%이고 시장위험 프리미엄은 8%이다. 다른 변수는 변화하지 않고 베타값만 2배로 증가한다면 이 주식의 시장가격은 얼마가 되나? 단, 이 주식의 배당은 일정하다고 가정한다.

14 시장상황의 변동에 따른 시장수익률과 이에 상응하는 두 주식의 예상수익률이 다음과 같다.

시장상황	시장수익률	공격적 주식(A)	방어적 주식(B)
1	0.05	0.02	0.035
2	0.20	0.32	0.14

(1) 두 주식의 베타값은 얼마인가?

(2) 시장수익률이 5%와 20%가 될 확률이 각각 50%라고 할때 두 주식의 기대수익률을 구하시오?

(3) 무위험증권의 이자율이 8%이고 시장수익률이 5%와 20%가 될 확률이 각각 50%라고 할 때 *SML*을 도출하시오.

(4) *SML* 그래프상에 두 주식의 위치를 표시하시오. 두 주식이 *SML*을 벗어난 정도(α)는 얼마인가?

(5) 방어적 투자를 하는 기업의 위험과 같은 위험을 갖는 투자안에 대하여 공격적 투자를 하는 기업의 경영자는 몇 %의 할인율을 적용하여야 하나?

15 M사의 연 수익률과 시장수익률이 다음과 같다

연 도	1	2	3	4	5	평균수익률	표준편차
시장수익률	0.08	0.14	0.10	0.20	0.12	0.128	0.041
*M*사수익률	0.12	0.20	0.15	0.25	0.14	0.172	0.047

(1) *M*사의 수익률과 시장수익률 간의 상관계수가 0.967인 경우 이 기업의 베타(β)를 구하시오.

(2) M사의 총위험, 체계적 위험, 비체계적 위험의 크기를 구하시오.

(3) 무위험수익률이 10%인 경우 증권시장선을 구하고, M사의 균형수익률을 구하시오.

(4) M사의 주식이 시장에서 12%의 수익률로 거래되고 있다면 이 주식의 가격은 과대평가되었는가 과소평가되었는가?

Investment

PART 4

채권 분석

제4편에서는 고정소득증권인 채권에 대해 회사채를 중심으로 살펴본다. 제11장에서는 회사채의 매매제도를 중심으로 알아보고, 채권평가모형에 대해 알아본다. 제12장에서는 채권수익률의 기간구조 이론과 위험구조 그리고 채권등급평가에 대해 알아본다. 제13장에서는 듀레이션(duration)의 개념과 소극적 채권투자전략과 적극적 채권투자전략을 소개한다.

CHAPTER 11 채권매매와 채권평가

1절 채권시장의 매매거래

1 회사채의 발행과 상장

(1) 회사채의 발행

회사채 발행방식은 공모발행과 사모발행으로 구분된다. 공모발행의 경우 인수기관을 통하여 발행하며, 사모발행의 경우에는 발행기업이 최종매수자와 협의하여 발행한다.

우리나라의 경우 회사채 발행은 총액인수 방식을 채택하고 있으므로 발행회사는 인수기관을 선정하여 발행사무 일체를 위임하며, 인수기관은 발행사채를 총액인수한 후 매수자에게 매도한다. 인수기관은 인수부담을 줄이기 위해 발행계획을 수립할 때 미리 매수자를 물색하는 것이 일반적이다. 이때 기관투자자가 주된 매수자가 된다.

(2) 회사채의 상장

채권의 상장이란 발행된 채권이 거래소 채권시장에서 거래될 수 있는 자격을

〈표 11-1〉 채권의 상장조건 개요

구 분	심사조건
발행회사 요건	자본금이 5억원 이상인 법인 단, 보증사채권, 담보부사채권, 자산유동화채권은 제외 모집 또는 매출요건 당해채권이 모집 또는 매출에 의하여 발행되었을 것
발행총액 요건	발행액면총액이 3억원 이상 단, 보증사채권 및 담보부사채권은 5천만원 이상
미상환액면 총액 요건	당해채권의 미상환 액면총액이 3억원 이상 다만, 보증사채권 및 담보부사채권은 5천만원 이상
통일규격채권 요건	유가증권취급규정에 의한 통일규격채권
발행권종 요건	전환사채의 경우 거래소가 정하는 단일권종(10만원권종)일 것

※ 국채증권, 지방채증권, 특수채권은 심사하지 아니하고 상장신청서만 제출.

부여하는 것으로 현재 국내에서 공모 발행되고 있는 거의 모든 채권이 거래소에 상장되고 있다.

채권의 경우 대부분 발행당일에 거래가 가장 활발하므로 사전에 상장신청을 받아 발행일에 채권이 상장된다. 채권이 상장되기 위해서는 정해진 심사기준을 통과하여야 한다. 회사채의 주요 상장조건은 〈표 11-1〉과 같다.

2 채권의 유통시장

채권의 유통시장은 거래 상대방을 찾는 방법에 따라 직접탐색시장, 위탁매매시장, 자기매매시장, 경매시장으로 구분된다. 직접탐색시장은 투자자가 거래상대방을 직접 찾아 거래가 이루어지는 시장이고, 위탁매매시장은 대리인(broker)을 통해 거래상대를 찾아 매매가 이루어지는 시장이다. 자기매매시장은 채권거래전문가인 딜러(dealer)가 자기계산으로 재고를 보유하고 자신의 호가에 따라 거래가 이루어지는 시장이다. 경매시장은 투자자들이 매수 및 매도주문을 집중하여 시장수급에 따라 가격이 결정되는 시장이다.

우리나라 채권시장은 딜러인 금융투자회사(투자매매·중개업자) 중심의 상대매매시장이 대부분으로 회사채, 금융채 등이 거래의 주종을 이루어 왔다. 그러나 국채의 대량발행과 함께 정부의 국채전문딜러 제도의 도입으로 종전의 딜러의 대고객 상대매매 시장과 전산스크린에 의한 딜러간 경쟁매매시장(Inter-Dealer Market : IDM)이 공존하게 되었다.

채권유통시장은 조직적 시장인 거래소시장과 비조직적 시장인 장외시장으로 구분된다. 거래소시장은 위탁매매를 위해 거래소가 개설하는 채권시장으로 상장채권만이 거래대상이 된다. 장외시장에서는 금융투자회사(투자매매·중개업자)와 고객간 또는 고객상호간에 상장채권과 비상장채권을 대상으로 주로 상대매매를 통해 거래가 이루어진다. 채권시장은 주식시장과 달리 대부분 장외시장을 중심으로 거래가 이루어진다.[1]

3 채권의 매매거래

상장채권의 매매거래 시간은 공휴일, 토요일을 제외하고 매일 09:00~15:00까지 이루어진다. 일반채권의 호가가격단위는 1원, 호가수량단위는 1만원이고, 매매수량단위는 액면금액(최소 10만원)이며 가격제한폭은 없다. 매매체결방법은 동시호가의 경우 단일가격에 의한 개별경쟁매매 방식에 의하고 접속매매의 경우 복수가격에 의한 개별경쟁매매 방식에 따른다. 매매거래의 결제는 채권의 경우 당일결제거래만 허용된다.

〈표 11-2〉 상장채권의 매매제도

구 분	일반채권	주식관련 사채
매매시간	09:00~15:00	09:00~15:00
호가가격단위	1원	1원
호가수량단위	액면 1만원	액면 1만원
매매단위	액면금액 10만원 (소액채권 1,000원)	권종금액 (최소액면 10만원)
결제방법	당일결제	당일결제
가격제한폭	없음	없음

1 국고채, 외평채, 통안채, 예보채권은 국채딜러간 거래시장에서 별도 거래가 이루어진다.

도움말

채권시가평가제

채권시가평가제는 채권을 시장가격으로 평가하는 제도이다. 채권을 평가하는 경우 매입시점의 가격에 따라 평가하는 장부가치에 의한 평가가 아니라 유통시장에서 매일매일 결정되는 가격에 따라 채권을 평가하게 된다. 종래 채권은 만기까지 보유함으로써 확정이자소득을 목표로 하는 저축수단으로 생각하였으나, 시가평가제를 도입함으로써 채권을 주식처럼 유통대상으로 생각하게 되고 이는 채권시장의 활성화에 기여하게 된다.

한편 투자자의 채권매매에 따른 환금성 및 유통성을 높이기 위해 매매거래일의 일정시간 동안 종목, 가격, 수량이 동일한 채권의 매도 및 매수호가에 대하여 증권회사가 매매거래를 성립시키고자 신청하는 경우에 거래소가 그 가격과 수량으로 매매거래를 성립시키는 제도를 신고매매라고 한다.

2절 채권평가모형과 채권수익률

1 채권평가의 기본모형

채권(bond)은 장기자금의 조달수단으로 채권계약에 따라 이자지급과 원금의 상환을 약속하는 채무증서이다. 그리고 채권의 내재가치는 채권을 보유함으로써 기대되는 미래현금흐름의 현재가치로 나타낸다. 채권을 보유함으로써 기대되는 미래현금흐름의 구체적인 형태는 만기까지의 이자지급액과 만기에 상환되는 액면가격이므로, 채권의 이론적 가격은 이자와 액면가격을 적정할인율로 할인한 현재가치이다.

적정할인율은 채무불이행위험(default risk)이 반영된 시장이자율(market interest rate)로 개별 채권의 위험프리미엄의 크기에 따라 다르다. 이자율은 돈에 대한 가격으로 채권자의 입장에서는 수익률에 해당되기 때문에 시장이자율은 채권수익률(bond yield)과 같다. 즉 채권수익률은 일정기간 동안 채권에 투자해서 얻는 수익이 원금에서 차지하는 비율을 의미하므로 예금이자율과 같은 개념이라고 할 수 있다.

채권의 가장 일반적인 형태인 이표채(coupon bond)의 이론적 가격은 다음과 같이 나타내고 이를 채권평가모형이라고 한다.

$$B=\frac{I_1}{(1+y)}+\frac{I_2}{(1+y)^2}+\cdots+\frac{I_n}{(1+y)^n}+\frac{M}{(1+y)^n}$$

$$B=\sum_{t=1}^{n}\frac{I_t}{(1+y)^t}+\frac{M}{(1+y)^n} \qquad (11-1)$$

B: 채권의 이론가격(내재가치)
I_t: t기의 이자지급액(M_i)
M: 액면가격(상환액)
y: 시장이자율(채권수익률)
n: 상환횟수
i: 표면(액면)이자율

예제 11-1

액면가격이 1,000만원, 표면이자율이 연 8%, 만기가 10년인 채권이 있다. 이 채권의 이자지급은 매년 말에 정기적으로 이루어진다. 시장이자율이 10%인 경우 이 채권의 이론적 가격은 얼마인가?

해설 $I=M_i=1,000\times0.08=80$

$$B=\sum_{t=1}^{10}\frac{80}{(1+0.1)^t}+\frac{1,000}{(1+0.1)^{10}}$$
$$=80\times PVIFA_{(10\%,\,10)}+1,000\times PVIF_{(10\%,\,10)}$$
$$=80(6.1446)+1,000(0.3855)$$
$$=8,770,680\text{원}$$

한편 무이표채(zero-coupon bond)는 이자지급이 이루어지지 않고 상환가격과 매입가격의 차이가 이자로 인식되는 할인채이다. 그러므로 무이표채의 이론적 가격은 상환액의 현재가치로 식 (11-1)로부터 다음과 같이 나타낸다.

$$B = \frac{M}{(1+y)^n} \tag{11-2}$$

이자지급 시기와 관련하여 대부분의 이표채는 이자지급이 실제로는 3개월 또는 6개월 단위로 이루어진다. 만일 이자지급이 6개월마다 이루어진다면 매회 지급되는 이자는 연간지급액의 반이 되고 지급횟수는 연수의 2배가 된다. 그리고 할인율로 사용되는 이자율은 연간이자율의 반이 된다. 그러므로 1년에 여러 번 이자지급이 이루어지는 경우에는 식 (10－1)은 다음과 같이 조정된다.

$$B = \sum_{t=1}^{mn} \frac{\left(\frac{I_t}{m}\right)}{\left(1+\frac{y}{m}\right)^t} + \frac{M}{\left(1+\frac{y}{m}\right)^{mn}} \tag{11-3}$$

예제 11－2

액면가격이 1,000만원, 표면이자율이 연 8%, 만기가 10년인 채권이 있다. 이 채권의 이자지급이 6개월마다 이루어진다면 시장이자율이 연10%인 경우 채권의 이론적 가격은 얼마인가?

해설

$$\begin{aligned} B &= \sum_{t=1}^{20} \frac{40}{(1+0.05)^t} + \frac{1,000}{(1+0.05)^{20}} \\ &= 40 \times PVIFA_{(5\%,\,20)} + 1,000 \times PVIF_{(5\%,\,20)} \\ &= 40(12.4622) + 1,000(0.3769) \\ &= 8,753,880\text{원} \end{aligned}$$

이상에서 살펴본 채권평가모형에서 가장 기본적인 특성은 채권가격은 채권수익률(시장이자율)의 변화방향과 반대방향으로 움직인다는 것이다. 채권가격은 기대현금흐름의 현재가치이므로 채권수익률이 증가하면 가격은 감소하고, 채권수익률이 감소하면 가격은 증가한다. 이와 같은 관계를 그림으로 나타내면 다음과 같다.

[그림 11－1] 채권가격과 채권수익률의 관계

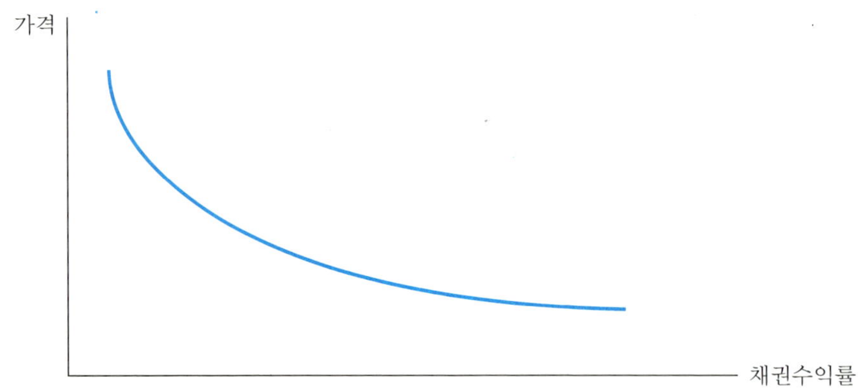

2 채권수익률의 개념

채권투자에 사용되는 투자자본의 단위기간당 증가율을 채권수익률(bond yield)이라고 한다. 일반적으로 채권수익률은 만기수익률(yield to maturity)을 의미하지만, 산출방법이나 목적에 따라 다른 형태의 수익률을 지칭하기도 한다.

(1) 만기수익률

유통시장에서 채권이 거래되고 시장가격이 주어지면 이로부터 내부수익률을 구할 수 있다. 이 경우 내부수익률은 채권을 매입하여 만기까지 보유하고 만기이전에 지급되는 이자는 만기수익률에 재투자함으로써 얻게 되는 평균수익률이다. 그러므로 만기수익률(yield to maturity)은 채권평가모형에서 이자 및 액면가격의 현재가치와 시장가격을 일치시켜 주는 할인율로 정의된다. 일반적으로 채권수익률은 만기수익률을 의미하고 연 수익률로 나타낸다.

$$P=\frac{I_1}{(1+y)}+\frac{I_2}{(1+y)^2}+\cdots+\frac{I_n}{(1+y)^n}+\frac{M}{(1+y)^n}$$

$$P = \sum_{t=1}^{n} \frac{I_t}{(1+y)^t} + \frac{M}{(1+y)^n} \qquad (11-4)$$

I_t: 표면이자
P: 시장가격
y: 만기수익률(채권수익률)

한편 발행시장에서 신규로 발행되어 모집되고 있는 채권에 응모하여 만기까지 보유한 경우의 만기수익률을 발행수익률 또는 응모자수익률이라 하고, 유통시장에서 이미 발행된 채권을 매입하여 만기까지 보유할 경우의 만기수익률을 유통수익률(current yield)이라고 한다. 통상 채권시장에서 사용되는 채권수익률은 유통수익률을 말한다.

예제 11-3

현재 시장가격이 900만원이고 액면가격이 1,000만원인 채권의 만기까지의 기간은 3년이다. 이 채권의 연간 이자지급액은 60만원이고 이자지급은 매년 말에 지급된다. 이 채권의 만기수익률을 구하시오.

해설 $900 = \frac{60}{(1+y)} + \frac{60}{(1+y)^2} + \frac{60}{(1+y)^3} + \frac{1,000}{(1+y)^3}$

$y = 0.1002,\ 10.02\%$

도움말

만기수익률의 근사치

계산기나 컴퓨터의 사용이 가능하지 않은 경우에는 다음 식을 이용하여 만기수익률의 근사치(*AYTM*)를 산출할 수 있다.

$$AYTM = \frac{I + (M-P)/n}{(M+P)/2}$$

(2) 표면이자율

표면이자율(coupon rate)은 액면이자율로 채권면상에 표시된 고정이자율을 말하고 표면이자율은 채권이 발행된 후에는 변경될 수 없다. 채권의 시장가격은 채권발행 후 시장이자율이 표면이자율을 상회하느냐 하회하느냐에 따라 달라진다. 시장이자율이 표면이자율을 상회하면 시장가격은 액면가격보다 낮게 형성된다.

(3) 경상수익률

경상수익률(current yield)은 현재 시장가격에 대해 연간 표면이자가 차지하는 비율로 당기수익률이라고도 한다.

$$경상수익률 = \frac{연간\ 표면이자}{현재시장가격} \tag{11-5}$$

경상수익률은 표면이자율과 같은 경우도 있고 다른 경우도 있으나, 대개의 경우 표면이자율과 다르다. 식 (11－5)에서 보는 바와 같이 경상수익률은 채권의 시장가격이 오르면 감소하고 시장가격이 내리면 증가한다. 경상수익률은 투자로부

[그림 11－2] 수익률 간의 관계

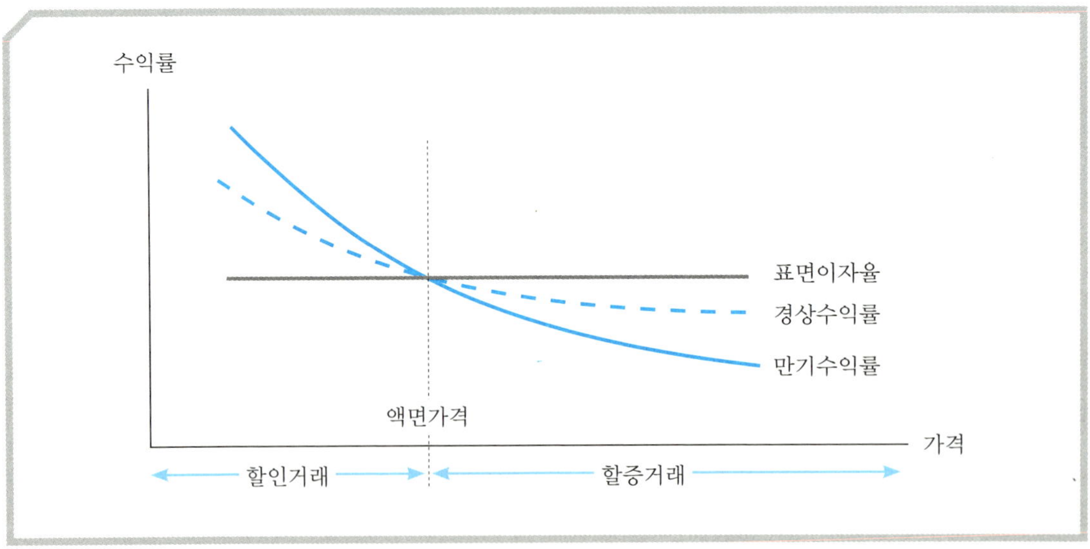

터 매년 일정률의 현금수입을 필요로 하는 투자자에게 유용한 척도가 된다.

채권의 시장가격이 액면가격과 같은 액면거래에서는 만기수익률, 표면이자율, 경상수익률이 모두 같고, 채권의 시장가격이 액면가격보다 낮은 할인거래에서는 만기수익률이 경상수익률보다 높고 경상수익률이 표면이자율보다 높다. 그리고 시장가격이 액면가격보다 높은 할증거래에서는 표면이자율이 경상수익률보다 높고 경상수익률이 만기수익률보다 높다.[2] 이러한 관계를 그림으로 나타내면 [그림 11−2]와 같다.

예제 11−4

표면이자율이 8%이고, 액면가격이 1,000만원, 그리고 만기가 7년인 채권의 현재 시장가격이 814.1만원이다. 이 채권의 표면이자는 매 6개월마다 지급된다. 다음의 현가계수표를 이용하여 이 채권의 경상수익률과 만기수익률을 구하시오.

기간(n)이 14인 경우의 할인율과 현가계수

할인율(%)	연금의 현가계수(*PVIFA*)	현가계수(*PVIF*)
6%	9.2950	0.4423
7%	8.7455	0.3878
8%	8.2442	0.3405

해설 경상수익률 $= \dfrac{80}{814.1} = 0.098,\ 9.8\%$

만기수익률 $= 814.1 = \dfrac{40}{\left(1+\dfrac{y}{2}\right)} + \dfrac{40}{\left(1+\dfrac{y}{2}\right)^2} + \cdots + \dfrac{40}{\left(1+\dfrac{y}{2}\right)^{14}} + \dfrac{1,000}{\left(1+\dfrac{y}{2}\right)^{14}}$

할인율이 6%인 경우 기대현금흐름의 현재가치는

$40 \times 9.2950 + 1,000 \times 0.4423 = 814.1$만원

$\dfrac{y}{2} = 6\%,\ y = 12\%$

---

2 우리나라의 경우 대부분의 회사채는 액면발행된다.

3 절 채권가격 결정요소

채권가격에 영향을 미치는 요인으로는 채권에 대한 수요와 공급, 금융시장의 자금사정, 경기동향 등 외적 요인뿐만 아니라, 채권 자체의 특성인 내적 요인에 의해 영향을 받는다. 채권평가모형에서 보는 바와 같이 채권가격은 채권수익률(만기수익률), 만기까지의 기간, 그리고 표면이자율에 의해 결정된다. 이 요인들과 채권가격과의 관계는 다음과 같다.

첫째, 채권가격은 채권수익률과 반대방향으로 움직인다.

둘째, 만기까지의 기간이 길수록 채권수익률의 변동에 따른 채권가격 변동률이 크다.

셋째, 채권수익률에 변동이 있을 때 표면이자율이 높은 채권일수록 가격변동폭이 적다. 즉 채권가격의 변동률은 표면이자율과 반대방향으로 움직인다.

1 채권수익률과 채권가격

채권평가모형에서 표면이자가 일정하다면 채권수익률이 변함에 따라 채권가격은 채권수익률과 반대방향으로 움직인다. 즉 채권수익률이 증가하면 채권가격은 하락하고 채권수익률이 감소하면 채권가격은 상승한다.

예를 들어 액면가격이 1,000만원, 표면이자율이 8%, 만기가 5년이고, 이자지급은 매년 말에 이루어지는 채권이 있다고 하자. 이 채권의 채권수익률이 표면이자율과 같은 경우, 채권수익률이 표면이자율보다 작은 경우, 그리고 채권수익률이 표면이자율보다 큰 경우의 채권가격은 각각 다음과 같다.

(1) 채권수익률이 표면이자율과 같은 경우(채권수익률=8%)

$$B=\frac{80}{(1+0.08)}+\frac{80}{(1+0.08)^2}+\frac{80}{(1+0.08)^3}+\frac{80}{(1+0.08)^4}+\frac{80+1,000}{(1+0.08)^5}$$

$=74.07+68.59+63.51+58.80+735.03$

$=1,000$만원

(2) 채권수익률이 표면이자율보다 높은 경우(채권수익률=9%)

$$B=\frac{80}{(1+0.09)}+\frac{80}{(1+0.09)^2}+\frac{80}{(1+0.09)^3}+\frac{80}{(1+0.09)^4}+\frac{80+1,000}{(1+0.09)^5}$$

$=73.39+67.33+61.77+56.67+701.93$

$=961.09$만원

(3) 채권수익률이 표면이자율보다 낮은 경우(채권수익률=7%)

$$B=\frac{80}{(1+0.07)}+\frac{80}{(1+0.07)^2}+\frac{80}{(1+0.07)^3}+\frac{80}{(1+0.07)^4}+\frac{80+1,000}{(1+0.07)^5}$$

$=74.77+69.88+65.30+61.03+770.03$

$=1,041.01$만원

이를 요약하여 나타내면 〈표 11-3〉과 같다.

채권수익률이 표면이자율인 8%를 넘어서면 채권가격은 액면가격보다 적어야 한다. 만일 투자자들의 요구수익률이 표면이자율보다 높은 9%라고 하면 이 채권과 비교 가능한 다른 투자기회로부터 9%의 만기수익률을 얻을 수 있다는 것을 의미한다. 그러나 이 채권은 8%의 표면이자율밖에 지불하지 않으므로 채권자들은 이 채권에 대해 1,000만원을 지불하려 하지 않을 것이다. 그러므로 채권가격은 9%의 수익률을 제공하는 수준까지 감소되게 된다.

〈표 11-3〉 채권수익률과 채권가격(만기 5년)

채권수익률(%)	채권가격(만원)	변동률(%)
7	1,041.01	4.1
8	1,000.00	0.0
9	961.09	-3.89

한편 투자자들의 요구수익률이 표면이자율보다 낮은 7%라고 하면 요구수익률보다 높은 수준의 표면이자율이 지급되므로 채권가격은 액면가격보다 높은 가격에 매각된다. 이와 같이 채권수익률과 채권가격은 서로 반대방향으로 움직인다.

2 만기와 채권가격

채권수익률의 변동에 따른 채권가격의 변동은 만기까지의 기간이 길수록 더 큰 폭으로 변한다. 위험과 표면이자율이 동일한 두 채권의 액면가격이 모두 1,000만원이고, 만기가 각각 5년과 3년이라고 하자. 두 채권의 표면이자율이 채권수익률과 같은 경우에 각 채권은 액면가격에 거래된다. 그러므로 이 경우에는 만기까지의 기간이 가격에 아무런 영향을 미치지 않는다. 그러나 표면이자율이 채권수익률과 다른 경우에는 채권가격은 만기까지의 기간에 의해 영향을 받는다.

예를 들어 액면가격이 1,000만원, 표면이자율이 8%, 만기가 3년, 그리고 이자지급이 매년 이루어지는 채권이 있다고 가정하고, 이 채권의 채권수익률이 변하는데 따른 채권가격의 변동을 살펴보자.

(1) 채권수익률이 표면이자율과 같은 경우(채권수익률=8%)

$$B=\frac{80}{(1+0.08)}+\frac{80}{(1+0.08)^2}+\frac{80+1,000}{(1+0.08)^3}$$
$$=74.07+68.59+857.34$$
$$=1,000\text{만원}$$

(2) 채권수익률이 표면이자율보다 큰 경우(채권수익률=9%)

$$B=\frac{80}{(1+0.09)}+\frac{80}{(1+0.09)^2}+\frac{80+1,000}{(1+0.09)^3}$$
$$=73.39+67.33+833.96$$
$$=974.68\text{만원}$$

〈표 11-4〉 만기와 채권가격변동

채권 수익률 (%)	만기 5년			만기 3년		
	채권가격(만원)	가격변동(만원)	변동률(%)	채권가격(만원)	가격변동(만원)	변동률(%)
7	1,041.01	41.01	4.1	1,026.25	26.24	2.63
8	1,000.00	0	0	1,000.00	0	0
9	961.09	38.29	-3.89	974.68	25.31	-2.53

(3) 채권수익률이 표면이자율보다 낮은 경우(채권수익률=7%)

$$B=\frac{80}{(1+0.07)}+\frac{80}{(1+0.07)^2}+\frac{80+1,000}{(1+0.07)^3}$$

$$=74.77+69.88+881.60$$

$$=1,026.25\text{만원}$$

이를 〈표 11-3〉의 만기가 5년인 경우와 함께 나타내면 〈표 11-4〉와 같다.

〈표 11-4〉에서 채권수익률이 8%에서 9%로 상승하면 만기 5년인 채권의 가격은 3.89% 하락하는 데 비해, 만기 3년인 채권은 2.53% 하락한다. 그리고 채권수익률이 8%에서 7%로 하락하면 만기 5년인 채권의 가격은 4.1% 상승하는 데 비해, 만기 3년인 채권의 가격은 2.63% 상승한다. 이와 같이 만기가 긴 채권일수록 가격변동폭이 크다. 따라서 장기채권이 단기채권보다 채권의 가격변동폭이 크다.

한편 주어진 만기에서 보면 채권수익률이 변동할 경우 채권수익률의 하락에 따른 가격상승폭이 채권수익률의 상승에 따른 가격변동폭보다 크다는 것을 나타낸다. 〈표 11-4〉에서 만기가 5년인 경우 채권수익률이 8%에서 7%로 하락하면 채권가격은 4.1% 상승하는 데 비해 채권수익률이 8%에서 9%로 상승하면 채권가격은 3.89% 하락한다.

3 표면이자율과 채권가격

표면이자율이 높은 채권일수록 채권수익률 변동에 따른 채권가격 변동폭이

〈표 11－5〉 표면이자율과 채권가격변동

채권 수익률	표면이자율					
	0%	변동률(%)	4%	변동률(%)	8%	변동률(%)
0%	1,000만원	－	1,200만원	－	1,400만원	－
1	951.47	－4.85	1,145.60	－4.53	1,339.74	－4.30
2	905.73	－4.81	1,094.27	－4.48	1,282.81	－4.23
3	862.61	－4.76	1,045.80	－4.43	1,228.99	－4.20
4	821.93	－4.72	1,000.00	－4.38	1,178.07	－4.14
5	783.53	－4.67	956.71	－4.33	1,129.88	－4.09

적다. 〈표 11－5〉는 표면이자율이 0%, 4%, 8%인 세 채권의 가격을 나타낸다.

〈표 11－5〉에서 보면 채권수익률이 4%에서 5%로 변하는 경우 표면이자율이 0%인 경우에는 －4.67%, 표면이자율이 4%인 경우에는 －4.33%, 표면이자율이 8%인 경우에는 －4.09% 변한다. 이와 같이 다른 조건이 같다면 채권수익률이 변할 때 표면이자율이 높은 채권이 표면이자율이 낮은 채권에 비해 가격변동률이 적다.

이와 같이 만기까지 기간이 일정할 경우 채권수익률이 변하면 표면금리가 낮은 채권일수록 금리변화에 더 민감하다. 그러므로 채권수익률의 하락이 예상되면 가격의 상승이 예상되는 경우이므로 표면이자율이 낮고, 만기가 긴 채권을 매입하여 투자수익을 높일 수 있다.

용어정리

- 경상수익률
- 발행수익률
- 채권수익률
- 만기수익률
- 시장이자율
- 표면이자율
- 무이표채
- 유통수익률

연/습/문/제

01 표면이자율, 경상수익률, 만기수익률의 관계를 설명하시오.

02 이자율이 상승하면 저축을 늘려야 하는가 줄여야 하는가?

03 채권가격에 영향을 미치는 요인에 대해 설명하시오.

04 만기가 1년이고 연 이자지급액이 100,000원인 채권의 액면가격이 1,000,000원이다. 시장가격이 950,000원인 경우 이 채권의 만기수익률은 얼마인가?

05 액면가격이 100,000원인 다음 두 증권 중 어떤 증권의 실효이익률이 높은가?

(1) 97,645원에 판매되는 3개월만기 재정증권

(2) 반기에 5%의 이자를 지급하고 액면가로 판매되고 있는 증권

06 표면이자율이 연 8%이고 이자지급은 6개월마다 지급하는 채권이 있다. 이 채권은 현재 액면가로 판매되고 있다. 이자를 연 1회 지급하면서 액면가로 판매하기 위해서는 이 채권의 표면이자율이 얼마가 되어야 하는가?

07 시장이자율이 연 8%이고, 6개월마다 이자지급이 이루어지는 표면이자율이 연 10%의 채권이 있다고 가정하자. 이 채권의 액면가액은 1,000,000원이고 만기까지는 3년이 남아 있다.

(1) 현재의 채권가격과 1기 이자가 막 지급된 후인 6개월 뒤의 채권가격을 구하시오. 이 기간 동안 시장이자율은 불변이다.

(2) 이 채권에 대한 총수익률은 얼마인가?

08 다음의 세 가지 채권 중 하나를 택하여 1년 동안 투자하려고 한다. 세 채권 모두 채무불이행위험은 동일하며 만기는 10년이다. 첫번째 채권은 무이표채권으로 만기에 1,000,000원을 지급한다. 두 번째 채권은 8%이자를 지급하는데 1년에 한 번 80,000원을 지급해 준다. 세 번째 채권은 10%이자를 지급하는데 1년에 한번 100,000원을 지급한다. 위 세 채권의 만기수익률이 8%가 되도록 가격을 정한다면 각 채권의 가격은 얼마인가?

CHAPTER 12 채권수익률의 구조

1절 채권수익률의 기간구조

1 기간구조와 위험구조

채권수익률은 발행주체의 여러 가지 내·외적 요인에 의해 결정된다. 채권수익률은 경기동향, 재정금융정책, 채권의 수급상황 등 경제상황에 의해 영향을 받을 뿐 아니라 채권자체의 고유한 특성에 의해서도 영향을 받는다. 채권 자체가 지니는 고유한 특성에는 채권의 만기와 같은 발행조건과 채무불이행위험과 같은 발행주체가 지니는 위험요인이 포함된다.

이 가운데 특히 만기와 채권수익률과의 관계를 채권수익률의 기간구조 또는 이자율의 기간구조라고 하고, 이를 그림으로 나타낸 것을 수익률곡선(yield curve)이라고 한다. 그리고 위험수준이 달라짐에 따라 생기는 채권수익률 사이의 체계적 차이를 채권수익률의 위험구조라고 한다.

2 기간구조이론

다른 조건이 일정한 경우 만기까지의 잔존기간에 따라 나타나는 수익률 간의 차이를 설명하는 기간구조이론에는 기대이론, 유동성프리미엄이론, 시장분할이론 등이 있다.

(1) 기대이론

기대이론(expectation hypothesis)은 수익률곡선의 모양은 미래 단기이자율의 변화에 대한 투자자들의 기대에 의해 결정된다는 것이다. 이 이론에 따르면 앞으로 단기이자율이 상승할 것으로 예상되면 투자자들은 장기채에 대해서는 미래에 예상되는 단기이자율의 기하평균에 해당하는 만기수익률을 요구하게 된다는 것이다.

만기가 1년인 채권의 만기수익률을 ${}_0y_1$, 지금부터 1년 후에 예상되는 1년 만기 채권의 만기수익률이 ${}_1y_2$인 경우 2년 동안 채권에 투자하려는 투자자는 2가지 투자전략을 고려할 수 있다. 만기수익률이 ${}_0y_2$인 2년 만기 순수할인채에 투자하거나, 수익률이 ${}_0y_1$인 1년 만기 순수할인채에 투자한 후 1년 후에 다시 수익률이 ${}_1y_2$인 1년 만기 순수할인채에 재투자하는 것이다.

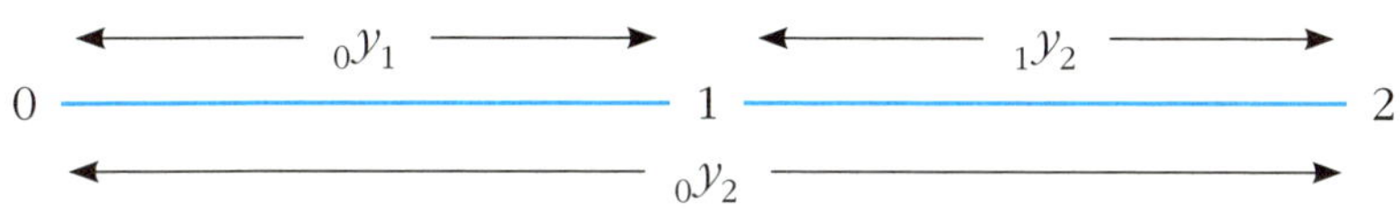

예를 들어 ${}_0y_1$이 5%, ${}_1y_2$가 6%, ${}_0y_2$가 연5.5%라고 할 경우 만기가 1년인 채권에 투자하는 경우 2년 후의 투자수익률은 11.3%=[(1+0.05)(1+0.06)]가 되고 2년 만기 채권에 투자하는 경우에도 11.3%=[(1+0.055)(1+0.055)]의 투자수익률을 나타낸다. 이 경우 2가지 투자전략의 투자수익률은 동일하다.

그러나 현실에서는 1년 후 시점에서의 단기이자율, ${}_1y_2$를 지금 시점에서 정확히 예상할 수 없다. 그러므로 ${}_1y_2$는 현시점에서 알 수 있는 2년 만기 채권수익률과 1년 만기 채권수익률부터 다음과 같이 추정한다.[1]

$$(1+0.055)^2=(1+0.05)(1+{}_1y_2)$$

$${}_1y_2=0.06,\ 6\%$$

1 미래 특정시점에서 기대하는 단기이자율을 선도이자율이라고 한다.

만일 만기가 3년인 순수할인채의 채권수익률이 6.03%라고 한다면 2년 후 예상되는 1년 만기 이자율 ${}_2y_3$은 7.1%로 산출되고 이는 시장에서 투자자들이 2년 후 단기이자율을 7.1%로 예상한다는 것을 의미한다.

$$(1+0.0603)^3 = (1+0.05)(1+0.06)(1+{}_2y_3)$$
$${}_2y_3 = 0.071,\ 7.1\%$$

이와 같이 추정된 단기이자율이 상승한다면 수익률곡선의 형태는 만기가 길수록 우상향하는 형태를 보이게 된다. 반대로 향후 단기이자율이 하락할 것으로 예상되면 수익률곡선은 우하향하는 형태를 나타내게 된다. 그리고 단기이자율이 변동되지 않고 현재의 수준을 유지할 것으로 예상되는 경우에는 수익률곡선은 수평을 유지하게 된다. 이와 같이 기대이론에 따르면 미래 단기이자율은 투자자가 기대하는 미래 현물이자율을 반영한다.

기대이론에 있어서 채권의 만기수익률은 미래 단기이자율(선도이자율)의 기하평균으로 다음과 같이 나타낸다.

[그림 12-1] 기대이론의 수익률곡선

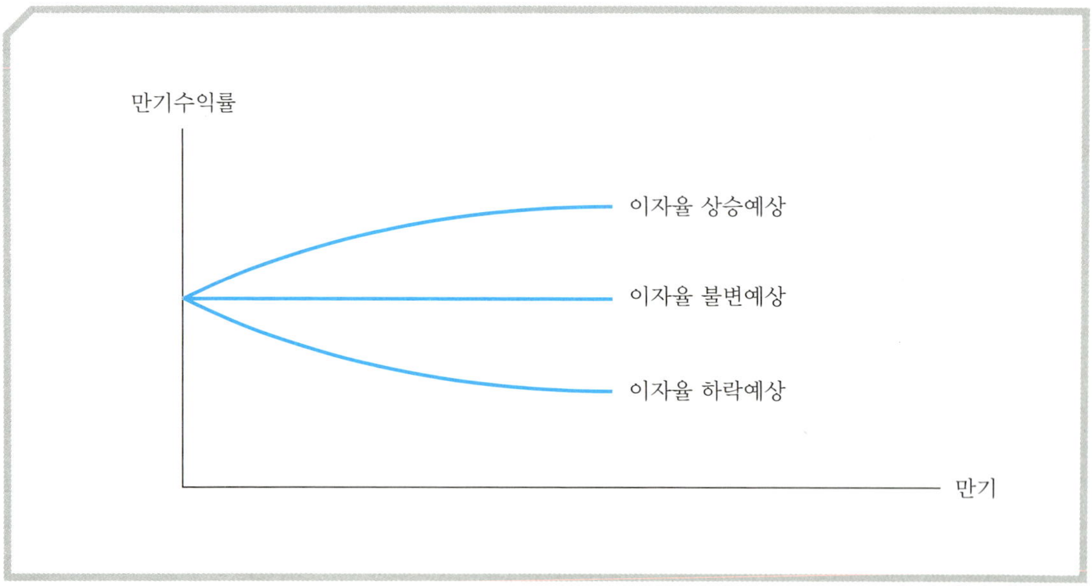

$$ {}_{0}y_{n} = [(1+{}_{0}y_{1})(1+{}_{1}y_{2})(1+{}_{2}y_{3})\cdots(1+{}_{n-1}y_{n}]^{1/n}-1 \qquad (12-1) $$

${}_{0}y_{n}$: n기 동안의 만기수익률(채권수익률)
${}_{n-1}y_{n}$: n기의 예상 단기이자율(선도이자율)

이와 같이 기대이론에 의하면 미래의 단기이자율에 대한 투자자들의 기대가 수익률곡선의 형태를 결정하게 되므로 수익률곡선의 형태는 [그림 12-1]과 같이 나타낼 수 있다.

예제 12-1

향후 3년 동안에 걸쳐 예상되는 연도별 단기이자율이 다음과 같은 경우 각 기간별 만기수익률을 구하고 수익률곡선을 그리시오.

기간(연도)	1	2	3
예상이자율(%)	5.5	6.0	7.5

해설 3년만기 채권수익률: $1+{}_{0}y_{3} = [(1+0.055)(1+0.06)(1+0.075)]^{1/3}$

$${}_{0}y_{3} = 0.062,\ 6.2\%$$

2년만기 채권수익률: $1+{}_{0}y_{2} = [(1+0.055)(1+0.06)]^{1/2}$

$${}_{0}y_{2} = 0.057,\ 5.7\%$$

1년만기 채권수익률: ${}_{0}y_{1} = 0.055,\ 5.5\%$

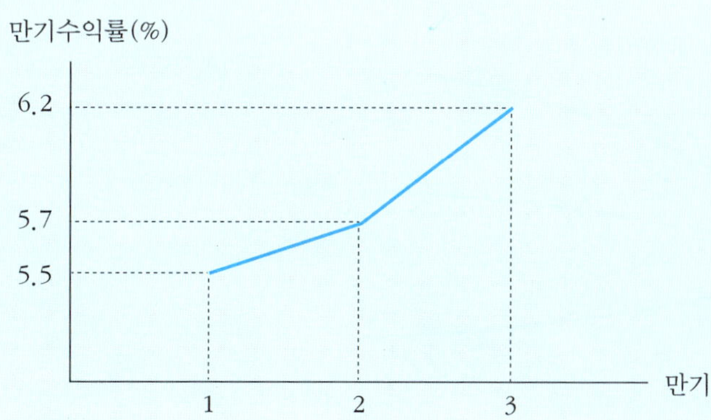

(2) 유동성 프리미엄이론

유동성 프리미엄이론(liquidity premium hypothesis)은 기대이론에서 설명하는 단기이자율에 유동성 위험프리미엄을 추가하여 만기에 따른 수익률 차이를 설명한다. 만기가 긴 장기채일수록 가격의 불확실성이 크고 거래가 활발하지 못하다는 점에서 만기가 길수록 가격의 변동성이 커지고 현금화할 수 있는 유동성이 떨어진다.

그러므로 장기채를 구입하는 경우에는 투자자들은 유동성이 떨어지는 데에 대한 보상으로 프리미엄을 요구하게 되고 이 유동성 프리미엄의 크기는 일반적으로 만기가 길수록 더 크다. 따라서 유동성 프리미엄이론에서의 만기수익률은 예상단기이자율에 유동성 프리미엄을 합한 값의 기하평균이 된다.

$$
\begin{aligned}
{}_0y_n = [& (1+{}_0y_1+{}_0L_1)(1+{}_1y_2+{}_1L_2)(1+{}_2y_3+{}_2L_3) \\
& \cdots(1+{}_{n-1}y_n+{}_{n-1}L_n)]^{1/n}-1
\end{aligned}
\qquad (12-2)
$$

${}_0y_n$: n기 동안의 만기수익률
${}_{n-1}y_n$: n기의 예상 단기이자율
${}_{n-1}L_n$: n기의 유동성 프리미엄

[그림 12-2] 유동성 프리미엄이론의 수익률곡선

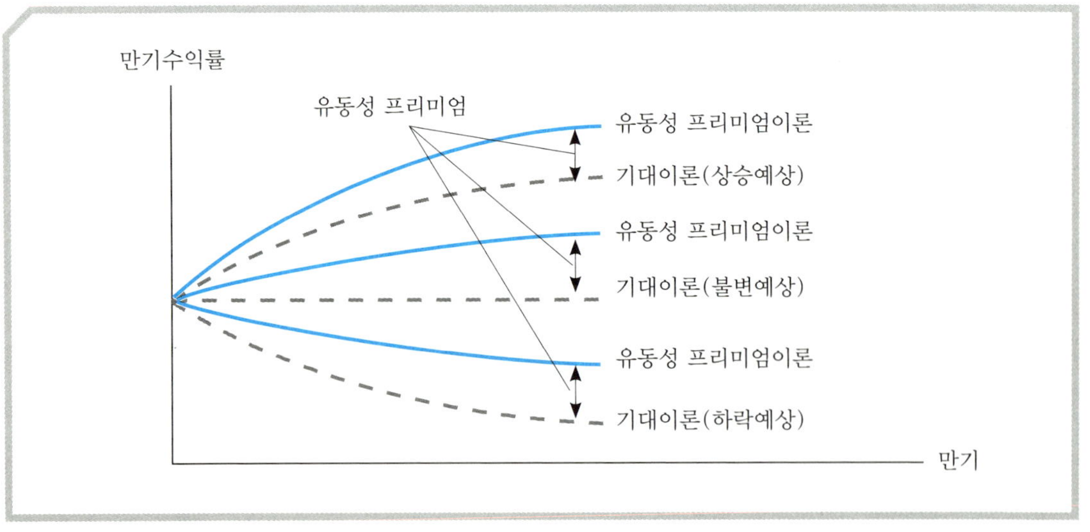

유동성 프리미엄 이론에서의 수익률곡선은 [그림 12-2]에서 보는 바와 같이 기대이론에 의한 수익률곡선보다 항상 유동성 프리미엄만큼 높은 수준에서 형성된다.

(3) 시장분할이론

시장분할이론(market segmentation hypothesis)은 채권시장은 만기가 다른 몇 개의 독립된 하부시장으로 분할될 수 있고, 분할된 시장마다 독립적으로 수요와 공급에 의해 채권수익률이 결정된다는 것이다. 시장분할이론에 따르면 투자자들은 그들이 보유하고 있는 부채의 특성에 따라 서로 선호하는 만기가 다르다.

예를 들면 투자자금의 성격상 장기채무를 지고 있는 보험회사나 연금기금은 장기채권을 선호하며, 단기채무를 지고 있는 예금은행은 단기채권을 선호한다. 그러므로 보험회사가 장기이자율에 관심을 가지는 데 비해 예금은행은 단기이자율에 관심을 가진다. 왜냐하면 투자자들은 그들이 계획하는 투자기간보다 만기까지의 기간이 짧은 채권을 매입하면 채권거래빈도가 그만큼 늘어나므로, 새로이 구입하는 채권의 수익률이 처음의 수익률과 달라질 가능성이 커지고 투자기간 동안의 예상 수익률이 그대로 실현되지 않을 가능성이 커지기 때문이다.

[그림 12-3] 시장분할이론의 수익률곡선

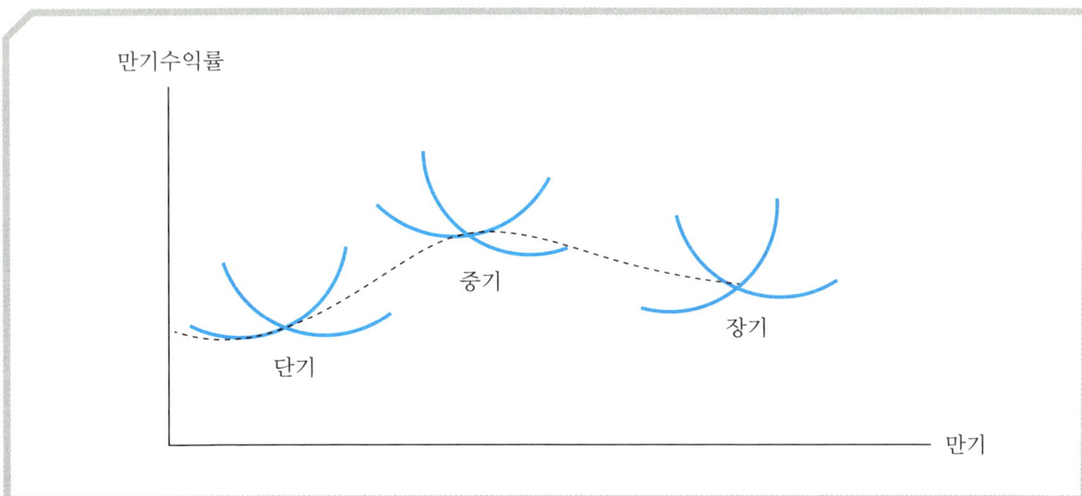

한편 채권의 만기까지의 기간이 투자기간보다 길면 투자기간 종료 시 채권의 처분가격이 기대했던 가격보다 낮을 가능성이 커진다. 따라서 투자자들은 예상수익률이 실현되지 않을 위험을 피하기 위하여 투자기간과 채권의 만기를 일치시키려고 노력한다. 그 결과 시장참여자들은 각자가 선호하는 특정 만기를 가지며 선호하는 만기에 따라 금융시장은 분할된다.

이 이론에 따르면 채권의 투자자와 발행자 모두 선호하는 만기가 있기 때문에 만기에 의해 분할된 시장의 수급사정에 따라 채권수익률이 결정된다. 따라서 어떤 시점의 수익률곡선의 형태는 그 시점에 있어서 분할된 시장의 수요와 공급을 반영한 것으로 해석된다. 그러므로 수익률곡선은 분할된 하부시장마다 다르게 되어 [그림 12－3]과 같이 불연속적인 수익률곡선 형태를 나타내게 된다.

2절 채권수익률의 위험구조

1 수익률 스프레드와 스프레드의 원천

채권은 발행 시 이자와 원금의 크기와 지급시기가 미리 정해져 있는 확정소득증권이므로 주식에 비하면 위험이 적고 안정적인 투자대상이다. 그러나 채권의 경우에도 경제상황과 발행주체의 사정으로 약속된 대로 이자지급과 원금의 상환이 이루어지지 않을 수 있다. 그러므로 채권투자의 경우에도 미래수익에 대한 불확실성이 존재한다.

미국의 경우 재무성이 발행하는 단기증권(Treasury bills)은 투자자들에 의해 무위험증권으로 인식되어 무위험수익률(risk-free yield)의 대용치로 사용된다. 그러나 기업의 경우에는 정부에 비해 원리금의 지급에 대한 불확실성이 존재하므로 위험을 반영하여야 한다. 그러므로 회사채 수익률은 무위험수익률에 위험프리미엄을 합한 값이다.

회사채수익률=무위험수익률+위험프리미엄

채권의 위험수준에 따라 수익률 간에 체계적인 차이를 나타내는 구조를 채권수익률의 위험구조(risk structure of yield)라고 한다. 그리고 채권의 위험수준에 따라 생기는 수익률 간의 차이를 수익률 스프레드(yield spread) 또는 수익률 차라고 한다. 채권의 수익률 스프레드를 발생시키는 주요 원천으로는 채무불이행위험, 임의(수의)상환위험, 유동성위험, 재투자위험, 가격위험 등이 있다.

(1) 채무불이행위험

채무불이행위험(default risk)은 채권발행주체가 경영상태의 악화 등으로 이자와 원금을 약정대로 지급하지 못할 가능성을 말한다. 채무불이행의 형태는 이자와 원금을 전혀 지급할 수 없는 완전불이행의 상태에서부터 원리금의 일부를 지급할 수 없게 되거나 지연하게 되는 등 다양한 형태의 부분 불이행이 있을 수 있다. 채무불이행위험은 채권과 관련된 위험 가운데 가장 중요시 취급되는 위험 가운데 하나이다.

(2) 임의상환위험

임의상환위험(callable risk)은 수의상환위험이라고도 하고 만기 이전에 임의로 상환할 수 있는 조건이 붙은 상환채권의 경우에 발생되는 위험이다. 임의상환위험은 발행자가 상환권을 행사할 경우 투자자들이 부담하게 되는 손실위험이다. 임의상환 조건이 붙는 경우 채권 발행기업의 입장에서는 이자율이 하락할 때 이미 발행된 채권을 상환하고 보다 낮은 이자율에 새로운 채권을 발행할 수 있다. 그러므로 발행기업에게는 유리한 조건이지만 투자자의 입장에서는 임의상환의 가능성이 인정되면 약정된 이자와 원금의 실현을 이루지 못하게 되므로 기대한 수익률을 달성하지 못하게 되는 경우가 생긴다.

(3) 유동성위험

유동성위험(liquidity risk)은 채권을 가격상의 손실없이 단시일 내에 현금화할 수 없을 가능성을 말한다. 따라서 유동성위험이 높을수록 가격상의 손실을 보지 않고 현금화할 수 있는 기회가 적다.

(4) 재투자위험과 가격위험

재투자위험(reinvestment risk)은 미래 시장이자율의 변동으로 인하여 생기는 이자의 재투자수익에 대한 불확실성을 말한다. 한편 가격위험(price risk)은 시장이자율의 변동으로 인하여 발생하는 채권가격의 변동성을 의미한다. 시장이자율이 상승하면 재투자 수익률은 상승하나 채권가격은 하락하게 되어 투자자의 부에 서로 상반된 효과를 가져온다.

2 채무불이행 프리미엄과 기타위험 프리미엄

수익률 스프레드(yield spread)는 일반적으로 무위험채권의 수익률과 위험채권 간의 수익률 차이를 의미한다. 그러므로 스프레드는 위험에 대한 보상인 위험프리미엄을 의미하고 채무불이행 프리미엄과 기타위험프리미엄으로 구별할 수 있다. 일반적으로 경기가 호황일 때 스프레드는 작아지고 불황일 때 스프레드가 커진다. 왜냐하면 경기가 나빠지면 투자자의 위험에 대한 회피 정도가 증가하고, 발행기업의 파산가능성이 증가하기 때문이다.

채무불이행 프리미엄은 약속수익률과 기대수익률(expected yield)의 차로 나타낸다. 약속수익률(promised yield)은 약정한 대로 이자와 원금의 지급이 이루어지는 경우의 만기수익률이고, 기대수익률(expected yield)은 약정된 원리금이 제대로 지급되지 않을 가능성을 고려하여 실제 실현될 것으로 예상되는 수익률로, 이자와 원금의 확률분포에 기초한 만기수익률이다. 채무불이행의 정도와 가능성이 매년 일정하다는 가정 아래 채무불이행 프리미엄은 다음과 같이 나타낼 수 있다

$$d = py - ey \qquad (12-3)$$

d: 채무불이행 프리미엄
py: 약속수익률
ey: 기대수익률

예제 12-2

M기업이 발행한 회사채의 약속수익률이 12%이고 채무불이행이 발생할 확률이 10%이다. 그리고 채무불이행 시 시장가격의 손실비용이 30%이다. 이 회사채의 채무불이행 프리미엄은 얼마인가?

해설 $ey = (12)(0.9) + (-30)(0.1) = 7.8\%$

$d = 12 - 7.8 = 4.2\%$

한편 채무불이행프리미엄 외 기타 위험에 따른 위험프리미엄이 있다. 기타위험 프리미엄은 위험채권의 기대수익률과 동일한 만기를 가진 무위험수익률과의 차이를 의미한다.

이상에서 살펴본 바와 같이 수익률스프레드는 채무불이행 프리미엄과 기타 위험프리미엄으로 구분되고, 채무불이행 프리미엄은 약속수익률과 기대수익률의 차이로 그리고 기타 위험프리미엄은 기대수익률과 무위험수익률의 차이로 측정된다.

[그림 12-4] 채권수익률의 위험구조

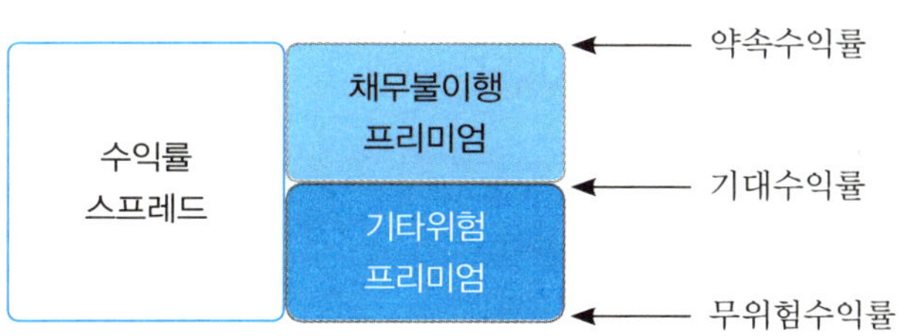

3절 채권의 신용등급평가

1 신용등급평가의 의의

원금과 이자의 지급능력에 대한 평가는 발행주체의 재무적 특성을 파악하거나 신용평가기관의 채권등급평가를 이용하여 이루어진다. 일반투자자들이 원리금 상환능력과 위험요인을 직접 평가한다는 것은 대단히 어려운 일이기 때문에 신용평가기관의 채권등급평가 결과에 의존한다. 이는 기업이 회사채나 기업어음 등을 발행하는 경우 발행금리, 규모 등 발행조건을 결정하기 위해 신용평가기관의 신용평가등급이 필요하다는 것을 의미한다. 평가등급은 채권시장에서 자금을 조달하기 위해 평가를 받는다는 의미를 떠나 신용등급이 떨어질 경우 회사채나 기업어음을 발행할 수 없게 될 수 있고, 나아가 주가가 하락하여 심한 자금압박을 받을 수도 있다.

채권신용등급평가(bond rating)는 기업이 발행한 특정채권에 대한 원리금 상환능력을 평가하여 채권의 신용등급을 결정하고 신용등급에 따른 부호를 부여하는 것이다. 그러므로 같은 기업이 발행한 채권이라도 발행시점에 따라 채권의 등급이 다를 수 있다. 채권의 신용등급은 채권의 투자가치를 평가하기 위한 하나의 유용한 수단에 될 수 있으나, 등급 자체가 절대적인 기준을 제공하는 것은 아니다. 신용등급평가의 주된 기능은 투자자들에게 채권의 채무불이행위험에 대한 정보를 제공하여 정보부족에서 오는 손실로부터 투자자를 보호하는 것이다.

세계적인 신용평가기관으로는 미국의 스탠다드·푸어(Standard and Poor's Corporation), 무디스(Moody's Investor Service Inc.), 피치(Fitch IBCA) 등이 있고 우리나라의 경우에는 한국신용평가(주), 한국신용정보(주), 한국기업평가(주)가 있다. 이들이 발표하는 채권평가등급은 채무불이행의 가능성을 예측하는 데 유용한 정보로 활용된다. 스탠다드·푸어와 무디스가 발표하는 채권의 평가등급을 요약해 나타내면 〈표 12-1〉과 같다.[2] 〈표 12-1〉에서 상위 4등급(S&P사의 AAA, AA, A, BBB 및

2 우리나라의 채권등급평가제도는 1986년 전문신용평가기관의 평가결과 회사채 등급이 A등급 이상

Moody's사의 Aaa, Aa, A, Baa)이 투자등급(investment grade rating)에 속하고 그 아래 등급은 투기등급(speculative grade rating)에 속한다.

신용등급이 아주 낮은 기업이 발행하는 회사채를 정크본드(junk bond) 또는 고수익채권(high yield bond)이라고 부른다. 스탠다드·푸어의 신용등급이 BB, 무디스의 신용등급이 Ba 이하인 기업이 발행한 채권이 정크본드로 분류된다. 정크본드는 원리금 상환에 대한 불이행 위험이 큰 반면 이자가 높기 때문에 고수익을 원하는 투자자에게 중요한 투자 대상이 된다. 이 시장은 자금난에 시달리는 중소기업에게 자금조달의 길을 열어주었으나 한편에서는 기업의 부채 부담을 가중시키는 결과를 가져오기도 한다.

〈표 12-1〉 채권의 신용평가등급

S&P	Moody's	원리금 지급능력	한국기업평가
AAA	Aaa	이자와 원금의 지불능력이 최상급 수준	AAA
AA	Aa	이자와 원금의 지불확실성이 높으나 AAA에 비해 약간 낮은 요소가 있음	AA
A	A	이자와 원금의 지불확실성이 높지만 환경변화와 경제조건에 따라 다소 영향을 받을 가능성이 있음	A
BBB	Baa	이자와 원금의 지불확실성이 인정되지만 환경변화에 따라 장래 저하될 가능성이 있음	BBB
BB	Ba	이자와 원금의 지불능력에는 당면 문제는 없으나 장래의 안전에 대해서는 보장할 수 없는 투기적 요소가 있음	BB
B	B	이자와 원금의 지불능력에 문제가 있으며 투기적 요소가 있음	B
CCC	Caa	이자와 원금의 지불능력에 현재 문제가 있으며, 채무불이행의 위험성이 큼	CCC
CC	Ca	채무불이행의 위험이 매우 큼	CC
C	C	현재 이자지급이 지연되고 있으며 채무불이행 위험이 매우 높음	C
D		채무불이행 상태에 있거나 파산신청 상태에 있음	D

* AA~CCC등급은 당해 등급 내에서 상대적 우열상태에 따라 +, -를 부침

자료 : Standard & Poor's Bond Guide, November 1993, pp. 10.
Moody's Bond Record, November 1993, p. 3.,
www.korearatings.com

인 기업에 대해 무보증사채 및 전환사채의 발행을 허용하고, 등급에 따른 금리차등화의 기준이 제시됨으로써 본격적으로 도입되었다. 평가등급은 S&P사의 등급체계와 유사한 체계를 이루고 있다.

2 신용등급 평가 시 고려요인

채권신용등급 평가 시에는 재무적, 비재무적 요소들이 고려되는데 이 가운데는 유동성, 안정성, 수익성, 활동성 등을 나타내는 양적 지표와 산업특성, 시장경쟁력, 운영의 효율성, 경영관리능력 등에 관한 질적 지표가 포함된다. 예를 들면 재무적 평가항목에서는 수익구조 및 이익창출능력을 검토하기 위해 수익 및 원가구조의 변동요인, 고정비 및 금융비용의 변동에 따른 손익효과, 환경변화로 인한 손익변동위험 등을 평가한다. 재무안전성 및 자산의 질을 검토하기 위해서는 시설투자, 운전자금, 차입금 등 재무구조 변동요인, 영업활동에 의한 내부조달자금규모, 자산담보력, 우발채무의 규모와 대응능력 등을 평가한다.

비재무적 평가항목에서는 평가대상이 되는 유가증권 분석을 위해 발행증권의 종류, 발행규모, 만기일, 상환방법, 자금의 용도 등을 평가한다. 환경분석을 위해서는 국민 경제적 측면에서 기업의 지위, 경기변동의 영향 정도, 수급변동요인 등 산업환경을 평가하고 매출추세, 위험분산능력, 시장지배력, 영업효율성, 경영관리능력 등 사업구조를 분석한다. 또한 감사의견 및 회계정책 등을 분석한다.

그리고 재무적 평가와 비재무적 평가항목 이외에 종합적인 관점에서 이익창출능력, 재무구조의 안전성, 유동성 등에 대한 전망과 환경변화에 따른 민감도 분석, 채무상환 능력 및 유동성에 대해 전망한다.

스탠다드·푸어(S&P)사의 경우에는 등급평가시 다음과 같은 요소를 중심으로 평가한다.

첫째, 주력사업의 영업위험 정도

둘째, 시장에서의 지위

셋째, 이익과 기타 수익성의 척도

넷째, 경영자의 자질

다섯째, 회계정책의 보수주의

여섯째, 고정금융비용 보상률

일곱째, 청산가치에 의한 레버리지

여덟째, 미래 부채상환을 위한 현금흐름의 적절성

아홉째, 부채상환과 자본지출계획을 위한 재무탄력성

용어정리

- 가격위험
- 기대수익률
- 수익률곡선(yield curve)
- 수익률스프레드(spread)
- 신용등급평가
- 약속수익률
- 유동성 프리미엄(premium)
- 이자율의 기간구조
- 재투자위험
- 정크본드(junk bond)
- 채무불이행프리미엄
- 투기등급

연/습/문/제

01 최근 주식시장에서 투자위험이 증가하는 것으로 예상된다. 그러므로 안전성이 높은 만기 30년인 국채에 투자할 것이다. 이에 대해 평가하시오.

02 인플레이션이 채권가격에 미치는 영향에 대해 설명하시오.

03 미국의 경우 T-bills와 같은 단기 재무성증권을 무위험자산이라고 부른다. 어떤 점에서 무위험자산인지를 설명하시오.

04 기대이론(expectation theory)에 의하면 수익률곡선이 우상향하는 것은 단기이자율이 상승하는 것을 의미한다. 이 말이 맞는가? 그 이유도 설명하시오.

05 유동성 프리미엄이론에 의하면 인플레이션율이 향후 수년 동안 떨어질 것으로 기대된다면 장기이자율은 단기이자율보다 높게된다. 이 말이 맞는가? 그 이유도 설명하시오.

06 시장분할이론(market segmentation theory)을 설명하시오.

07 채권수익률의 위험구조에 대해 설명하시오.

08 채무불이행 때문에 C기업의 채권평가 등급이 A등급에서 BBB등급으로 조정되었다. 만기수익률과 채권가격에 어떤 영향을 미칠 것으로 예상되는가?

09 내년도에 1,000,000원을 투자할 대상으로 다음과 같은 세 가지 대안을 고려하고 있다. 이들 대안에 대하여 투자결정을 할 때 장래의 이자율은 어떤 영향을 미치게 하는가?

(1) 연 6%의 수익률을 제공하는 30일 만기의 단기증권

(2) 연 7%의 수익률을 제공하는 1년 만기의 저축예금

(3) 만기수익률이 연 9%인 20년 만기 재정증권

10 1년 만기의 무이표채권 수익률이 8%이고 2년 만기 무이표채권 수익률은 9%이다.

(1) 2년째의 선도이자율은 얼마인가?

(2) 기대가설(expectation hypothesis)에 의하면 다음 연도의 단기이자율은 얼마나 될까?

(3) 유동성 선호이론에 의하면 다음 연도의 단기이자율은 (2)와 비교할 때 더 높은가? 더 낮은가?

11 이자율의 기간구조는 다음과 같다. 첫해의 시장이자율이 7%, 둘째 해의 시장이자율이 8%, 셋째 해의 시장이자율이 9%라 할 때 투자자가 1년 만기 채권, 2년 만기 채권, 3년 만기 채권 중에서 하나를 선택하려고 한다. 세 종류의 채권은 모두 액면가격이 1,000만원이고 1년에 8%의 이자를 지급한다. 1년 동안 투자한다면 어떤 채권을 구입하겠는가? 만일 1년 후의 수익률곡선은 9%이 일정하다면 어떤 채권을 구입하겠는가?

12 무이표채의 현물이자율과 선도이자율이 다음과 같은 경우 빈칸을 채우시오.

만 기	현물이자율	선도이자율
1	8%	(　)
2	(　)	7.8%
3	7.2%	(　)

CHAPTER

13 채권투자전략

1절 이자율위험과 듀레이션

1 듀레이션의 개념

(1) 듀레이션의 의의

채권가격에 가장 큰 영향을 미치는 것은 이자율이다. 이자율이 상승하면 채권가격은 하락하고 이자율이 하락하면 채권가격은 상승한다. 이자율이 변동함에 따라 채권투자 수익에 변동을 가져오는 것을 이자율위험(interest risk)이라고 한다. 따라서 채권투자를 효율적으로 관리하기 위해서는 시장이자율(채권수익률)의 변동에 따른 가격변동성(price volatility)을 측정할 필요가 있고 그 척도로 사용되는 것이 듀레이션이다.[1]

듀레이션(duration)은 만기와 표면이자율이 서로 다른 채권들의 수익률 변동에 따른 가격변동성을 측정하는 유용한 척도이다. 일반적으로 원금이 상환될 때까지의 기간을 의미하는 만기(maturity)는 현금수입의 최종 시점만을 고려하고 중간에 발생되는 이자수입의 발생 시점은 고려하지 않는다. 그러므로 채권투자로 인해

1 듀레이션(duration) 개념은 1938년 F. R. Macaulay에 의해 제시되었다.

발생되는 모든 현금유입의 평균상환기간을 정확히 나타내지 못한다.

반면 듀레이션은 이자수입의 발생시기와 만기, 표면이자율, 채권수익률을 동시에 고려한 척도로서 현금유입의 평균상환기간을 나타낸다. 듀레이션은 시장이자율변동에 따른 채권가격변동의 직접적인 척도가 될 뿐 아니라 채권투자전략의 유용한 도구로 사용된다.

(2) 듀레이션의 산출

듀레이션(duration)은 채권으로부터 생기는 이자와 액면가격의 크기와 그 지급시기까지를 고려하여 산출된 투자원금의 가중평균 상환기간이다. 즉 듀레이션은 원금뿐 아니라 이자까지를 고려한 현금흐름의 가중평균만기(average maturity)로, 총현금흐름의 현재가치에 대해 매기 현금흐름의 현재가치가 차지하는 비중을 가중치로 사용하여 다음과 같이 산출한다.

$$D=\sum_{t=1}^{n}\text{기간}\cdot\frac{\text{기간별 현금흐름의 현재가치}}{\text{총현금흐름의 현재가치(채권가격)}}$$

$$D=\sum_{t=1}^{n}t\cdot\frac{C_t/(1+y)^t}{\sum_{t=1}^{n}C_t/(1+y)^t} \qquad (13-1)$$

D: 듀레이션
t: 이자 또는 원금의 발생시기
n: 만기
C_t: t기의~현금흐름
y: 만기수익률(시장이자율)

식 (13－1)에서 보는 바와 같이 듀레이션은 최종 원금상환시점을 나타내는 만기와는 달리 모든 현금흐름의 발생시기(t)와, 크기(C_t), 만기(n), 그리고 채권수익률(y)을 동시에 고려해서 산출된 가중평균기간을 나타낸다. 한편 할인채인 무이표채(zero coupon bonds)의 경우에는 현금흐름이 만기에만 이루어지므로 무이표채의 듀레이션은 만기와 같다.

$$D=\frac{n\cdot C_n(1+y)^n}{C_n(1+y)^n}=n \qquad (13-2)$$

예제 13-1

액면가격이 1,000만원, 만기가 3년, 표면이자율이 연 7%인 채권이 있다. 이자지급이 매년 이루어진다면 이 채권의 듀레이션은 얼마인가? 채권수익률은 6%이다.

해설

(1) t	(2) C_t	(3) 현가계수	(4) (2)×(3)=(4)	(5) (4)/현재가치	(6) t×(5)
1	70	0.9434	66.04	0.0643	0.0643
2	70	0.8900	62.30	0.0607	0.1214
3	1,070	0.8396	898.37	0.8750	2.6250
			현재가치=1,026.71	1.0	D=2.8107

(3) 듀레이션의 특징

듀레이션은 만기, 표면이자율, 만기수익률, 그리고 만기까지의 이자지급 빈도에 의해 영향을 받는다. 이들과의 관계에서 다음과 같은 특징을 나타낸다.

첫째, 채권의 듀레이션은 채권의 만기보다 항상 짧다. 왜냐하면 만기는 최종 현금지급 시기를 나타내는 데 비해, 듀레이션은 만기 전에 발생하는 모든 현금흐름을 고려한 평균상환기간이기 때문이다.

둘째, 듀레이션은 표면이자율과 역비례관계에 있다. 만기가 동일한 경우라도 표면이자율이 높은 채권이 낮은 채권에 비해 듀레이션이 짧다. 이는 표면이자율이 높을수록 만기 전에 회수되는 현금흐름이 커지기 때문이다.

셋째, 채권의 만기가 길수록 듀레이션도 길다. 그러나 만기가 길수록 같은 크기의 현금흐름의 현재가치는 작아지므로 듀레이션은 체감하는 곡선형태를 그린다.

넷째, 듀레이션은 만기수익률과 상반관계를 가지므로 만기수익률이 높을수록 듀레이션은 작아진다.

다섯째, 무이표채(zero coupon bond)의 듀레이션은 만기와 일치한다. 무이표채의 현금흐름은 만기에만 발생되기 때문에 듀레이션과 만기는 항상 일치하게 된다.

여섯째, 듀레이션은 동일한 만기 내에서 이자지급 빈도가 증가할수록 짧아진다. 이자지급 빈도가 증가하면 이자지급이 짧은 기간 내에 이루어지므로 이에 대한 현재가치 비중이 투자시점에 가까워진다.

(4) 채권포트폴리오의 듀레이션

채권포트폴리오의 듀레이션은 개별채권의 듀레이션에 개별채권의 시장가격이 포트폴리오의 시장가격에서 차지하는 비율을 가중치로 한 가중평균 듀레이션이다. 채권포트폴리오의 듀레이션은 이자율 위험을 회피하기 위한 면역화전략(immunization strategies)에서 면역포트폴리오(immunized portfolio)의 구성 시에 이용된다.

$$D_p = \sum_{t=1}^{n} w_i D_i \qquad (13-3)$$

D_p: 채권포트폴리오의 듀레이션
w_i: 채권 i의 구성비율(가중치)
D_i: 채권 i의 듀레이션

2 듀레이션과 채권가격변동

듀레이션은 이자율위험을 회피하기 위한 면역화전략에 이용될 뿐만 아니라 채권수익률변동에 따른 채권가격의 변동을 예측하는 데도 이용된다. 이자율변동이 채권가격 변동에 미치는 영향을 듀레이션을 이용하여 식 (13-4)와 같이 나타낼 수 있다.

그리고 이 식에서 $D/(1+y)$를 수정듀레이션이라고 하고 수정듀레이션(D^*)을 이용하여 나타내면 식 (13-5)와 같다. 이 식은 이자율변동에 따른 채권가격의 변동을 예측하는 데 이용된다.[2]

$$\frac{\Delta p}{p_0} \cong -D \cdot \frac{\Delta y}{1+y} \qquad (13-4)$$

2 식 (13-4)는 채권평가모형에서 채권수익률 y에 대해 미분함으로써 구한다.

$$\frac{\Delta p}{p_0} \cong -D^{*} \cdot \Delta y \qquad (13-5)$$

p_0: 채권가격
Δp: 채권가격 변동폭
D: 듀레이션
D^{*}: 수정듀레이션
y: 시장이자율(채권수익률)
Δy: 시장이자율 변동폭

식 (13−5)에서 채권수익률이 변할 경우 듀레이션이 큰 채권일수록 가격변동율이 높다는 것을 보여준다.[3] 듀레이션이 주어지면 시장이자율 변동에 따른 가격변동율을 측정할 수 있으므로, 듀레이션은 채권포트폴리오의 유용한 관리수단이 된다. 또한 시장이자율의 변동에 기인한 채권가격의 변동성은 이자율위험을 의미하므로 듀레이션이 이자율 위험의 척도로도 사용된다.

예제 13−2

듀레이션이 2.8인 채권을 5,000만원어치 매입한 후, 이자율이 10%에서 11.21%로 상승되면 채권가격에는 어떤 영향을 미치는가?

해설 $\Delta p = -(2.8)\left(\frac{0.0121}{1+0.10}\right)(5,000)$

$= -154$만원

3 볼록성

채권수익률의 변동에 따른 채권가격의 변동율을 나타내는 식 (13−5)에서 수정듀레이션은 기울기($-D^{*}$)로 직선으로 나타난다. 그러나 채권수익률과 채권가격과의 관계에서 채권수익률의 하락에 따른 채권가격의 상승폭이 채권수익률의 상승에 따른 채권가격의 하락폭보다 크다. 그러므로 채권수익률 변동과 채권가격 변동

3 수정듀레이션은 1939년 Hicks에 의해 제시되었으므로 Hicks 듀레이션이라고도 하고 수정 전의 듀레이션을 Macaulay 듀레이션이라고 한다.

[그림 13－1] 채권수익률 변동과 채권가격 변동

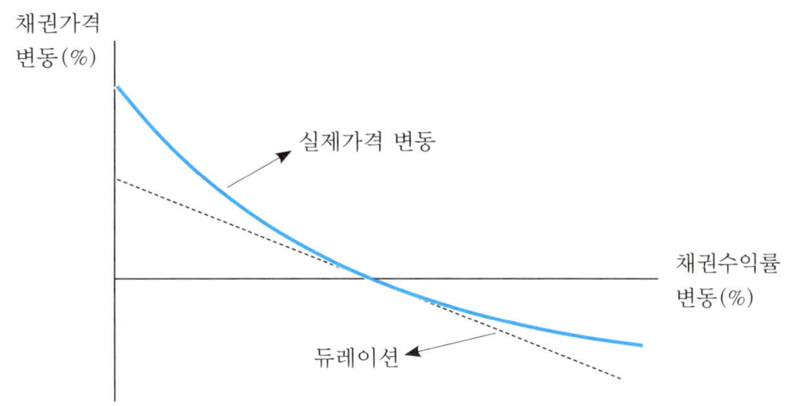

사이에는 실제로는 [그림 13－1]에서와 같이 곡선관계를 가진다.

이는 듀레이션은 채권가격 변동을 나타내는 근사치(approximation)이므로 항상 채권가격을 과소평가한다는 것을 의미한다. 채권의 가격－수익률 관계는 실제 볼록한 곡선형태를 나타내기 때문에 이를 채권의 볼록성(convexity)이라고 한다.

채권수익률이 상승할 경우 볼록성이 큰 채권일수록 가격하락 폭이 적고 채권수익률이 하락할 경우 볼록성이 큰 채권일수록 가격상승 폭이 크다. 그러므로 듀레이션이 같은 채권의 경우에도 볼록성 정도에 따라 채권수익률의 변동이 채권가격의 변동에 미치는 영향이 다르다.

2절 채권포트폴리오와 채권시장 효율성

1 채권포트폴리오의 구성

효율적 포트폴리오를 구성하는 데 포함되는 투자대상에 제한이 있는 것이 아니므로 주식만으로 포트폴리오를 구성하는 것보다 채권과 함께 구성하는 것이 바람직하다고 할 수 있다. 그러나 채권은 주식과 그 특성이 크게 다르므로 일반적으로 주식포트폴리오와 채권포트폴리오를 별개로 구성한 후 이것을 조합하는 순서로 포트폴리오를 구성하게 된다. 채권포트폴리오를 구성하는 목적으로 다음의 세 가지를 들 수 있다.

첫째, 채권포트폴리오를 구성하는 목적은 채무불이행위험을 분산시키기 위해서이다. 국채, 지방채, 회사채 사이에는 채무불이행위험의 정도가 다르고 회사채의 경우에도 산업에 따라 채무불이행위험의 정도가 크게 다르다. 그러므로 채권투자의 경우에도 포트폴리오구성을 통한 분산투자의 의미가 충분히 있다고 할 수 있다.

둘째, 이자율변동위험을 관리하기 위한 목적이다. 채권가격의 변동은 대부분 이자율변동에 기인하고, 이자율변동위험은 듀레이션에 의해 측정된다. 만일 투자자가 원하는 특정 듀레이션을 가진 단일 채권이 존재하지 않는다면, 이 경우 만기와 표면이자율이 다른 복수의 채권으로 포트폴리오를 구성함으로써 원하는 듀레이션을 가진 투자대상을 창출할 수 있다. 이와 같이 듀레이션 조정을 위해 채권포트폴리오를 구성하게 된다.

셋째, 채권포트폴리오를 구성하는 또 다른 목적은 유동성 관리를 위해서이다. 투자기간의 종료일이 먼 미래이고 투자기간 중에 일정한 현금수요가 예상되는 경우에는 현금수요에 맞추어 만기구성과 이자수입계획을 세워야 한다.

그러므로 채권포트폴리오는 채무불이행위험, 이자율위험 그리고 유동성 관리를 위해 발행주체, 이자율, 만기 등이 서로 다른 채권으로 포트폴리오를 구성하는 것이라 할 수 있다.

2 채권시장의 효율성

시장효율성(market efficiency)은 증권관련 정보가 얼마나 신속·정확하게 증권가격에 반영되는가에 대한 척도이다. 그러므로 채권시장이 효율적이라면 채권의 시장가격은 채권의 내재가치를 반영하게 된다. 채권은 주식과는 달리 거래소시장을 통한 거래비중이 적기 때문에 매일 매일의 채권가격과 거래량에 대한 객관적 자료의 수집이 쉽지 않다. 그러므로 채권시장의 효율성에 대한 실증적 연구는 주식시장의 효율성에 대한 연구에 비해 그다지 많지 않다.

만일 채권시장이 효율적이고 투자자들이 신용평가기관에서 발표할 채권신용평가등급의 변경을 사전에 충분히 예상하는 경우라면 신용등급변경 발표에 이어 비정상적인 가격변동은 일어나지 않을 것이다. 그리고 사전에 충분히 예상하지 못한 경우라 할지라도 시장이 효율적인 경우에는 채권신용등급변경 발표 즉시 관련 정보가 채권가격에 반영되므로 이 정보를 기초로 비정상 수익을 얻을 수 없다. 따라서 만일 등급변경에 관한 정보를 이용하여 비정상 수익을 얻을 수 있는 경우라면 시장은 비효율적이라고 할 수 있다.

이러한 가정 아래 채권의 신용등급변경 발표에 대한 시장반응을 조사한 일련의 연구결과들은 상반된 결과를 나타낸다. 예를 들면 그리어와 카츠(P. Grier and S. Katz)의 연구에서는 공공채(utility bonds)의 등급변경과 관련해서는 채권시장이 효율적인 것으로 나타나지만, 산업채(industrial bonds)의 등급하락과 관련해서는 시장이 비효율적이라는 것을 발견하였다.[4]

이와 같은 채권시장의 효율성에 관한 연구결과들은 채권시장의 효율성 여부에 대한 명확한 결론을 내리기까지에는 많은 과제가 남아 있음을 보여준다.

3 채권시장 효율성과 투자전략

투자자의 시장효율성에 대한 태도에 따른 투자전략은 소극적 전략(passive strategy)과 적극적 전략(active strategy)으로 대별된다. 소극적 전략의 범주에 속하는 방법들은 채권시장이 준강형 효율적 시장이라는 가정에 근거한다. 준강형 효율적 시장에서는 공개된 이용가능한 정보를 사용하여 시장평균 이상의 비정상 수익을

4 P. Grier and S. Katz, "The differential Effects of Bond Rating Changes among Industrial and Public Utility Bonds by Maturity," *Journal of Business*(April 1976), pp. 226~239.

달성할 수 없다. 그러므로 소극적 전략에서는 자신이 부담하는 위험수준에 상응한 투자수익을 얻고, 거래비용을 최소화하는 포트폴리오를 선택하여 보유하게 된다.

반면에 적극적 전략은 채권시장이 비효율적이므로 투자자들이 자신이 가지고 있는 우월한 정보를 이용하여 시장평균 이상의 비정상 초과수익을 얻을 수 있는 기회가 존재한다는 가정에 근거한다. 그러므로 적극적 투자전략에서는 시장에서 잘못 평가된 채권을 발견하거나 이자율의 움직임을 정확하게 예측하여 비정상 초과수익를 얻고자 한다. 따라서 적극적 전략에서는 증권종목의 선택(security selection)과 매매시기(timely)의 선택 양자가 모두 가능하다.

이와 같이 소극적 투자자들은 낮은 기대수익률을 감수하고서라도 위험을 적극 회피하려는 투자자인 반면, 적극적 투자자는 상대적으로 큰 위험을 부담하는 대신에 보다 높은 투자수익을 기대하는 투자자이다.

3절 채권투자전략

1 소극적 채권투자전략

소극적 채권투자전략은 이자율위험을 제거하거나 최소화하여 투자시 설정한 목표 수익을 달성하려는 방어적 투자전략이다. 따라서 소극적 투자전략은 금리변동 등 금융시장이 불안한 경우에 수립하게 된다. 소극적 전략의 범주에 속하는 방법 가운데 만기보유전략, 채권면역전략, 채권지수화 전략의 기본 원리를 살펴본다.

(1) 만기보유전략

만기보유전략은 가장 일반적인 소극적 전략의 하나로 채권을 매입하여 만기까지 보유하는 전략이다. 이 경우 이자율의 변동에 관계없이 투자 시 목표로 한 수익을 확정짓게 된다. 이 경우에도 원리금을 약속대로 지급하지 못할 가능성이 존재하므로 채무불이행위험에 대한 평가가 이루어져야 한다. 만기보유전략은 이자와 원금이 보장되는 안전성이 높은 투자전략이지만 시장이자율이 상승하는 경우 낮은 가격에 매입하여 높은 수익률을 얻을 수 있는 기회를 포기하는 경우가 된다.

(2) 채권면역전략

채권면역전략의 개념

채권면역전략(bond immunization strategy)은 투자기간 종료 시 또는 목표시점에 채권포트폴리오의 실현수익률이 투자기간 동안의 이자율 변동에 관계없이 약속수익률(promised yield) 또는 목표수익률과 같도록 하는 소극적 투자전략이다. 채권가격변동에 가장 큰 영향을 미치는 위험요인이 이자율이다. 시장이자율이 변하면 채권을 보유하는 동안에 발생되는 이자를 재투자하여 얻는 재투자수입에 변동을 가져오고 동시에 채권가격에 변동을 가져오므로 재투자수입과 채권가격 사이에는 서로 상반된 효과를 나타낸다.

이자율이 상승하면 재투자 수익률은 증가하고 채권가격은 하락한다. 그리고 이자율이 하락하면 재투자수익률은 하락하고 채권가격은 상승한다. 이 때 이자율 변동이 이자의 재투자수입에 변동을 가져오는 효과를 재투자수입효과(income effect)라고 하고, 이자율변동이 채권가격에 변동을 가져오는 효과를 자본효과(capital effect)라고 한다.

채권면역전략은 이 두 가지 상반된 효과가 서로 상쇄되도록 채권포트폴리오를 관리함으로써 이자율위험을 제거하거나 최소화하는 전략이다. 채권면역전략은 미래에 정해진 시점에 약속한 금액을 계획대로 채권자에게 지불해야 하는 생명보험이나 연금기금 그리고 순자산가치를 유지해야 하는 은행 등과 같은 기관투자자들의 자금관리자들이 이자율위험을 회피하기 위한 전략으로 널리 사용한다.

채권의 면역화

미래 특정시점에 일정한 자금이 필요하거나 목표수익률을 달성하려고 할 경우 이자율위험의 영향을 받지 않고 목표를 달성할 수 있는 전략이 필요하다. 이 경우 듀레이션을 이용하여 투자자의 목표투자기간과 동일한 듀레이션을 가진 채권에 투자하거나 채권포트폴리오를 구성함으로써 이자율위험을 회피할 수 있다.

예를 들어 목표투자기간이 4년이고 연평균 목표수익률이 14.1%인 투자자가 만기수익률이 14.1%이고 듀레이션이 투자기간과 거의 같은 다음과 같은 조건의 채권에 투자한다고 가정해 보자.

액면가	표면이자율	만 기	만기수익률	시장가격	듀레이션
1,000만원	12%	5년	14.1%	928만원	약 4년

투자기간 동안 이자율의 변동이 없다면 4년 후에 투자자의 부는 다음과 같다.

이자소득과 재투자수입 :

$120(1+0.141)^3+120(1+0.141)^2+120(1+0.141)+120=591$만원

4년 후 가격 : $(120+1,000)/(1+0.141)=982$만원

4년 후 전체 부 : $591+982=1,573$만원

한편 투자 1년째부터 이자율의 변동으로 채권수익률이 15.1%로 상승한다면 이 경우 4년 후에 투자자의 부는 다음과 같다.

이자소득과 재투자수입 :

$120(1+0.151)^3+120(1+0.151)^2+120(1+0.151)+120=600$만원

4년 후 가격 : $(120+1,000)/(1+0.151)=973$만원

4년 후 전체 부 : $600+973=1,573$만원

투자기간 동안 채권수익률이 14.1%에서 15.1%로 증가함으로써 이자소득과 재투자수입이 9만원 증가한 반면, 채권가격은 9만원 감소하였다. 이와 같이 이자율의 변동에 따른 채권수익률의 변동에도 불구하고 재투자수입효과와 자본효과가 상쇄되어 투자자의 전체 부에는 변화가 없다. 그러므로 시장이자율의 변동과 관계없이 목표수익을 달성할 수 있다. 이는 채권의 듀레이션이 투자기간과 같아 이자율 변동으로부터 면역되었기 때문이다.

채권면역전략은 이자율위험의 제거 내지 최소화를 위한 전략으로 채무불이행

위험이나 임의상환위험과 같은 비체계적 위험까지 제거시키는 것은 아니다. 그러므로 비체계적 위험이 분산투자에 의해 제거되지 않는 경우에는 목표수익률을 달성하지 못할 수도 있다.

(3) 채권지수화(bond indexing)전략

채권지수화의 개념

채권지수화(bond indexing)전략은 채권포트폴리오의 성과가 지수(index)의 성과와 같게 되도록 포트폴리오를 구성하는 전략을 말한다. 즉 전체 채권시장을 나타내는 시장지수를 선정하고 선정된 지수의 움직임과 일치하는 포트폴리오를 구성하여 포트폴리오의 투자성과가 전체시장의 성과를 쫓아가고자 하는 방법이다. 그러므로 채권지수화 전략은 특정 포트폴리오의 성과가 아니라 채권시장 전체의 성과를 쫓아갈 수 있도록 포트폴리오를 구성하는 데 목표를 두는 소극적 전략이다.

채권지수펀드의 구성

채권지수펀드를 운용하기 위해서는 우선 어떤 채권지수(bond index)를 복제(duplicate)할 것인가를 결정한 다음, 어떤 부류의 채권을 채권지수펀드에 편입시킬 것인가를 결정하여야 한다. 대표적인 채권시장지수에는 미국의 경우 Salomon Big Index, Lehman Aggregate Index, Merril Lynch Domestic Master 등이 있다. 우리나라의 경우에 증권거래소의 채권지수가 있다.

선택된 지수를 복제하기 위한 포트폴리오 구성방법의 하나는 셀(cell)에 의한 접근방법이다. 이 방법에 따르면 우선 지수의 개별특성에 따라 여러 개의 셀로 분류한 후 지수에 포함된 채권을 각 셀별로 분류한다. 이때 셀 분류에 사용되는 일반적 특성은 듀레이션, 만기, 표면이자율, 채권종류, 신용등급, 임의상환요인, 감채기금형태 등이 사용된다. 그리고 각 셀에서 한 개 이상의 종목을 선택하여 포트폴리오를 구성하는 방법이다.

예를 들면 듀레이션 기간에 따라 2개 셀, 만기를 기준으로 3개 셀, 채권종류별로 3개 셀, 신용등급별로 4개 셀로 분류한다고 하면 총 셀의 수는 96(=2×3×4×

4)개가 된다. 각 셀에 분류된 모든 채권으로부터 셀별로 1개 이상의 채권을 선택하면 이것이 전체 셀을 대표하는 데 사용된다. 각 셀로부터의 선택된 채권의 매입금액은 지수의 총시장가격에서 개별채권이 차지하는 비율에 기초한다. 그러므로 어느 지수(index)의 총시장가격의 30%가 회사채로 구성되어 있다면 지수화 포트폴리오에서 회사채가 30%를 차지하게 된다.

2 적극적 채권투자전략

적극적 채권투자전략은 투자자들이 자신의 우월한 정보를 이용하여 시장평균 이상의 비정상 수익률을 얻으려는 전략으로 위험의 회피보다 수익의 극대화에 중점을 두는 투자전략이다. 적극적 투자전략 가운데 이자율 예측전략과 교체전략을 살펴본다.

(1) 이자율 예측전략

미래의 이자율 수준을 정확하게 예측할 수 있다고 믿는 투자자는 미래 이자율 변동이 채권가격에 미치는 영향을 이용하여 보다 높은 수익을 얻고자 할 것이다. 만기와 채권가격과의 관계에서 만기가 긴 채권일수록 가격변동률이 크다. 그러므로 이자율이 하락할 것으로 예상될 경우에는 장기채의 가격상승폭이 단기채보다 크므로 장기채 중심으로 투자하고, 이자율이 상승할 것으로 예상되면 단기채의 가격하락폭이 장기채보다 적으므로 단기채 중심으로 투자한다.

또한 만기가 같은 채권이라도 표면이자율이 낮을수록 이자율변동에 따른 채권가격 변동률이 크다. 그러므로 이자율의 하락이 예상되는 경우에는 표면이자율이 낮은 채권이 표면이자율이 높은 채권보다 가격상승폭이 크므로 표면이자율이 낮은 채권을 중심으로 투자한다. 그리고 이자율의 상승이 예상되는 경우에는 표면이자율이 높은 채권을 중심으로 투자전략을 세우는 경우이다.

(2) 교체전략

채권교체(bond swap) 전략은 이자율변동, 만기 등 채권가격에 영향을 미치는 요인들을 고려하여 보유하고 있는 채권포트폴리오의 구성종목을 수익성을 높일 수 있다고 판단되는 다른 종목으로 교체하는 적극적 전략을 말한다. 대체스왑(substitution swap)은 일시적으로 수요와 공급이 일치하지 않을 경우에는 만기가 같고 표면이자율이 같은 채권이라도 서로 다른 가격으로 거래되는 경우, 가격이 높은 채권을 매도하고 가격이 낮은 채권을 매수함으로써 자본이득을 취하는 전략이다.

시장간 스프레드 스왑(inter-market spread swap)은 시장간 수익률차이(스프레드)가 확대 또는 축소되는 시점을 파악하여 교체매매를 계속함으로써 투자수익률을 극대화하고자 하는 경우이다. 예를 들어 수익률 스프레드가 확대되는 시점에서는 수익률이 낮은 채권을 수익률이 높은 채권으로 교체하고 스프레드가 축소되는 시점에서는 다시 수익률이 낮은 채권으로 교체하여 높은 수익을 얻고자 한다. 이는 상대적으로 비싼 채권을 매각하고 싼 채권을 매입하고자 하는 전략이다. 이 밖에도 여러 형태의 교체전략이 가능하다.

용어정리

- 듀레이션(duration)
- 매입보유전략
- 소극적 전략
- 이자율탄력성
- 자본효과
- 재투자수입효과
- 적극적 전략
- 채권교체(bond swap)
- 채권면역전략
- 채권지수화

연/습/문/제

01 듀레이션의 특징을 설명하시오.

02 채권가격에 영향을 미치는 요인을 기술하시오.

03 듀레이션과 채권가격과의 관계를 설명하시오.

04 채권면역전략에 의해 이자율변동위험을 제거하는 방법을 예시하시오.

05 '만기수익률이 0이면 듀레이션이 0이다.' 이에 대해 평하시오.

06 만기수익률이 5%인 채권의 듀레이션이 4년이다. 갑자기 인플레이션이 급격히 상승하였다. 이는 듀레이션에 어떤 영향을 미치는가?

07 소극적 채권관리전략과 적극적 채권관리전략에 대해 설명하시오.

08 액면가격이 1,000,000원, 표면이자율이 연 8%, 만기까지의 기간이 4년인 채권의 현재가격은 967,603원이다. 이 채권의 만기수익률이 9%인 경우 듀레이션은 얼마인가?

09 액면가격이 1,000,000원이고 표면이자율이 6%인 채권의 만기수익률이 6%이다. 매년 말에 이자를 지급하는 이 채권은 만기까지 3년이 남아 있다. 이 채권의 듀레이션은 얼마인가? 만약 만기수익률이 10%라면 듀레이션은 얼마인가?

10 Macaulay 듀레이션이 8.5이고 만기수익률이 4.5%인 채권이 있다. 이 채권의 수정듀레이션은 얼마인가?

11 1년 전에 액면가 10,000,000원, 표면이자율 연 10%인 2년 만기 채권을 8,000,000원에 매입하였다. 현재 이 채권의 만기수익률은 8%이다. 이 채권의 현재가격은 얼마인가? 또 이 채권의 과거 1년 간의 투자수익률과 현재 듀레이션은 얼마인가?

12 액면가격이 1,000만원, 표면이자율은 연 8%인 3년 만기인 채권이 있다. 이자지급은 반기별로 이루어지고 채권수익률이 8%이라면 듀레이션은 얼마인가?

13 만기가 9년인 채권의 만기수익률이 10%이고 듀레이션이 7.194라 할 경우, 채권의 수익률이 0.5% 변동한다면 채권의 가격은 몇 % 변동하는가?

14 당신은 1백만원짜리 포트폴리오를 관리하고 있다. 목표 듀레이션은 10년이고 5년 만기 무이자 채권과 영구채권 중에서 선택하려고 하고 있다. 두 채권의 수익률은 모두 5%이다.

(1) 각 채권을 얼마만큼 보유하여야 하는가?

(2) 목표듀레이션이 9년이라면 각 채권의 보유비율은 어떻게 변동하는가?

15 2년 후에 만기가 도래하는 부채 8,000,000원을 상환하기 위해 현재 가지고 있는 8,000,000원을 이자수입을 목적으로 2년 동안 채무불이행위험이 없는 재정증권에 투자하고자 한다. 투자기간 동안의 이자율 변동위험을 제거하기 위해서 어떤 투자전략을 선택하여야 하나?

Investment

PART 5

성과평가와 선물·옵션

제5편에서는 투자성과 측정과 주식과 관련된 파생금융상품으로 주가지수선물 그리고 주식옵션을 다룬다. 제14장에서는 투자포트폴리오의 수정과 리밸런싱(rebalancing)에 대해 살펴보고, 투자포트폴리오의 성과척도에 대해 알아본다. 제15장에서 주가지수선물의 기초개념과 거래제도에 대해 살펴본다. 제16장에서는 옵션의 기초개념과 주가지수옵션과 개별주식옵션의 매매제도에 대해 알아본다.

CHAPTER 14 포트폴리오 수정과 성과측정

1절 포트폴리오 수정의 의의

1 포트폴리오 수정의 의의

포트폴리오 수정(portfolio revision)은 투자환경의 변화에도 불구하고 항상 최적포트폴리오를 유지할 수 있도록 기존 포트폴리오의 구성을 수정해 나가는 것을 말한다. 따라서 포트폴리오 수정은 본래 의도한 위험과 수익의 특성을 회복하거나 기존의 포트폴리오보다 높은 기대수익과 낮은 위험을 달성하기 위하여 포트폴리오의 구성내용을 변경하는 것을 말한다.

시간이 경과함에 따라 변하는 투자환경은 기업의 영업활동과 재무활동에 영향을 미치게 된다. 그 결과 투자포트폴리오를 구성하고 있는 개별증권들의 기대수익률과 위험이 달라지게 되어 투자시점에서의 효율적 포트폴리오가 더 이상 효율적 포트폴리오가 아닐 수 있다. 따라서 최적의 포트폴리오를 유지하기 위해서는 기존포트폴리오의 수정이 요구된다.

포트폴리오 수정은 증권의 매수 또는 매도를 통해 포트폴리오의 기대수익률의 증가 또는 위험의 감소를 가져오게 되므로 거래비용을 발생시킨다. 그러므로 포트폴리오 수정은 수정의 효과가 거래비용보다 클 때 그 의미를 가진다. 이러한 포트폴리오 수정은 단일기간의 수익과 위험에 대한 예측을 매기 정기적으로 행함으로서 이루어진다. 포트폴리오의 수정방법은 포트폴리오 리밸런싱(portfolio rebalancing)과 업그레이딩(upgrading)으로 대별된다.

2 포트폴리오 리밸런싱

포트폴리오 리밸런싱(portfolio rebalancing)은 투자상황이 변하는 경우 본래 의도한 포트폴리오의 위험과 수익의 특성을 그대로 유지하기 위해 기존의 포트폴리오를 수정하는 것이다. 포트폴리오 리밸런싱은 포트폴리오를 구성하고 있는 개별종목의 상대적 주가변동으로 인하여 투자비율에 변동이 생긴 경우, 종목의 교체 없이 투자비율이 높아진 주식의 일부를 매도하고 투자비율이 낮아진 주식을 추가 매수하여 본래의 투자비율을 회복하는 기법이다. 이러한 형태의 리밸런싱을 고정목표수정전략이라고 한다.

고정목표수정전략(fixed target revision)은 의도하지 않은 투자로 집중하는 현상으로부터 본래의 투자비율을 회복하는 것이다. 그 결과 비체계적 위험을 감소시켜 본래 수준의 체계적 위험을 회복할 수 있다는 장점을 지닌다. 그리고 상대적으로 가격이 상승한 종목은 매각하고 가격이 하락하여 가격상승의 여력이 큰 종목은 매수하게 되므로 자본이득의 가능성을 증대시킨다는 장점을 지닌다.

예를 들어 〈표 14－1〉에서 보는 바와 같이 베타(β)가 1.0인 주식 A를 주당

〈표 14－1〉 포트폴리오 리밸런싱

구분	주식	주가(원)	보유주수	투자액	β_i	투자비율	β_p
투자시	A	30,000	100주	3,000,000	1.0	0.375	0.75
	B	50,000	100	5,000,000	0.6	0.625	
조정 전	A	36,000	100	3,600,000	1.0	0.450	0.78
	B	44,000	100	4,400,000	0.6	0.550	
조정 후	A	36,000	83·1/3	3,000,000	1.0	0.375	0.75
	B	44,000	109·1/11	5,000,000	0.6	0.625	

30,000원에 100주를 매입하고 베타(β)가 0.6인 주식 B를 주당 50,000원에 100주를 매입하여 베타(β)가 0.75인 투자포트폴리오를 구성하였다고 하자. 투자기간 동안 주식 A의 가격이 36,000원으로 상승하고 주식 B의 가격이 44,000원으로 하락하였다고 하면, 이 경우 주식 A와 주식 B의 가격변동으로 투자비율이 달라져 포트폴리오의 위험수준이 0.78로 변하게 된다. 이 때 A주식을 16·⅔주를 매각하고 B주식을 9·1/11 주를 매수함으로써 본래의 위험수준인 0.75를 회복할 수 있다.

3 포트폴리오 업그레이딩

포트폴리오 업그레이딩(portfolio upgrading)은 기존의 포트폴리오보다 위험을 감소시키거나 기대수익을 증진시키기 위하여 행하는 포트폴리오 수정이다. 새로운 정보를 입수하여 분석한 결과 미래에 대한 예상치가 변하게 되면 기존 포트폴리오에 대해 투자규모, 투자비율, 구성종목 등을 수정하여 새로운 최적포트폴리오를 찾고자 하는 기법이다.

만일 포트폴리오의 효율성에 기초하여 선택한 본래의 최적포트폴리오가 [그림 14-1]에서 B로 표시된다고 하면, 증권시장의 가격체계와 투자자의 예상이 변함에 따라 포트폴리오 B의 기대수익과 위험이 변한다. 그 결과 포트폴리오 B는

[그림 14-1] 포트폴리오 업그레이딩

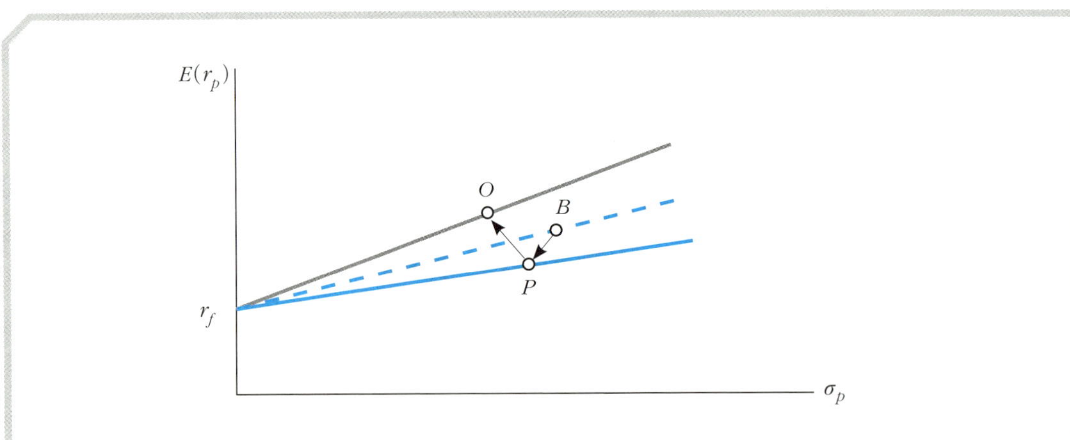

포트폴리오 P의 위치로 변하게 된다.그리고 미래전망과 시장가격에 기초한 새로운 효율적 포트폴리오가 O라고 한다면 기존의 포트폴리오 P를 새로운 효율적 포트폴리오 O로 수정하기 위한 포트폴리오 업그레이딩 과정이 필요하다.

이와 같이 포트폴리오 리밸런싱은 본래의 위험과 수익수준을 유지하기 위한 방어적 전략인 반면 포트폴리오 업그레이딩은 보다 높은 수익과 보다 낮은 위험을 추구하는 공격적 전략이라고 할 수 있다.

2절 포트폴리오의 성과측정

포트폴리오 관리의 목적이 어느 정도 달성되었는지를 사후적으로 평가하기 위해서 포트폴리오의 성과측정이 이루어진다. 성과평가(performance evaluation)는 포트폴리오의 투자성과를 사전에 설정된 기준포트폴리오(bench mark portfolio)의 성과와 비교하여 기준포트폴리오의 성과를 능가하여 새로운 가치를 창출하였는지를 살피는 과정이다. 그러므로 포트폴리오의 성과는 상대적으로 평가되며 평가의 출발점은 포트폴리오의 성과를 측정하는 것이다.

포트폴리오의 성과측정은 투자신탁이나 뮤츄얼펀드의 펀드매니저가 운영하는 펀드의 성과를 비교평가하는 데 특히 중요하다. 왜냐하면 펀드관리자의 투자성과는 일반투자자들이 펀드를 선택하는 중요한 요인이 되기 때문이다. 성과측정(performance measurement)은 평가기간 동안에 정기적으로 실현되는 수익률의 측정을 기초로 한다.

1 단일기간 투자수익률

평가기간 동안의 포트폴리오 수익률을 단일기간 수익률로 측정할 경우 투자수익률은 보유기간 수익률이다. 평가기간 말의 시장가격에서 평가기간 초의 시장가격을 차감하고 그 기간 동안 포트폴리오로부터 발생된 현금흐름을 합한 값을 평가기간 초의 시장가격으로 나누어 구할 수 있다.

$$r_p = \frac{P_1 - P_0 + D}{P_0} \qquad (14-1)$$

r_p: 포트폴리오의 기간수익률
P_1: 기말의 포트폴리오 시장가치
P_0: 기초의 포트폴리오 시장가치
D: 평가기간 동안 발생된 현금흐름

단일기간 투자수익률은 평가기간 동안에 투자로부터의 자금회수나 추가투자로 인한 자금투입이 없다는 가정을 전제로 산출될 수익률이다. 그러므로 투자자에 의해 투자기간 동안 증권의 매도와 추가 매수가 수시로 이루어지는 현실에서는 단일기간 수익률이 투자수익률 척도로 적절하지 못하다. 뿐만 아니라 투자기간이 서로 다른 복수의 포트폴리오 성과를 비교하는 경우에도 유용한 척도가 되지 못한다.

일반적으로 평가기간 동안의 수익률은 월 또는 분기와 같은 기간(sub-period) 수익률을 평균하여 이를 연 수익률(annual return)의 형태로 나타낸다. 평균수익률은 기간수익률의 평균을 산출하는 방법에 따라 시간가중수익률(time weighted rate of return)과 금액가중수익률(dollar weighted rate of return)로 나눌 수 있다.

2 다기간 투자수익률

(1) 시간가중수익률

시간가중수익률은 각 단일기간 수익률을 평균하여 구하는 방법으로 평균을 구하는 방법에 따라 산술평균수익률(arithmetic average rate of return)과 기하평균수익률(geometric average rate of return)로 나누어진다.

산술평균수익률

산술평균수익률은 단일기간 수익률의 단순평균으로 다음과 같이 나타낸다.

$$r_A = \frac{r_{p1} - r_{p2} + \cdots + r_{pk}}{n} \quad (14-2)$$

r_A: 산술평균수익률
r_{pk}: 단일기간 수익률(k=1, 2, $\cdots n$)
n: 평가기간 동안의 단일기간 수

예제 14-1

지난 3개월간의 포트폴리오의 월 수익률이 각각 −10%, 20%, 5%인 경우의 산술평균 수익률은 얼마인가?

해설 $r_A = \frac{-0.1 + 0.2 + 0.05}{3} = 0.05$, 5%

산술평균수익률은 평가기간 동안의 평균수익률 척도로 사용하는 데 부적절한 경우가 있다. 예를 들어 최초 투자금액 1,500만원으로 주당 15만원에 100주를 매수한 경우 1개월 후의 주가가 30만원, 그리고 2개월 후의 시장가격이 15만원이라고 하자. 이 경우 첫 번째 월의 수익률은 100%이고 두 번째 월의 수익률은 −50%이므로, 2개월 동안의 산술평균 수익률은 월 25%가 된다. 그러나 평가기간 말의 주가가 15만원이므로 보유기간 동안의 수익률은 0%가 된다. 이와 같이 단일기간 수익률의 변동이 극심한 경우에는 산술평균 수익률이 평가기간 동안의 수익률 척도로 부적절하다.

기하평균수익률

기하평균수익률은 포트폴리오의 최초 시장가격의 성장률이 복리로 계산된다는 원칙에 따라 산출되는 수익률로 다음과 같이 나타낸다.

$$r_G = [(1+r_{p1})(1+r_{p2})\cdots(1+r_{pk})]^{1/n} - 1 \quad (14-3)$$

r_G: 기하평균수익률

예제 14-2

예제 14.1의 자료를 사용하여 기하평균수익률을 구하시오.

해설 $r_G = [(1-0.1)(1+0.2)(1+0.05)]^{1/3}-1$
$= 0.043,\ 4.3\%$

일반적으로 평가기간 동안의 산술평균수익률과 기하평균수익률은 서로 다르다. 산술평균수익률의 산출에서는 투자금액인 포트폴리오의 최초시장가격이 유지되는 것으로 가정하고 있으나, 기하평균의 경우에는 투자기간 동안에 포트폴리오로부터 발생되는 수익이 모두 재투자된다고 가정하고 있기 때문에 투자규모가 다양한 포트폴리오의 수익률을 의미한다. 통상 산술평균수익률이 기하평균수익률보다 높고, 두 평균의 차이는 평가기간 동안의 단기간 수익률의 변동(variation)이 적을수록 적다.

(2) 금액가중수익률

금액가중수익률(dollar weighted rate of return)은 평가기간 동안의 현금흐름의 현재가치와 최초투자액을 일치시켜 주는 수익률을 나타내므로 내부수익률(internal rate of return)을 의미한다.

금액가중수익률은 평가기간 동안에 발생되는 자금의 인출과 추가투자를 고려한 수익률 산출방법으로 다음과 같이 나타낸다.

$$P_0 = \frac{C_1}{(1+r_d)} + \frac{C_2}{(1+r_d)^2} + \cdots + \frac{C_n + P_n}{(1+r_d)^n} \qquad (14-4)$$

r_d: 금액가중수익률
P_0: 포트폴리오의 최초 시장가격
P_n: 포트폴리오의 기말 시장가격
C_n: 기간중 포트폴리오의 현금흐름(k=1, 2, 3⋯, n)

금액가중수익률의 경우는 현금흐름을 기준으로 수익률을 산출하므로 자금인출과 추가투자에 수반되는 현금흐름의 크기와 발생시기에 의해 영향을 받는다.

예제 14-3

현재 시장가격이 1억 1천만원인 투자 포트폴리오의 3개월 전 시장가격은 1억원이었다. 매월 말에 500만원씩 포트폴리오로부터 인출할 경우 이 포트폴리오의 금액가중 월수익률은 얼마인가?

해설 $$100,000,000=\frac{5,000,000}{(1+r_d)}+\frac{5,000,000}{(1+r_d)^2}+\frac{5,000,000+110,000,000}{(1+r_d)^3}$$

$r_d=0.081,\ 8.1\%$

자금의 인출과 추가투자의 크기와 발생시기는 기본적으로 펀드관리자(fund manager)가 통제할 수 없는 사항이다. 따라서 펀드관리자의 응용능력을 평가하는 성과평가의 경우에는 펀드관리자의 통제 밖에 있는 요인에 의해 영향을 받지 않는 시간가중수익률이 척도로 사용된다.

3절 위험조정 성과척도

투자포트폴리오의 성과평가 시에는 평가기간 동안의 수익률과 함께 포트폴리오의 위험이 고려되어야 하므로 위험조정 성과척도가 사용된다. 위험을 고려한 성과척도로는 자본시장이론의 성과를 포트폴리오 성과측정에 응용한 샤프 척도(Sharpe measure), 젠센 척도(Jensen measure), 트레이너 척도(Treynor measure)가 있다.

1 샤프 척도

샤프(W. F. Sharpe)는 자본시장선(*CML*)의 기울기를 이용하여 포트폴리오의 성과를 측정하고자 하였다.[1] 역사적 자료를 사용할 경우 자본시장선은 식 (14-5)

1 W. F. Sharpe, "Mutual Fund Performance," *Journal of Business*(January 1866), pp. 115~138.

와 같이 나타낼 수 있다.

$$\bar{r}_p = \bar{r}_f + \frac{\bar{r}_m - \bar{r}_f}{\bar{\sigma}_m} \cdot \bar{\sigma}_p \quad (14-5)$$

$\bar{r}_p$: 포트폴리오의 실현수익률
$\bar{r}_m$: 시장포트폴리오의 실현수익률
$\bar{r}_f$: 무위험이자율의 평균
$\bar{\sigma}_m$: 시장포트폴리오 실현수익률의 표준편차
$\bar{\sigma}_p$: 포트폴리오 실현수익률의 표준편차

식 (14−5)에서 $\bar{r}_f$를 좌변으로 이항한 후 $\bar{\sigma}_p$로 양변을 나누어 정리하면 다음과 같다.

$$\frac{\bar{r}_p - \bar{r}_f}{\sigma_p} = \frac{\bar{r}_m - \bar{r}_f}{\sigma_m} \quad (14-6)$$

식 (14−6)에서 $\bar{r}_p - \bar{r}_f$는 포트폴리오의 초과수익률로 총위험 한 단위당 실현된 위험프리미엄이며, $\bar{r}_m - \bar{r}_f$는 대용시장포트폴리오의 초과수익률로 시장 전체에서 투자자들이 부담한 총위험 한 단위당 실현된 위험프리미엄을 나타낸다.

식 (14−6)의 좌변은 위험이 조정된 포트폴리오의 성과척도를 나타내고 이를 수익률분산도 비율(reward to variability: *RVAR*) 또는 샤프지수(Sharpe index)라고 한다.

$$RVAR = \frac{\bar{r}_p - \bar{r}_f}{\bar{\sigma}_p} \quad (14-7)$$

*RVAR*은 총위험 한 단위에 대해 실현된 위험프리미엄의 크기를 측정하는 측정치로 이 비율이 높다는 것은 위험 단위당 보상수준이 높다는 것을 의미한다. 그러므로 일반적으로 개별포트폴리오의 *RVAR*이 대용시장포트폴리오의 *RVAR*보다 크면 그 포트폴리오는 우수한 성과를 올린 것으로 평가되고, 개별포트폴리오 상호간에는 *RVAR*이 높을수록 투자성과가 우수한 것으로 평가된다.

예제 14-4

포트폴리오 A와 B 그리고 대용시장포트폴리오의 평균수익률과 표준편차 그리고 베타계수가 다음과 같은 경우 샤프 척도에 의한 투자성과를 측정하시오. 단 무위험이자율은 5%이다.

포트폴리오	평균수익률	표준편차(σ)	베타(β)
포트폴리오 A	12%	6%	0.5
포트폴리오 B	21	20	1.4
시장포트폴리오(m)	15	10	1.0

해설 $RVAR_A = (12-5)/6 = 1.17$

$RVAR_B = (21-5)/20 = 0.8$

$RVAR_m = (15-5)/10 = 1.0$

포트폴리오 A는 시장포트폴리오보다 우수한 성과를 나타내는 반면 포트폴리오 B는 시장포트폴리오보다 낮은 성과를 나타낸다.

2 트레이너 척도

트레이너(J. L. Treynor)는 분산투자가 충분히 이루어지면 포트폴리오의 총위험 가운데 비체계적 위험은 거의 제거되므로 성과측정 시 체계적 위험만을 고려한다. 이 경우 포트폴리오의 기대수익률과 체계적 위험의 관계를 나타내는 증권시장선(*SML*)을 이용하여 투자성과를 측정할 수 있다. 포트폴리오의 기대수익률과 체계적 위험의 관계를 나타내는 증권시장선은 역사적 자료를 사용할 경우 다음과 같이 나타낼 수 있다.

$$\bar{r}_p = \bar{r}_f + (\bar{r}_m - \bar{r}_f)\bar{\beta}_p \qquad (14-8)$$

$\bar{r}_p$: 포트폴리오의 실현수익률
$\bar{r}_m$: 대용시장포트폴리오의 실현수익률
$\bar{r}_f$: 무위험이자율의 평균
$\bar{\beta}_p$: 포트폴리오의 사후적 베타

식 (14−8)에서 $\bar{r}_f$를 좌변으로 옮기고 $\bar{\beta}_p$로 나누면 다음과 같이 나타낼 수 있다.

$$\frac{\bar{r}_p - \bar{r}_f}{\beta_p} = \frac{\bar{r}_m - \bar{r}_f}{\beta_m} = \bar{r}_m - \bar{r}_f \qquad (14-9)$$

상기 식에서 $\bar{r}_p - \bar{r}_f$는 포트폴리오의 체계적 위험 한 단위에 상응한 위험프리미엄을 나타내고 $\bar{r}_m - \bar{r}_f$는 대용시장포트폴리오의 체계적 위험 한 단위에 대한 위험프리미엄을 나타낸다.

식 (14−9)의 좌변은 체계적 위험을 고려한 포트폴리오의 성과척도를 나타내고 이를 수익률민감도 비율(reward to volatility: *RVOL*) 또는 트레이너지수(Treynor index)라고 한다.

$$RVOL = \frac{\bar{r}_p - \bar{r}_f}{\beta_p} \qquad (14-10)$$

따라서 투자포트폴리오의 *RVOL*이 대용시장 포트폴리오의 *RVOL*보다 크면 투자성과가 높은 것으로 평가되고 포트폴리오 상호간에는 *RVOL*이 높을수록 투자성과가 높은 것으로 평가된다.

예제 14−5

예제 14−4의 자료를 사용하여 트레이너 척도에 의해 포트폴리오의 성과를 측정하시오.

해설 $RVOL_A = (12-5)/0.5 = 14.0$

$RVOL_B = (21-5)/1.4 = 11.43$

$RVOL_m = (15-5)/1.0 = 10.0$

포트폴리오 A와 B 모두 시장포트폴리오보다 높은 성과를 나타내고 포트폴리오 A가 포트폴리오 B보다 높은 투자성과를 나타낸다.

3 젠센 척도

젠센(M. C. Jensen)의 성과척도도 증권시장선을 이용한 성과측정 방법이라는 점에서는 트레이너 지수와 같다. 그러나 젠센 척도는 증권시장선에 의해 추정된 포트폴리오의 평균수익률과 실현된 수익률과의 차이로 나타내고 이 차이부분을 젠센의 알파(Jensens's Alpha) 또는 젠센지수(Jenen index)라고 부른다. 성과척도인 α_p를 사후적 증권시장선을 이용하여 나타내면 다음과 같다.

$$\alpha_p = \bar{r}_p - [\bar{r}_f + (\bar{r}_m - \bar{r}_f)\beta_p] \qquad (14-11)$$

식 (14-11)에서 $[\bar{r}_f + (\bar{r}_m - \bar{r}_f)\beta_p]$는 증권시장선(*SML*)에 의해 추정된 균형시장에서의 요구수익률을 나타내고 $\bar{r}_p$는 투자포트폴리오의 실현수익률을 나타낸다. 젠센지수를 나타내는 α_p가 양(+)의 유의한 값을 가지면 투자성과가 우수한 것으로 해석되나 음(−)의 값을 가지면 투자성과가 열등한 것으로 해석된다. 그리고 개별포트폴리오 사이에는 α_p가 높을수록 우수한 성과를 나타낸다.

예제 14-6

예제 14-4의 자료를 사용하여 젠센지수를 이용한 투자성과를 측정하시오.

해설 $\alpha_A = 12 - [5 + (15-5)(0.5)] = 2.0$

$\alpha_B = 21 - [5 + (15-5)(1.4)] = 2.0$

포트폴리오 A와 B 모두 양호한 투자성과를 나타낸다.

포트폴리오 A와 B가 동일한 투자성과를 나타낸다.

4 샤프, 트레이너, 젠센 척도의 비교

샤프 척도는 수익률의 표준편차(σ)를 포트폴리오의 위험척도로 보는 반면, 트레이너 척도와 젠센 척도는 베타(β)를 당해 포트폴리오의 위험척도로 하고 있다. 성과측정 시 평가대상이 되는 포트폴리오가 평가하려고 하는 고객이 보유하는 전체 포트폴리오의 전부 또는 큰 부분을 차지하는 경우에는 분산투자가 제대로 이루어지지 못하므로 상대적으로 총위험이 적절한 위험척도가 된다. 그러나 평가대상이 되는 포트폴리오가 투자자의 전체 포트폴리오의 일부를 구성하는 경우에는 투자자 입장에서는 분산투자가 이루어지는 경우이므로 포트폴리오의 베타(β)가 적절한 위험척도가 된다고 할 수 있다.

예를 들어 다수의 펀드관리자(fund managers)에게 자금운용을 위탁하고 있는 대규모 연금기금의 입장에서는 각 펀드의 베타가 적절한 위험척도로 사용될 수 있다. 그리고 샤프 척도와 트레이너 척도는 측정기간 동안의 평균수익률과 무위험수익률을 사용하는 데 비해, 젠센 척도는 기간별 수익률과 무위험수익률을 사용한다는 차이점이 있다. 어떤 성과척도를 사용하느냐의 문제는 평가목적이 무엇인가? 어떤 위험척도가 적절한가? 하는 관점에서 결정될 문제이다. 한편 이러한 세 가지 성과척도들은 자본시장이론과 *CAPM*에 기초를 두고 있으므로 이들 이론이 가지고 있는 문제점을 그대로 지닌다는 한계점을 가진다.

용어정리

- 금액가중수익률
- 기준포트폴리오
- 샤프(Sharpe)지수
- 수익률민감도비율(*RVOL*)
- 수익률분산도비율(*RVAR*)
- 시간가중수익률
- 젠센(Jensen)지수
- 젠센의 알파(α)
- 트레이너(Treynor)지수
- 포트폴리오 리밸런싱
- 포트폴리오 수정
- 포트폴리오 업그레이딩

연/습/문/제

01 시간가중수익률(time weighted rate of return)과 금액가중수익률(money weighted rate of return)에 대해 설명하시오.

02 두 개의 서로 다른 펀드를 관리하는 펀드매니저의 성과를 비교하는 데 적절한 수익률 산정방법은 무엇인가?

03 포트폴리오 관리자(펀드매니저)의 성과척도와 포트폴리오 소유자의 성과척도는 왜 달라야 하는가?

04 샤프 척도(Sharpe measure), 트레이너 척도(Treynor measure)를 비교하시오.

05 트레이너 척도(Treynor measure)와 젠센 척도(Jense measure)를 비교해 보시오.

06 포트폴리오 성과척도의 한계점을 지적하시오.

07 무위험이자율이 6%이고, 시장수익률이 14%인 어느 해에 베타가 0.5인 포트폴리오의 수익률은 10%였다. 포트폴리오의 α값에 근거하여 포트폴리오 관리자의 능력을 평가하여 보시오.

08 현재의 배당수익률과 기대자본수익률에 근거하여 볼 때 포트폴리오 A와 B의 기대수익률은 각각 0.11과 0.14이다. A의 베타값은 0.8이고 B의 베타값은 1.5이다. 또한 현재의 무위험이자율은 0.06이며 시장수익률은 0.12이다. 포트폴리오 A와 B의 표준편차는 각각 0.10과 0.31이며, 시장수익률의 표준편차는 0.20이다.

(1) 당신이 시장지수 포트폴리오를 갖고 있다면 위의 포트폴리오 중 무엇을 당신의 포트폴리오에 편입시키겠는가? 샤프 척도, 트레이너 척도, 젠센 척도에 의해 평가하시오.

(2) 당신이 재정증권 외 위 포트폴리오 중 하나를 선택하여야 한다면 어떤 포트폴리오를 선택하겠는가?

09 5개의 투자포트폴리오와 무위험이자율(R)에 대한 자료가 다음과 같이 주어지고 있다.

포트폴리오	평균수익률(%)	표준편차(%)	베 타
A	7	3	0.4
B	10	8	1.0
C	13	6	1.1
D	15	13	1.2
E	18	15	1.4
R	3	0	0

(1) 샤프 척도에 따르면 어떤 포트폴리오의 성과가 가장 좋은가?

(2) 가장 성과가 나쁜 포트폴리오는 어느 것인가?

(3) 트레이너의 기준에 의하면 어느 포트폴리오의 성과가 가장 좋은가?

(5) 가장 성과가 나쁜 것은 어느 것인가?

10 C사 및 D사의 펀드관리자의 1년 간의 투자실적이 아래와 같다. 이들의 포트폴리오는 주로 주식으로 구성되어 있지만 베타와 투자실적을 산출할 때에는 현금보유분도 감안하였다. 비교를 위하여 금융시장에 관한 관련지수를 아래 표에 함께 제시하였다.

	종합수익률(%)	베 타
C사	24.0	1.0
D사	30.0	1.5
S&P 500	21.0	
Lehman Index	31.0	
3개월 만기 재정증권	12.0	

(1) C사와 D사의 실적을 위험을 감안하여 상호비교하고 S&P 500과도 비교하여 보시오.

(2) (1)과 같이 위험조정 실적을 계산하는 것은 오판에 이를 수도 있다. 그 이유를 두 가지만 지적하시오.

CHAPTER 15 주가지수선물

1절 선물거래의 개념

1 선물거래의 의의

선물거래(futures trading)는 규격, 수량, 품질 등이 표준화되어 있는 특정상품을 매매계약 시 결정한 가격으로 미래의 일정 시점에서 인수하거나 인도하기로 현재 시점에서 약속하는 거래이다. 선물거래는 거래소시장에서 행하여지는 거래로 거래소에 의해 계약조건이 표준화·정형화되어 있다. 이 점이 거래소 밖에서 당사자간 필요에 따라 다양한 방법으로 계약이 이루어지는 선도거래(forward trading)와 구별된다.

선물거래에서는 결제일 이전에 매수자는 되팔고 매도자는 되사는 반대매매를 행하거나 또는 결제일에 현물에 대한 인수·인도를 행함으로써 거래를 종결하게 된다. 따라서 선물거래에서는 매매계약시점과 대상물의 인도 및 대금지불 시점 사이에 상당한 시간적 간격이 존재한다. 이러한 점에서 선물거래는 매매계약이 이루어지는 시점에서 대상물을 인도함과 동시에 대금의 지불이 이루어지는 현물거래(spot trading)와 구분된다.

근대적 의미의 선물거래는 1848년 4월에 설립된 시카고 상품거래소(Chicago Board of Trade: CBOT)가 1865년에 이르러 곡물, 축산물 등의 상품을 대상으로 하는 선물거래 규칙을 명문화하면서 시작되었다. 이후 1972년 5월에는 시카고 상업거래소(Chicago Mercantile Exchange: CME) 산하에 국제통화시장(International Monetary Market: IMM)이 개설되어 주요국의 통화를 대상으로 한 통화선물거래가 실시됨으로써 금융선물거래가 시작되었다.

그리고 1975년 10월에는 시카고 상품거래소(CBOT)에 정부주택저당증권(Government National Mortgage Association: GNMA)이 상장됨으로써 금리선물거래가 시작되었으며, 1982년 2월에는 캔자스시 상품거래소(Kansas City Board of Trade: KCBT)에서 밸류라인(Value Line) 주가지수를 대상으로 하는 주가지수 선물거래가 시작되었다.

이후 금융선물시장은 미국의 주요지역은 물론이고 세계 각지로 확산되어 세계금융시장에서 괄목할 만한 성장을 지속해 오고 있다. 금융선물거래가 높은 성장을 이룩하게 된 것은 금융시장에서의 불확실성 증대와 함께 금융자산의 가격변동위험에 대처하기 위한 수단에 대한 수요가 증대된 데 기인한다.

2 선물거래의 종류

선물거래는 거래대상물에 따라 상품선물거래와 금융선물거래로 대별된다.

(1) 상품선물

상품선물(commodity futures)거래는 150여 년에 걸친 오랜 기간 동안 이루어져 왔으며 주로 곡물, 축산물, 비철금속 등이 중요 거래대상이 되었다. 따라서 상품선물거래소는 대부분 생산지역이나 유통지역과 가까운 곳에 위치해 있다. 상품이 선물시장에 상장되기 위해서는 다음과 같은 조건을 갖추어야 한다.

첫째, 품질이나 거래조건의 표준화가 가능해야 한다.

둘째, 현물의 거래량이 많아 시장에서 유동성이 높아야 한다.

셋째, 시장가격이 자유경쟁에 의해 결정되며 가격변동성이 높아 잠재적인 가격변동위험이 충분히 존재해야 한다.

넷째, 시장에서 관련된 모든 정보를 큰비용 없이 자유롭고 공개적으로 얻을 수 있어야 한다.

(2) 금융선물

금융선물거래는 통화, 금리, 주가지수를 대상으로 이루어지며 세계 선물시장에서 가장 중요한 위치를 차지하고 있다.

통화선물

통화선물(currency futures)거래는 각 국의 통화를 거래대상으로 하는 선물거래로 미래 일정시점에서 약정가격으로 매입 또는 매도하기로 계약하는 거래이다. 통화선물거래는 일정 통화를 미래에 실제로 인도·인수하기 위한 거래라기보다는 현물환과 대응되는 통화선물 거래형태를 취함으로써 환위험을 회피하려는 헤지(hedge)수단으로 널리 활용된다.

통화선물거래는 1972년 시카고 상업거래소(CME)에서 주요국의 통화를 선물거래 대상으로 상장시킴으로써 시작되어 현재에는 미국, 영국, 캐나다, 호주, 싱가포르 등 여러 나라에서 외환규제가 거의 없는 일부 통화를 대상으로 이루어지고 있다.

금리선물

금리선물(interest futures)거래는 현시점에서 정한 가격으로 예상이자율을 매매하는 거래를 말하고, 시장금리의 변동에 따른 금융자산의 가격하락 위험을 회피하기 위한 수단으로 널리 사용된다.

금리선물거래는 1975년 10월 시카고 상품거래소(CBOT)에서 처음으로 시작된 후 1970년대의 급격한 금리변동을 배경으로 급성장하여 오늘날에는 금융선물의 주류를 차지하고 있다. 금리선물거래의 대상물에는 채권, CP, CD 등 이자를 발생시키는 금융자산이 포함된다. 미국의 경우 재정증권과 유로달러를 대상으로 한 금리선물거래가 가장 활발하다.

주가지수선물

주가지수선물(stock price index futures)거래는 주가지수라고 하는 추상적인 상품을 거래대상으로 한다. 따라서 현물의 수도결제는 존재하지 않으며 모든 거래의 결제는 차금결제로 이루어진다. 이러한 점이 다른 금융선물거래와 근본적으로 다른 점이다.

주가지수 선물거래는 1982년 2월 캔자스 시의 상품거래소(KCBT)가 밸류라인(Value-line) 주가지수를 대상으로 한 주가지수 선물거래를 도입한 이래 세계 여러 나라에서 이루어지고 있다. 이하에서는 주가지수 선물거래를 중심으로 살펴본다.

2 절 주가지수 선물거래

1 주가지수 선물거래의 의의

주가지수 선물거래는 증권시장에서 매매되고 있는 전체 주식 또는 일부 주식의 가격수준을 나타내는 주가지수(stock price index)를 매매대상으로 하는 선물거래이다. 주가지수 선물거래는 주가지수라고 하는 추상물을 거래대상을 하므로 결제 시에는 현물의 수도결제가 이루어질 수 없고 현금결제(cash settlement)만이 가능하다. 최종 결제일에는 결제일 이전에 반대매매에 의하여 해소되지 않은 미청산계약에 대해 현금결제가 이루어진다.

주가지수 선물거래는 1982년 2월 캔자스시의 상품거래소(KCBT)에 의해 처음으로 도입되었다. 캔자스시 상품거래소는 1982년 2월 상품선물거래위원회(CFTC)로 부터 밸류라인(Value line) 지수를 대상으로 한 선물거래인가를 받아 첫 거래를 시작하였다.

이를 개기로 같은 해 4월에는 시카고 상업거래소(CME)가 S&P 500 지수를 대상으로 주가지수 선물거래를 시작하였고, 6월에는 뉴욕선물거래소(NYFE)가 NYSE

주가지수를 대상으로 주가지수 선물거래를 개시하였다. 그리고 시카고 상품거래소(CBOT)가 MMI지수를 대상으로 주가지수 선물거래를 시작함으로써 선물거래는 단기간에 급속히 확산되어 현재에는 세계 여러 나라에서 주가지수 선물거래가 활발하게 이루어지고 있다.

우리나라에서는 1996년 5월 한국증권거래소(KSE)가 KOSPI 200 지수를 대상으로 주가지수 선물시장을 처음으로 개설하였고, 한국선물거래소(KOFEX)가 2001년 1월 KOSDAQ 50 주가지수선물을 상장하였다. 한국증권거래소와 한국선물거래소로 양분화되어 있던 국내선물시장은 2004년 1월 한국증권거래소가 KOSPI 200 지수선물을 한국선물거래소에 이관함으로써 우리나라 선물거래가 일원화되었으며, 2005년 1월 28일부터는 통합거래소인 한국증권선물거래소가 설립되었다.

한국증권선물거래소의 출범 이후 그동안 거래가 부진했던 KOSDAQ 50선물을 상장폐지하고 코스닥시장의 우량 30종목으로 구성된 스타지수를 대상으로 한 스타지수선물을 2005년 11월에 상장하였다.

2009년 2월 「자본시장과 금융투자업에 관한 법률」의 시행으로 한국증권선물거래소는 한국거래소로 명칭이 변경되었다.

2 주가지수 선물거래의 경제적 기능

일반적으로 주가지수 선물시장은 다음과 같은 경제적 기능을 수행한다.

(1) 위험헤지(hedge) 기능

주가지수 선물시장은 주식의 가격변동으로 인해 생기는 현물시장에서의 가격변동 위험을 회피하기 위한 기능을 가진다. 예를 들어 향후 주가가 하락할 것으로 예상하는 투자자는 보유주식을 매각하는 대신 주가지수선물을 매도함으로써 주가하락 시 주식의 가격하락에서 생기는 손실을 주가지수 선물거래에서 생기는 이익으로 보전할 수 있다.

이와 같이 선물시장에서 현물거래와 반대되는 거래형태(포지션)을 취함으로써 현물시장에서의 불리한 가격변동으로부터 생기는 손실을 선물시장에서 생기는 이익으로 상쇄시키는 헤지(hedge)거래를 통하여 가격변동위험을 회피할 수 있다.[1]

(2) 현물시장의 유동성 확대

주가지수 선물거래는 가격변동 위험을 회피할 수 있는 기능을 갖기 때문에 투자자들이 보다 적은 위험을 부담하면서 현물시장에서 보다 적극적으로 투자를 확대할 수 있다. 그러므로 선물시장과 현물시장의 가격차이로부터 생기는 이익을 목적으로 하는 차익거래자를 유입함과 동시에 기관투자자들의 적극적인 투자를 유도하게 되어 주식시장의 유동성을 확대하게 된다.

(3) 미래의 주가에 대한 정보 제공

주가지수 선물시장에서의 선물가격은 다수의 참여자가 미래의 주가와 관련된 모든 정보를 수집·분석한 결과를 바탕으로 경쟁에 의하여 결정된다. 그러므로 선물가격은 수요와 공급에 관련된 각종 정보가 집약되어 결정되므로 미래의 현물가격에 대한 시장참여자의 공통된 예측결과를 반영한다. 따라서 선물가격은 공정성과 신뢰성을 지닌 미래현물가격에 대한 예시기능을 지닌다.

(4) 새로운 투자수단의 제공

선물시장은 헤지거래자에게는 가격변동위험을 회피할 수 있는 장을 제공하고 투기거래자에게는 높은 투자이익을 얻을 수 있는 기회를 제공한다. 주가지수 선물거래는 증거금제도를 채택하므로 투자 시 비교적 적은 비용으로 큰 금액의 거래가 가능하기 때문에, 가격변동 위험을 적극적으로 감수하는 투기거래자에게는 높은 수익률을 얻을 수 있는 투자수단을 제공한다. 뿐만 아니라 현물시장과 선물시장에서의 가격차로부터 이익을 얻을 수 있는 기회를 제공한다.

---

1 위험에 노출되는 것을 상쇄시킬 수 있는 지불구조를 가지는 자산에 투자하는 것을 헤지(hedge)라고 한다.

3 선물시장의 구조

선물시장의 구조는 국가별로 다소 차이가 있으나 일반적으로 선물거래소, 청산·결제기관, 중개업자, 투자자로 구성된다.

(1) 선물거래소

선물거래소(future exchange)의 주요 기능은 조직화된 선물시장을 개설·운영하며, 선물거래가 원활하고 공정하게 이루어질 수 있도록 각종 관련 규칙 등을 제정, 개정 및 시행하는 것이다. 거래소에서의 거래에는 거래소 회원만이 참가할 수 있고 회원권은 금융투자회사, 상품거래업자, 금융기관, 선물회사 등이 취득한다. 우리나라의 경우 선물거래는 한국거래소(Korea Exchanges: KRX)가 개설한 파생상품시장에서 거래된다.

(2) 청산·결제기관

청산·결제기관은 거래소에서 성립된 거래를 거래당사자와 결제기관의 거래로 전환시켜 결제를 이행토록 하는 기관으로, 계약이행에 대한 보증기관으로서의 역할을 수행한다. 청산·결제기관은 선물거래와 관련된 자금의 수급 및 결제업무를 수행하며 거래소의 자회사 형태를 취하거나 거래소 내의 조직으로 존재한다.

(3) 투자중개업자

투자중개업자는 고객의 주문을 시장에서 체결시켜 주는 업무를 담당하는 기관으로 거래계좌의 개설에서부터 거래의 종결에 이르는 모든 중개 및 관리업무를 수행하고 그 대가로 일정액의 수수료를 받는다. 투자중개업자는 거래소 회원인 중개업자와 거래소 회원이 아닌 중개업자로 구분되는데, 거래소에서의 거래는 회원만이 할 수 있으므로 거래소 회원이 아닌 중개업자는 거래소 회원인 중개업자를 통하여 주문을 처리한다.

(4) 투자자

투자자는 현물을 보유하고 있거나 보유할 예정인자로서 가격변동에 따른 위험을 회피하기 위하여 선물을 이용하는 헤지거래자(hedger)와 현물과 관계없이 선물시장에서 선물의 가격차익을 얻으려는 투기거래자(speculator)로 구별된다.

4 주가지수선물의 거래유형

주가지수선물의 거래유형은 이용하는 목적에 따라 헤지거래, 투기거래, 차익거래, 스프레드거래로 나누어진다.

(1) 헤지거래

헤지거래(hedge trading)는 주가변동위험을 회피하기 위하여 현물시장과 선물시장에서 서로 반대되는 거래형태(포지션)를 취함으로써 현물시장에서 손실 또는 이익을 선물시장에서의 이익 또는 손실로 상쇄하여 가격변동에 따른 손실을 최소화하는 것이다.[2] 만일 투자자가 향후 주가움직임을 정확히 예측할 수 있다면 헤지거래가 필요 없을 것이다. 그러나 주가가 움직이는 방향을 정확히 예측하기란 사실상 어려운 일이며, 이것이 헤지거래의 필요성을 증대시키는 요인이 된다. 헤지거래는 선물시장에서 취하는 거래형태(포지션)가 매도인가 매수인가에 따라 매도헤지와 매수헤지로 구분된다. 가장 일반적인 헤지거래의 형태는 주식포트폴리오를 보유한 기관투자자가 앞으로 주가하락에 대비하여 보유주식 금액에 상당하는 주가지수선물을 매도하는 경우이다.

예를 들어 100억원 상당의 주식을 보유하고 있는 기관투자자가 향후 주가하락을 예상하여 주가하락에 따른 손실을 보전하기 위하여 주가지수선물을 매도한다고 하자. 그리고 주가지수선물의 거래단위는 계약당 '주가지수×50만원'이며 현재 선물거래의 대상이 되는 주가지수는 100포인트에 거래되고 2개월 후에 최종 결제

2 현물가격과 선물가격은 일반적으로 같은 방향으로 움직이므로 현물시장 포지션과 반대되는 선물시장 포지션을 취하는 경우에 현물시장에서의 손실 또는 이익은 선물시장에서의 이익 또는 손실에 의해 상쇄된다.

〈표 15-1〉 주가지수선물을 이용한 매도헤지

구 분	현물시장	선물시장
현재 10% 상승	현재보유주식의 시가총액 100억원	주가지수선물 101포인트에 200계약 매도 101×50만원×200=101억원
2개월 후 10% 하락	보유주식의 시가총액 100×0.9=90억원	상기 주가지수선물 90포인트에 매수 청산 90×50만원×200=90억원
손 익	기회손실 100-90=10억원	매매이익 101-90=11억원
결 과	11억원-10억원=1억원	
2개월 후 10% 상승	보유주식의 시가총액 100×1.1=110억원	상기주자지수선물 110포인트에 매수청산 110×50만원×200=110억원
손 익	기회이익 110-100=10억원	매매손실 101-110=-9억원
결 과	10억원-9억원=1억원	

* 주가지수선물계약수=100억원/(100)(50만원)

되는 선물가격은 101포인트에 거래된다고 가정한다. 그리고 이자율이 연 6%이며 배당수익은 이 기간 동안 발생하지 않는 것으로 가정한다. 이 경우 예상대로 2개월 후의 주가가 전반적으로 10% 하락한 경우와 예상과는 달리 주가가 전반적으로 10% 상승한 경우의 헤지거래의 결과는 〈표 15-1〉과 같다.

〈표 15-1〉에서 보는 바와 같이 주가하락 시에는 현물시장에서의 손실은 선물시장에서의 이익으로 상쇄되고, 주가상승 시에는 현물시장에서의 이익이 선물시장에서의 손실을 상쇄한다. 그리고 선물거래를 하는 대신 현시점에서 보유 주식을 전부 매각했을 경우에 얻게 될 이자수입 1억원(=100억×0.06×2개월)도 확보할 수 있다. 이와 같이 헤지거래를 통하여 가격변동위험을 회피할 수 있다.

(2) 투기거래

투기거래(speculation)는 헤지거래와는 달리 주식을 보유하지 않고 선물시장에만 참여하여 선물시장에서의 가격변동으로부터 매매차익을 얻고자 하는 거래이다. 주가의 상승이 예상될 경우 선물시장에서 주가지수선물을 매수한 후 실제로 주가가 상승하였을 경우에 매도 청산하여 차익을 얻고, 주가의 하락이 예상될 경우 주가지수선물을 매도한 후 실제로 주가가 하락하였을 경우에 매수 청산하여 차

〈표 15-2〉 주가지수선물을 이용한 투기거래

구 분	현물시장	선물시장
10월 2일	주식매입 15억원	주가지수선물 100포인트에 200계약 매수 100×50만원×200=100억원 증거금 100×0.15=15억원
2개월 후 5% 상승	15×1.05=15.75억원	상기주가지수선물을 매도청산 105×50만원×200=105억원
손 익	이익 15.75-15=0.75억원	이익 105-100=5억원
2개월 후 5% 하락	15×0.95=14.25억원	상기주자지수선물 매수청산 95×50만원×200=95억원
손 익	손실 14.25-15=-0.75억원	손실 95-100=-5억원

익을 얻는다.

예를 들어 향후 주가가 상승할 것으로 예상하고 있는 공격적인 투자자가 주가지수 선물을 100포인트에 200계약을 매입하고자 한다. 이를 위해 필요한 개시증거금은 선물계약액의 15%에 해당하는 15억원이라고 하면, 최초 15억원의 투자자금으로 100억원의 선물거래를 할 수 있다. 2개월 후 예상대로 주가가 상승한 경우와 예상과는 달리 주가가 하락한 경우 선물시장에서의 투자결과를 현물거래와 비교해 보면 〈표 15-2〉와 같다.

〈표 15-2〉에서 보는 바와 같이 선물시장에만 참여하는 투기거래자는 예상대로 주가가 5% 상승한 경우에 5억원의 이익을 얻지만, 예상과는 달리 주가가 5% 하락한 경우에는 5억원의 손실을 얻게 된다. 그리고 주가지수 선물거래는 거래대금의 일부에 해당되는 15억원의 증거금만으로 100억원의 거래가 가능하고 언제든지 반대매매를 통하여 청산할 수 있으므로 투기거래는 현물거래와 비교하여 높은 레버리지 효과(leverage effect)를 제공한다. 〈표 15-2〉에서 보면 주가가 5% 상승한 경우에 현물시장에서의 주가상승에 따른 이익은 0.75억원으로 투자수익률은 5%(=0.75억원÷15억원)인 반면 선물시장에서의 주가상승이익은 5억원으로 투자수익률은 33.3%(=5억원÷15억원)에 해당된다.

그러나 주가가 5% 하락하는 경우에는 현물시장에서는 5%의 투자손실이 발생되는 반면 선물시장에서는 33.3%의 투자손실이 발생된다. 이와 같이 선물거래는 증거금만으로 거래가 가능하기 때문에 현물시장에서의 거래에 비해 높은 레버리지 효과를 수반하므로 투기거래에 이용된다.

(3) 차익거래

차익거래(arbitrage trading)란 현물가격과 선물가격 사이의 비정상적인 가격차이로부터 이익을 얻고자 하는 거래이다. 선물거래와 현물거래는 매매대상물이 같고 최종결제일에 현물지수로 결제되므로 선물가격과 현물가격은 밀접한 관련을 가진다. 그러나 일시적으로는 수급상황에 따라 정상적인 관계를 벗어나는 경우가 있다. 이 경우 추가자본과 추가위험의 부담 없이 이익을 실현할 수 있는 기회를 의미하는 차익거래기회가 생긴다.

차익거래는 현물가격과 선물가격의 차이가 비정상적인 상태에서 향후 정상적인 상태로 되돌아 올 것을 예상하여 현시점에서 고평가된 주가지수선물을 매도하고 저평가된 주가지수선물을 매수한 후, 정상적인 상태로 돌아왔을 때 반대매매를 통하여 이익을 얻고자 하는 거래이다. 고평가 여부는 주가지수선물의 이론가격과 주가지수 선물의 실제가격과의 차이에 의한다.

예를 들어 11월 10일 주가지수가 100포인트일 때 만기가 12월 10일인 주가지수선물이 102포인트에 거래되고 있고, 금리수준은 연 9%이고 예상배당수익률은 연 6%라고 하자. 이 경우 투자자는 만기일에서의 주가지수선물 가격이 이론가격인 100.25[=100+100(0.09−0.06)/12]포인트가 적당하다고 판단하므로 12월 10일이 만기인 주가지수 선물가격 102포인트는 고평가되어 있다.[3] 그러므로 고평가된 주가지수선물계약을 102포인트에 20계약을 매도함과 동시에 선물20계약 상당액 10억원(100×50만원×20계약)을 차입하여 주식을 매입한다. 이 경우의 거래결과는 〈표 15−3〉과 같다.

〈표 15−3〉에서 거래결과 얻는 순이익 0.175억원은 차익거래 개시 당시의 실제 선물가격과 이론선물가격의 차이인 1.75포인트에 해당하는 이익 0.175억원(=

---

3 이론선물가격=현물가격×[1+(단기금리−배당수익률)×잔존기간]

〈표 15-3〉 차익거래를 이용한 주가지수 선물거래

구 분	현물시장	선물시장
11월 10일	주식매입 100×50만원×20=10억원	주가지수선물 20계약을 102포인트에 매도 102×50만원×20=10.2억원
12월 10일 10% 하락	상기주식 매도 10×0.9=9억원 보유비용 10억원×(9%-6%)×$\frac{1}{12}$=250만원	상기선물 20계약을 90포인트에 환매 90×50만원×20=9억원
손 익	손실 9-10-0.025=-1.025억원	이익 10.2-9=1.2억원
결 과	순이익 1.2억원-1.025억원=0.175억원	

1.75× 50만원×20계약)에 해당된다.

스프레드거래

스프레드란 서로 다른 두 개의 종목 또는 결제월 간의 가격차이를 말하고, 스프레드거래(spread trading)란 서로 다른 두 개의 종목 또는 결제월을 동시에 사고 파는 거래를 말한다. 스프레드거래의 목적은 서로 다른 두 포지션의 가격변동폭 차이에서 이익을 얻고자 하는 것이다. 종목간 스프레드거래는 동일한 대상물 또는 상호 대체품이거나 수급의 패턴이 비슷한 종목간의 가격관계를 이용하여 이익을 얻고자 하는 거래이다. 주가의 상승이 예상되는 경우 변동폭이 큰 주가지수선물을 매수함과 동시에 변동폭이 작은 주가지수선물을 매도하고, 주가의 하락이 예상되는 경우에는 변동폭이 작은 주가지수선물을 매수함과 동시에 변동폭이 큰 주가지수선물을 매도하는 것이다.

결제월간 스프레드거래는 동일한 거래소 내에서 동일 상품을 대상으로 결제월이 다른 두 선물을 매매함으로써 이익을 얻고자 하는 거래이다. 즉 결제월이 다른 두 주가지수선물의 가격차(스프레드)가 확대될 것으로 예상되는 경우에 결제월이 먼 원월물을 매수하고 결제월이 가까운 근월물을 매도한 후 스프레드가 확대될 경우 반대매매를 통하여 스프레드가 확대된 만큼의 시세차익을 얻고자 하는 거래

〈표 15-4〉 결제월간 스프레드거래

구 분	9월물 주가지수선물	12월물 주가지수선물
7월 1일	주가지수선물 100계약을 100포인트에 매도	주가지수선물 100계약을 110포인트에 매수
	100×50만원×100=50억원	110×50만원×100=55억원
8월 16일 스프레드확대	상기 주가지수선물을 105포인트 매수청산 105×50만원×100=52.5억원	상기 주가지수선물을 120포인트에 매도청산 120×50만원×100=60억원
손 익	손실 50-52.5=-2.5억원	이익 60-55=5억원
결 과	순이익 5-2.5=2.5억원	
8월 16일 스프레드축소	상기 주가지수선물을 95포인트에 매수청산 95×50만원×100=47.5억원	상기 주자지수선물 90포인트에 매도청산 90×50만원×100=45억원
손 익	이익 50-47.5=2.5억원	손실 45-55=-10억원
결 과	순손실 2.5-10억원=-7.5억원	

이다. 스프레드거래는 가격변동이 예상되더라도 투기거래를 행할 정도의 위험을 감수하지 않으려는 투자자들이 한정된 위험만을 감수하고 시세차익을 얻고자 하는 경우에 이용된다.

예를 들어 전반적으로 주가상승이 예상되나 의외의 상황변화로 인하여 주가가 하락하는 위험을 회피하기 위해 7월 1일 주가지수 선물 9월물을 100포인트에 100계약을 매도하고 동시에 12월물 100계약을 110포인트에 매수한다. 이 경우 8월 16일에 예상대로 주가가 상승하여 스프레드가 확대된 경우와 예상과는 달리 스프레드가 감소된 경우를 살펴보면 〈표 15-4〉와 같다.

〈표 15-4〉에서 보면 8월 16일에 주가가 상승하여 거래종료시의 스프레드(120-105=15)가 거래개시시의 스프레드(110-100=10)보다 확대된 경우에는 반대매매를 통해 2.5억원의 순이익을 얻을 수 있다. 반면 예상과 달리 주가가 하락함으로써 12월물의 가격하락폭이 7월물의 가격하락폭보다 큰 경우에는 7.5억원의 손실이 발생된다.

3절 주가지수 선물거래의 매매 및 결제

1 KOSPI 200 선물의 매매제도

(1) 대상지수

우리나라 선물시장에서 거래대상이 되는 주가지수로는 KOSPI 200 주가지수와 Kosdaq 스타지수가 있다. KOSPI 200 주가지수 선물은 우리나라의 대표적인 주가지수선물로 KOSPI 200지수는 주식시장의 시세를 나타내는 200개 종목으로 구성되며, 1990년 1월 3일을 기준시점으로 산출된 시가총액식 주가지수이다.

$$\text{KOSPI 200} = \frac{\text{지수 구성종목의 비교시점의 시가총액합계}}{\text{지수 구성종목의 기준시점의 시가총액합계}} \times 100$$

(2) KOSPI 200의 거래단위 및 결제월

KOSPI 200 선물거래에 있어 매매거래단위는 1계약으로 1계약의 금액은 'KOSPI 200×50만원'이다. 그러므로 KOSPI 200선물을 120포인트에 10계약을 매입하였다면 계약금액은 으로 6억원이 된다. 결제월은 3월, 6월, 9월, 12월이고 새로 상장되는 종목의 매매거래기간은 최장 1년이다. 거래소는 각 결제월을 종목으로 상장하므로 어느 시점에서나 4개의 결제월 종목이 상장되어 거래된다. 그리고 매매거래 최종일은 각 결제월의 두번째 목요일로 해당일에 거래가 완전히 종료되어 상장폐지되고 익일에 거래기간이 1년인 새로운 종목이 자동적으로 상장되어 거래된다.

(3) 호가방법과 호가단위

호가는 투자중개업자(회원) 영업소에 설치된 호가단말기로 입력하거나 회원의 거래소시스템에 연결된 회원시스템을 이용할 수 있다. 호가 시에는 결제월, 종목, 매도·매수구분, 가격, 수량, 위탁·자기매매 구분 및 계좌번호 등을 입력한다. 한편 호가의 수량단위는 1계약이며 호가의 가격단위는 0.05포인트이므로 금액으로는 1계약당 2만 5천원(0.05×50만원)이 된다. 예를 들어, KOSPI 200지수가 현재 220.30이라 하면 위로는 220.35, 220.40 등으로 호가가 가능하고, 아래로는 220.25, 220.20 등으로 호가가 가능하다.

2 주가지수선물의 청산·결제제도

선물거래에서는 매매확인, 일일정산, 결제금액의 확정과 결제이행을 보증하는 청산기능과 대금지급이 이루어지는 결제기능이 수행되어야 한다. KOSPI 200 주가지수 선물의 경우 청산·결제업무는 거래소 내에서 이루어진다.

(1) 일일정산

당일의 매매거래가 종료되면 거래소는 회원별로 일일정산을 한다. 일일정산은 선물가격변화에 따른 손실로 인하여 발생되는 증거금 부족이 보충될 수 있도록 확인하는 제도이다. 일일정산과정은 고객의 미결제 약정 수량에 대해 당일의 최종 선물가격(결제가격)으로 평가하여 산출된 손익을 당일 중 증거금에 반영하는 것이다. 이때 고객의 손실액이 일정수준을 초과하여 유지증거금에 미달되는 때에는 중개업자가 고객에게 추가증거금을 납부토록 한다.

(2) 증거금

선물거래에서 증거금이란 선물거래 참여자들이 계약을 성실히 이행하겠다는 약속의 표시로 선물거래 중개업자와 결제기관에 납부하는 금액을 말한다. 가격하락 시에는 매입자의 계약불이행 가능성으로부터 매도자를 보호하고 가격상승 시에는 매도자의 계약불이행 가능성으로부터 매수자를 보호하는 데 증거금 제도의 목적이 있다. 증거금은 고객이 중개업자에게 납부하는 위탁증거금과 결제회원(중개업자)이 결제기관(거래소)에 납부하는 매매증거금이 있다.

위탁증거금

위탁증거금은 개시증거금과 유지증거금으로 나누어진다. 개시증거금은 고객이 새로운 선물계약을 체결할 때 납부하는 증거금으로 결제기관이 정한다. 한편 유지증거금은 고객이 자신의 선물 미결제약정을 유지하는 데 필요한 최소한의 증거금 수준이다.

만일 선물가격의 하락으로 발생된 손실로 인하여 증거금이 일정수준 이하로 떨어지게 되면 중개업자는 고객에게 당초의 개시증거금 수준까지 증거금을 충당하도록 요구하는데, 이 때 일정한 증거금 수준을 유지증거금이라 하고 충당하도록 요구된 증거금액을 추가증거금(additional margin)이라고 한다. 요구된 추가증거금을 납부할 수 없는 경우에는 중개업자는 고객의 미결제 약정분을 즉시 임의로 반대매매함으로써 계약불이행 위험을 제거한다.

매매증거금

매매증거금은 결제과정에서 결제회원(중개업자)이 자신 또는 고객의 미결제약정을 성실하게 결제하겠다는 증거로서 결제기관에 납부하는 것으로 결제회원이 고객이 납부한 위탁증거금 중에서 일부를 결제기관에 납부하는 것이 일반적이다. 위탁증거금과 매매증거금은 선물계약금액의 일정비율로 정한다.

(3) 반대매매

반대매매에는 전매와 환매로 나누어진다. 전매는 이미 매수한 자가 최종결제일 이전에 되팔아 기존에 행한 매수와 나중에 행한 매도의 수량을 대등한 수량에서 소멸시키게 될 때 나중에 행한 매도를 말한다. 환매는 이미 매도를 한 자가 최종결제일 이전에 매수하여 기존에 행한 매도와 나중에 행한 매수의 수량을 대등한 수량에서 소멸시키게 될 때 나중에 행한 매수를 말한다.

(4) 최종결제

매매거래 최종일까지 반대매매 되지 않은 미결제 약정수량에 대해서는 최종결제가격으로 결제하고 당해 종목의 매매거래를 종결한다. 일반 선물거래에서는 최종 거래일까지 반대매매되지 않은 경우에는 매도자와 매수자가 거래대상물과 매매대금을 인도·인수함으로써 최종결제된다. 그러나 주가지수 선물거래에서는 인

[그림 15-1] KOSPI 200 선물거래의 결제방법

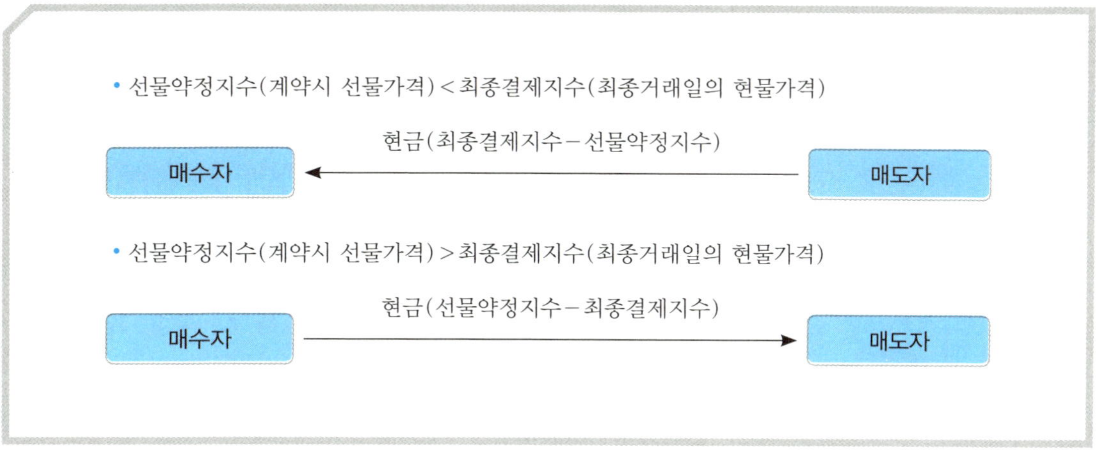

도·인수할 실물이 없으므로 최종결제지수를 기준으로 최종결제지수와 약정지수와의 차에 50만원을 곱하여 산출된 금액을 수수하는 방식으로 이루어진다.

3 매매거래절차

주가지수 선물거래를 하고자 하는 투자자는 거래소 회원인 투자중개업자에 매매거래 계좌를 설정하고, 신규의 주문을 낼 때에는 위탁증거금을 납부한다. 주문을 접수한 중개업자는 주문을 거래소에 전달한다. 거래소에 전달된 주문은 전산시스템에 의해 매매체결이 이루어지고, 체결된 매매내용은 즉시 회원에게 통보된다. 당일의 매매거래가 종료되면 거래소 회원은 당일의 매매분 중 전매 또는 환매분 수량을 거래소에 신고하고 거래소는 각 회원별로 일일정산을 실시한다.

그리고 회원은 고객의 계좌별로 위탁증거금의 유지기준에 미달되는지를 파악하고, 미결제약정에 대한 결제이행보증을 위해 거래소에 매매증거금을 납부한다. 미결제약정을 반대매매한 경우에는 약정가격과 반대매매 가격과의 차이에 상당하는 금액을 수수함으로써 당해거래가 종결된다. 그리고 매매거래 최종일까지 반대매매되지 아니한 미결제 약정은 최종결제가격으로 반대매매된 것으로 처리되어 거래가 모두 종결된다.

[그림 15-2] 매매거래 흐름도

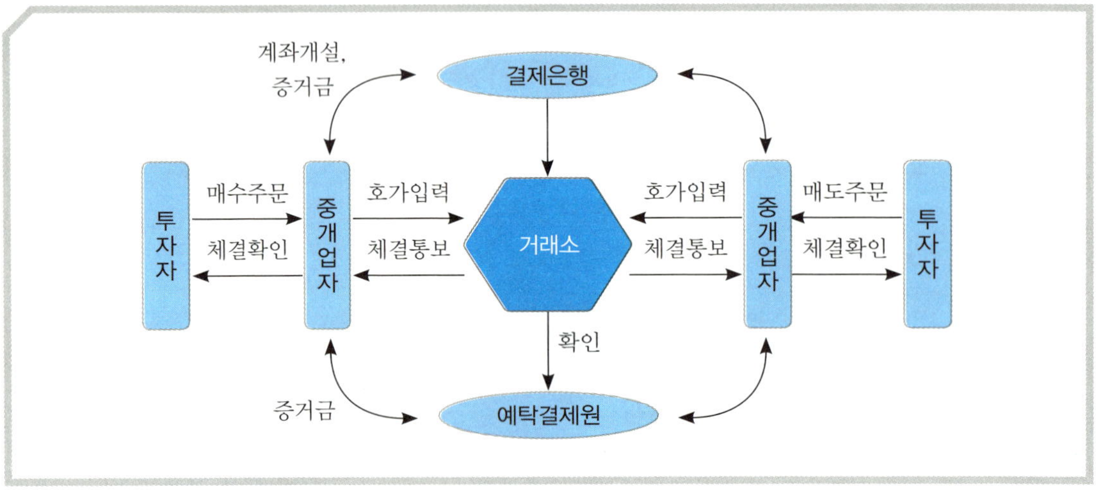

도움말

서킷브레이커와 사이드카

가격의 급변 시 투자자에게 냉철한 투자판단 기회를 제공하기 위해 매매거래를 중단시키는 제도로 서킷브레이커(Circuit Breakers)와 사이드카(Side car)제도를 두고 있다.

서킷브레이커는 선물시장의 가격이 특정요건에 도달하였을 때 일정시간 동안 선물거래를 중지시켜 투자자들에게 시장을 냉정하게 분석할 수 있는 시간을 주기 위한 제도이다. KOSPI 200 지수선물의 경우 전일의 거래량이 가장 많은 종목의 가격이 기준가 대비 5% 이상 변동하고 선물이론가격에 비해 3% 이상의 괴리율을 보인 상태가 1분 이상 지속되는 경우에 모든 종목의 거래는 5분간 중단된다.

사이드카는 프로그램매매 규제를 의미하고, KOSPI 200 지수선물의 경우 기준종목의 가격이 기준가 대비 5% 이상 변동한 상태가 1분간 지속될 때 프로그램매매를 위한 주문이 5분간 효력정지되는 제도이다.

4 스타지수 선물거래

스타지수는 코스닥시장에 상장된 우량종목 30개 종목으로 구성되며 2003년 1월 2일을 기준으로 산출된 주가지수이다. 거래단위는 1계약으로 1계약의 금액은

'스타지수×1만원'이다. 결제월은 3, 6, 9, 12월이며 최종거래일은 결제월의 두 번째 목요일이다. 최소가격변동폭은 0.05포인트이며 결제방법은 현금결제이다.

선물시장 시세표(예시)

◆ KOSPI 200 선물가격

(2011/11/29 오후 **10:04:48**, 20분 지연 정보) (단위:원,계약)

종목	현재가	대비	시가	고가	저가	거래량	미결제
코스피200 F 201112	242.75	▲ 5.80	237.55	242.85	237.40	288,786	119,374
코스피200 F 201203	241.70	▲ 5.80	237.05	241.70	236.50	843	15,163
코스피200 F 201206	241.85	▲ 8.25	0.00	0.00	0.00	0	1,618
코스피200 F 201209	241.00	▲ 6.60	241.00	241.00	241.00	1	232
코스피200 SP 1112-1203	-1.10	▼ 1.10	-1.05	-1.05	-1.15	607	0
코스피200 SP 1112-1206	0.00	0.00	0.00	0.00	0.00	0	0
코스피200 SP 1112-1209	0.00	0.00	0.00	0.00	0.00	0	0

4절 주가지수선물의 가격형성

1 선물의 이론가격

선물가격은 이론적으로는 현물가격에 금융비용, 배당금을 감안하여 산출한 이론가격과 유사한 가격이다. 그러나 각 투자자별로 중요한 가격결정요소인 미래의 주가지수 전망에 따른 수요와 공급에 의하여 선물가격이 결정되기 때문에 이론가격과 항상 일치하지는 않는다. 즉, 선물가격은 일반적으로 향후 주식시장이 상승할 것으로 전망되면 이론가격보다 높게 형성되고, 하락할 것으로 예상되면 이론가격보다 낮게 형성된다.

선물의 이론가격은 현물가격에 보유비용(carrying cost)을 합한 값으로 나타낼 수 있고, 보유비용은 현재시점에서 미래의 특정시점까지 현물을 보유함으로써 생기는 비용과 수익의 차액을 말한다. 이 때 비용은 현물을 보유함으로써 발생되는 금융비용을 말하고 수익은 현물을 보유함으로써 생기는 이자와 배당을 포함한다.

$$\text{이론선물가격} = \text{현물가격} + \text{보유비용}$$

$$\text{이론선물가격} = \text{현물가격} \times [1 + (\text{단기금리} - \text{예상배당수익률}) \times \text{잔존기간}]$$

상기 식에서 보는 바와 같이 이론선물가격은 단기이자율과 예상배당수익률의 변화에 따라 달라진다.

예제 15-1

연 10%의 이자율로 1억 4천만원을 차입하여 주식 A를 매입함과 동시에 결제일까지의 기간이 1년인 주가지수선물을 294포인트에 1계약 매도한다. 이 기간 동안 주식 A부터의 예상배당금은 700만원이다. 이 선물의 이론가격은 얼마인가?

해설 $d = 7{,}000{,}000 / 140{,}000{,}000 = 0.05$

$$F_0 = 140{,}000{,}000\,(1 + 0.1 - 0.05)$$
$$= 147{,}000{,}000\text{원}$$

2 베이시스(basis)

베이시스(basis)는 특정 장소에서 특정 상품의 선물가격에서 동일한 상품에 대해 특정 만기를 갖는 현물가격을 차감한 값을 말한다.

$$\text{베이시스} = |\,\text{선물가격} - \text{현물가격}\,|$$

베이시스의 변동에 따라 선물가격이 변동하는데 베이시스는 결제일까지의 기간이 길수록 현물보유를 위한 비용이 많이 필요하기 때문에 확대되어 나타나고, 결제일에 가까와질수록 비용이 축소되어 0에 수렴한다. 그러므로 단기이자율이 상승하거나 주가가 상승하면 베이시스는 확대된다. 이는 이자율이 상승하면 비용이 상승하여 베이시스가 확대되고, 주가가 상승하는 경우에는 그만큼 차입액이 증가되어 비용이 증가한 결과 베이시스가 확대되기 때문이다.

[그림 15-3] 선물가격과 현물가격의 차이

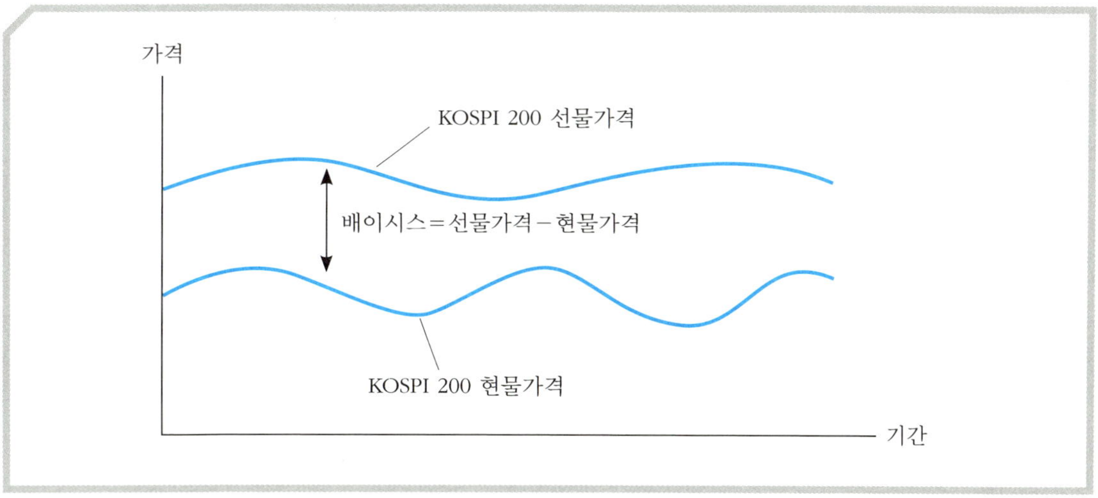

만기일 이전에 나타나는 선물가격과 현물가격의 변동에 기인한 베이시스의 확대 및 축소를 베이시스 위험(basis risk)이라 하며, 베이시스 위험은 선물 또는 현물가격 자체의 변동보다는 안정적이다. 따라서 헤지거래는 현물의 가격변동 위험을 선물을 이용하여 상대적으로 안정적인 베이시스 위험으로 대체하는 것이 된다.

용어정리

- 개시증거금
- 결제
- 금리선물
- 금융선물
- 미결제약정
- 반대매매
- 베이시스
- 보유비용
- 상품선물
- 선도거래
- 선물거래
- 선물거래소
- 스프레드거래
- 유지증거금
- 일일정산
- 전매
- 주가지수선물
- 중개회사
- 차익거래
- 청산
- 투기거래
- 헤지(hedge)거래
- 현물거래
- 환매
- CBOT
- KCBT

연/습/문/제

01 선물거래와 선도거래의 차이점은 무엇인가?

02 선물시장의 구조를 설명하시오.

03 주가지수선물의 경제적 기능을 설명하시오.

04 KOSPI 200의 매매거래단위와 상장종목은 무엇인가?

05 선물거래의 증거금제도를 설명하시오.

06 자산을 매도하는 것과 선물을 매도하는 것과는 현금흐름상 어떤 차이가 있는가?

07 선물계약이 만료되는 월에 배당금(D)을 지급하는 주식의 경우를 보자. 그리고 주식을 사고 그 주식에 대한 선물을 공매하며 현재의 주식가격(P_0)인 P_0만큼 차입하는 전략을 상정한다. (무위험이자율은 r%이다.)

(1) 1년 후의 현금흐름은 어떻게 되나?

(2) 차익거래가 없는 균형선물가격은 $F_0 = P_0(1+r) - D$임을 나타내시오.

(3) 배당수익률이 $d = D/P_0$일 때 $F_0 = P_0(1+r-d)$임을 밝히시오.

08 9월 1일 현재 보유하고 있는 주식의 시가총액이 1억원이다. 1달 후 주가가 15% 변동할 것으로 예상되나 예기치 않은 주가하락에서 오는 손실을 방지하고, 보유주식가치를 유지하기 위해 주가지수 선물시장에서 주가지수선물을 100포인트에 2계약을 매도하였다.(1계약은 50만원) 이와 같은 주가지수 선물거래형태를 무엇이라 하고 한달 후 이 거래로 인한 손익은 얼마인가?

09 현재 배당금을 지급하고 있지 않은 B사 주식에 대해 새로운 선물을 도입하였다. 1선물계약은 일년 후에 1,000주의 주식을 인도하도록 되어 있고 무위험이자율은 연 6%이다.(선물의 단위당 가격은 100,000원이다.)

(1) B사의 현재 주가가 주당 120,000원이라면 선물가격은 얼마인가?

(2) B사의 주가가 3% 하락한다면 선물가격은 얼마나 변동하나? 또한 투자자의 손익은 어떻게 변동하는가?

10 KOSPI 200의 배당률은 연 4%이고, 현재의 가치는 350이며 무위험이자율은 7%이다. 1년 후에 인도되는 KOSPI 200선물가격이 370이라고 할 때 가격상 불균형을 이용하는 차익거래 전략을 나타내시오. 또한 차익거래로 얻을 수 있는 이익은 선물시장에서의 불균형 가격과 일치함을 나타내시오.

CHAPTER 16 주식 및 주가지수옵션

1절 옵션의 기본개념

1 옵션의 의의

옵션(option)은 소정의 기간 내에 특정자산을 약정가격에 매수 또는 매도할 수 있는 권리를 갖는 계약을 말한다. 옵션의 매수자는 정해진 기간 내에 특정 자산의 시장가격과 약정가격을 비교하여 상황이 자신에게 유리하면 특정 자산에 대한 청구권을 행사하고 상황이 불리하면 청구권을 포기하게 된다. 옵션거래를 이해하기 위해서는 옵션에서 사용되는 몇가지 기본적인 용어에 대한 이해가 필요하다.

(1) 콜옵션과 풋옵션

옵션가운데 특정 자산을 계약 시 정한 가격에 정해진 수량을 매수할 수 있는 권리가 부여된 옵션은 콜옵션(call option)이라 하고, 매도할 수 있는 권리가 부여된 옵션을 풋옵션(put option)이라고 한다.

(2) 기초증권

옵션에서 매수 또는 매도의 대상이 되는 특정 자산을 기초자산(underlying as-

도움말

옵션계약과 선물계약의 차이

옵션계약과 선물계약은 다음과 같은 점에서 차이가 있다.

첫째, 옵션계약은 불평등 계약으로 옵션매수자는 기초자산의 거래에 대한 권리를 지니는 반면, 옵션매도자는 그에 따른 의무만을 지닌다. 이에 비해 선물계약은 평등계약으로 선물의 매수자와 매도자 모두 계약을 이행해야 할 의무를 지닌다.

둘째, 옵션은 불평등 계약이므로 옵션의 매수자는 계약시점에서 매도자에게 옵션프리미엄을 대가로 지불하나, 선물계약은 평등계약으로 계약시점에서는 매수자와 매도자의 기대이익이 동일하므로 계약에 대한 대가의 지불이 미리 이루어지지 않는다.

셋째, 옵션의 경우 매수자가 부담하는 위험은 매수시 지불한 옵션프리미엄에 한정되지만 매도자가 부담하는 위험은 무제한이다. 이에 비해 선물의 경우에는 매수자와 매도자가 부담하는 위험이 모두 무제한이다.

넷째, 옵션거래시에는 위탁증거금이 매도자에게만 부과되나, 선물거래시에는 매수자와 매도자 모두에게 부과된다.

sets)이라고 한다. 기초자산이 곡물, 금, 은과 같은 일반상품인 경우를 상품옵션(commodity option)이라 하고, 기초자산이 주식, 채권, 통화와 같은 금융자산인 경우를 금융옵션(financial option)이라 한다. 금융옵션은 거래대상에 따라 주식옵션, 채권옵션, 통화옵션 등으로 나누어진다.

(3) 만기일

만기일(expiration date)은 옵션보유자(option holder)가 권리를 행사할 수 있는 최종일을 말한다. 권리행사가 가능한 기간에 따라 만기일에만 권리행사가 가능한 옵션을 유로피언옵션(European option)이라하고, 만기일 이전이라도 항상 권리행사가 가능한 옵션을 아메리칸옵션(American option)이라고 한다.

(4) 행사가격

옵션계약에 의해 미리 정해져 있는 기초자산의 매수 또는 매도가격을 행사가격(exercise price)이라고 한다. 즉 콜옵션의 행사가격은 옵션보유자가 기초자산을 매수할 수 있는 가격이고, 풋옵션의 행사가격은 옵션보유자가 기초자산을 매도할 수 있는 가격이다.

(5) 옵션가격

옵션가격(option price)은 옵션을 취득하는 대가로 옵션발행자(underwriter)에게 계약시 지불하는 금액으로 옵션프리미엄(option premium)이라고도 한다.

(6) 옵션클래스와 옵션시리즈

옵션클래스(option class)는 기초자산이 동일한 모든 콜옵션 또는 풋옵션을 말하며 옵션시리즈(option series)는 동일한 클래스의 옵션으로서 행사가격과 만기일이 동일한 옵션을 말한다.

2 옵션거래의 기능

옵션거래는 권리행사가격으로 대상자산을 매수 또는 매도할 수 있는 권리를 대금(프리미엄)을 지불하고 매수함으로써 이루어진다. 그리고 옵션의 매수자는 권리를 행사하거나, 권리를 포기하거나, 반대매매를 행함으로써 거래를 종결하게 된다. 옵션의 매도자 입장에서는 매수자가 권리를 행사할 경우 반드시 의무를 이행하여야 하고 권리를 포기할 경우에만 의무가 소멸된다. 그러므로 옵션 매도자가

[그림 16－1] 옵션거래

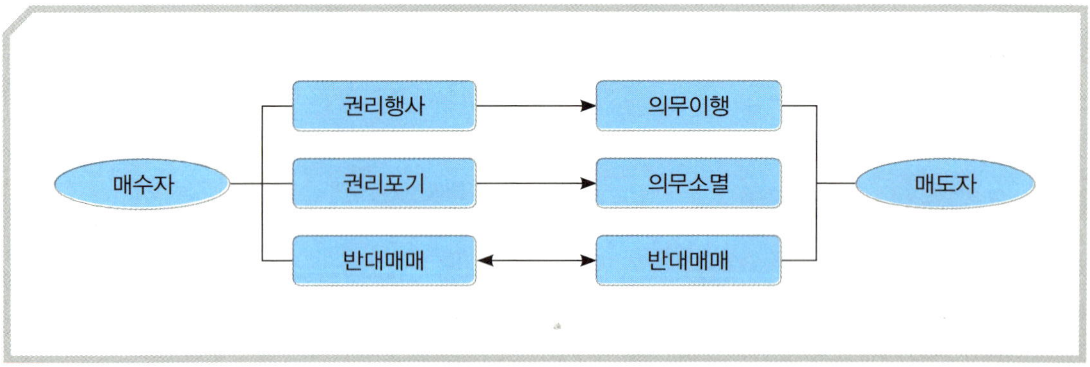

스스로 자신의 의무를 소멸시키는 방법은 반대매매뿐이다. 옵션거래는 선물거래와 마찬가지로 대부분 반대매매에 의해 결제된다.

옵션거래는 다음과 같은 기능을 수행한다.

첫째, 가격변동위험 관리수단을 제공한다. 옵션은 기초자산의 가격변동위험에 대한 헤지수단으로 사용될 수 있다. 예를 들면 주식에 투자하는 투자자는 예상하지 못한 가격하락위험을 방지하기 위해 풋옵션을 매수함으로써 주식의 가격변동위험을 회피할 수 있다.

둘째, 다양한 투자수단을 제공한다. 옵션 자체가 독특한 손익구조를 나타내는 투자대상이 될 뿐 아니라 현물과 옵션의 결합, 콜옵션과 풋옵션의 결합을 통하여 다양한 형태의 현금흐름을 창출하는 투자전략을 구사할 수 있다.

셋째, 투자비용이 저렴하다. 옵션투자는 현물투자보다 훨씬 적은 비용으로 높은 레버리지 효과를 갖는 수익률을 기대할 수 있다. 옵션매수시의 투자비용은 옵션프리미엄에 한정되고, 옵션매도 시에는 증거금만으로 거래가 가능하다. 따라서 옵션투자는 적은 투자자금으로 높은 수익률을 얻을 수 있는 기회를 제공한다.

3 옵션시장의 구조

조직화된 옵션시장은 옵션거래가 이루어지는 옵션거래소, 결제기구인 결제회사, 옵션거래의 중개업자인 회원, 그리고 투자자로 이루어진다. 옵션거래소는 거래를 위한 장소와 설비의 제공, 매매시간의 설정, 거래규칙의 제정 및 표준화, 시장정보의 전달, 거래의 보증 등에 관한 사항을 담당한다. 결제기구는 거래소에서 체결된 모든 매매계약에 대해 손익에 대한 차익을 수수함으로써 거래쌍방의 계약이행을 보증한다. 회원은 고객의 주문을 처리하고 미결제약정에 대한 기록유지, 증거금 및 예탁금을 관리하며 그 대가로 수수료를 징수하는 중개업자이다. 회원이 되고자 하는 자는 일정한 자격요건을 갖추어 거래소의 승인을 얻어야만 회원권을 취득할 수 있다.

옵션의 대상물은 증권시장에서 상장되어 거래되고 있는 증권을 대상으로 한다. 거래소가 상장증권 가운데 일정한 요건을 갖춘 증권에 대해 만기일과 행사가격 등을 정하여 옵션거래를 허용하면 투자자들이 이들 증권에 대한 콜옵션과 풋옵션을 발행하고 매수함으로써 옵션거래가 형성된다. 그러므로 기초자산인 증권의 발행기업은 옵션의 상장 여부에 영향을 미치지 않는다.

옵션의 매매거래 절차는 고객이 옵션거래에 대한 계좌개설을 신청하면 회원은 일정한 요건에 따라 승인한다. 그리고 고객으로부터 주문을 받아 거래소 시장에서 매매체결이 이루어지도록 하고 그 결과를 확인하여 고객에게 통보한다. 옵션계약의 결제는 옵션결제회사(Option Clearing Corporation: OCC)에서 이루어진다. 옵션결제회사는 옵션의 결제를 위한 제반 서비스를 제공하고 옵션매수자에게는 옵션매도자로서, 그리고 옵션매도자에게는 옵션매수자로서의 역할을 수행한다. 옵션결제회사의 결제에 참여하는 결제회원은 대부분이 거래소 회원이나 결제회원이 아닌 거래소회원은 결제회원에게 결제를 위임하여야 한다.

옵션의 행사를 위해 옵션보유자는 그 의사를 결제회사에 통지해 줄 것을 중개회사에 요청해야 하며, 중개회사는 동 통지사항을 결제회사에 통지해야 한다. 옵션의 행사통지를 받은 결제회사는 행사된 옵션시리즈의 상대포지션에 있는 결제회원 중에서 무작위적으로 선택하여 배정한다.

옵션의 행사를 배정 받으면 유통시장에서 반대매매를 통하여 청산할 수 없으며 반드시 결제의무를 이행하여야 한다. 배정 받은 결제회원은 콜옵션의 경우에는 기초증권을, 풋옵션의 경우에는 결제대금을 결제일 이전에 옵션결제회사에 납부하여야 한다.

4 옵션거래의 발전

구체적인 조건을 갖춘 최초의 옵션거래 형태는 17세기 초 네덜란드에서 튤립을 기초자산으로 한 상품옵션거래로 알려져 있다. 한편 금융자산을 대상으로 한 최초의 옵션거래는 주식옵션거래로 1690년대에 런던에서 시작되었다. 이후 주식옵션거래는 1790년에 미국에 도입되어 증권중개상들 사이에서 장외거래형태로 거래가 이루어졌다. 그러나 조직적 시장에서의 주식옵션거래는 1973년 4월에 시카고 상품거래소(CBOT)가 시카고 옵션거래소(CBOE)를 설립하여 주식을 기초증권으로 한 콜옵션을 상장시키면서 시작되었다. 이후 CBOE는 1977년에 풋옵션을 상장시켰다.

CBOE에서의 주식옵션거래가 점차 활발해지자 아메리칸 증권거래소(AMEX)를 비롯한 여타 증권거래소에서도 주식옵션거래를 개시하였다. 1980년대에 들어서는 주식옵션거래의 발전이 확실해지자 1982년에 채권과 통화 그리고 선물을 대상으로 한 옵션시장이 개설되고 1983년에는 주가지수를 대상으로 한 옵션시장이 개설되었다. 옵션시장은 계속 확대일로를 걸어왔으며 현재에는 미국 이외에도 다수의 국가들이 옵션거래제도를 도입하여 시행하고 있다.

우리나라의 주식옵션시장으로는 한국증권거래소(KSE)가 1997년 7월 KOSPI 200을 대상지수로 하는 주가지수 옵션시장을 개설하였고 2002년 1월 7개 대기업의 주식을 대상으로 하는 개별주식 옵션시장을 개설하였다. 그러나 KOSPI 200 옵션은 2004년 1월 한국선물거래소(KOFEX)로 이관되었다. 그리고 한국선물거래소(KOFEX)는 2001년 12월 Kosdaq 50을 대상지수로 하는 주가지수옵션시장을 개설하였다. 그러나 2005년 1월 28일부터는 통합거래소인 한국증권선물거래소가 설립됨에 따라 옵션거래는 한국증권선물거래소가 운영하는 옵션시장에서 거래되었다.

한국증권선물거래소 출범 이후 그동안 거래가 부진했던 Kosdaq 50옵션을 상장폐지하였다. 그리고 2009년 2월 한국거래소로 명칭이 변경됨에 따라 지금은 한국거래소의 파생금융상품시장에서 KOSPI 200지수옵션과 개별주식옵션이 거래되고 있다.

2절 주식옵션의 형태

1 주식옵션의 기본형태

옵션의 유형은 전형적으로 콜옵션(call option)과 풋옵션(put option)의 두 유형으로 나누어지고 이들의 결합에 따라 여러 가지 유형이 만들어진다.

(1) 콜옵션

소정의 기간 내에 약정가격으로 일정 수의 주식을 살 수 있는 권리가 부여된 옵션이 콜옵션(call option)이다. 주가가 행사가격을 상회하여 콜옵션이 행사되는 경우에는 콜옵션의 매도자(underwriter)와 콜옵션의 매수자(holder) 사이에 주식을 대상으로 매매결제가 이루어진다. 매도자와 매수자의 주당 손익의 크기는 기초주식의 주가에 따라 달라진다. 콜옵션의 취득가격(프리미엄)을 5,000원이라고 하고 행사가격을 50,000원이라고 하면 주가와 손익의 관계는 [그림 16-2]와 같다.

[그림 16-2]에서 보면 콜옵션의 매수자는 주가가 50,000원 미만인 경우에는

[그림 16-2] 콜옵션의 주가와 손익

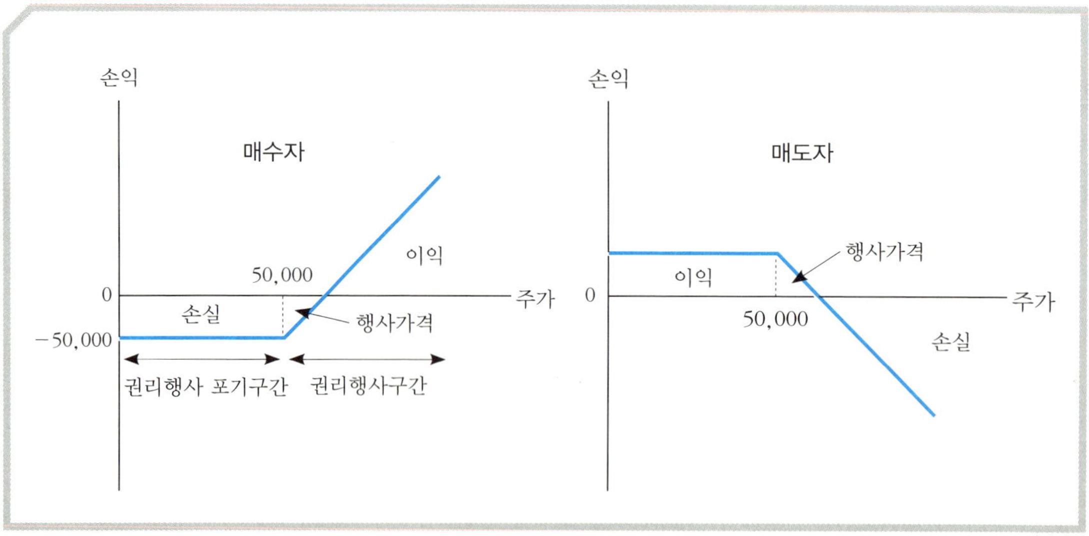

옵션을 행사하지 않는 것이 유리하다. 그리고 주가가 50,000원 초과 55,000원 미만인 경우에는 손실의 폭을 줄일 수 있고, 55,000원을 넘어서면 이익을 얻을 수 있기 때문에 주가가 50,000원을 넘어서면 콜옵션을 행사하는 것이 유리하다.

한편 콜옵션 매도자의 손익은 콜옵션 매수자와 정반대의 경우가 된다. 옵션의 거래는 권리를 행사하거나, 포기하는 경우 그리고 시장에서 옵션을 매각하는 형태로 이루어진다.

(2) 풋옵션

소정의 기간 내에 행사가격으로 일정 수의 주식을 팔 권리가 부여된 옵션을 풋옵션(put option)이라고 한다. 주가가 행사가격인 50,000원에 미치지 못하면 풋옵션 매수자는 권리를 행사하게 된다. 풋옵션의 취득가격을 5,000원이라 할 경우 풋옵션의 매수자와 매도자의 주가와 손익의 관계는 [그림 16-3]과 같다.

[그림 16-3]에서 풋옵션의 매수자는 주가가 45,000원 미만이 되는 경우에는 권리를 행사함으로써 이익을 얻지만, 50,000원을 넘는 경우에는 권리를 포기하고 손실 5,000원을 감수하는 것이 유리하다. 그리고 주가가 45,000원 초과 50,000원

[그림 16-3] 풋옵션의 주가와 손익

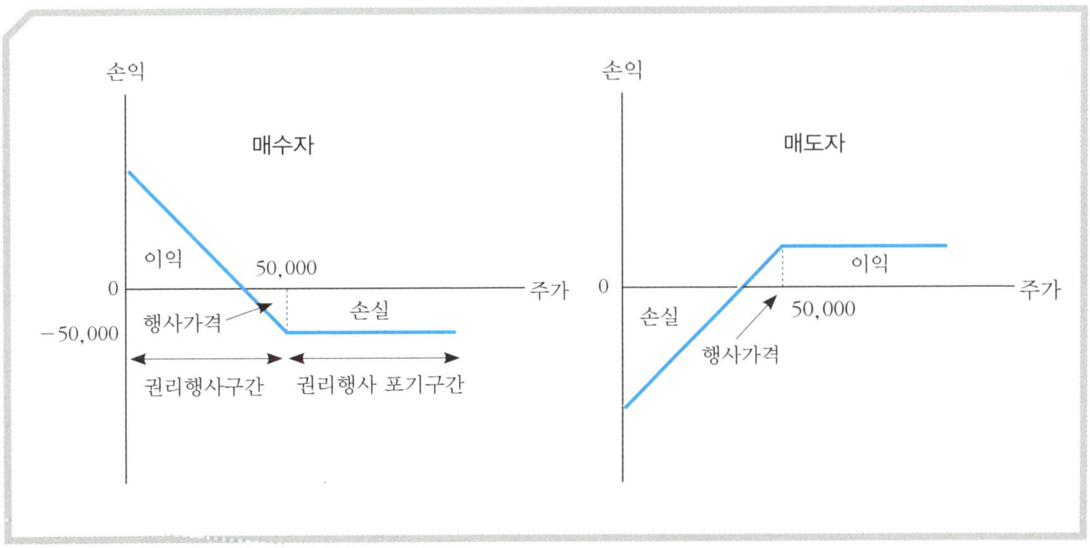

미만인 경우에는 권리를 행사함으로써 손실의 폭을 줄일 수 있다. 이 경우 풋옵션 매도자의 손익은 풋옵션 매수자의 손익과 정반대가 된다.

(3) 콜옵션과 풋옵션의 결합

옵션의 전형적인 형태는 콜옵션과 풋옵션의 두 가지이지만 기초증권, 콜옵션, 풋옵션 등을 결합함으로써 다양한 형태의 투자전략을 수립할 수 있다. 예를 들어 스트래들(straddle) 전략은 동일한 기초증권에 대해 동일한 행사가격과 동일한 만기를 가진 콜옵션과 풋옵션을 동시에 각각 1단위씩 보유하는 전략을 말하고, 이 경우 주가와 손익의 관계를 나타내면 [그림 16-4]와 같은 형태로 나타낸다. [그림 16-4]에서 X는 행사가격, C는 콜옵션가격, P는 풋옵션가격을 나타낸다.

스트래들의 매수는 주가가 행사가격 수준으로부터 크게 변동할 때 이익을 얻는다. 그러므로 주가가 크게 변동할 것으로 예상될 때는 스트래들을 매수하고 주가가 크게 변하지 않을 것으로 예상되는 경우에는 스트래들을 매도함으로써 이익을 얻을 수 있다.

[그림 16-4] 스트래들

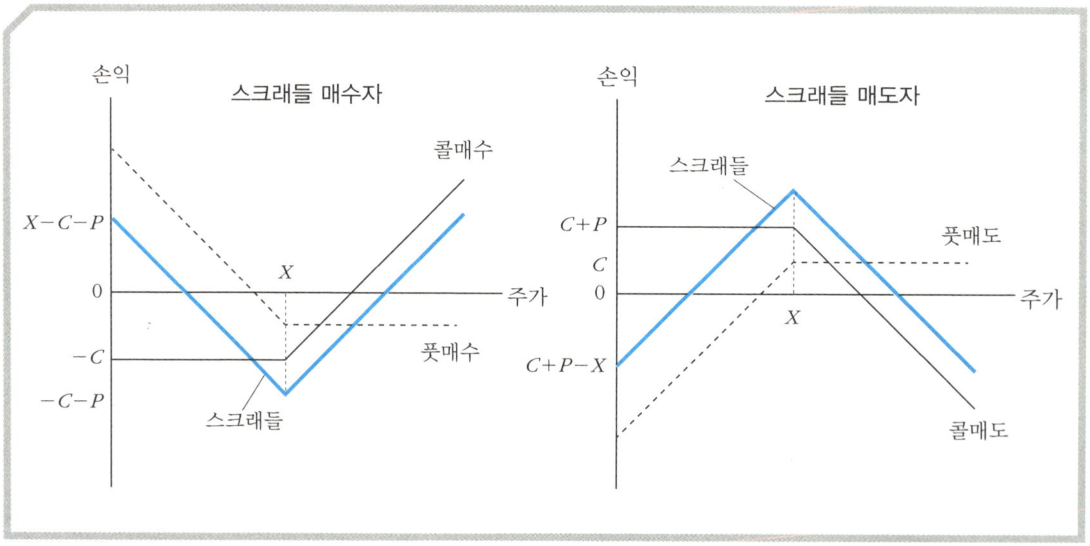

2 풋·콜 평가(put-call parity)

동일한 기초주식에 대해 발행된 풋옵션과 콜옵션 그리고 기초주식이라고 하는 3가지 증권이 주어진 경우, 이 가운데 2가지 증권을 결합시킴으로써 나머지 증권과 동일한 이익을 얻을 수 있는 전략을 창출할 수 있다. 즉 풋의 가격은 기초주식과 콜의 가격으로부터 쉽게 재현할 수 있다. 현재의 콜옵션가격을 C_0, 풋옵션가격을 P_0, 만기일의 주가를 S^*, 풋옵션과 콜옵션의 행사가격을 X라 한다. 주식 1주와 동일한 만기를 갖는 풋옵션 1단위를 매수하고 콜옵션 1단위를 발행한 경우, 이 포트폴리오의 만기일 T에서의 손익을 살펴보면 〈표 16-1〉과 같다.

〈표 16-1〉 풋·콜 평가

구 분	$S^* \geq X$	$S^* < X$
보유주식	S^*	S^*
풋매수	0	$X - S^*$
콜매도	$-(S^* - X)$	0
손 익	X	X

〈표 16-1〉에서 $S^* \geq X$인 경우에는 콜옵션이 행사될 것이므로 콜옵션으로부터 $S^* - X$만큼의 손실이 발생되고, $S^* < X$인 경우에는 풋옵션이 행사될 것이므로 풋옵션으로부터 $X - S^*$만큼의 이익이 발생된다. 만기일의 주식가격 변동과 관계없이 상기 포트폴리오는 미래현금흐름 X를 갖게 되므로 포트폴리오의 현재가치는 현금흐름 X를 무위험이자율 r_f로 할인하여 다음과 같이 나타낼 수 있다.

$$S_0 + P_0 - C_0 = \frac{X}{(1+r_f)^T} \qquad (16-1)$$

식 (16-1)로부터 풋옵션과 콜옵션의 관계는 다음과 같다.

$$C_0 = S_0 + P_0 - \frac{X}{(1+r_f)^T} \qquad (16-2)$$

$$P_0 = C_0 - S_0 + \frac{X}{(1+r_f)^T} \qquad (16-3)$$

이와 같이 동일한 만기와 동일한 행사가격을 가진 동일 증권을 기초로 발행된 풋옵션과 콜옵션의 시장가격 사이에 상기 식과 같은 일정한 관계가 성립하는 것을 풋·콜 평가(put-call parity)라고 한다.

3 절 주식 및 주가지수옵션의 매매거래

1 KOSPI 200 주가지수 옵션거래

거래소에서 거래되고 있는 주가지수옵션의 거래대상지수는 KOSPI 200이다. KOSPI 200 주가지수 옵션은 콜옵션과 풋옵션이 모두 거래되고 있으며 권리행사는 최종 거래일에만 할 수 있는 유로피언 옵션이다. 결제월은 연속 3개월물 3개와 3월, 6월, 9월, 12월물 중 원월물 1개이다. 예를 들어 9월 현재 결제월은 10월, 11월, 12월과 3월물의 4개가 된다. 최종거래일은 결제월의 두 번째 목요일이며 결제월의 거래개시일은 최종거래일의 익일이다.

거래개시일의 결제월물별 행사가격 최초 설정은 연속 3개월물의 경우 전일 KOSPI 200 종가에 가까운 2.5p의 정수배 수치인 ATM과 이를 기준으로 2.5p단위로 구해지는 ITM 6개와 OTM 6개 등 총 13개로 구성된다. 다만 새로이 거래가 시작되는 원월물(3월물, 6월물, 9월물, 12월물)의 경우에는 상장 후 3개월까지는 5p 간격으로 ATM 1개, ITM 3개, OTM 3개만 설정된다. 원월물이 처음으로 연속 3개월물이 되는 날에는 기존 5p 간격 사이에 2.5p 간격으로 추가 설정한다. 거래개시일 전일의 KOSPI 200지수가 100.2인 경우 권리행사 가격은 〈표 16-2〉와 같이 설정된다. 〈표 16-2〉에서 중심가격은 200.2에 가장 가까운 2.5p 배수인 200으로 설정된다.

〈표 16-2〉 연속 3개월물의 최초 권리행사가격

전일의 지수(200.2)	권리행사가격
	215.0p
	212.5p
	210.0p
	207.5p
	205.0p
	202.5p
중심가격(ATM)	200.0p
	197.5p
	195.0p
	192.5p
	190.0p
	187.5p
	185.0p

거래개시일 다음 날부터는 전일 KOSPI 200 종가의 변동으로 ATM이 변동되면 연속 3개월물의 경우에는 ITM 또는 OTM이 6개가 될 때까지 2.5p 간격으로 권리행사가격을 추가로 설정한다. 원월물의 경우에는 ITM 또는 OTM이 3개가 될 때까지 5p 간격으로 권리행사가격을 추가로 설정한다.

KOSPI 200옵션의 계약당 거래금액은 포인트(p)로 표시되는 옵션가격(프리미엄)에 10만원을 곱하여 구해지며 옵션가격의 최소변동폭인 호가단위는 0.01p(1,000원, 옵션가격이 3p 미만시)와 0.05p(5,000원, 옵션가격이 3p 이상시)로 이원화되어 있다. 그 밖의 매매거래시간, 거래체결방식 등은 KOSPI 200선물시장과 동일하다.

2 개별주식 옵션거래

개별주식 옵션거래의 대상 주식은 시가총액이 큰 33개(2014.9.1 기준) 기업이 발행한 보통주이다. 주식옵션거래 종목도 콜옵션과 풋옵션이 모두 거래되고 있으며 권리행사는 최종거래일에만 할 수 있는 유로피언 옵션이다. 결제월은 KOSPI 200과 마찬가지로 연속 3개월물 3개와 3월, 6월, 9월, 12월물 중 원월물 1개이다. 최종거래일은 결제월의 두 번째 목요일이며 결제월의 거래개시일은 최종거래일의

〈표 16－3〉 주식옵션의 권리행사가격 설정간격

권리행사가격 수준	권리행사가격 설정간격
5,000원 미만	100원
5,000원 이상～10,000원 미만	250원
10,000원 이상～20,000원 미만	500원
20,000원 이상～50,000원 미만	1,250원
50,000원 이상～100,000원 미만	2,500원
100,000원 이상～200,000원 미만	5,000원
200,000원 이상～500,000원 미만	12,500원
500,000원 이상～1,000,000원 미만	25,000원
1,000,000원 이상	50,000원

익일이다. 결제월에 대해 9개의 권리행사가격이 설정되지만 권리행사가격 설정간격은 권리행사가격 수준에 따라 다르다. 호가 가격단위는 주가에 따라 다르며 수량단위는 1계약(10주)이다.

3 결제제도

옵션거래의 결제기구는 거래소이며 거래소는 옵션 매도자에게는 매수자로, 매수자에게는 매도자로서 결제이행에 대한 전적인 책임을 지고 있다. 옵션거래의 결제방법은 프리미엄의 수수와 권리행사 차금의 수수에 의해 이루어진다. 옵션거래가 성립된 경우 매도자는 매수자로부터 옵션대금(프리미엄)을 결제금액으로 지급받는다. 그리고 권리행사에 따른 결제의 경우에는 KOSPI 200 옵션거래는 실물이 존재하지 않으므로 차금결제 방식에 의해 이루어진다. KOSPI 200 옵션거래의 권리행사에 따른 차금은 다음과 같이 산출된다.

콜옵션 매수자 :

(최종결제가격－권리행사가격)×종목별 미결제약정수량×10만원

풋옵션 매수자 :

(권리행사가격－최종결제가격)×종목별 미결제약정수량×10만원

한편 개별 주식옵션은 실물인수도 결제방식으로 이루어진다. 주식옵션의 권리행사 후에는 콜옵션 매도자는 콜옵션 매수자에게, 풋옵션 매수자는 풋옵션 매도자에게 대상주식을 인도하고 그 대가로 권리행사대금을 받는다.

〈표 16-4〉 선물·옵션거래제도 개요

구 분	주가지수 200선물	주가지수옵션	주식옵션
대상지수	KOSPI 200		33개(2011.6.13) 상장사 보통주식
옵션의 종류	KOSPI 200	콜옵션, 풋옵션	
결제월 종목	• 3,6,9,12월의 4개 결제월 종목	• 연속3개월과 3 ,6, 9, 12월중 1개의 4개 결제월종목	
권리행사가격	–	• 연속3개월물: 2.5P간격 13개 (ATM±6개) • 최원월물: 5P간격 7개 (ATM±3개)	• 행사가격간격으로 9개 설정 (ATM±4개)
1계약의 크기	• 1p당 50만원	• 1p당 10만원	• 10주
호가의 종류	• 지정가, 시장가, 조건부지정가, 최유리지정가 * 지정가호가 외에는 최근월물만 도입	• 저정가, 시장가, 조건부지정가, 최유리지정가 * 지정가호가 외에는 최근월물만 도입	
호가가격단위	• 0.05포인트(=25,000원)	• 3P 이상: 0.05P(=5,000원) • 3P 미만: 0.01P(=1,000원)	• 1천원 미만: 10원 • 1천원~2천원 미만: 20원 • 2천원~5천원 미만: 50원 • 5천원~1만원 미만: 100원 • 1만원 이상: 200원
가격제한폭	–기준가격의 상하 10%	• 기준가격의 상하15%	–
매매거래시간	• 09:00~15:15(최종거래일 도래종목은 09:00~14:50)	• 09:00~15:15(최종거래일 도래종목은 09:00~14:50)	• 09:00~15:15
거래최종일	• 결제월의 두 번째 목요일(휴장일인 경우는 순차적으로 앞당김)		
위탁금	• 대상자산가격이 15%로 불리하게 변동할 경우 보유중인 선물·옵션포트폴리오에서 발생할 수 있는 최대 손실액		

옵션시장 시세표(예시)

◆ KOSPI 200 옵션가격

(2011/11/29 오후 **10:21:34**, 20분 지연 정보) (단위 : 계약)

종목	현재가	대비	시가	고가	저가	거래량	미결제
C 201112 200.0	42.75	▲ 5.90	38.75	42.75	37.75	223	4,024
C 201112 202.5	39.50	▲ 6.25	38.45	39.50	38.45	6	149
C 201112 205.0	37.65	▲ 6.80	34.00	37.65	33.30	7	400
C 201112 207.5	35.30	▲ 6.00	33.00	35.30	33.00	7	181
C 201112 210.0	32.00	▲ 5.25	29.00	32.10	28.15	74	757
C 201112 212.5	30.35	▲ 5.85	25.05	30.35	25.05	8	188
C 201112 215.0	27.75	▲ 5.40	24.00	27.75	23.50	108	1,317
C 201112 217.5	24.10	▲ 4.40	23.80	24.10	23.60	7	894
C 201112 220.0	22.85	▲ 5.65	18.75	23.15	18.45	1,034	5,287
C 201112 222.5	20.80	▲ 5.35	16.65	20.80	16.40	147	2,710
C 201112 225.0	18.60	▲ 5.20	14.50	18.60	14.10	894	4,103
C 201112 227.5	16.20	▲ 4.80	12.60	16.20	11.70	2,628	6,131

(2011/11/29 오후 **10:52:03**, 20분 지연 정보) (단위 : 계약)

종목	현재가	대비	시가	고가	저가	거래량	미결제
P 201112 200.0	0.03	▼ 0.05	0.05	0.06	0.03	344,440	286,032
P 201112 202.5	0.04	▼ 0.07	0.07	0.08	0.04	138,768	74,135
P 201112 205.0	0.06	▼ 0.09	0.09	0.10	0.05	190,173	102,781
P 201112 207.5	0.08	▼ 0.13	0.13	0.15	0.07	232,678	65,214
P 201112 210.0	0.12	▼ 0.20	0.20	0.21	0.09	285,639	103,657
P 201112 212.5	0.13	▼ 0.30	0.30	0.31	0.13	232,056	72,428
P 201112 215.0	0.20	▼ 0.33	0.38	0.43	0.18	325,645	101,592
P 201112 217.5	0.26	▼ 0.50	0.53	0.59	0.24	325,857	60,800
P 201112 220.0	0.40	▼ 0.60	0.80	0.81	0.33	680,546	120,985
P 201112 222.5	0.55	▼ 0.79	1.08	1.08	0.45	556,253	77,860
P 201112 225.0	0.67	▼ 1.00	1.44	1.45	0.61	642,945	105,601
P 201112 227.5	0.91	▼ 1.32	1.80	1.86	0.84	580,076	44,162

4 절 옵션가격 결정요인과 결정모형

1 내재가치와 시간가치

옵션가격은 옵션프리미엄을 의미하고 내재가치와 시간가치로 구분된다. 옵션가격은 일반적으로 행사가격보다 높게 형성되고, 행사가격을 초과하는 부분이 시간가치이다. 그러므로 옵션의 가치는 내재가치와 시간가치로 구분된다.

(1) 내재가치

옵션의 내재가치는 옵션의 권리를 행사함으로써 얻을 수 있는 이익이다. 주식옵션의 내재가치는 주가와 행사가격의 차이로 나타낸다. 콜옵션의 경우에는 주가가 행사가격보다 높을 때 내재가치를 갖게 되고, 풋옵션의 경우에는 행사가격이 주가보다 높을 때 내재가치를 갖게 된다.

콜옵션의 내재가치 = 주가 − 행사가격 (주가 > 행사가격)
풋옵션의 내재가치 = 행사가격 − 주가 (행사가격 > 주가)

그러므로 주가가 행사가격과 같거나, 콜옵션의 주가가 행사가격보다 낮거나, 풋옵션의 행사가격이 주가보다 낮은 경우에는 옵션의 내재가치는 0이 된다.

(2) 시간가치

옵션의 시간가치(time value)는 옵션이 행사될 경우 옵션가격이 내재가치를 초과하는 부분으로 시장가격과 내재가치의 차이를 말한다. 시간가치는 만기일에 주가가 유리한 방향으로 움직일 것이라는 기대를 반영한다. 콜옵션의 경우 현재주가가 행사가격보다 낮은 경우 만기일까지 주가가 행사가격보다 높을 가능성이 존재하고, 현재주가가 행사가격보다 높은 경우에는 만기일까지 주가와 행사가격의 차이가 현재보다 더 증대될 가능성이 존재하며 이에 대한 대가가 시간가치이다.

옵션이 내재가치를 가질때 이를 내가격(in-the-money: *ITM*)이라 하고 내재가

예제 16-1

KOSPI 200지수가 64P인 경우 권리행사가격이 60P인 KOSPI 200 콜옵션의 프리미엄이 4.5P라면 이 옵션의 시간가치는 얼마인가?

해설 4.5P − (64P − 60P) = 0.5P

치를 가지지 않을 때를 외가격(out-of-the-money: *OTM*)이라고 한다. 그리고 주가와 행사가격이 일치할 때는 등가격(at-the-money: *ATM*)이라고 한다. 콜옵션의 경우 주가가 행사가격보다 높은 내가격(*ITM*)에서는 주가와 행사가격의 차이가 클수록, 만기일까지 주가가 더 올라갈 가능성이 줄어들므로 시간가치는 적어진다. 그리고 주가가 행사가격보다 낮은 외가격(*OTM*)에서는 주가가 행사가격보다 낮을수록 만기일까지 주가가 행사가격보다 높아질 가능성이 줄어들므로 시간가치는 적어진다. 따라서 시간가치는 주가와 행사가격이 같은 등가격(*ATM*)에서 가장 크다.

한편 풋옵션의 경우에는 행사가격이 주가보다 높은 내가격(*ITM*)에서는 행사가격과 주가와의 차이가 클수록 만기일까지 주가가 더 떨어질 가능성이 줄어들므로 시간가치는 적어진다. 그리고 행사가격이 주가보다 낮은 외가격(*OTM*)에서는 주가가

[그림 16-5] 옵션의 가치

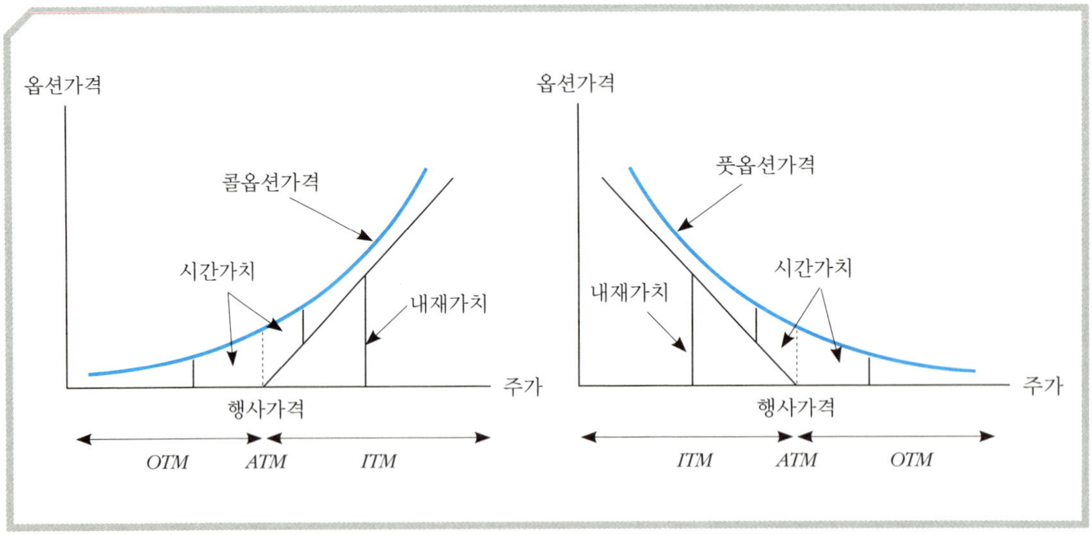

행사가격보다 클수록 만기일까지 주가가 행사가격보다 낮아질 가능성이 줄어들므로 시간가치도 적어진다. 옵션의 가치를 그림으로 나타내면 [그림 16-5]과 같다.

2 옵션가격의 결정요인

옵션가격은 기초자산의 가격, 행사가격, 만기일까지의 기간, 무위험이자율의 영향을 받을 뿐만 아니라, 기초자산의 가격변동성(volatility)에 의해서도 영향을 받는다.

기초자산의 가격이 상승할 경우 콜옵션 매수자는 가격상승분을 이익으로 취할 수 있는 반면, 가격이 행사가격 이하로 하락하는 경우에는 그 손실이 옵션취득가격에 한정된다. 그러므로 주가의 변동성이 크다는 것은 주가가 행사가격보다 높아질 가능성이 더욱 커진다는 것을 의미하기 때문에 주가의 변동성이 클수록 옵션의 가치는 커진다. 콜옵션의 가치에 영향을 미치는 주요 요인을 종합하면 기초증권의 가격이 상승할수록, 만기까지의 기간이 길수록, 기초증권의 가격변동성이 클수록, 무위험이자율이 높을수록 콜옵션의 가치는 증가한다. 그러나 권리행사가격은 높을수록 콜옵션의 가치는 감소한다.

한편 풋옵션의 경우는 기초자산 가격과 무위험이자율의 상승은 풋옵션가격을 하락시키고, 기초자산가격의 변동성을 풋옵션가격을 상승시킨다. 행사가격은 높을수록 풋옵션가격을 상승시킨다. 그리고 만기까지의 기간은 아메리칸 옵션의 경우에는 만기까지의 기간이 길수록 풋옵션가격이 증가한다. 이를 표로 나타내 보면 〈표 16-5〉와 같다.

〈표 16-5〉 옵션가격에 미치는 영향

결정요소			콜옵션	풋옵션
내재가치	기초자산가격	(↑)	↑	↓
	행사가격	(↑)	↓	↑
시간가치	만기까지의 기간	(↑)	↑	↑
	기초자산가격변동성	(↑)	↑	↑
	무위험이자율	(↑)	↑	↓

3 옵션가격 결정모형

증권거래에서는 수많은 가격이 형성될 수 있고 거래는 거래시간 동안 연속적으로 이루어진다. 거래 단위기간을 무한히 세분하고 주어진 기간 동안 주가는 수많은 가격을 형성을 할 수 있다는 가정 아래, 옵션가격을 평가하는 모형이 블랙·숄즈(Black and Sholes)의 옵션가격 결정모형이다. 블랙·숄즈의 옵션가격 결정모형은 유로피언 콜옵션을 평가대상으로 다음과 같이 나타낸다.

$$C = SN(d_1) - Xe^{-r_f T}N(d_2) \tag{16-4}$$

$$d_1 = \frac{\ln(S/X) + r_f \cdot T}{\sigma\sqrt{T}} + \frac{1}{2}\sigma\sqrt{T}$$

$$= \frac{\ln(S/X) + \left(r_f + \frac{\sigma^2}{2}\right)T}{\sigma\sqrt{T}}$$

$$d_2 = d_1 - \sigma\sqrt{T}$$

$N(d)$는 평균 0과 표준편차 1을 갖는 표준정규분포에서 단위정규변수(Z)에 대한 누적확률을 말하고, σ는 연속복리로 계산한 기초자산수익률의 표준편차를 나타낸다. 블랙·숄즈모형에서 콜옵션의 가치는 주가 S, 행사가격 X, 만기 T, 분산 σ^2, 무위험이자율 r_f의 함수이다.

상기모형에서 만일 기초증권의 수익률이 확실하다고 하면 이는 증권수익률의 분산 σ^2이 0인 것을 의미한다. σ^2이 0에 접근하게 되면 d_1과 d_2는 매우 커지고 정규분포함수값 $N(d_1)$과 $N(d_2)$은 1과 같아진다. 이 경우 식 (15-4)는 $C=S-Xe^{-r_f T}$가 되므로 증권가격 움직임이 확실히 알려져 있는 극단적인 경우에는 콜옵션 가격은 주가에서 행사가격의 현재가치를 차감한 값이 된다. S와 $-Xe^{-r_f T}$는 가중치(확률)를 갖게 되므로 확률을 고려하면 $C=P \cdot S-(1-P)Xe^{-r_f T}$로 나타낼 수 있다.

이때 확률 $P=N(d_1)$, $1-P=N(d_2)$이므로 가중치는 정규분포함수로부터 도출되는 확률이다. 한편 증권가격 움직임이 불확실한 경우에는 σ^2는 0보다 크고 $N(d_1)$과 $N(d_2)$는 0과 1 사이의 값을 가진다.

블랙·숄즈의 옵션평가모형은 옵션의 시장가격이 블랙·숄즈모형에 의한 이론적 가격과 크게 다른 경우를 이용하여 이익을 얻으려는 투자자에 의해 많이 이용되며, 기타 금융자산의 평가에도 활용되고 있다.

예제 16-2

행사가격이 235천원이고 만기까지의 기간이 90일인 콜옵션의 가격은 블랙·숄즈모형에 의하면 얼마인가? 단 기초주식의 현재가격은 236천원이고 무위험이자율은 연 6%이다. 그리고 기초주식 연간 연속복리 수익률의 표준편차는 18%이다.($e=2.71828$)

해설 $T=90/365=0.247$ 년

$$d_1=\frac{\ln(236/235)+(0.06)(0.247)}{0.18\sqrt{0.247}}+\frac{1}{2}(0.18)\sqrt{0.247}$$
$$=0.258$$
$$d_2=0.258-0.18\sqrt{0.247}=0.168$$

누적 표준정규분포로부터

$$N(d_1)=N(0.258)=0.60169$$
$$N(d_2)=N(0.168)=0.56684$$

$$C=(236)(0.60169)-235e^{(-0.06)(0.247)}\cdot 0.56684$$
$$\fallingdotseq 10.75$$

용어정리

- 근원물
- 기초자산
- 내가격(*ITM*)
- 내재가치
- 등가격(*ATM*)
- 스트래들(straddle)
- 시간가치
- 아메리칸옵션
- 옵션(option)
- 옵션매도자
- 옵션매수자
- 옵션클래스
- 옵션프리미엄
- 외가격(*OTM*)
- 원월물
- 유로피언옵션
- 콜옵션(call option)
- 풋·콜패리티
- 풋옵션(put option)
- 행사가격

연/습/문/제

01 옵션거래의 기능을 설명하시오.

02 풋·콜 평가(put call parity)란 무엇인가?

03 옵션가격을 결정하는 요인을 지적하시오.

04 옵션가격결정 요인은 옵션가격에 어떤 영향을 미치는가?

05 만기일의 주가가 100,000원이고 행사가격이 90,000원인 경우 풋(put)의 경우 내가격(*ITM*)인가 외가가격(*OTM*)인가?

06 N사의 주식가격이 향후 6개월 동안 상승할 것으로 기대하고 있다. 현재의 주식가격(S_0)이 100,000원, 6개월 후에 만기되는 콜옵션의 행사가격(X)이 100,000원, 콜가격(C)이 10,000원이라고 하자. 어떤 투자자가 10,000,000원을 투자하기 위하여 아래 방안을 검토하고 있다.

(1) 10,000,000원으로 주식에 투자하여 주식 100주를 산다.

(2) 10,000,000원으로 옵션 1,000구좌(10계약)을 산다.

(3) 옵션 100구좌(1계약)를 사고 나머지 9,000,000원을 6개월 동안 4% 이자(연이율 8%)를 지급하는 수익증권에 투자한다.

주식가격이 아래와 같을 때 위 투자 대안에 대한 투자수익률을 계산하시오.

투자대안	향후 6개월 후의 주식가격			
	80,000원	100,000원	110,000원	120,000원
(1) 전액주식투자 (2) 전액옵션에 투자 (3) 수익증권과 옵션투자				

07 P사의 주가는 지난 수개월 동안 변동이 별로 없었다. 그러나 3개월 후에는 주가의 큰 변동이 있을 것으로 생각되고 있으나, 주가가 상승할지 하락할지는 현재로서는 알 수 없다. 현재의 주가는 주당 100,000원이고, 만기가 3개월이고 행사가격이 100,000원인 콜옵션 가격은 10,000원이다.

(1) 무위험이자율이 연 10%라면 만기가 3개월이고 행사가격이 100,000원인 P사의 풋옵션(put option) 가격은 얼마인가?

(2) 위와 같은 상황하에서 이익을 볼 수 있는 간단한 옵션전략은 무엇인가? 초기 투자에서 이익을 실현하기 위해서는 P사의 주가가 얼마만큼 변동하여야 하나?

08 C사의 주가는 수개월 동안 약 50,000원 내외에서 변동되었고 앞으로 3개월 동안도 큰 변화가 없을 것으로 예측하고 있다. 만기가 3개월이고 행사가격이 50,000원인 풋옵션 가격은 4,000원이다.

(1) 무위험이자율이 연 10%라면 만기가 3개월이고 행사가격이 50,000원인 C사의 콜옵션 가격은 얼마인가? 단, 옵션의 행사가격과 현재의 C사의 주가는 동일하다.

(2) 미래의 주가 변동이 위와 같이 예측될 때 콜옵션과 풋옵션을 이용한 투자전략을 설명하시오. 이 경우 획득 가능한 수익은 얼마인가? 주가가 어느 정도 변동되는 경우에 손실을 보게되나?

(3) 만기에 동일한 현금흐름을 갖도록 풋옵션, 콜옵션 및 무위험대출을 결합하여 포트폴리오를 구성해 보시오. 단, 향후 3개월 동안 배당은 없는 것으로 가정한다. 위 포트폴리오를 형성하는 데 드는 순비용은 얼마인가?

09 행사가격이 $60인 IBM 풋옵션이 CBOT 옵션거래소에서 $2에 판매되고 있다. 그러나 동일한 만기를 가졌으나 행사가격이 $62인 IBM 풋옵션이 AMEX 옵션거래소에서는 $2에 판매되고 있다. 이러한 가격불균형 상태에서의 차익거래전략을 구성하여 보고 이 경우 이익이 어떻게 표시되는지 나타내시오.

10 다음과 같은 자료가 주어졌을 때 블랙-숄즈 모형을 이용하여 콜옵션 가격을 구하시오.

만기까지의 기간	6월
표준편차	50%
행사가격(천원)	50
주식가격(천원)	50
무위험이자율	연 10%

연습문제 **해답**

제 1 장

– 생략 –

제 2 장

– 생략 –

제 3 장

– 생략 –

제 4 장

13 권리락주가 $= \dfrac{60,000+(50,000\times 0.25)}{1+0.25} = 58,000$원

제 5 장

09

경기후퇴시	:	건강산업
경기과열시	:	전자산업
건전한 팽창시	:	주택건설업
스태그플레이션	:	금광산업

11 총자산이익률=매출액이익률×총자산회전율 그러므로 K사의 총자산회전율이 동종타사의 평균치보다 낮다.

13 1보다 적으므로 저평가되어 있다.

15 $EVA = 2,000,000,000 \times (0.2 - 0.15) = 100,000,000$원

제 6 장

05 $V_0 = \dfrac{2,150}{(0.152 - 0.112)} = 53,750$원

07 $g = k - \dfrac{d_1}{P_0}$

$$g = 0.16 - \frac{2,000}{50,000} = 12\%$$

$$V_0 = \frac{2,000}{0.16 - 0.06} = 20,000$$

09 $ROE = 0.2,\ b = 0.4$이므로 $g = 0.08$

$$V_0 = P_0 = \frac{2,000(1 - 0.4)}{0.12 - 0.08} = 30,000$$

$$P_0/E = \frac{1 - b}{k - g} = \frac{1 - 0.4}{0.12 - 0.08} = 15$$

11 $k = r_f + (k_m - r_f)\beta = 10\% + (15\% - 10\%)1.5 = 17.5\%$

$$V_0 = \frac{d_1}{k - g} = \frac{2,500}{0.175 - 0.05} = 20,000$$

13 (1) $k = r_f + (r_m - r_f)\beta = 8\% + (15\% - 8\%)1.2 = 16.4\%$

$$g = ROE \times b = 20\% \times 0.6 = 12\%$$

$$V_0 = P_0 = \frac{d_0(1 + g)}{k - g} = \frac{4,000(1.12)}{0.164 - 0.12} = 101,818$$

(2) $V_1 = P_1 = P_0(1 + g) = 101,818(1.12) = 114,036$

$$E(r) = \frac{P_1 - P_0 + d_1}{P_0} = \frac{114,036 - 100,000 + 4,480}{100,000} = 18.52\%$$

15 $V_0 = \dfrac{7,000 \times 1.08 \times 0.5}{1+(0.1 \times 1.05)} + \dfrac{7,000 \times 1.08^2 \times 0.5}{[1+(0.1 \times 1.05)]^2}$

$$+ \frac{[7,000 \times 1.08^3 \times 0.5] + [7,000 \times 1.08^3 \times 13]}{[1+(0.1 \times 1.05)]^3} = 94,994$$

제 7 장

– 생략 –

제 8 장

11 아니다.

*EMH*란 기업에 관한 정보와 시장과의 관계를 나타낸 것이지 이익을 낼 수 없다는 것은 아니다. 시장이 효율적이라는 것은 이들 이익에 관련된 모든 정보가 주가에 반영된다는 것이다.

13 소극적 투자전략의 가정은 시장이 효율적이라고 믿거나 시장이 비효율적이라 하더라도 비효율로부터 얻는 이익이 이를 발견하는 데 드는 비용보다 작기 때문에 가치가 없다고 믿는 것이다. 적극적 투자전략의 가정은 시장이 비효율적이라 믿고 이러한 비효율성을 보다 빨리 발견함으로써 이익을 얻을 수 있다는 것이다.

15

날짜	*AR*	*CAR*
3. 1	−0.5453%	−0.5453%
3. 2	0.2547	−0.2906
3. 3	4.9547	4.6641
3. 4	2.9547	7.6188
3. 5	0.0047	7.6235

제 9 장

01 $\dfrac{980,000-910,000+70,000}{910,000}=0.1538$, 15.38%

03 0.000; 0.004; −0.052; 0.055; −0.024; 0.037; −0.043; 0.024; 0.048; −0.003; −0.027; 0.019

평균수익률 : 0.0032 , 0.32%　분산 : 0.00124

05 (1) 14.4%　(2) 16.64%

07 $r_p=w_a r_a+w_b r_b+w_c r_c$

$\sigma_p=w_a^2\sigma_a^2+w_b^2\sigma_b^2+w_c^2\sigma_c^2+2w_a w_b\sigma_{ab}+2w_a w_c\sigma_{ac}+2w_b w_c\sigma_{bc}$

09 만약 $\rho=-1$이면 무위험포트폴리오를 구성할 수 있다.

$w_A=(\sigma_B^2-\sigma_A\sigma_B\rho_{AB})/(\sigma_A^2+\sigma_B^2-2\sigma_A\sigma_B\rho_{AB})$

$=[(60)^2-(40)(60)(-1)]/[(40)^2+(60)^2-2(40)(60)(-1)]$

$=(3,600+2,400)/(1,600+3,600+4,800)=6,000/10,000=0.60$

$w_B=1.00-0.60=0.40$

제10장

09 (1) $E(r_p)=0.3(7\%)+0.7(17\%)=2.1+11.9=14\%$

(2) $\sigma_p=0.7(27)=18.9\%$

무위험증권=30.0%

주식 A=0.7(27)=18.9%

주식 B=0.7(33)=23.1%

주식 C=0.7(40)=28.0%

계 100.0%

(3) 위험보상률 $=(r_p - r_f)/\sigma_p = (14-7)/18.9 = 0.37$

(4) 생략

11 $8\%(1.2) = 9.6\%$

13 $13\% = 7\% + \beta\ 8\%$

$\therefore\ \beta = 0.75$

$7\% + 2(0.75)(8\%) = 19\%$

$40,000 = d/13\%$

$\therefore d = 52,000$

$p = 52,000/0.19 = 273,684$

15 (1) $\beta_i = (\rho_{im}\sigma_i)/\sigma_m = (0.967 \times 0.047)/0.041 = 1.11$

(2) $\sigma_i^2 = \beta_i^2 \sigma_m^2 + \sigma_{ei}^2 = 0.00207 + 0.00014 = 0.00221$

(3) $E(r_i) = 0.1 + 0.072\beta_i$, 균형수익률 : 17.99%

(4) 12.0<17.99 과대평가

제11장

05 (1) $\left(\dfrac{100,000}{97,645}\right)^4 - 1 = 10\%$

(2) $(1.05)^2 - 1 = 10.25\%$

07 (1) $B_0 = \sum_{t=1}^{6} \dfrac{50,000}{(1.04)^t} + \dfrac{1,000,000}{(1.04)^6} = 1,052,420$

시장이자율이 변화하지 않는다면 1기의 이자를 지급한 직후의 채권 가격은

$$B_0 = \sum_{t=1}^{5} \frac{50,000}{(1.04)^t} + \frac{1,000,000}{(1.04)^5} = 1,044,520$$

(2) 총수익률 $= \dfrac{50,000 + (1,044,520 - 1,052,420)}{1,052,420} = 4.0\%$

제12장

09 (1) 이자율변동은 단기증권에는 큰 영향을 미치지 않는다. 단기증권은 잠시 자금을 예치하기에 적당하며 이자율이 상승할 것으로 예측되면 다른 투자대안을 모색하면 된다. 단기증권 등은 유동성이 매우 높기 때문에 언제나 쉽게 자금을 회수할 수 있다.

(2) 이자율이 하락할 것으로 예견되면 현재의 저축예금금리(7%)를 계속 유지하려 할 것이고, 이자율이 상승할 것으로 예견되면 실제금리가 상승할 때까지 자금을 통화 시장에 예치하는 것이 좋을 것이다.

(3) 이자율이 연말에 하락할 것으로 예견되면 자본이득을 볼 수 있도록 채권에 투자하려 할 것이고, 이자율이 상승할 것으로 예견되면 자본손실을 초래할 것이므로 채권구입을 하지 않을 것이다.

11 1년 만기 채권을 구입하려고 한다. 장래의 이자율이 증가하면 장기채권의 가치는 하락한다. 따라서 이자율이 오를 것으로 예상될 때는 만기가 짧은 채권을 우선 구입하는 것이 좋다.

1년 만기 채권의 수익률 $y=7\%$이다.

2년 만기와 3년 만기 채권의 수익률을 구하면,

2년 만기 채권의 현가:

$$\frac{80}{1.07}+\frac{1,080}{1.07\times1.08}=1,009.35$$

3년 만기 채권의 현가:

$$\frac{80}{1.07}+\frac{80}{1.07\times1.08}+\frac{1,080}{1.07\times1.08\times1.09}=1,001.41$$

1년 후의 수익률곡선이 9%로 일정하다면 그 시점에서의 채권가격은

만기까지 1년 남은 채권의 가격(2년 만기 채권): 1,080/1.09=990.83

만기까지 2년 남은 채권의 가격(3년 만기 채권):

$$\frac{80}{1.09}+\frac{1,080}{(1.09)^2}=982.41$$

따라서 2년 만기 채권 및 3년 만기 채권의 1년 보유기간 수익률은

y(2년 만기 채권)$=(80+990.83-1,009.35)/1,009.35=6.09\%$

y(3년 만기 채권)$=(80+982.41-1,001.41)/1,001.41=6.09\%$

위에서 보는 바와 같이 장기채권의 자본손실이 y를 낮추는 원인이 되고 있다. 연간 이자율 변동(8%에서 9%)으로 동일한 손실을 기록하고 있기 때문에 2년 만기 채권과 3년 만기 채권의 보유기간수익률은 동일하다.

제13장

09

(1) 연도	(2) 현금흐름	(3) 현금흐름의 현재가치	(4) 구성비(가중치)	(5) (1)×(4)
1	60,000	56,600	0.0566	0.0566
2	60,000	53,400	0.0534	0.1068
3	1,060,000	890,000	0.8900	2.6700
		1,000,000	1.0000	2.8334

듀레이션=2.8334년

듀레이션=2.824년

만기수익률이 6%일 때보다도 짧다.

11 $B_0=\frac{10,000,000+1,000,000}{1+0.08}=10,185,185$

투자수익률$=\frac{10,185,185-8,000,000}{8,000,000}=0.2731,\ 27.31\%$

듀레이션=1년

13 $\frac{\Delta P}{P}=-D\times\frac{\Delta y}{1+y}=-7.194\times\frac{0.005}{1.10}=-0.0327,\ -3.27\%$

15 이자율 변동위험을 제거하기 위해서는 다음의 두 가지 방법 중 한 가지를 사용. (a) 만기일치: 만기일에 8,000,000원이 상환되는 2년 만기 채권을 매입 또는 (b) 듀레이션 일치: 2년 후 적립된 총가치가 8,000,000원이 되고, 듀레이션이 2년인 채권을 매입

제14장

07 $\alpha = r_p - [r_f + (r_m - r_f)\beta]$

$= 10\% - [6\% + (14\% - 6\%)0.5] = 0\%$

따라서 포트폴리오 관리자의 성과는 시장의 성과와 동일하다.

09

포트폴리오	샤프 척도	트레이너 척도
A	1.333	0.10
B	0.875(최저)	0.07(최저)
C	1.666(최고)	0.0909
D	0.923	0.10
E	1.0	0.107(최고)

제15장

07 (1)

	기초현금흐름	기말현금흐름
주식매입	$-P_0$	$S_T + D$
선물매도	0	$F_0 - P_T$
P_0 차입	P_0	$-P_0(1+r)$
계		$F_0 - P_0(1+r) + D$

(2) 차익거래가 없으려면 무위험 포트폴리오의 기말 현금흐름이 0이어야 한다. 이것은 곧 $F_0 = P_0(1+r) - D$임을 뜻한다.

(3) D를 dP_0로 나타내면 패리티 관계를 $F_0 = P_0(1+r-d)$로 표시할 수 있다.

09 (1) $F_0 = P_0(1+r) = 120,000(1.06) = 127,200$

(2) 하락된 주식가격은 120,000(0.97)=116,400

$F_0 = P_0(1+r) = 116,400(1.06) = 123,380$

투자액의 손실액은 (123,380−127,200)×100,000=−382,000,000

투자자의 수익률은 −382,000,000÷120,000,000=−3.18%

제16장

07 (1) 풋콜 패리티로부터:

$C - P = S - X/(1+r)^T$

$10,000 - P = 100,000/(1.10)^{1/4}$

$P = 10,000 - 100,000 + 100,000/(1.10)^{1/4} = 7,645,000$

(2) 스트래들(straddle)을 매수한다. 스트래들에 드는 총비용은 10,000,000+7,645,000=17,645,000이며 스트래들에서 이익을 보기 위해서는 주가가 17,645 이상 등락해야 한다. 즉 거래비용을 무시한다면 주가가 17,645 이상 등락할 때만 이익을 실현하게 된다.

09 행사가격이 $62인 풋옵션을 매입하는 동시에 행사가격이 $60인 풋옵션을 매도한다. 이 경우 순비용은 0이다. 풋콜 패리티에 따라 이러한 포트폴리오의 만기 시 가치는 아래와 같다.

$C(x=62) - C(X=60) = 62 - 60$

콜옵션의 최대 가치 차이는 $2이고 주식가격이 $62보다 낮은 가격으로 판매된다면, 그 차이는 $2보다 작아진다.

Investment

PART

부 록

표 1 미래가계수($FVIF_{k,n}=(1+k)^n$)

1원의 t 기간 말의 미래가치

기간수 (n)	1%	2%	3%	4%	5%	6%	7%	8%	9%	10%
1	1.0100	1.0200	1.0300	1.0400	1.0500	1.0600	1.0700	1.0800	1.0900	1.1000
2	1.0201	1.0404	1.0609	1.0816	1.1025	1.1236	1.1449	1.1554	101881	1.2100
3	1.0303	1.0612	1.0927	1.1249	1.1576	1.1910	1.2250	1.2597	1.2950	1.3310
4	1.0406	1.0824	1.1255	1.1699	1.2155	1.2625	1.3108	1.3605	1.4116	1.4641
5	1.0510	1.1041	1.1593	1.2167	1.2763	1.3382	1.4026	1.4693	1.5386	1.6105
6	1.0615	1.1262	1.1941	1.2653	1.3401	1.4185	1.5007	1.5869	1.6771	1.7716
7	1.0721	1.1487	1.2299	1.3159	1.4071	1.5036	1.6058	1.7138	1.8280	1.9487
8	1.0829	1.1717	1.2668	1.3686	1.4775	1.5938	1.7182	1.8509	1.9926	2.1436
9	1.0937	1.1951	1.3048	1.4233	1.5513	1.6895	1.8385	1.9990	2.1719	2.3579
10	1.1046	1.2190	1.3439	1.4802	1.6289	1.7908	1.9672	2.1589	2.3674	2.5937
11	1.1157	1.2434	1.3842	1.5395	1.7103	1.8983	2.1049	2.3316	2.5804	2.8531
12	1.1268	1.2682	1.4258	1.6010	1.7959	2.0122	2.2522	2.5182	2.8127	3.1384
13	1.1381	1.2936	1.4685	1.6651	1.8856	2.1329	2.4098	2.7196	3.0658	3.4523
14	1.1495	1.3195	1.5126	1.7317	1.9799	2.2609	2.5785	2.9372	3.3417	3.7975
15	1.1610	1.3459	1.5580	1.8009	2.0789	2.3966	2.7590	3.1722	3.6425	4.1772
16	1.1726	1.3728	1.6047	1.8730	2.1829	2.5404	2.9522	3.4259	3.9703	4.5950
17	1.1843	1.4002	1.6528	1.9479	2.2920	2.6928	3.1588	3.7000	4.3276	5.0545
18	1.1961	1.4282	1.7024	2.0258	2.4066	2.8543	3.3799	3.9960	4.7171	5.5599
19	1.2081	1.4568	1.7535	2.1068	2.5270	3.0256	3.6165	4.3157	5.1417	6.1159
20	1.2202	1.4859	1.8061	2.1911	2.6533	3.2071	3.8697	4.6610	5.6044	6.7275
21	1.2324	1.5157	1.8603	2.2788	2.7860	3.3996	4.1406	5.0338	6.1088	7.4002
22	1.2447	1.5460	1.9161	2.3699	2.9253	3.6035	4.4304	5.4365	6.6586	8.1403
23	1.2572	1.5769	1.9736	2.4647	3.0715	3.8197	4.7405	5.8715	7.2579	8.9543
24	1.2697	1.6084	2.0328	2.5633	3.2251	4.0489	5.0724	6.3412	7.9111	9.8497
25	1.2824	1.6406	2.0938	2.6658	3.3864	4.2919	5.4274	6.8485	8.6231	10.835
26	1.2953	1.6734	2.1566	2.7725	3.5557	4.5494	5.8074	7.3964	9.3992	11.918
27	1.3082	1.7069	2.2213	2.8834	3.7335	4.8223	6.2139	7.9881	10.245	13.110
28	1.3213	1.7410	2.2879	2.9987	3.9201	5.1117	6.6488	8.6271	11.167	14.421
29	1.3345	1.7758	2.3566	3.1187	4.1161	5.4183	7.1143	9.3173	12.172	15.863
30	1.3478	1.8114	2.4273	3.2434	4.3219	5.7435	7.6123	10.063	13.268	17.449
35	1.4166	1.9999	2.8139	3.9461	5.5160	7.6861	10.676	14.785	20.414	28.102
40	1.4889	2.2080	3.2620	4.8010	7.0400	10.286	14.974	21.725	31.409	45.259
45	1.5648	2.4379	3.7816	5.8412	8.9850	13.765	21.002	31.920	48.327	72.891
50	1.6446	2.6916	4.3839	7.1067	11.467	18.420	29.457	46.902	74.358	117.39
60	1.8167	3.2810	5.8916	10.520	18.679	32.988	57.946	101.26	176.03	304.48

1원의 t 기간 말의 미래가치

기간수 (n)	11%	12%	13%	14%	15%	16%	17%	18%	19%	20%
1	1.1100	1.1200	1.1300	1.1400	1.1500	1.1600	1.1700	1.1800	1.1900	1.2000
2	1.2321	1.2544	1.2769	1.2996	1.3225	1.3456	1.3689	1.3924	1.4161	1.4400
3	1.3676	1.4049	1.4429	1.4815	1.5209	1.5609	1.6016	1.6430	1.6852	1.7280
4	1.5180	1.5735	1.6305	1.6890	1.7490	1.8106	1.8439	1.9388	2.0053	2.0736
5	1.6851	1.7623	1.8424	1.9254	2.0114	2.1003	2.1924	2.2878	2.3864	2.4883
6	1.8704	1.9738	2.0820	2.1950	2.3131	2.4364	2.5652	2.6996	2.8398	2.9860
7	2.0762	2.2107	2.3526	2.5023	2.6600	2.8262	3.0012	3.1855	3.3793	3.5832
8	2.3045	2.4760	2.6584	2.8526	3.0590	3.2784	3.5005	3.7589	4.0214	4.2998
9	2.5580	2.7731	3.0040	3.2519	3.5179	3.8030	4.1084	4.4355	4.7854	5.1598
10	2.8394	3.1058	3.3946	3.7072	4.0456	4.4114	4.8068	5.2338	5.6947	6.1917
11	3.1518	3.4785	3.8359	4.2262	4.6524	5.1173	5.6240	6.1759	6.7767	7.4301
12	3.4985	3.8960	4.3345	4.8179	5.3503	5.9360	6.5801	7.2876	8.0642	8.9161
13	3.8833	4.3635	4.8980	5.4924	6.1528	6.8858	7.6987	8.5994	9.5964	10.699
14	4.3104	4.8871	5.5348	6.2613	7.0757	7.9875	9.0075	10.147	11.420	12.839
15	4.7846	5.4736	6.2543	7.1379	8.1371	9.2655	10.539	11.974	13.589	15.407
16	5.3109	6.1304	7.0673	8.1372	9.3576	10.748	12.330	14.129	16.172	18.488
17	5.8951	6.8660	7.9861	9.2765	10.761	12.468	14.427	16.672	19.244	22.186
18	6.5436	7.6900	9.0243	10.575	12.375	14.463	16.879	19.673	22.901	26.623
19	7.2633	8.6128	10.197	12.056	14.232	16.777	19.748	23.214	27.252	31.948
20	8.0623	9.6463	11.523	13.743	16.367	19.461	23.106	27.393	32.429	38.338
21	8.9492	10.804	13.021	15.668	18.822	22.574	27.034	32.324	38.591	46.005
22	9.9336	12.100	14.714	17.861	21.645	26.186	31.629	38.142	45.923	55.206
23	11.026	13.522	16.626	20.362	24.891	30.376	37.006	45.008	54.648	66.247
24	12.239	15.179	18.788	23.212	28.625	35.236	43.297	53.109	65.032	79.497
25	13586	17.000	21.231	26.462	32.919	40.874	50.658	62.669	77.388	95.396
26	15.080	19.040	23.991	30.167	37.857	47.414	59.270	73.949	92.092	114.48
27	16.738	21.325	27.109	34.390	34.535	55.000	69.345	87.260	109.56	137.37
28	18.580	23.884	30.634	39.204	50.066	63.800	81.134	102.97	130.41	164.84
29	20.624	26.750	34.617	44.693	57.575	74.009	94.927	121.50	155.19	197.81
30	22.892	29.960	39.116	50.950	66.212	85.850	111.06	143.37	184.67	237.38
35	38.575	52.800	72.068	98.100	133.18	180.31	243.56	327.99	440.70	590.67
40	65.001	93.051	132.78	188.88	267.86	378.72	533.86	750.38	1051.6	1469.8
45	109.53	163.99	244.64	363.68	538.77	795.44	1170.5	1716.7	2509.6	3657.3
50	184.56	289.00	450.74	700.23	1083.7	1670.7	2566.2	3927.4	5988.9	9100.4
60	524.06	897.60	1530.1	2595.9	4384.0	7370.2	12335.	20555.	34105.	56348.

표 2 연금의 미래가계수 $\left(FVIFA_{k,n} = \sum_{t=1}^{n}(1+k)^{n-1} = \frac{(1+k)^{n}-1}{k}\right)$

일정기간 동안 매기간 말에 1원을 지급하는 연금의 t 기간 후의 미래가치

기간수 (n)	1%	2%	3%	4%	5%	6%	7%	8%	9%	10%
1	1.0000	1.0000	1.0000	1.0000	1.0000	1.0000	1.0000	1.0000	1.0000	1.0000
2	2.0100	2.0200	2.0300	2.0400	2.0500	2.0600	2.0700	2.0800	2.0900	2.1000
3	3.0301	3.0604	3.0909	3.1216	3.0525	3.1836	3.2149	3.2464	3.2781	3.3100
4	4.0604	4.1216	4.1836	4.2465	4.3101	4.3746	4.4399	4.5061	4.5731	4.6410
5	5.1010	5.2040	5.3091	5.4163	5.5256	5.6371	5.7507	5.8666	5.9847	6.1051
6	6.1520	6.3081	6.4684	6.6330	6.8019	6.9753	7.1533	7.3359	7.5233	7.7156
7	7.2135	7.4343	7.6625	7.8983	8.1420	8.3938	8.6540	8.9228	9.2004	9.4872
8	8.2857	8.5830	8.8932	9.2142	9.5491	9.8975	10.260	10.637	11.028	11.436
9	9.3685	9.7546	10.159	10.583	11.027	11.491	11.978	12.488	13.021	13.570
10	10.462	10.950	11.464	12.006	12.578	13.181	13.816	14.487	15.193	15.937
11	11.567	12.169	12.808	13.486	14.207	14.972	15.784	16.645	17.560	18.531
12	12.683	13.412	14.192	15.026	15.917	16.870	17.888	18.977	20.141	21.384
13	13.809	14.680	15.618	16.627	17.713	18.882	20.141	21.495	22.953	24.523
14	14.947	15.974	17.086	18.292	19.599	21.015	22.550	24.215	26.019	27.975
15	16.097	17.293	18.599	20.024	21.579	23.276	25.129	27.152	29.361	31.772
16	17.258	18.639	20.157	21.825	23.657	25.673	27.888	30.324	33.003	35.950
17	18.430	20.012	21.762	23.698	25.840	28.213	30.840	33.750	36.974	40.545
18	19.615	21.412	23.414	25.645	28.132	30.906	33.999	37.450	41.301	45.599
19	20.811	22.841	25.117	27.671	30.539	33.760	37.379	41.446	46.018	51.159
20	22.019	24.297	26.870	29.778	33.066	36.786	40.995	45.762	51.160	57.275
21	23.239	25.783	28.676	31.969	35.719	39.993	44.865	50.423	56.765	64.002
22	24.472	27.299	30.537	34.248	38.505	43.392	49.006	55.457	62.873	71.403
23	25.716	28.845	32.453	36.618	41.430	46.996	53.436	60.893	69.532	79.543
24	26.973	30.422	34.426	39.083	44.502	50.816	58.177	66.765	76.790	88.497
25	28.243	32.030	36.459	41.646	47.727	54.865	63.249	73.106	84.701	98.347
26	29.526	33.671	38.553	44.312	51.113	59.156	68.676	79.954	93.324	109.18
27	30.821	35.344	40.710	47.084	54.669	63.706	74.484	87.351	102.72	121.10
28	32.129	37.051	42.931	49.968	58.403	68.528	80.698	95.339	112.97	134.21
29	33.450	38.792	45.219	52.966	62.323	73.640	87.347	103.97	124.14	148.63
30	34.785	40.568	47.575	56.085	66.439	79.058	94.461	113.28	136.31	164.49
35	41.660	49.994	60.462	73.652	90.320	111.43	138.24	172.32	215.71	271.02
40	48.886	60.402	75.401	95.026	120.80	154.76	199.64	259.06	337.88	442.59
45	56.481	71.893	92.720	121.03	159.70	212.74	285.75	386.51	525.86	718.90
50	64.463	84.579	112.80	152.67	209.35	290.34	406.53	573.77	815.08	1163.9
60	81.670	114.05	163.05	237.99	353.58	533.13	813.52	1253.2	1944.8	3034.8

일정기간 동안 매기간 말에 1원을 지급하는 연금의 t 기간 후의 미래가치

기간수 (n)	11%	12%	13%	14%	15%	16%	17%	18%	19%	20%
1	1.0000	1.0000	1.0000	1.0000	1.0000	1.0000	1.0000	1.0000	1.0000	1.0000
2	2.1100	2.1200	2.1300	2.1400	2.1500	2.1600	2.1700	2.1800	2.1900	2.2000
3	3.3421	3.3744	3.4069	3.4396	3.4725	3.5056	3.5389	3.5724	3.6061	3.6400
4	4.7097	4.7793	4.8498	4.9211	4.9934	5.0665	5.1405	5.2154	5.2913	5.3680
5	6.2278	6.3528	6.4803	6.6101	6.7424	6.8771	7.0144	7.1542	7.2966	7.4416
6	7.9130	8.1152	8.3230	8.5355	8.7537	8.9775	9.2068	9.4420	9.6830	9.9299
7	9.7830	10.089	10.405	10.730	11.067	11.414	11.772	12.142	12.523	12.916
8	11.859	12.300	12.757	13.233	13.727	14.240	14.773	15.327	15.902	16.499
9	14.163	14.776	15.416	16.085	16.786	17.519	18.285	19.086	19.923	20.799
10	16.722	17.549	18.419	19.337	20.304	21.321	22.393	23.521	24.709	25.959
11	19.561	20.655	21.814	23.045	24.349	25.733	27.199	28.755	30.404	32.150
12	22.713	24.133	25.650	27.271	29.002	30.850	32.823	34.931	37.180	39.581
13	26.211	28.029	29.984	32.089	34.352	36.786	39.404	42.218	45.244	48.497
14	30.095	32.393	34.883	37.581	40.505	43.672	47.103	50.818	54.841	58.196
15	34.405	37.280	40.418	43.842	47.580	51.660	56.110	60.965	66.261	72.035
16	39.199	42.753	46.672	50.980	55.717	60.925	66.649	72.939	79.850	87.442
17	44.501	48.884	53.739	59.118	65.075	71.673	78.979	87.068	96.022	105.93
18	50.396	55.750	61.725	68.394	75.836	84.141	93.406	103.74	115.26	128.12
19	56.939	63.440	70.749	78.969	88.212	98.603	110.29	123.41	138.16	154.74
20	64.203	72.052	80.947	91.025	102.44	115.38	130.03	146.63	165.42	186.69
21	72.265	81.699	92.469	104.77	118.81	134.84	153.14	174.02	197.85	225.03
22	81.214	92.503	105.49	120.44	137.63	157.41	180.17	206.34	236.44	271.03
23	91.148	104.60	120.20	138.30	159.28	183.60	211.80	244.49	282.36	326.24
24	102.17	118.16	136.83	158.66	184.17	213.98	248.81	289.49	337.01	392.48
25	114.41	133.33	155.62	181.87	212.79	249.21	292.21	324.60	402.04	471.98
26	127.99	150.33	176.85	208.33	245.71	290.09	342.76	405.27	497.43	567.38
27	143.08	169.37	200.84	238.50	283.57	337.50	402.03	479.22	571.52	681.85
28	159.82	190.70	227.95	272.89	327.10	392.50	471.38	566.48	681.11	819.22
29	178.39	214.58	258.58	312.09	377.17	456.30	552.51	669.45	811.52	984.07
30	199.02	241.33	293.19	356.79	434.75	530.31	647.44	790.95	966.71	1181.9
35	341.59	431.66	546.68	693.57	881.17	1120.7	1426.4	1816.7	2314.2	2948.3
40	581.83	767.09	1013.7	1342.0	1779.1	2360.8	3134.5	4163.2	5529.8	7343.9
45	986.64	1358.3	1874.2	2590.6	3585.1	4965.3	6879.2	9531.6	13203.	18281.
50	1668.7	2400.0	3459.5	4994.5	7217.7	10436.	15089.	21813.	31515.	45497.
60	4755.1	7471.6	11762.	18535.	29220.	46057.	72555.	114189.	179494.	281737.

표 3 현가계수$\left(PVIF_{k,n} = \frac{k}{(1+k)^n}\right)$

t 기간 후에 받게 되는 1원의 현재시점의 가치

기간수 (n)	1%	2%	3%	4%	5%	6%	7%	8%	9%	10%
1	0.9901	0.9804	0.9709	0.9615	0.9524	0.9434	0.9346	0.9259	0.9174	0.9091
2	0.9803	0.9612	0.9426	0.9246	0.9070	0.8900	0.8734	0.8573	0.8417	0.8264
3	0.9706	0.9423	0.9151	0.8890	0.8638	0.8396	0.8163	0.7938	0.7722	0.7813
4	0.9610	0.9238	0.8885	0.8548	0.8227	0.7921	0.7629	0.7350	0.7084	0.6830
5	0.9515	0.9057	0.8626	0.8219	0.7835	0.7473	1.7130	0.6806	0.6499	0.6209
6	0.9420	0.8880	0.8375	0.7903	0.7462	0.7050	0.6663	0.6302	0.5963	0.5645
7	0.9327	0.8706	0.8131	0.7599	0.7107	0.6651	0.6227	0.5835	0.5470	0.5132
8	0.9235	0.8535	0.7894	0.7307	0.6768	0.6274	0.5820	0.5403	0.5019	0.4665
9	0.9143	0.8368	0.7664	0.7206	0.6446	0.5919	0.5439	0.5002	0.4604	0.4241
10	0.9053	0.8203	0.7441	0.6756	0.6139	0.5584	0.5083	0.4632	0.4224	0.3855
11	0.8963	0.8043	0.7224	0.6496	0.5847	0.5268	0.4751	0.4289	0.3875	0.3505
12	0.8874	0.7885	0.7014	0.6246	0.5568	0.4970	0.4440	0.3972	0.3555	0.3186
13	0.8787	0.7730	0.6810	0.6006	0.5303	0.4688	0.4150	0.3677	0.3262	0.2897
14	0.8700	0.7579	0.6611	0.5775	0.5051	0.4423	0.3878	0.3405	0.2992	0.2633
15	0.8613	0.7430	0.6419	0.5553	0.4810	0.4173	0.3624	0.3152	0.2745	0.2394
16	0.8528	0.7284	0.6232	0.5339	0.4581	0.3936	0.3387	0.2919	0.2519	0.2176
17	0.8444	0.7142	0.6050	0.5134	0.4346	0.3714	0.3166	0.2703	0.2311	0.1978
18	0.8360	0.7002	0.5874	0.4936	0.4155	0.3503	0.2959	0.2502	0.2120	0.1799
19	0.8277	0.6864	0.5703	0.4746	0.3957	0.3305	0.2765	0.2317	0.1945	0.1635
20	0.8195	0.6730	0.5537	0.4564	0.3769	0.3118	0.2584	0.2145	0.1784	0.1486
21	0.8114	0.6598	0.5375	0.4388	0.3589	0.2942	0.2415	0.1987	0.1637	0.1351
22	0.8034	0.6468	0.5219	0.4220	0.3418	0.2775	0.2257	0.1839	0.1502	0.1228
23	0.7954	0.6342	0.5067	0.4057	0.3256	0.2618	0.2109	0.1703	0.1378	0.1117
24	0.7876	0.6217	0.4919	0.3901	0.3101	0.2470	0.1971	0.1577	0.1264	0.1015
25	0.7798	0.6095	0.4776	0.3751	0.2953	0.2330	0.1842	0.1460	0.1160	0.0923
26	0.7720	0.5976	0.4637	0.3604	0.2812	0.2198	0.1722	0.1352	0.1064	0.0839
27	0.7644	0.5859	0.4502	0.3468	0.2678	0.2074	0.1609	0.1252	0.0976	0.0763
28	0.7568	0.5744	0.4371	0.3335	0.2551	0.1956	0.1504	0.1159	0.0895	0.0693
29	0.7493	0.5631	0.4243	0.3207	0.2429	0.1846	0.1406	0.1073	0.0822	0.0630
30	0.7419	0.5521	0.4120	0.3083	0.2314	0.1741	0.1314	0.0994	0.0754	0.0573
35	0.7059	0.5000	0.3554	0.2534	0.1813	0.1301	0.0937	0.0676	0.0490	0.0356
40	0.6717	0.4529	0.3066	0.2083	0.1420	0.0972	0.0668	0.0460	0.0318	0.0221
45	0.6391	0.4102	0.2644	0.1712	0.1113	0.0727	0.0476	0.0313	0.0207	0.0137
50	0.6080	0.3715	0.2281	0.1407	0.0872	0.0543	0.0339	0.0213	0.0134	0.0085
60	0.5504	0.3048	0.4697	0.0951	0.0535	0.0303	0.0173	0.0099	0.0057	0.0033

t 기간 후에 받게 되는 1원의 현재시점의 가치

기간수 (n)	11%	12%	13%	14%	15%	16%	17%	18%	19%	20%
1	0.9009	0.8929	0.8850	0.8772	0.8696	0.8621	0.8547	0.8475	0.8403	0.8333
2	0.8116	0.7972	0.7831	0.7695	0.7561	0.7432	0.7305	0.7182	0.7062	0.6944
3	0.7312	0.7118	0.6931	0.6750	0.6575	0.6407	0.6244	0.6086	0.5934	0.5787
4	0.6587	0.6355	0.6133	0.5921	0.5718	0.5523	0.5337	05158	0.4987	0.4823
5	0.5935	0.5674	0.5428	0.5194	0.4972	0.4761	0.4561	0.4371	0.4190	0.4019
6	0.5346	0.5066	0.4803	0.4556	0.4323	0.4104	0.3998	0.3704	0.3521	0.3349
7	0.4817	0.4523	0.4251	0.3996	0.3759	0.3538	0.3332	0.3139	0.2959	0.2791
8	0.4339	0.4039	0.3762	0.3506	0.3269	0.3050	0.2848	0.2660	0.2487	0.2326
9	0.3909	0.3606	0.3329	0.3075	0.2843	0.2630	0.2434	0.2255	0.2090	0.1938
10	0.3522	0.3220	0.2946	0.2697	0.2472	0.2267	0.2080	0.1911	0.1756	0.1615
11	0.3173	0.2875	0.2607	0.2366	0.2149	0.1954	0.1773	0.1619	0.1476	0.1346
12	0.2858	0.2567	0.2307	0.2076	0.1869	0.1685	0.1520	0.1372	0.1240	0.1122
13	0.2575	0.2292	0.2042	0.1821	0.1625	0.1452	0.1299	0.1163	0.1042	0.0935
14	0.2320	0.2046	0.1807	0.1597	0.1413	0.1252	0.1110	0.0985	0.0876	0.0779
15	0.2090	0.1827	0.1599	0.1401	0.1229	0.1079	0.0949	0.0649	0.0736	0.0649
16	0.1883	0.1631	0.1415	0.1229	0.1069	0.0930	0.0811	0.0708	0.0618	0.0541
17	0.1696	0.1456	0.1252	0.1078	0.0929	0.0802	0.0693	0.0600	0.0520	0.0451
18	0.1523	0.1300	0.1103	0.0946	0.0808	0.0691	0.0592	0.0508	0.0437	0.0376
19	0.1377	0.1161	0.0981	0.0829	0.0703	0.0596	0.0506	0.0431	0.0367	0.0313
20	0.1240	0.1037	0.0863	0.0728	0.0611	0.0514	0.0433	0.0365	0.0303	0.0261
21	0.1117	0.0926	0.0768	0.0638	0.0531	0.0443	0.0370	0.0309	0.0259	0.0217
22	0.1007	0.0826	0.0680	0.0560	0.0462	0.0382	0.0316	0.0262	0.0218	0.0181
23	0.0907	0.0738	0.0601	0.0491	0.0402	0.0329	0.0270	0.0222	0.0183	0.0151
24	0.0817	0.0659	0.0532	0.0431	0.0349	0.0284	0.0231	0.0188	0.0154	0.0126
25	0.0736	0.0588	0.0471	0.0378	0.0304	0.0245	0.0197	0.0160	0.0129	0.0105
26	0.0663	0.0525	0.0417	0.0331	0.0264	0.0211	0.0169	0.0135	0.0109	0.0087
27	0.0597	0.0469	0.0369	0.0291	0.0230	0.0182	0.0144	0.0115	0.0091	0.0073
28	0.0538	0.0419	0.0325	0.0255	0.0200	0.0157	0.0123	0.0097	0.0077	0.0061
29	0.0485	0.0374	0.0289	0.0224	0.0174	0.0135	0.0105	0.0082	0.0064	0.0051
30	0.0437	0.0334	0.0256	0.0196	0.0151	0.0116	0.0090	0.0070	0.0054	0.0042
35	0.0259	0.0189	0.0139	0.0102	0.0075	0.0055	0.0041	0.0030	0.0023	0.0017
40	0.0154	0.0107	0.0075	0.0053	0.0037	0.0026	0.0019	0.0013	0.0010	0.0007
45	0.0091	0.0061	0.0041	0.0027	0.0019	0.0013	0.0009	0.0006	0.0004	0.0003
50	0.0054	0.0035	0.0022	0.0014	0.0009	0.0006	0.0004	0.0003	0.0002	0.0001
60	0.0019	0.0011	0.0007	0.0004	0.0002	0.0001	0.00008	0.00005	0.00003	0.00002

표 4 연금의 현가계수 $\left(PVIFA_{k,n}=\sum_{t=1}^{n}\frac{1}{(1+k)^t}=\frac{1-\frac{1}{(1+k)^n}}{k}\right)$

일정기간 동안 매기간 말에 1원을 지급하는 연금의 현재가치

기간수 (n)	1%	2%	3%	4%	5%	6%	7%	8%	9%	10%
1	0.9901	0.9804	0.9709	0.9615	0.9524	0.9434	0.9346	0.9259	0.9174	0.9091
2	1.9704	1.9416	1.9135	1.8861	1.8594	1.8334	1.8080	1.7833	1.7591	1.7355
3	2.9410	2.8839	2.8286	2.7751	2.7232	2.6730	2.6243	2.5771	2.5313	2.4869
4	3.9020	3.8077	3.7171	3.6299	3.5460	3.4651	3.3872	3.3121	3.2397	3.1699
5	4.8534	4.7135	4.5797	4.4518	4.3295	4.2124	4.1002	3.9927	3.8897	3.7908
6	5.7955	5.6014	5.4172	5.2421	5.0757	4.9173	4.7665	4.6229	4.4859	4.3553
7	6.7282	6.4720	6.2303	6.0021	5.7864	5.5824	5 .3893	5.2064	5.0330	4.8684
8	7.6517	7.3255	7.0197	6.7327	6.4632	6.2098	5.9713	5.7466	5.5348	5.3349
9	8.5660	8.1622	7.7861	7.4353	7.1078	6.8017	6.5152	6.2469	5.9952	5.7590
10	9.4713	8.9826	8.5302	8.1109	7.7217	7.3601	7.0236	6.7101	6.4177	6.1446
11	10.3676	9.7868	9.2526	8.7605	8.3064	7.8869	7.4987	7.1390	6.8052	6.4951
12	11.2551	10.5753	9.9540	9.3851	8.8633	8.3838	7.9427	7.5361	7.1607	6.8137
13	12.1337	11.3484	10.6350	9.9856	9.3936	8.8527	8.3577	7.9038	7.4869	7.1034
14	13.0037	12.1062	11.2961	10.5631	9.8986	9.2950	8.7455	8.2442	7.7862	7.3667
15	13.8651	12.8493	11.9379	11.1184	10.3797	9.7122	9.1079	8.5595	8.0607	7.6061
16	14.7179	13.5777	12.5611	11.6523	10.8378	10.1059	9.4466	8.8514	8.3126	7.8237
17	15.5623	14.2919	13.1661	12.1657	11.2741	10.4773	9.7632	9.1216	8.5436	8.0216
18	16.3983	14.9920	13.7535	12.6593	11.6896	10.8276	10.0591	9.3719	8.7556	8.2014
19	17.2260	15.6785	14.3238	13.1339	12.0853	11.1581	10.3356	9.6036	8.9501	8.3649
20	18.0456	16.3514	14.8775	13.5903	12.4622	11.4699	10.5940	9.8181	9.1285	8.5136
21	18.8570	17.0112	15.4150	14.0292	12.8212	11.7641	10.8355	10.0168	9.2922	8.6487
22	19.6604	17.6580	15.9369	14.4511	13.1630	12.0416	11.0612	10.2007	9.4424	8.7715
23	20.4558	18.2922	16.4436	14.8568	13.4886	12.3034	11.2722	10.3741	9.5802	8.8832
24	21.2434	18.9139	16.9355	15.2470	13.7986	12.5504	11.4693	10.5288	9.7066	8.9847
25	22.0232	19.5235	17.4131	15.6221	14.0939	12.7834	11.6536	10.6748	9.8226	9.0770
26	22.795	20.121	17.877	15.983	14.375	13.003	11.826	10.810	9.9290	9.1609
27	23.560	30.707	18.327	16.330	14.643	13.210	11.987	10.935	10.027	9.2372
28	24.316	21.281	18.764	16.663	14.898	13.406	12.137	11.051	10.116	9.3066
29	25.066	21.844	19.188	16.984	15.141	13.591	12.278	11.158	10.198	9.3696
30	25.808	22.397	19.600	17.292	15.373	13.765	12.409	11.258	10.274	9.4269
35	29.409	24.999	21.487	18.665	16.374	14.498	12.948	11.655	10.567	9.6442
40	32.835	27.356	23.115	49.793	17.159	15.046	13.332	11.925	10.757	9.7791
45	36.095	29.490	24.519	20.720	17.774	15.456	13.605	12.108	10.881	9.8628
50	39.196	31.424	25.730	21.482	18.256	15.762	13.801	12.233	10.962	9.9148
60	44.955	34.761	27.676	22.623	18.929	16.161	14.039	12.376	11.048	9.9671

일정기간 동안 매기간 말에 1원을 지급하는 연금의 현재가치

기간수 (n)	11%	12%	13%	14%	15%	16%	17%	18%	19%	20%
1	0.9009	0.8929	0.8850	0.8772	0.8696	0.8621	0.8547	0.8475	0.8403	0.8333
2	1.7125	1.6901	1.6681	1.6467	1.6257	1.6052	1.5852	1.5656	1.5465	1.5278
3	2.4437	2.4018	2.3612	2.3216	2.2832	2.2459	2.2096	2.1743	2.1399	2.1065
4	3.1024	3.0373	2.9745	2.9137	2.8550	2.7982	2.7432	2.6901	2.6386	2.5887
5	3.6959	3.6048	3.5172	3.4331	3.3522	3.2743	3.1993	3.1272	3.0576	2.9906
6	4.2305	4.1114	3.9975	3.8887	3.7845	3.6847	3.5892	3.4976	3.4098	3.3255
7	4.7122	4.5638	4.4226	4.2883	4.1604	4.0386	3.9224	3.8115	3.7057	3.6046
8	5.1462	4.9676	4.7988	4.6389	4.4873	4.3436	4.2072	4.0776	3.9544	3.8372
9	5.5370	5.3282	5.1317	4.9464	4.7716	4.6065	4.4509	4.3030	4.1633	4.0310
10	5.8892	5.6502	5.4262	5.2161	5.0188	4.8332	4.6586	4.4941	4.3389	4.1925
11	6.2065	5.9377	5.6869	5.4527	5.2337	5.0286	4.8364	4.6560	4.4865	4.3271
12	6.4924	6.1944	5.9176	5.6603	5.4206	5.1971	4.9884	4.7932	4.6105	4.4392
13	6.7499	6.4235	6.1218	5.8424	5.5831	5.3423	5.1183	4.9095	4.7147	4.5327
14	6.9810	6.6282	6.3025	6.0021	5.7245	5.4675	5.2293	5.0081	4.8023	4.6106
15	7.1909	6.8109	6.4624	6.1422	5.8474	5.5755	5.3242	5.0916	4.8759	4.6755
16	7.3792	6.9740	6.6039	6.2651	5.9542	5.6685	5.4053	5.1624	4.9377	4.7296
17	7.5488	7.1196	6.7291	6.3729	6.0472	5.7487	5.4746	5.2223	4.9897	4.7746
18	7.7016	7.2497	6.8399	6.4674	6.1280	5.8178	5.5339	5.2732	5.0333	4.8122
19	7.8393	7.3658	6.9380	6.5504	6.1982	5.8775	5.5845	5.3162	5.0700	4.8435
20	7.9633	7.4694	7.0248	6.6231	6.2593	5.9288	5.6278	5.3527	5.1009	4.8696
21	8.0751	7.5620	7.1015	6.6870	6.3125	5.9731	5.6648	5.3837	5.1263	4.8913
22	8.1757	7.6446	7.1695	6.7429	6.3587	6.0113	5.6964	5.4099	5.1486	4.9094
23	8.2664	7.7184	7.2297	6.7921	6.3988	6.0442	5.7234	5.4321	5.1668	4.9245
24	8.3481	7.7843	7.2829	6.8351	6.4338	6.0726	6.7465	5.4509	5.1822	4.9371
25	8.4217	7.8431	7.3300	6.8729	6.4641	6.0971	5.7662	5.4669	5.1951	4.9476
26	8.4881	7.8957	7.3717	6.9061	6.4906	6.1182	5.7831	5.4804	5.2060	4.9563
27	8.5478	7.9426	7.4086	6.9352	6.5135	6.1364	5.7975	5.4919	5.2151	4.9636
28	8.6016	7.9844	7.4412	6.9607	6.5335	6.1520	5.8099	5.5016	5.2223	4.9697
29	8.6501	8.0218	7.4701	6.9830	6.5509	6.1656	5.8204	5.5093	5.2292	4.9747
30	8.6938	8.0552	7.4957	7.0027	6.5660	6.1772	5.8294	5.5168	5.2347	4.9789
35	8.8552	8.1755	7.5856	7.0700	6.6166	6.2153	5.8582	5.5386	5.2512	4.9915
40	8.9511	8.2438	7.6344	7.1050	6.6418	6.2335	5.8713	5.5482	5.2582	4.9966
45	9.0079	8.2825	7.6609	701232	6.6543	6.2421	5.8773	5.5523	5.2611	4.9986
50	9.0417	8.3045	7.6572	7.1327	6.6605	6.2463	5.8801	5.5541	5.2623	4.9995
60	9.0736	8.2438	7.6873	7.1050	6.6418	6.2335	5.8819	5.5482	5.2630	4.9999

표 5 표준정규분포표

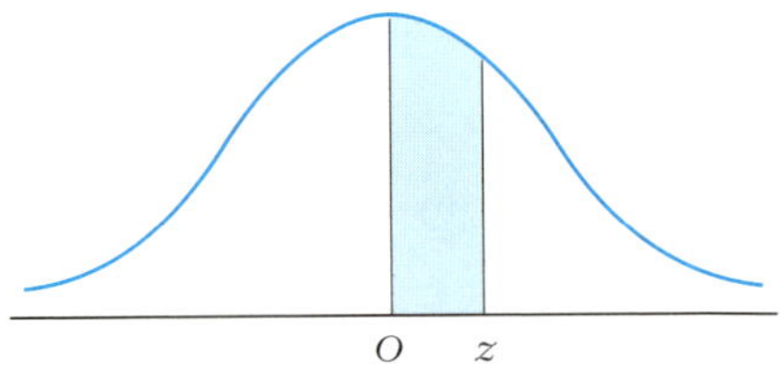

Z	.00	.01	.02	.03	.04	.05	.06	.07	.08	.09
0.0	.0000	.0040	.0080	.0120	.0160	.0199	.0239	.0279	.0319	.0319
0.1	.0398	.0438	.0478	.0517	.0557	.0596	.0636	.0675	.0714	.0753
0.2	.0793	.0832	.0871	.0910	.0948	.0987	.1023	.1064	.1103	.1141
0.3	.1179	.1217	.1255	.1293	.1331	.1368	.1406	.1443	.1480	.1517
0.4	.1554	.1591	.1628	.1664	.1700	.1736	.1772	.1808	.1844	.1879
0.5	.1915	.1950	.1985	.2019	.2054	.2088	.2123	.2157	.2190	.2224
0.6	.2257	.2291	.2324	.2357	.2389	.2422	.2454	.2486	.2517	.2549
0.7	.2580	.2611	.2642	.2673	.2703	.2734	.2764	.2794	.2823	.2852
0.8	.2881	.2910	.2939	.2967	.2995	.3023	.3051	.3078	.3106	.3133
0.9	.3159	.3186	.3212	.3238	.3264	.3289	.3315	.3340	.3365	.3389
1.0	.3413	.3438	.3461	.3485	.3508	.3531	.3354	.3577	.3599	.3621
1.1	.3643	.3665	.3686	.3708	.3729	.3749	.3770	.3790	.3810	.3830
1.2	.3849	.3869	.3888	.3907	.3925	.3944	.3962	.3980	.3997	.4015
1.3	.4032	.4049	.4066	.4082	.4099	.4115	.4131	.4147	.4162	.4177
1.4	.4192	.4207	.4222	.4236	.4251	.4265	.4279	.4292	.4306	.4319
1.5	.4332	.4345	.4357	.4370	.4382	.4394	.4406	.4418	.4429	.4441
1.6	.4452	.4463	.4474	.4484	.4495	.4505	.4515	.4525	.4535	.4545
1.7	.4554	.4564	.4573	.4582	.4591	.4599	.4608	.4616	.4625	.4633
1.8	.4641	.4649	.4656	.4664	.4671	.4678	.4686	.4693	.4699	.4706
1.9	.4713	.4719	.4726	.4732	.4738	.4744	.4750	.4756	.4761	.4767
2.0	.4772	.4778	.4783	.4788	.4793	.4798	.4803	.4808	.4812	.4817
2.1	.4821	.4826	.4830	.4834	.4838	.4842	.4846	.4850	.4854	.4857
2.2	.4861	.4864	.4868	.4871	.4875	.4878	.4881	.4884	.4887	.4890
2.3	.4893	.4896	.4898	.4901	.4904	.4906	.4909	.1911	.4913	.4916
2.4	.4918	.4920	.4922	.4925	.4927	.4929	.4931	.4932	.4934	.4936
2.5	.4938	.4940	.4941	.4943	.4945	.4946	.4948	.4949	.4951	.4952
2.6	.4953	.4955	.4956	.4957	.4959	.4960	.4961	.4962	.4963	.4964
2.7	.4965	.4966	.4967	.4968	.4969	.4970	.4971	.4972	.4973	.4974
2.8	.4974	.4975	.4976	.4977	.4977	.4978	.4979	.4979	.4980	.4981
2.9	.4981	.4982	.4982	.4983	.4984	.4984	.4985	.4985	.4986	.4986
3.0	.4987	.4987	.4987	.4988	.4988	.4989	.4989	.4989	.4990	.4990

찾아보기

ㄱ

ㅅ

ㅇ

ㅈ

ㅍ

ㅎ

기타

【저자 약력】

김동옥(金東沃)

연세대학교 행정학과 졸업
페이스대학교(뉴욕) 대학원수료(MBA)
경희대학교 대학원 수료(경영학박사)
인제대학교 교학부총장
(현) 인제대학교 경영학부 교수

【주요저서】
재무관리(홍문사)
투자론(공저, 무역경영사)

강인철(康仁喆)

부산대학교 경영학과 졸업
부산대학교 대학원 경영학과(경영학박사)
영산대학교 경영학부 교수 역임
(현) 경남대학교 경상대학 경영학부 교수
경남대학교 창업보육관 관장

【주요저서】
증권시장과 투자의 이해(공저, 도서출판 대명)

투자론

초판 인쇄 2014년 9월 10일
초판 발행 2014년 9월 15일

지은이 김동옥 · 강인철
펴낸이 박노일

총괄기획 김중용
편 집 심성보

펴낸곳 pnc publishing and culture 피앤씨미디어
경기도 고양시 일산동구 강송로 153 310-1501
등록 제396-2012-000203호
전 화 070)7550-3758 팩 스 02)718-8554
홈페이지 www.pncmedia.co.kr 이메일 pnc@pncmedia.co.kr
ISBN 979-11-5730-026-6 93320

정 가 23,000원